本书出版获得中北大学教务处的资助

广告法教程

药恩情　编著

知识产权出版社
全国百佳图书出版单位
——北京——

图书在版编目（CIP）数据

广告法教程/药恩情编著.—北京：知识产权出版社，2020.4

ISBN 978-7-5130-6283-1

Ⅰ.①广… Ⅱ.①药… Ⅲ.①广告法—中国—教材 Ⅳ.①D922.294

中国版本图书馆 CIP 数据核字（2019）第 103375 号

内容提要

本书分为两编：第一编为总论，由两部分构成，广告、广告法；第二编为分论，具体包括广告内容准则、广告行为规范制度、广告行业自律制度、广告业发展制度、广告监管制度、广告社会监督制度、广告法律责任制度。本书是为法学专业学生量身定做的广告法教材。

责任编辑：于晓菲　李　娟　　　　　责任印制：孙婷婷

广告法教程
GUANGGAOFA JIAOCHENG

药恩情　编著

出版发行：	知识产权出版社 有限责任公司	网　址：	http：//www.ipph.cn
电　话：	010-82004826		http：//www.laichushu.com
社　址：	北京市海淀区气象路 50 号院	邮　编：	100081
责编电话：	010-82000860 转 8363	责编邮箱：	laichushu@cnipr.com
发行电话：	010-82000860 转 8101	发行传真：	010-82000893
印　刷：	北京中献拓方科技发展有限公司	经　销：	各大网上书店、新华书店及相关专业书店
开　本：	787mm×1000mm　1/16	印　张：	30
版　次：	2020 年 4 月第 1 版	印　次：	2020 年 4 月第 1 次印刷
字　数：	415 千字	定　价：	98.00 元

ISBN 978-7-5130-6283-1

出版权专有　侵权必究

如有印装质量问题，本社负责调换。

序　言

2008年9月10日，我在中国人民大学校园内第一次见到药恩情，他长得比较瘦弱，言语不多，性格比较沉稳。药恩情的研究方向和兴趣都集中在广告法，令我印象深刻。此后，他和另外一名叫朱沛智的访问学者插班在2008级经济法博士研究生班，进行了为期一年的学习。每次上课时，药恩情总是认真地做课堂笔记，一年下来，学习笔记记了厚厚的两大本。课余时间，药恩情带着自己撰写的学术论文找我修改，征求我的意见，每次我都会认真解答。

2009年5月，他拿来《广告规制法律制度研究》书稿，希望我提出修改意见。看到有学生进行广告法方向的研究，我非常高兴，欣然作序；时隔9年，看到药恩情完成《广告法教程》的编写工作，能够体会到药恩情在广告法教学和研究过程中孜孜以求、笔耕不辍，我感到经济法研究后继有人，由衷的欣慰，希望这本教材成为法学专业学生学习广告法的入门教材。

中国人民大学

刘文华

2018年12月28日

目 录

第一章 广 告 ·· 1

第一节 广告的概念与分类 ··· 1
一、广告的概念 ··· 2
二、广告的分类 ··· 6

第二节 广告的起源与发展 ·· 20
一、广告在国外的起源和发展 ·· 20
二、广告在我国的起源与发展 ·· 23
三、国际广告发展概况 ··· 26

第三节 广告的构成要件 ··· 34
一、广告主 ·· 35
二、广告信息 ··· 37
三、广告媒介形式 ··· 37
四、广告费用 ··· 38

第四节 广告的作用 ··· 38
一、合法广告的积极作用 ·· 39

广告法教程

二、违法广告的消极作用 41

第二章 广告法 42

第一节 广告法概述 42
一、广告法的概念 42
二、广告法的调整对象 43

第二节 广告法律关系 46
一、广告法律关系的概念 46
二、广告法律关系的主体 47
三、广告法律关系的内容 50
四、广告法律关系的客体 51

第三节 广告法的历史沿革 52
一、外国广告法的产生发展 52
二、我国广告法的产生发展 58
三、我国广告行业自律规则的发展 66

第四节 广告管理法律体系 67
一、广告管理法律体系的概念 67
二、广告管理法律体系的构成 67

第五节 《广告法》的效力 76
一、《广告法》的空间效力 76
二、《广告法》的时间效力 77
三、《广告法》对人的效力 78

第六节 《广告法》与相关法的关系 79
一、《广告法》与《反不正当竞争法》 79
二、《广告法》与《消费者权益保护法》 81

三、《广告法》与《食品安全法》……81
四、《广告法》与《商标法》……82
五、《广告法》与《产品质量法》……82

第三章 广告内容准则……84

第一节 广告内容准则概述……84
一、广告内容准则的概念……84
二、广告内容准则的特征……86
三、广告内容准则的作用……87
四、广告内容准则的分类……88

第二节 广告的基本准则……88
一、真实性原则……88
二、合法性原则……93
三、公平竞争原则……95
四、精神文明原则……98
五、可识别原则……102

第三节 广告发布的一般标准……105
一、命令性准则……106
二、禁止性准则……113
三、授权性准则……120

第四节 特殊广告准则……123
一、医疗、药品、医疗器械广告准则……124
二、处方药、特殊药品、易制毒化学品及戒毒广告准则……129
三、非医药广告准则……130
四、保健食品广告准则……132

五、农药、兽药、饲料和饲料添加剂广告准则…………………134

　　六、烟草广告准则…………………………………………………137

　　七、酒类广告准则…………………………………………………139

　　八、教育、培训广告准则…………………………………………141

　　九、理财产品广告准则……………………………………………143

　　十、房地产广告准则………………………………………………145

　　十一、种植养殖广告准则…………………………………………148

　　十二、母乳用品广告准则…………………………………………150

第四章　广告行为规范制度………………………………………………152

　第一节　广告行为概述…………………………………………………152

　　一、广告行为的概念………………………………………………152

　　二、广告行为的特征………………………………………………152

　　三、广告行为的分类………………………………………………153

　　四、广告行为与广告活动的关系…………………………………154

　　五、广告行为规范…………………………………………………155

　第二节　广告行为主体…………………………………………………157

　　一、广告主…………………………………………………………157

　　二、广告经营者……………………………………………………158

　　三、广告发布者……………………………………………………162

　　四、广告代言人……………………………………………………162

　第三节　广告行为主体的权利和义务…………………………………170

　　一、广告行为主体的权利…………………………………………170

　　二、广告活动主体的义务…………………………………………174

　第四节　广告活动法律制度……………………………………………181

　　一、企业内部管理制度……………………………………………181

二、广告收费管理制度……………………………………181

三、广告语言文字管理制度………………………………184

四、广告代理制度…………………………………………186

五、广告合同制度…………………………………………191

六、广告人格权保护制度…………………………………205

七、广告知识产权保护制度………………………………212

八、广告档案管理制度……………………………………227

第五节 广告活动中的不正当竞争……………………………229

一、广告不正当竞争概述…………………………………229

二、混淆行为………………………………………………232

三、引人误解的虚假宣传…………………………………234

第六节 外商投资广告企业的设立规定………………………242

一、中外合营广告企业的设立规定………………………242

二、外资广告企业的设立规定……………………………244

三、中国香港和澳门投资广告业规定……………………247

第五章 广告行业自律制度……………………………………248

第一节 广告行业自律概述……………………………………248

一、广告行业自律的概念…………………………………248

二、广告行业自律的特征…………………………………249

三、广告行业自律的作用…………………………………251

四、广告行业自律的原则…………………………………253

第二节 广告行业自律组织……………………………………255

一、广告行业组织的含义…………………………………255

二、广告行业自律组织的权利……………………………256

广告法教程

    三、广告行业自律组织的义务……257
    四、我国广告行业自律组织……258
  第三节 广告行业自律规则……260
    一、国际广告行业自律规则……260
    二、国外广告行业自律规则……263
    三、我国广告行业自律规则……269
    四、广告行业公平竞争自律规则……271
    五、广告宣传精神文明自律规则……273
    六、出口广告自律规则……275

第六章 广告监管制度……277
  第一节 广告监管概述……277
    一、广告监管的概念……277
    二、广告监管的作用……278
    三、广告监管的特征……279
    四、广告监管的范围……281
    五、广告监管的原则……282
  第二节 广告监管模式……284
    一、广告监管模式的类型……284
    二、我国广告监管模式……285
  第三节 广告监管机关……285
    一、广告监管机关的概念……285
    二、广告监管机关的范围……286
    三、广告监管机关的监管对象……287
    四、广告监管机关的职责……288

　　　　五、广告监管机关的职权……………………………………290

　　　　六、广告监管机关的义务……………………………………316

　　　　七、广告监管方式的分类……………………………………319

　　　　八、广告监管方式的种类……………………………………321

　第四节　广告监测制度……………………………………………328

　　　　一、广告监测的概念…………………………………………328

　　　　二、广告监测的特点…………………………………………329

　　　　三、广告监测的功用…………………………………………330

　　　　四、广告监测的原则…………………………………………332

　　　　五、广告监测技术……………………………………………332

　　　　六、广告监测流程……………………………………………333

　　　　七、广告监测的要求…………………………………………334

　　　　八、广告监测结果运用………………………………………335

　第五节　广告经营资格检查制度…………………………………336

　　　　一、广告经营资格检查的意义………………………………337

　　　　二、广告经营资格检查的管辖………………………………337

　　　　三、广告经营资格检查的内容………………………………337

　　　　四、广告经营资格检查的程序………………………………338

　第六节　广告信用档案制度………………………………………339

　　　　一、广告信用档案制度的概念………………………………339

　　　　二、广告信用档案制度的立法………………………………339

　　　　三、广告信用档案制度的内容………………………………340

　第七节　广告语言文字管理规定…………………………………340

　　　　一、广告语言文字管理规定的意义…………………………341

二、广告语言文字管理规定适用范围 … 341
三、广告语言文字管理规定的主要内容 … 342
四、广告语言文字使用中的禁止性规定 … 343

第七章 广告业发展制度 … 344

第一节 广告业发展概述 … 344
一、广告业发展概况 … 345
二、我国广告业发展现状及趋势 … 345
三、广告监管与广告业发展的关系 … 348

第二节 广告业发展促进制度 … 350
一、促进广告业发展的理论 … 351
二、促进广告业发展的原则 … 354
三、完善促进广告业发展的主体制度 … 355
四、广告业发展制度的内容 … 358

第三节 广告业宏观调控制度 … 360
一、进一步优化产业结构 … 360
二、完善广告业发展政策 … 361
三、建设广告业公共服务体系 … 362
四、提升广告产业国际化水平 … 363

第八章 广告社会监督制度 … 364

第一节 广告社会监督概述 … 364
一、广告社会监督的概念 … 364
二、广告社会监督的意义 … 365

第二节 广告社会监督的种类 … 366
一、消费者监督 … 366

二、社会团体监督 ... 371
　　三、消费者组织监督 ... 373
　　四、新闻舆论监督 ... 375

第九章 广告法律责任制度 ... 378
第一节 广告法律责任概述 ... 378
　　一、法律责任 ... 378
　　二、广告法律责任 ... 380
第二节 广告违法行为的行政责任 ... 382
　　一、广告行政责任 ... 382
　　二、广告违法行为 ... 383
　　三、广告行政处罚 ... 403
第三节 广告违法行为的民事责任 ... 407
　　一、广告侵权行为的民事责任 ... 408
　　二、违反广告合同的民事责任 ... 420
　　三、虚假广告的民事责任 ... 424
第四节 广告犯罪行为的刑事责任 ... 429
　　一、广告犯罪的概念 ... 429
　　二、我国对广告犯罪的分类 ... 430
　　三、德国对广告犯罪的分类 ... 442
　　四、虚假广告罪 ... 446

参考文献 ... 458

后记一 ... 463

后记二 ... 467

第一章 广 告

第一节 广告的概念与分类

广告一词源于拉丁文,其含义是"我大喊大叫,以引起人们注意"。中古英语时代(约1150—1500年),其含义衍化为"通知别人某件事或以引起他人注意"。[1]

"广告"这一词语的出现经历了一个阶段。我国古代把广告称为"告白""布告""招贴"等,但是没有"广告"的称谓。一些学者认为,"广告"的称谓来源于日本。[2]"广告"一词来源于日本于1603年出版的《日葡辞典》一书,后来的日本学者铃木保良在《现代广告手册》中提出,"广告"于明治二十年(1887年)后在日本流行。1889年4月30日,由梁启超主办、在日本横滨出版的《清议报》第13期最早出现了"广告"一词。我国国内的"广告"一词出

---

[1] 李宝元. 广告学教程 [M]. 2版. 北京:人民邮电出版社,2004.
[2] 汪洋. 中国广告通史 [M]. 上海:上海交通大学出版社,2010.

现在 1901 年 10 月 18 日《申报》第二版的《商务日报广告》一栏中。1902 年创刊的《大陆》杂志，每期扉页或插页都刊登《作新社新书广告》《作新社最新出版广告》。1906 年，清政府官办的《商务日报》第二期《调查报告》中也出现了"二曰多设广告之法"，第四期刊登《本刊广告》，用来进行广告征稿。1910 年前后，"广告"一词在我国普遍使用。在我国现代社会，广告就是"广而告之"，即向人们通知某事，以引起注意或遵守某项规定。❶

一、广告的概念

1919 年，北京大学新闻研究会出版的中国第一本新闻学著作——《新闻学》（徐宝璜著），对"新闻纸之广告"做了论述。1927 年，我国著名史学家戈公振在《中国报学者史》中对广告作出了比较全面的论述："广告为商业发展之史乘，亦即文化进步之记录。人类生活，因科学之发明日趋繁密完满，而广告即有促进人生与指导人生之功能。故广告不仅为工商界推销出口之一手段，实负有宣传文化与教育群众之使命也。"

1932 年，美国《广告时代周刊》将广告的定义归纳为："个人、商品、劳务、运动以印刷、书写、口述或图画为表现方法，由广告者出费用作公开宣传，以促成销售、使用、投票或赞成为目的。"

1989 年出版的《辞海》对广告作了如下定义："向公众介绍商品、报道服务内容或文娱节目等的一种宣传方式。一般通过报刊、电台、电视台、招贴、电影、幻灯、橱窗布置、商品陈列等形式来进行。"

由中国大百科全书出版社出版的《简明不列颠百科全书》对广告的定义为："广告是传播信息的一种方式，其目的在于推销商品、劳务，影响舆论，博得政

---

❶ 郑国生，肖汉奇. 广告法实用教程 [M]. 北京：中国法制出版社，1995.

治支持，推进一种事业或引起刊登广告者所希望的其他反应。广告信息通过各种宣传工具，其中包括报纸、杂志、电视、无线电广播、张贴广告及直接邮送等，传递给它所想要吸引的观众或听众。广告不同于其他传递信息形式，它必须由登广告者付给传递信息的媒介以一定的报酬。"

1948年，美国营销协会定义委员会（The Committee on Definitions of the American Marketing Association）曾对广告定义。经过几次修改，形成迄今为止影响较大的广告定义："广告是由可确认的广告主，对其观念、商品或服务所进行的任何方式付款的非人员性的陈述和推广。"

1988年出版的《市场学辞典》一书中说：广告是"广告者通过传播媒体将社会信息传递给大众的一种宣传方式"。

1985年年出版的《简明不列颠百科全书》中说："广告是传递信息的一种方式，其目的在于推销商品、劳务、影响舆论、博得政治支持，推进一种事业，或引起刊登广告者所希望的其他反应。广告的信息通过各种宣传工具，其中包括报纸、杂志、电视、无线电广播、张贴广告或直接邮递等，传递给它所想要吸引的观众或听众。"

1994年出版的《广告学原理》中说："广告者系讯息中所明示的广告主，将商品、劳务或特定的观念，为了使其对广告主采取有利的行为，所做的非个人有费的传播。"

美国销售学学会认为："广告是由可资识别的倡议者以公开偿付费用的做法，对产品（或服务、甚至是某项行动的意见和想法）进行非人员性的任何形式的介绍。"

日本学者八卷俊雄著的《广告学》认为："广告就是'收费使用媒介物的报道活动'。" ❶

---

❶ 八卷俊雄. 广告学 [M]. 采湘，毓朗，译. 广州：广东人民出版社，1986.

《广告大理论》认为："广告是广告客户有计划地利用媒体传递各类信息，从而影响公众行为的信息传播活动。"❶

综上可见，狭义的定义是从广告在经济活动中的促销作用着眼，仅仅把广告作为一种促销手段；而广义的定义则把广告作为一种付费的传播活动来研究。从广告的发展来看，广告早已突破了单一的商品广告的范畴，而成为现代社会的一种重要的信息传播活动，因而，就广告的一般意义来定义，采用广义的说法更符合广告发展的规律、本质和时代的要求。❷

《辞海》对广告的定义是："广告是向公众介绍商品、报道服务内容或文娱节目等的一种宣传方式。一般通过报刊、电台、电视台、电影、招贴、幻灯、橱窗布置、商品陈列等形式来进行。"❸

为了学习的便利，不妨对广告的概念进行一番梳理。从逻辑学的角度来看，概念是人的思维对事物特有属性的反应。概念的特征包括概念的内涵和外延。下面通过广告的内涵与外延，来揭示广告的概念。根据外延的大小，广告有广义与狭义之分。

（一）广义广告的概念

广义的广告是指向社会公众或有关的人员发布的告示。❹ 在国外包括政令宣告广告（宣扬政策、命令、法律等）、社会服务广告（有关文化、道德、家庭服务等的宣传）、竞选广告（宣传竞选人员及竞选的情况）、悬赏广告及商业广告等，其内容涉及政治、社会、商业等方面的广告。❺ 有学者认为，广告是广

---

❶ 吴建.广告大理论 [M]. 成都：四川人民出版社，1994.

❷ 隋彭生.广告法律实务新论 [M]. 北京：中国工商出版社，1998.

❸ 王军.广告管理与法规 [M]. 北京：中国广播电视出版社，2003.

❹ 陈柳裕，唐明良.广告监管中的法与理 [M]. 北京：社会科学文献出版社，2009.

❺ 《广告法教程》编写组.反不正当竞争法律理解与适用 [M]. 北京：中国工商出版社，2009.

告主体依法采用艺术手法，利用各种媒介传递各种信息从而影响公众行为的活动。❶欧洲共同体理事会于1984年9月10日发布的《关于协调各成员国有关误导广告的法律、法规和行政规章的指令》第二条指出："广告意指与商业、工业、手工业或自由职业有关的，为促进商品或服务，包括不动产、权利和义务的销售而作的任何形式的宣传。"❷

通过对以上概念的比较，我们不难发现：广告不仅指静态的、形式意义上的广告作品（Advertisement），还指动态意义上的广告活动（Advertising）。❸那么，什么是广告活动呢？国务院向全国人大常委会提交的《广告法（草案）》第二条规定："本法所称广告活动，是指为推销商品或者服务，提高商品经营者或者服务提供者的商业信誉，设计、制作、代理、通过各种媒介和形式发布广告。"

（二）狭义广告的概念

《中华人民共和国广告法》（以下简称《广告法》）第二条第二款规定："本法所称广告，是指商品经营者或者服务提供者承担费用，通过一定媒介和形式直接或者间接地介绍自己所推销的商品或者所提供的服务的商业广告。"这是商业广告的内涵，即狭义的广告的内涵。加拿大关于广告的概念也是商业广告。《加拿大广告标准准则》规定："本准则所说的广告，是指以影响消费者的选择、观点或行为为目的，通过加拿大媒体发布的任何有偿信息。"❹

陈柳裕和唐明良认为，商业广告通常包括直接宣传产品和服务本身的商品

---

❶ 郑国生，肖汉奇. 广告法实用教程[M]. 北京：中国法制出版社，1995.
❷ 陈柳裕，唐明良. 广告监管中的法与理[M]. 北京：社会科学文献出版社，2009.
❸ 郑国生，肖汉奇. 广告法实用教程[M]. 北京：中国法制出版社，1995.
❹ 陈柳裕，唐明良. 广告监管中的法与理[M]. 北京：社会科学文献出版社，2009.

广告、企业形式广告和劳务广告 3 种方式。❶

早期研究广告法的学者认为，广告宣传的是商品。阎廷枢和戚庆英认为，"广告是企业以说服的方式，向消费者进行的直接或间接的有助于商品销售的公开宣传。"❷

国务院发布的《广告管理条例》《广告管理条例实施细则》规定：广告包括：①利用报纸、期刊、图书、名录等刊登广告；②利用广播、电视、电影、录像、幻灯等播映广告；③利用街道、广场、机场、车站、码头等建筑物或空间设置路牌、霓虹灯、电子显示牌、橱窗、灯箱、墙壁等广告；④利用影剧院、体育场（馆）、文化馆、展览馆、宾馆、饭店、游乐场、商场等场所设置、张贴广告；⑤利用车、船、飞机等交通工具设置、绘制、张贴广告；⑥通过邮局邮寄各类广告宣传；⑦利用馈赠实物进行广告宣传；⑧利用其他广告媒介和形式刊播、设置、张贴广告。2015 年《全国人民代表大会法律委员会关于〈中华人民共和国广告法（修订草案）〉修改情况的汇报》中指出："在中华人民共和国境内，商品经营者或者服务提供者通过一定媒介和形式直接或者间接地介绍自己所推销的商品或者服务的商业广告活动，适用本法。"

二、广告的分类

广告的分类方法较多，依照不同的标准可以进行不同的分类。只有选择适当的分类法，并对各种广告进行分析研究，才能进行正确的监督管理。❸

---

❶ 陈柳裕，唐明良. 广告监管中的法与理 [M]. 北京：社会科学文献出版社，2009：5.
❷ 阎廷枢，戚庆英. 广告法概说 [Z]. 保定：华北人才技术开发公司，河北大学科研处，1985：1.
❸ 国家工商行政管理总局. 广告业发展与监管 [M]. 北京：中国工商出版社，2012：62-68.

（一）按广告媒体分类

按照发布广告所采用的媒体特性分类，可分为报纸广告、广播广告、电视广告、书刊广告、路牌广告、霓虹灯广告、印刷广告、橱窗广告、售点广告（Point of Purchase）、交通广告、邮寄广告、灯箱广告、音响广告、实物广告等。现介绍八种主要广告媒介的特点。

1. 报纸广告

报纸是新闻宣传最有效的媒介体。在我国，无论是从影响的范围来看，还是从广告营业额排列来看，报纸广告居各种广告媒介的前列。报纸广告的读者广泛、稳定，宣传覆盖率高。因为新闻与人们的生活密切相关，许多人都有每天读报的习惯，因此报纸不但传递信息迅速，而且读者的数量往往是报纸发行量的几倍。然而，报纸广告也有难以克服的缺点，如报纸广告的生命周期短暂，随着报纸新闻效益的消失，报纸上登的广告也会很快失去魅力；报纸的内容丰富，栏目较多，会产生视觉干扰，分散读者对广告的注意力；报纸广告的印刷质量不如其他印制品精美，艺术表现手法较为单一，等等。

2. 广播广告

广播作为用无线电传播的声音，无时不在，无处不及。广播作为广告媒介有其独到的优点。它传播迅速，可以在最短的时间内把广告信息送到机关、工厂、学校和千家万户。广播的表现力强，任何可以用声音表达的内容都可以使用无线电广播。广播广告的形式多种多样，可以配乐，也可以穿插现场音响，可以有独白、朗诵和歌声。广播广告的收费标准较低，据统计，广播广告价格仅及电视广告的3%~4%。但是，广播广告也有某些弱点，例如，广播广告难以使人留下深刻印象；听众分散，随机性大，难以准确计算广告效果；只能顺序收听，不能选择等。

3. 电视广告

电视广告的效果远在其他广告媒介之上。电视广告把活动的画面和音响效果结合起来，使人对广告宣传的商品如同现场所见。电视广告是对各种艺术形式和手法的综合运用。电视广告的优点较多，主要有：宣传的影响大，范围广，冲击力强，表现手法多种多样，还可以采用字幕、解说、配乐、表演以及特技手法等。电视广告的缺点主要是费用太高，许多中小企业因此望而却步，不敢问津。

4. 书刊广告

书刊广告是指利用书刊的封面、封底、内页登载的广告。书刊包括图书和杂志。书刊广告的读者对象明确、针对性强。每种刊物都有自己的特色，并有特定的读者群，所以商家均可以选择适当的刊物发布广告。书刊的阅读和保存期限较长，广告可以在较长的时间内发挥作用。书刊广告的印刷质量精美，还能套色。书刊广告的缺点是：宣传范围有一定的局限性，如阅读人数少、印刷周期长、广告传播慢等。

5. 互联网广告

互联网广告是指为了直接或间接地介绍商品或者服务等商业目的，通过互联网采用电子数据形式将与商品或者服务有关的信息进行传播的活动。❶ 互联网广告也称为网络广告。网络广告是以互联网为传播媒介，存在于各个网站，并通过上网者点击广告主网页，广告主据此向上网者传播商业信息和其他信息的新型广告形式。网络广告是由互联网、用户服务器和用户终端组合构成的。网络广告以电子数据的虚拟形态向受众传达广告主发布在不同网站上的广告内容，是全新概念的广告主与受众双向互动的传播过程，与传统的广告媒介相比，有完全不同的传播方式。在当前电子商务兴起的时期，网上广告具有日益强化的作用。它的传播方式、传播速度、信息容量等都为信息社会提供了更多机遇，也对广告监管和广告学研究提出了崭新的课题和挑战。

1994年10月14日美国著名的《连线》(Wired)杂志推出了网络版《热

---

❶ 刘双舟. 新广告法精解与应用 [M]. 北京：中国财政经济出版社，2015.

线》(*Hotwired*),其主页上开始有美国电话电报公司(American Telephone & Telegraph Company,AT&T)等14个客户的横幅广告(Banner Ad.),这是世界上互联网广告的开端。我国的互联网起步比较晚但是发展很快。截至1996年年底,全国已有网站约1.5万家。伴随着互联网的发展,广告迅速与互联网相结合催生了互联网广告。我国第一个商业性的互联网广告出现在1997年3月,传播网站是比特网(Chinabyte),广告表现形式为486×60像素的动画旗帜广告。英特尔公司(Intel Corporation)和国际商业机器公司(International Business Machines Corporation,IBM)是国内最早在互联网上投放广告的广告主。

互联网广告给现行法律带来很大的挑战:第一,互联网对广告法律关系的挑战。传统商业广告法律关系的主体是清晰的,包括广告主、广告经营者、广告发布者。互联网广告将两种或三种主体职权集于一身,广告主、广告经营者、广告发布者间的界限变得模糊;第二,互联网广告对广告监管工作的挑战。原有的按地域划分进行监管的广告监管体系已经无法适应互联网广告规划的需要。互联网的超国界性、无地域性给法律的适用带来了很大的难题;第三,互联网广告对广告的可识别性的挑战。互联网上存在大量以新闻形式发布的广告、以BBS论坛形式发布的广告、以搜索引擎形式发布的广告等。这些形式的广告以其较大的隐蔽性规避法律规制,也给消费者带来很大的欺骗;第四,互联网广告对隐私权保护的挑战。互联网通常采取某些技术手段收集个人信息,然后针对用户特点发布广告,甚至将个人信息作为商品出售,严重侵犯网络对用户的隐私权;第五,互联网广告对虚假广告治理的挑战。互联网是一个信息自由发布的平台,任何人都可以在互联网上发表自己的观点,这样一种开放性的平台为一些不实或欺诈信息提供了方便。因此,《广告法》第四十四条规定:"利用互联网从事广告活动,适用本法的各项规定。利用互联网发布、发送广告,不得影响用户正常使用网络。在互联网页面以弹出等形式发布的广告,应当显著标明关闭标志,确保一键关闭。"

6. 户外广告

户外广告是指在露天的公共场所运用室外装饰的形式向公众传播信息的广告媒介，一般的户外广告包括油漆绘制的广告牌、户外灯光广告、车身和船身广告等。户外广告的地域性强，可以在广告效果最佳区域设置。新的户外广告媒体也不断涌现，如柔性灯箱、三面转体广告牌、八面转体广告牌、多画面循环广告牌、彩色跳格活动显示板和电子显示屏等。它的时效性长，可以在较长的时间内发挥作用。路牌可以漆绘、喷绘，也可以用招贴纸、尼龙布制作。它的色彩效果强烈，可产生较强的视觉冲击力。户外广告的局限性在于它要受到风吹、雨打和日晒，其外观容易被破坏；信息量单一并较少。

户外广告由于其灵活性，不受地区、时间的限制，在许多户外场所、空间、设施均可设置，所以一直是十分重要的广告形式。

7. 售点广告

售点广告是指在商品销售场所设置各类广告。售点广告的种类繁多，如：店面形象广告、商场环境广告、橱窗广告、灯箱广告、展台广告、展销广告牌、时装模特广告、柜台广告、电视屏幕墙广告、霓虹灯广告、印刷品广告、包装广告和实物广告等。售点广告有与销售额直接关联，与特定消费者直接接触，变化快，形象生动等优点，故为商家所广泛采用。

8. 直销广告

直销广告（Direct Market AD）是由销售人员直接与消费者建立订购关系，及时反馈信息的广告形式。直销是相对于间接营销活动而言的。在间接销售中，制造商通过中间商，如批发商、零售商将商品送到顾客手中；而直销则是厂商的销售人员直接与顾客建立关系，并完成买卖行为的销售方式。直销广告通常采用邮寄方式，也采用建立直销网络的方法。根据美国直接营销协会的定义，直销广告是任何一种旨在通过一个反映设计引发受众直接反应的广告。直销广告至少包含3项内容：①提供特定的产品和服务；②包含做出购买决策所需的全部信息；③包括一个反应设计（回复券或电话号码、网址）以方便客户做出反应。直销广告既是广告媒体又是销售活动。直销广告利用消费对象的数据库，根据消费特征和广告内容进行选择，有计划地通过邮递或直销网络体系，直接向所选定的消费对象宣传商品。与其他广告形式相比，直销广告具有更加强有力的有效性和更强的对象针对性；能够更加直接和有目的地唤起消费者的注意，影响并促使消费者产生消费行为；可以及时反馈信息和进行广告效果的测定。直销广告的发布形式不仅仅局限于邮寄方式，还可以借助电视、传真、网络等，直接邮递广告是其主要形式，所以，人们常常将直销广告称为直接邮寄广告（Direct Mail Advertising）。

广告的分类方法是多元性的，根据不同划分标准，广告可以从多角度、多层次进行分类。

（二）按传播范围分类

依据广告传播地区范围，可分为国际广告、全国性广告、区域性广告、地方性广告。

1. 国际广告

国际广告是指为了配合国际营销的需要，在出口国和地区所做的商品广告。国际广告是国际营销活动发展的产物。其目的在于通过各种适应国际市场特点的广告形式，使外贸出口商品能迅速地进入国际市场，建立信誉，扩大销售，实现销售目标。

2. 全国性广告

全国性广告是一种在覆盖全国城乡的媒体上刊播的广告。选择全国性的媒体，其目的是通过全国性广告激起国内消费者对其产品的需求。此类广告的产品多数是通用性强、销售量大、选择性小的商品，或专业性强、使用区域分散的商品。

3. 区域性广告

区域性广告是一种信息传播范围受区域限制的广告。这类广告一般是指通过省级报刊、电台、电视台等区域性媒体刊播的广告。广告的产品多为地域性较强的产品，适用于中小企业、地方乡镇企业产品的推销。

4. 地方性广告

地方性广告是一种在地方性报刊、地县级电视台、电台刊播的广告。此类广告比区域性广告传播范围更窄，多数是为了配合密集性市场营销策略的实施，广告者主要是商业零售企业和地方性工业企业，广告宣传的重点，是促使人们使用地方性产品或认店购买。

（三）按传播对象分类

根据广告传播对象标准，可以把广告分为消费者广告、产业广告以及服务业广告。

1. 消费者广告

消费者广告直接指向最终消费者。这类广告通常是由产品的生产厂家或销售商发起的，并面向产品的最终消费者或购买者。例如，一则可口可乐的杂志广告可能是同时针对可口可乐的购买者及饮料的最终使用者。但是，一则关于狗食品的电视广告就只能是指向它的购买者，而非使用者。此类广告占广告的大部分，多数的电视、电台、报纸、杂志广告都是消费者广告。消费品的种类繁多，每类消费品的广告也各具特色。消费者广告包括酒类广告、香烟广告、饮料广告、食品广告、服饰广告、化妆品广告、汽车广告、家用电器广告和其他日用品广告等。

2. 产业广告

产业广告一般来说不易见到。产业广告倾向于集中在特定产业出版物、专业期刊、为建立业务关系的直接邮递品及特定产业领域的贸易展览会上。各行业中为企业经营活动购买或选定用品的人们构成了产业广告的目标对象。产业广告有以下4种主要形式。

（1）工业广告。是针对企业中购买工业品或影响工业品购买的个人的。工业品包括用来生产其他产品（如机器、设备）及实际成为其他产品一部分（如原材料、半成品、零部件）的产品和劳务。工业品也包括经营中所使用的，但不成为其产品一部分的资本物资（如办公机械、办公桌、日常业务用品）及承包者为业主提供的经营服务。

（2）贸易广告。或称媒介性广告，是向中间商推销商品和劳务的广告。比如，在行业刊物上刊载向食品店经理们推销可口可乐的广告。有些向行业推销的产品，如办公设备、商品固定装置或为经营提供的特殊服务，则可能被中间商购为自己经营活动中使用。贸易广告的主要目的在于扩大商品的销售，实现该目的的途径可以是发展更多的销售渠道，也可以是进一步挖掘现有销售渠道的销售能力。

（3）职业性广告。针对诸如教师、会计师、医生、建筑师、工程师及律师等所做的广告叫职业广告，职业广告有3个目的：①说服从职者购买并在工作中使用某品牌产品；②鼓励从职者向其职业对象推荐或建议某特定产品或服务；③说服某人自己使用某产品。

（4）农业广告。农业广告即以农场主为目标对象的广告。农业广告的目的在于：①在质量和功效基础上，建立对某种特定农业用品的认知；②让商人接受产品；③通过向农户们展示某产品是如何提高效率、降低风险、扩大收益的来，建立农户对该产品的偏好。

3. 服务业广告

服务业广告实质上是消费者广告和产业广告的一个组成部分，因为消费品和工业品本身都已经包括了相应的服务。但是，由于服务业产品是无形的，所以，服务业广告也需要更富想象性。因此，服务业广告的措辞较其他产品广告有所不同。服务业广告包括航空广告、饭店广告、银行广告、保险广告、咨询广告、旅游广告、娱乐广告、租赁广告、信用卡广告、电话卡广告、美发广告、健美广告等。

（四）按直接目的分类

按照广告的直接目的，可分为促销广告、树立形象广告、建立观念广告、解决问题广告等类别。

1. 促销广告

促销广告是通过对企业、商品、劳务的介绍，以达到商品和劳务销售的目的。促销广告又依其手段的不同有报道式广告、劝导式广告和提醒式广告之分。报道式广告，通过向消费者介绍商品的性质、用途、价格等，促使消费者对商品产生初步需求，属开拓性广告；劝导式广告，是以说服为目标的广告，使消费者对某种牌子的商品加深印象，刺激选择性需求，属竞争性广告；提醒他们不要忘记这个商品，刺激重复购买，属备忘性广告。

2. 树立形象广告

树立形象广告不直接介绍商品、企业的基本情况，而是宣传企业的一贯宗旨与信誉、企业的历史与成就，其目的是沟通企业与消费大众的公共关系，树立企业的良好形象。

3. 建立观念广告

建立观念广告既不直接介绍商品，也不直接宣传企业的信誉，而是通过宣传，建立或改变购买者对一个企业或一种产品在人们心目中的形象，建立或改变一种消费观念。例如，在国外饮料市场竞争中，有意识地宣传饮料可分为可乐型和非可乐型两类，这种观念性的宣传，就有利于非可乐型饮料的销售，打破可乐型饮料在市场上的垄断局面。

4. 解决问题广告

解决问题广告的直接目的在于解决广告主的某类问题。如招工广告、寻人启事、挂失启事就属于此类广告。

（五）按最终目的分类

如果按照广告的最终目的进行分类，可以分为商业性广告与非商业性广告。

1. 商业广告

商业广告又称营利性广告或经济类广告。广告的目的是通过传播商业信息促销商品或劳务，从而获取经济利益。如各种产品广告；企业形象广告；邮电、保险、运输等服务贸易类广告；影视、竞技、展览、旅游等娱乐消费类广告等。商业广告，即传递商业信息，以盈利为目的的广告。商业广告是商品经济的产物，以宣传介绍商品、企业为主要内容，是最重要的广告种类。商业广告按内容又可分为3类：商品广告、劳务广告、企业广告。商品广告又称产品广告，以介绍产品的有关情况，促进产品销售为主要目的。商品广告把着眼点放在产品的品牌、功效、质量、价格、生产厂家、销售地点以及产品所能给消费者带来的好处等；劳务广告又称服务广告，以介绍商品化的劳务，促使消费者使用这些劳务为主要目的，如介绍银行、保险、旅游、车辆出租、房屋装修、家电维修等；企业广告，以介绍企业情况，树立企业形象、提高企业知名度为目的。企业广告是企业根据消费者对企业的认知程度，对企业的名称、标记、经营宗旨、发展历史、社会地位、服务方针、业务成就以及发展前景进行详细介绍的一种重要方式。《广告法》第二条规定："在中华人民共和国境内，商品经营者或者服务提供者通过一定媒介和形式直接或者间接地介绍自己所推销的商品或者服务的商业广告活动，适用本法。"

2. 非商业广告

非商业广告又称非营利性广告或公共服务类广告。广告的目的是通过传播某一事项或观点为社会公众提供免费服务,而不是获取经济利益。如各类政府公告;社团活动广告;社会保护广告;个人启事广告等。社会广告是指认为社会大众提供小型便利服务为主要内容的广告。其主要特点是服务性,而非以盈利为主。主要包括招生、招聘、征婚、寻人、换房、支票挂失、对换工作、迁址、集会等信息的广告。文化广告,指以传播科学、文化、教育、体育、新闻出版、新书预告、文艺演出、影视节目预告为主要内容的广告,带有营利性。公益广告,亦称公共服务广告、公德广告,是为公众服务的非营利性广告,目的是通过广告呼吁公众对某一社会性问题的注意,抨击不道德行为,提倡新的道德风尚、新的观念以助社会、人类的健康发展。公益广告题材广泛,多为人们关注的社会性问题,如禁毒、禁赌宣传广告,环境保护广告、消防安全广告等。意见广告是一种付费表达自己意见的广告种类,不以营利为目的。政治广告属于意见广告,在某种程度上,意见广告和政治广告是难以区分的。

(六)广告法分类

根据 2015 年修订的《广告法》,分类如下。

按照广告媒体的不同,分为:广播广告、电视广告、户外广告、电子信息广告、互联网广告。

按照广告内容的不同,分为:药品广告、医疗器械广告、保健食品广告、医疗广告、食品广告、农药广告、兽药广告、饲料广告、饲料添加剂广告、烟草广告、酒类广告、教育、培训广告、招商广告、理财广告、房地产广告、农作物种子、林木种子、草种子广告、种畜禽、水产苗种和种养殖广告、网络游戏广告。

按照广告目的的差异,分为:公益广告、商品广告、服务广告、荐证广告。

按照广告法律属性的不同,分为:虚假广告、违法广告、不实广告、误导广告、违禁广告、歧视广告。

还可以将广告分为特殊类别广告以及特定媒体广告。

特殊类别广告：药品及医疗器械广告、医疗广告、烟草广告、化妆品广告、酒类广告、房地产广告、农药及兽药广告。

特定媒体广告：户外广告、互联网广告、印刷品广告、报纸期刊广告、广播电视广告。

（七）本书分类

1. 虚假广告与误导广告

如果消费者所掌握的信息比经营者多，那么消费者对产品优劣的判断将比商家更清楚，商家要说服消费者是困难的。事实上，消费者所掌握的信息比较有限，这些有限的信息在购买产品时所起的作用是极其微弱的，经营者传达的信息才是占主导地位的。消费者与经营者所掌握的信息不对称，使得消费者容易受到经营者的欺诈。虚假广告、误导广告则成为对消费者进行信息欺诈的主要手段。为此，这两类广告成为广告法所重点规制的对象。

（1）虚假广告。

虚假广告是指广告主、广告经营者和广告发布者为牟取非法利益而在广告中采用欺诈性的手段，对商品或服务的主要内容做不真实的或引人误解的表示，导致或足以导致消费者对其产生高期望值从而做出错误判断的广告。简单地说，虚假广告就是通过虚假的信息发布推销商品或服务的行为。❶

（2）误导广告。

误导广告又称欺诈广告，是指广告主利用消费者心理的弱点或广告语言方面模棱两可之处等，对商品的真实性产生错误联想，从而影响其购买决策的广告。❷欧洲联盟理事会（Council of the European Union）于1997年修订的《关

---

❶ 蒋恩铭. 广告法律制度 [M]. 南京：南京大学出版社，2007：111.

❷ 蒋恩铭. 广告法律制度 [M]. 南京：南京大学出版社，2007：126.

于误导广告和比较广告的指令》规定："误导广告意指以任何形式（包括展示）欺骗或可能欺骗受众或接触过广告的消费者，并由于其欺骗性可能会影响消费者的经济行为，或因此损害或可能损害其竞争对手的广告。"

2. 商业广告与社会广告

按广告活动的目的是否具有营利性来分，可以分为非营利性广告和营利性广告两类。非营利性广告也称为公共服务性广告，如社会保护广告、节日广告、社团活动广告、个人启事广告等；营利性广告也称为商业性广告，其中又分为商品及服务广告和文化娱乐广告两种。这是最具广告法意义的分类。

（1）商业广告。

商业广告是指以营利为目的的广告包括，一切经济广告。我国广告法中的广告法定义特指商业广告，它的目的是介绍广告主自己所推销的商品或提供的服务，从而获得某种商业利益，如商品广告、企业广告、劳务广告等。

① 商业广告的目的是介绍广告主自己所推销商品或者提供的服务。为了达到这一目的，广告主在广告内容的意思表达上，通常采用三种直接宣传形式：一是广告直接宣传产品或者服务本身，即商品广告；二是宣传企业的信誉和形象，包括宣传与自己相关的社会公益活动，即企业广告；三是通过广告提出为开展经营活动需要的某种要求，包括要求提供某种产品的某种服务，即劳务广告等。此外，还有其他形式，例如间接进行广告宣传：一是通过新闻媒介，以新闻报道的形式（包括其他非广告信息），取得广告效益；二是通过评比、评奖、推荐等活动，由活动的组织者发布信息，取得广告效益；三是在各类广告媒体发布公益广告时，以赞助方式署名取得广告效益；四是通过在电影电视片等艺术表演中穿插某些特定的镜头、场面、台词等取得广告效益。认定间接广告的依据，除了已经产生广告效益的事实以外，还要证明广告主为取得广告效益是否支出过广告费用。

② 企业广告。企业的产品不管发生什么样的更新换代，借助形象广告始终

能保证消费者在未来的日子里继续支持本企业,借助形象广告不仅可以为企业的近期销售铺路,也能为企业未来的销售进行准备。❶

③ 劳务广告。劳务广告也称为推销服务的广告。在商品出售之前,介绍商品的性能、正确使用方法、维修保养知识,商品出售过程中让消费者充分选择、试用,商品售出后为消费者提供的修理服务。

(2) 社会广告。

社会广告,指的是除商业广告以外的所有其他广告。社会广告是非商业性和非营利性的,目的在于维护国家和人民的利益,如环境保护广告、交通安全广告、安全用电广告、禁烟广告、计划生育广告等。❷ 社会广告,亦称公益广告,主要是指不以获取经济利益为直接目的的广告形式。社会广告产生于人类社会早期,先于商业广告出现。在商品生产和商品交换尚未出现之前,出于沟通生产和生活信息的需要,社会广告已经先于商业广告而产生,并成为当时社会生活的一个重要内容。❸ 也有学者认为,社会广告是指提供社会服务的广告,如社会保险、社会福利、医疗保健、征婚、寻人、挂失、招领、人才流动等。❹

社会广告包括政府公告、公益广告及公民广告3种。

① 政府公告。政府与政府部门通过发布的通知、布告来公布政府的法令、政策、告示等,也是一种广告的形式,称为政府公告。

② 公益广告是以为公众谋利益和提高福利待遇为目的而设计的广告,是企业、社会团体向消费者阐明它对社会的功能和责任,表明自己追求的不仅仅是从经营中获利,而是过问和参与如何解决社会问题和环境问题这一意图的广

---

❶ 褚霓霓.广告法实例说[M].长沙:湖南人民出版社,2004:6.
❷ 杨紫烜.经济法[M].4版.北京:北京大学出版社,高等教育出版社,2011:282.
❸ 陈培爱.中外广告史——站在当代视角的全面回顾[M].2版.北京:中国物价出版社,2002:189.
❹ 郑国生,肖汉奇.广告法实用教程[M].北京:中国法制出版社,1995:11.

告，是不以营利为目的而为社会公众切身利益和社会风尚服务的广告。❶公益广告具有社会的效益性、主题的现实性和表现的号召性三大特点。《广告法》第七十四条规定："国家鼓励、支持开展公益广告宣传活动，传播社会主义核心价值观，倡导文明风尚。大众传播媒介有义务发布公益广告。广播电台、电视台、报刊出版单位应当按照规定的版面、时段、时长发布公益广告。"公益广告向社会大众宣传一种正确的生活方式或生活态度，增进公众对社会问题的了解和关注，促进社会风气的健康发展。我国公益广告已取得了良好的社会效果，并得到了全社会的肯定。

第二节 广告的起源与发展

一、广告在国外的起源和发展

世界广告发展经历了4个阶段。第一个阶段为原始广告时期，时间跨度最大，从广告产生到1450年，广告形式为口头广告、招牌、文字广告等；第二个阶段为近代广告时期，1450—1850年，广告形式以印刷广告为主；第三阶段为近现代广告过渡期，1850—1920年，广告传媒大众化步伐加快，广告活动迅速形成规范经济；第四个阶段为现代广告业发展时期，1920年以后，广告业蓬勃发展。特别是资本主义进入垄断资本阶段以后，广告业迅速发展。❷

---

❶ 陈正辉.广告伦理学[M].上海：复旦大学出版社，2008：287.
❷ 李宝元.广告学教程[M].2版.北京：人民邮电出版社，2004：18-30.

（一）原始广告时期

从广告产生到 1450 年，广告形式为口头广告、商店招牌、文字广告、音响广告。这一时期既有文字广告形式，又有口头广告形式。世界上最早的文字广告，出土于埃及的底比斯古城，是一则写在羊皮纸上的悬赏广告。是一位名叫哈布的奴隶主，开了一家织布店，他的奴隶谢姆逃走了，他便悬赏一只金环，以此求得谢姆的下落。口头广告的代表是法国一个由 12 人组成的口头广告组织。他们与商店签订合同，收取报酬，通过传唱歌谣，来进行广告宣传。这一组织得到国王路易七世的特许，并发布《叫卖人规则》进行规范。在一则宣传扁桃的口头广告中，他们唱道："发发善心，行行好吧。甜美扁桃，扁桃甜美！" ❶

（二）近代广告时期

杂志广告、报纸广告开始产生，是这一时期的特点。1450 年，德国人古登堡创用铅活字印刷术，使广告形式进入印刷广告时代。英国出版商威廉·坎克斯顿印出了第一本英文书。为了推销此书，他制作并发布了第一份印刷品广告。1645 年 1 月 15 日，一本名为 The Weekly Account 的杂志第一次使用"广告栏"专门刊登广告。"广告"一词作为专有词语正式产生。1610 年，英国国王詹姆斯一世让两个骑士建立第一家广告代理店。1650 年英国报纸《每周新闻》刊登的《寻马悬赏启事》，是第一则报纸广告。1760 年，美国人比尔·罗利拉开办了他的鼻烟厂，并发了鼻烟广告。这是世界上第一则烟草广告。

（三）近现代广告过渡期

报纸广告成为第一大广告媒体。1896 年英国《每日邮报》创刊，1851 年美国《纽约时报》创刊，1872 年日本《每日新闻》创刊，1874 年日本《读卖新闻》

---

❶ 李宝元. 广告学教程 [M]. 2 版. 北京：人民邮电出版社，2004：18-28.

创刊，1879年日本《朝日新闻》创刊。

广告公司出现。1841年美国人伏而尼·帕尔默在美国费城开办世界上最早的广告公司，代理客户购买报纸版面，不仅受到广告客户的欢迎，而且提高了报业的效率。1865年，乔治·路威尔在美国成立广告公司，专门出售广告版面，至此广告代理业在美国出现。1891年可口可乐公司在投产五年后摄制了世界上最早的挂历广告，这是第一次采用摄影技术拍摄的广告。1910年在法国巴黎举行的国际汽车展览会上，首次采用霓虹灯做广告。这是世界上第一个霓虹灯广告。1918—1921年，服务娱乐性广告比重上升。1921年"泰坦尼克号"豪华邮轮下水之前，曾发布大量广告，招徕乘客。

（四）现代广告时期

新媒体的出现是现代广告时期的最大特点，这一时期的新媒体是广播电台、电视，新媒体的发展为广播电台广告、电视广告的产生和发展提供了条件。

1. 广播广告

1920年，美国的KOKA广播电台，是美国第一家领取执照的电台。1928年美国有一半的家庭收听广播。罗斯福新政时期，罗斯福通过广播，说服美国人民共度难关，克服经济危机，被称为"炉边谈话"。1928年，美国通过无线电广播的广告费用达1050万美元。

2. 电视广告

1926年1月27日，约翰·贝尔德在伦敦的实验室里发明了电视技术。美国的法恩斯、日本的高柳健次郎、德国的鲍尔·尼泊寇、苏联的弗拉基米尔·斯威里金进行了电视配套技术的后续研究，使电视机进入寻常百姓家。1929年，约翰·贝尔德与英国广播电视公司合作，建成了世界上第一座电视台。1936年11月2日，英国播放了世界上最早的电视节目，标志着电视广告时代的到来。20世纪50年代，彩色电视发明以后，电视成为世界上最大的广告媒体。

1920年起,随着汽车的普及、分期付款的产生,市场竞争白热化,聘用电影明星作为广告代言人成为重要的发展趋势。1930年起,进入经济大萧条时期,企业注重市场调研,广告企业内部分工细化。1950年后,广告学的体系日趋完善,摄影广告占广告的比例加大。1980年后,电脑的发明使得平面广告设计更为专业化。

二、广告在我国的起源与发展

广告在我国最早产生于原始社会末期。随着人类社会第三次大分工的出现,商业从农业、手工业中分离出来,广告随之产生。

在奴隶社会,广告得到了初步发展,最初的广告形式有叫卖广告、实物陈列广告、招牌广告和幌子广告。《卫风·氓》中有"氓之蚩蚩,抱布贸丝"的记载,"抱布贸丝"就是一种实物陈列广告。春秋战国时期,出现了招牌、幌子等广告形式。《外储说右上》中记载,"宋人有沽酒者,升概甚平,遇客甚谨,为酒甚美,悬帜甚高。"这里的"帜"就是指酒旗,是幌子广告的一种。[1]

封建社会时期,工商业空前繁荣,广告随之得到大的发展。唐代要求商铺前必须悬挂旗帜广告,才能营业。"酒店门前三尺布,过来过往寻主顾",便是对旗帜广告的生动写照。北宋时期,出现了印刷广告。济南刘家针铺的广告铜板,上面印刷有"认门前白兔儿为记"等字样,便是最早的印刷广告。音响广告也很普遍,且流传到现在。布贩子摇拨浪鼓,货郎敲小铜锣,补锅的敲大铜锣,卖油的敲油梆子,就属于音响广告。

宋元时期,由于活字印刷术的发明,加之风流雅士参与创做广告和印刷广告出现,中国古代广告发展进入顶峰。《清明上河图》中出现了很多招牌广告,

---

[1] 郑国生,肖汉奇.广告法实用教程[M].北京:中国法制出版社,1995:12-15.

如铁匠铺的招牌广告上，除了写店名，还画上钳子、刀子等图案。在内蒙古额尔旗出土的纸质招贴广告，上写："谨请贤良：制造诸般品味，簿海馒头锦妆。请来日试尝，伏望仁兄早降。今月初六到初八日，小可人马二。"在这段广告词中，广告主马二在本月的初六到初八，出售自己加工的各色菜肴，尤其是馒头最有特色。❶

明代的招徕市声广告更具特色。《生绡剪》记载苏州阊门外吊桥卖鼠药商贩的吆喝"赛狸猫，老鼠药。大的吃了跳三跳，小的闻闻就跌倒。"明代的书籍广告有了新的发展，书首广告、书尾广告、新书预告广告等广告形式大量出现。对联广告在明代也有了新的发展，如："双手劈开生死路，一刀斩断是非根。"这是朱元璋给阉割猪的屠夫题的阉割猪行业做的广告。

清代时，出现了冲天招牌广告。冲天招牌广告是用两片长条石，深埋地下，露出地面的两石之间则夹竖一个很长的黑漆金字招牌。石条有洞，可以把招牌拴紧，一般直立在店铺当中的街上，招牌广告很高，为的是使人老远就可以看到这家大的店铺，所以叫冲天招牌广告。清朝乾隆年间《圆明园内铺面牌幌则例》规定，冲天招牌广告上面要雕装元宝或者如意，配以经营项目的文字。规模较大的药店、当铺才会采用冲天招牌广告。冲天招牌广告是古代的户外广告。❷

对联广告这一具有中国特色的广告形式，在清代继续发展，且达到较高水平。在某一个大年三十晚上，乾隆皇帝在北京城内微服私访。他看见一家鞋店因为生意冷清，店主没有心思贴对联，便为店主作春联一副：上联：大楦头，小楦头，打出穷鬼去；下联：粗麻绳，细麻绳，引进财神来；横批：生意兴隆。这副当朝皇帝题写的对联广告语言生动形象，在店门上一贴，很快为鞋店招徕了许多顾客。

---

❶ 汪洋.中国广告通史[M].上海：上海交通大学出版社，2010：35.

❷ 同❶.

第一章 广 告

随着洋务运动的发展,西方资本主义商人把近代广告带到中国。鸦片战争后,印刷广告有了较大发展。外国人在我国办起了几百家报纸,其中有《东方广告报》《中国广告报》等专门的广告报刊,销售外国货物。

20世纪初,我国厂商也办了报纸,刊登广告。报纸广告成为第一大广告媒体。报纸广告图文并茂,编排技巧高超,广告图案和文字艺术化,广告词创作精致化,广告发展日趋成熟。《申报》是当时全国发行量最大、影响力最大的报纸。1872年,《申报》在创刊号上便刊登广告。1918年,上海各报同时刊登一个大红鸡蛋图案,没有附带任何文字说明。这个大红鸡蛋图案代表什么? 在人们的各种猜测声中,一时成为人们的注意焦点。在吊足了人们的胃口后,谜底揭晓,原来这是福昌烟草公司最新生产的"小囡"牌香烟请大家吃"喜蛋"。这是我国早期民族资本家做得最成功的一则广告。《湘报》是最有社会责任感的报纸。《湘报》不仅促进了维新变法,而且促进了民族工业的发展。❶ 随着报纸广告的发展,产生了"月份牌广告"。1896年《申报》广告:"本馆年例新正初印就中西月份牌,随报分送。"月份牌是集中年画、年历、广告三位一体的中国特色的商品海报。彩票销售行业也争相赠送月份牌来达到广告宣传效果。

除了印刷广告,这一时期的广告形式还有霓虹灯广告、广播广告、车身广告等。1922年,美国商人奥斯邦设立了中国境内第一座广播电台——奥斯邦电台,台址设在上海市广州路大来洋行屋顶。该电台于1923年开始播音。广播广告通常穿插在人们喜闻乐见的节目中。上海人喜欢弹词,上海广播电台便在弹词播放期间插播广告。1930年,上海市的"国华广播电台"创立"空中剧场"栏目,播出祁莲芳、陈莲卿的双档弹唱"一捧雪",还邀请杨斌奎、杨振雄父子等弹词名家演唱,在节目高潮时插播广告,取得了良好效果。广播从此成为第二大广告媒体。1926年上海市南京东路出现"皇家"牌打印机的霓虹灯广告。

---

❶ 汪洋. 中国广告通史[M]. 上海:上海交通大学出版社,2010:64.

1936年，全国运动会在上海举行，《新闻报》把写着"新闻报发行量最多，欢迎客选"的红布系在气球上，升到空中，借机做了一次空中广告。

中国共产党人创办的《湘江评论》（1919年）、《向导周刊》（1922年）❶、《新华日报》（1938年）、《解放日报》（1941年）、《人民日报》（1948年）都刊登过商业广告。

1979年是我国广告业复苏的一年。1月4日，《天津日报》率先恢复刊登商业广告，内容是出售蓝天牙膏的广告。1月23日，《文汇报》刊登了第一条外商广告。1月28日，上海电视台播出了我国内地第一条商业内容的电视广告。3月15日，上海电视台播出了瑞士雷达表广告，这是我国第一条外商电视广告。❷

三、国际广告发展概况

国际广告的产生时间不长，但是其影响巨大，下面从国际广告的概念、广告组织、广告准则进行介绍。

（一）国际广告的概念

国际广告是指广告主通过国际性媒体、广告代理商和国际营销渠道，对进口国家或地区的特定消费者所进行的有关商品、劳务或观念的信息传播活动。❸由于不同的国家和地区在社会制度、政策法令、消费水平、消费结构、风俗习惯、自然环境、宗教信仰以及由此形成的消费观念、市场特征等方面都存在极大差异，使得在国际市场上国际广告具有其特殊性。国际广告注重

---

❶ 阎廷枢，戚庆英. 广告法概说 [Z]. 保定：华北人才技术开发公司，河北大学科研处，1985：1.

❷ 李宝元. 广告学教程 [M]. 2版. 北京：人民邮电出版社，2004：32-41.

❸ 李宝元. 广告学教程 [M]. 2版. 北京：人民邮电出版社，2004：398.

宣传企业形象，而非产品功能。国际广告的受众一般为工商业者，而非一般消费者。

（二）国际广告组织

为了促进各国广告界的合作与发展，提高广告业务水平，国际广告界成立了一系列行业性协会，如国际广告协会（International Advertising Association）、世界广告行销公司（World advertising marketing company）和亚洲广告协会联盟（Asian Federation of Advertising Associations，AFAA）。

国际广告协会是世界上最大的、最权威的国际广告组织，创建于1938年，是由各国广告界知名人士组成的非营利性组织。总部设在纽约，会员遍及世界多数国家和地区。1987年5月12日，我国以"国际广告协会中国分会"的名义加入了该协会。国际广告协会的最高权力机构是世界委员会。国际广告协会的会员分为个人会员、团体会员、组织会员、准会员、院校会员、资深会员及名誉会员共7种，每逢单年选举代表参加世界委员会。世界委员会选举产生理事、主席、副主席。休会期间，协会的日常工作由主席、副主席、秘书财务和理事会主席组成的执行委员会负责。国际广告协会每两年召开一次全体会议。

世界广告行销公司是一个影响很大的世界性广告行业协会。由世界各地著名的广告公司组成，总公司设在伦敦。凡参加世界广告行销公司的会员，可获得业务上的实际帮助。这些实际帮助包括协助开拓国际市场，使会员直接在世界各地驰名的广告公司接受培训，举办各种讲习会，定期提供世界各地最新的广告佳作，预测广告经济动向。该组织会员囊括了世界著名的厂商，这些产品一旦在某一会员国国内销售，参加该组织的会员就是他们的代理商。世界广告行销公司的工作，使得会员在广告业务方面得到提高，在广告行销方面也走向国际化。

亚洲广告协会联盟成立于1978年，是由亚洲地区的广告公司协会、与广告有关的贸易协会和国际广告协会在亚洲各国各地区的分会组成。各个分会按国家和地区先组成亚洲广告联盟国家委员会,然后以国家委员会的名义加入亚洲广告联盟,如韩国的名称为"亚洲广告协会联盟韩国国家委员会"。亚洲广告协会联盟会议每两年召开一次。我国于1987年6月14日以"亚洲广告协会联盟中国国家委员会"的名义加入。

1. 国际广告协会

国际广告协会成立于1938年,最初名为"出口广告协会",是由美国人托马斯·阿斯威尔召集另外12名从事出口广告的美国人发起成立的。

国际广告协会是集广告主、广告公司、媒体、学术机构以及营销传播业的专业人员为一体的唯一的全球性广告行业非政府组织,总部设在美国,在全球96个国家和地区拥有61个分会和21个准分会。凡是与广告业有关的媒体、广告公司、企业、院校、机构,其从业人员只要遵守国际广告协会的章程,按时缴纳会费并参加其活动,均可取得其会员资格。

(1)宗旨和原则。

研究国际广告发展的新趋势、新技术、新方法;提高广告业务水平,促进会员之间的信息及学术交流,开展广告教学活动;制定广告自律规则,协调会员之间及各方面的关系。

(2)组织机构。

组织机构包括:主席、副主席,分别负责国际广告协会各项工作;理事长,负责总部日常工作;世界各大区地区总监,分别负责各大区的工作;分会会长,负责本国的组织工作;执委会,理事会休会期间决定重大事项;理事会,决定国际广告协会的重大事项;地区分会会长会议,讨论地区的事项;各国分会会议;讨论各分会事项。国际广告协会的主要出版物是《世界新闻》,工作语言是英语。国际广告协会的主要活动是两年一次的国际广告协会世界广告大会,每年一次的国际广告协会理事会会议,国际广告协会各大区分会会长会议。

第一章 广　告

（3）使命。

宣传广告作为推动经济健康发展的主要动力和各种独立媒体及开放社会基础的重要作用和益处；提倡、保护和促进商业言论自由和消费者选择自由；鼓励对广告自律的广泛实施和认可；通过对未来广告营销传播行业从业人员的教育和培训，引领行业向高水准方向发展；提供论坛研讨不断出现的广告营销传播业的专业问题以及这些问题在飞速变化的世界环境中所引发的结果。

（4）会员。

国际广告协会世界秘书处设在美国纽约，在96个国家有5400名会员，其中包括97名公司会员，59名组织会员，1680名准会员，61个国际广告协会分会以及21个准会员分会。国际广告协会组织实行会员交费制，国际广告协会会员每年须按时缴纳会费200美元，不交纳会费者视为自动退会。

（5）运作方式。

与国家及地区的三方（广告主、广告媒体和广告公司）广告组织协调工作；负责各国国家政府和非政府组织之间的联络工作，反对对于广告的无根据的限制并为此申辩；提倡国家广告自律体系，调解处理跨国广告纠纷。

（6）中国分会。

1987年5月12日，国际广告协会中国分会成立，31名中国广告界人士成为中国分会会员。他们多是有实力的广告公司、主要媒介广告部门负责人，有的是广告组织的负责人，这些组织分布在全国各地，在我国广告界有着重要影响。国际广告协会中国分会的主要任务是组织会员参加国际广告协会的世界大会和相关活动，按照国际广告协会章程规定，依托中国广告协会开展广告学术研讨、广告人才培训，组织国际交流、考察活动。1987年6月5日，国际广告协会时任主席布罗迪及全体执行委员会委员在北京长城饭店举行记者招待会和宴会，祝贺中国分会成立，并向中国分会及其会员颁发会员证书。国际广告协会全体执行委员和中国分会全体会员出席了颁证仪式和宴会。这标志着中国广告与国际广告组织正式建立了联系，意味着中国广告业开始与国际广告业接轨。国际广告协会中国分会直接受中国广告协会领导和管理，目前拥有会员60多名，包括广告公司、广告主、广告媒体等经营单位的成员。

2. 世界广告主联盟

世界广告主联盟（World Federation of Advertisers），于1953年成立，总部位于比利时布鲁塞尔，是一家在全球范围内代表广告主的机构。作为唯一一个代表广告主共同利益的全球性组织，世界广告主联盟涵盖了五大洲57个国家级的广告主协会，全球100强企业中约有50家是世界广告主联盟的会员单位。全球营销传播领域90%左右的营业额，由世界广告主联盟网络内的企业创造，每年约有7000亿美元。世界广告主联盟在全球范围内负责推崇有实效的营销传播。

3. 国际商会市场营销与广告委员会

国际商会市场营销与广告委员会（Commission on Marketing and Advertising）作为国际商会专业委员会之一，由来自市场营销和广告行业的国际商会会员公司的政策专家组成，涵盖了多个国家、多个商业领域的代表性行业机构。1937年，国际商会市场营销与广告委员会首次发布了《国际商会广告实践综合准则》，成为商业行业自律发展过程中最成功的范例之一。国际商会市场营销与广告委员会和多个国际非政府组织、政府间组织在市场营销和广告政策准则制定方面有着密切的合作，例如世界广告主联盟、欧洲广告标准联盟（European Advertising Standards Alliance）、国际广告协会和经济合作与发展组织，这些合作均通过工商咨询委员会（Business Advisory Committee）来执行。国际商会市场营销与广告委员会下设特别工作组和工作团队以应对具体工作，包括：准则修订工作组、数字媒体工作组和可持续发展工作组。

国际商会（The International Chamber of Commerce）成立于1919年，总部在巴黎，发展至今已拥有来自130多个国家的成员公司和协会，是全球唯一的代表所有企业的权威代言机构，是世界上重要的民间经贸组织。国际商会目前在83个国家设有国家委员会，拥有来自140个国家的8000多家会员公司和会员协会。1994年11月8日，国际商会在巴黎举行的第168次理事会会议上通过决议，接纳中国加入国际商会并成立国际商会中国国家委员会。1995年1月1日，由中国国际贸易促进委员会牵头组建的国际商会中国国家委员会正式宣告成立。

4. 世界广告行销公司

世界广告行销公司，由世界各地著名的广告公司组成，总部设在英国伦敦，是一个颇具影响的世界性的广告行业组织。该组织主要为成员提供业务帮助，如培训人员、交流国际经济与市场动态的信息等。会员可获得协会的帮助：如协助开拓国际市场，会员直接在世界各地驰名的广告公司受训，举办各种讲习会，定期提供世界各地最新的广告佳作及经济动向。

5. 亚洲广告公司协会联合会

亚洲广告公司协会联合会（The Confederation of Asian Advertising Agency Associations）是一个于2006年年底由新加坡、印度尼西亚、日本等国广告公司协会发起，2007年年底在新加坡依据该国法律正式注册成立的地区性非政府广告行业社团组织。亚洲广告公司协会联合会的主要任务是将亚洲地区的广告公司协会组织团结起来，共同提出、面对、探讨和解决本地区广告公司所面临的问题；宗旨是促进行业交流，加强行业自律，提高亚洲各国和地区广告公司在本地区的从业水准和地位，促进亚洲广告业发展。中国广告协会于2011年8月正式加入亚洲广告公司协会联合会，成为该组织中唯一合法的中国代表。亚洲广告公司协会联合会其他成员包括新加坡、日本、印度、印度尼西亚、韩国等国家和地区的广告公司协会，其中日本广告业协会、新加坡4A协会、印度广告公司协会、印度尼西亚广告公司协会、韩国广告公司协会、中国广告协会和中国香港4A协会为亚洲广告公司协会联合会执行委员会成员。

6. 亚洲广告协会联盟

亚洲广告协会联盟简称亚广联，成立于1978年，是由亚洲各国和地区的广告行业协会组成的洲际广告行业组织。亚洲广告协会联盟的宗旨：团结亚洲从事广告专业或业务的协会；提高广告的道德规范和业务水平；促进各国对广告作用的认识；收集地区性的广告和市场的资料和信息；增进广告业的自我调节能力；制定和实施关于广告的教育计划，协调开发亚洲广告人才。亚洲广告协会联盟的主要活动是每两年召开一次的亚广联会议即亚洲广告大会（Asia Advertising Conference）。

各国和地区先组成亚洲广告协会联盟国家（地区）委员会，然后以国家（地区）委员会的名义加入亚洲广告协会联盟。我国于1987年6月14日以"亚洲广告联盟中国国家委员会"的名义加入亚广联。

7. 英国广告从业者协会

英国广告从业者协会（Institute of Practitioners in Advertising）是一个由270家英国广告公司及广告代理公司所组成的行业研究机构及贸易协会，该协会在英国拥有约19000名雇员。英国广告从业者协会还有一部分成员企业在社交网络、社交活动、广告人资助项目以及慈善活动等方面具有较强的能力。英国广告从业者协会在全球广告界以其长期坚持举办年度特效大奖的评选活动以及拥有英国开放大学授权的职业资格而闻名。

8. 英国国际视觉传播协会

英国国际视觉传播协会（International Visual Communications Association）成立于1967年，是欧洲企业界影响最大的行业协会之一，是欧洲最大的创意公司及创意从业人员的协会组织，由众多为企业与公共部门制作和筹划各种电影、视频、数字电视及现场活动的创意从业人员及创意公司组成。英国国际视觉传播协会会员遍布全球，包括美国、欧洲及中国的创意企业、政府部门、大型跨国公司和自由职业者等，其服务涉及世界上一些最知名的品牌，现有会员350多个，其中也有中国会员。目前，英国国际视觉传播协会计划在中国正式创建英国国际视觉传播协会中国组，吸纳更多的中国公司成为会员，为其搭建获得国际先进经验和优势资源的平台。英国国际视觉传播协会设立"克拉里昂创意奖"，包含35个奖项类别，面向全球征集创意作品，每年3月在英国举行颁奖典礼。英国国际视觉传播协会一直致力于加强中英两国之间创意产业的联系，向英国和世界介绍中国的创意产业。为进一步加强双方合作，让世界了解中国的创意产业，让中国了解英国国际视觉传播协会，英国国际视觉传播协会2016年首次设立英国国际视觉传播协会中国奖，包括影视、现场活动和数字媒体3个类别，面向中国地区征集作品。英国国际视觉传播协会中国奖的3个类别与原有35个类别奖项拥有统一的评审标准，不会降低创意水平，38个类别的奖项将同时宣布并颁奖。

（三）国际商业广告法律规范

国际商会于1930年起开始倡导广告业自律。1956年5月，国际商会所属的广告委员会（总部在巴黎）在第十五次大会上，通过了《广告活动标准纲领》和《广告业务准则》。

1.《国际商会广告行为准则》

《国际商会广告行为准则》（以下简称《准则》）是根据国际商会的通过自律准则提高商业宣传行为道德标准的政策而制定。制定自律准则的目的，是对现行有效的国际法、国内法体系予以补充。《准则》首次颁布于1937年，并分别于1949年、1955年、1966年、1973年和1987年予以修改。就商业宣传而言，《准则》是商界自觉承担社会责任的一种表达方式。世界经济的全球化导致竞争日益加剧，同时也要求国际商业界采用更高标准的规则。尤其是在市场日益自由化的情况下，采用这些自律性规则，是商界领袖们证明其具有高度社会责任感的最恰当的方式。这种承担社会责任的表现形式，已全部体现在国际商会正式制定的《准则》中，《准则》的前身是《国际商会儿童广告指南》。广告是在销售商与消费者之间建立沟通的一种手段，《准则》正是基于将这种认识与过去的经验有机结合起来而修订的。在这方面,国际商会充分考虑到了言论自由是一项最基本的原则(正如《联合国公民权利与政治权利公约》第十九条所体现的精神)。

2.《国际商业广告从业准则》

国际广告协会为保护消费者利益,制定了相应的《国际商业广告从业准则》,这一准则由下列各当事人共同遵守:①刊登广告之客户;②负责撰拟广告稿之广告客户、广告商人或广告代理人;③发行广告之出版商,或承揽广告之媒体商。国际广告从业准则的主要内容:①应遵守所在国家之法律规定,并应不违背当地固有道德及审美观念;②凡是引起轻视及非议之广告,均不应刊登广告、广告之制作,也不应利用迷信,或一般人之盲从心理;③广告只应陈述真理,不应虚伪或利用双关语及略语之手法,以歪曲事实;④广告不应含有夸大之宣传,致使顾客在购买后有受骗及失望之感;⑤凡广告中所刊有关商号、机构或个人之介绍,或刊载产品品质或服务周到等,不应有虚假或不实之记载,凡捏造、过时、不实,或无法印证之词句均不应刊登,引用证词者与作证者本人,对证词应负同等之责任;⑥未经征得当事人之同意或许可,不得使用个人、商号或机构所作之证词,亦不得采用其像(相)片,对已逝人物之证件或言辞及其相片等,若非依法征得其关系人同意,不得使用。

第三节　广告的构成要件

广告的构成要件有广告主、广告信息、广告媒介形式、广告费用4个。❶

---

❶ 陈柳裕和唐明良认为,还有第五个广告的构成要件,即传播对象是不特定的公众。这种"不特定"是法律意义上的,不是数学意义上的。只要"相当多数的人可以知悉其内容",即可构成"不特定的公众"。参见:陈柳裕,唐明良.广告监管中的法与理[M].北京:社会科学文献出版社,2009:11.

一、广告主

(一) 广告主的概念

广告主是为了推销商品或者提供服务,自行或者委托他人设计、制作、发布广告的法人、其他经济组织或者个人。广告主一般被称为广告客户。广告主是广告活动的发起者,是广告费用的支付者,也是虚假广告侵权行为的最大受益人,因此广告主是最重要的广告活动主体。广告主是广告法律责任的责任主体,广告主要对其所做广告的一切法律后果负责。在我国,最主要的广告主是国内企业。通常对国内企业进行如下分类:①第一产业主要指生产食材以及其他一些生物材料的产业,包括种植业、林业、畜牧业、水产养殖业等直接以自然物为生产对象的产业;②第二产业主要指加工制造产业,利用自然界和第一产业提供的基本材料进行加工处理;③第三产业是指第一、第二产业以外的其他行业,范围比较广泛,主要包括交通运输业、通信产业、商业、餐饮业、金融业、建筑业、教育产业、公共服务等非物质生产部门。

(二) 广告主的职能

广告主是构成广告的必备要件。如果一则宣传中没有明确的广告主,则不构成广告。例如,一个证券交易所发布了股市行情,山东的一个媒体对股市行情进行了转载。由于证券交易所不会给山东省的这家媒体支付广告费,证券交易所也不会从山东省的这家媒体的信息直接受益,所以这次转载宣传就不存在广告主。由于没有确定的广告主,股市行情的转载宣传不属于广告。❶

投放广告是广告主独立的经济行为,大部分广告主内部设有广告部门,由

---

❶ 陈柳裕,唐明良.广告监管中的法与理[M].北京:社会科学文献出版社,2009:10-11.

该部门人员负责规划自身的广告业务，因此，广告主的数量与广告人才的需求量有直接关系。

企业是最主要的广告主。国内企业的分类，根据最新的《国民经济行业分类与代码》CB/T 4754-200，根据经济活动的同质性原则划分行业类别，将我国经济行业分为4个层次，即门类、大类、中类、小类，其中，门类是国民经济行业分类中活动性质相近的经济部门的综合类别；大类构成国民经济重要的经济部门，也构成全社会经济活动的结构性框架；中类是活动性质相近的小类行业的综合类别，是链接小类与大类的过渡分类；小类是国民经济行业分类的核心层，构成了全社会经济活动中可供观察和度量的，最小的产业活动类别的全部内容。❶

国民经济行业分类代码编排次序按三次产业划分法，首先是第一产业，其次是第二产业，最后是第三产业，并按此次序细分若干大类、中类和小类。根据新的国民经济行业分类，我国国民经济中所有的行业划分为21个产业部门，并同时进行了三次产业划分。产业部门和三次产业分类的情况如下：①第一产业为农林牧渔业，包括农业、林业、畜牧业、渔业。②第二产业为工业、建筑业。其中，工业包括采矿业、制造业、电力、燃气及水的生产和供应业。③第三产业包括交通运输、仓储及邮政业；信息传输、计算机服务和软件业；批发和零售业；住宿和餐饮业；金融业；房地产业；租赁和商务服务业；科学研究、技术服务和地质勘查业；水利、环境和公共设施管理业；居民服务和其他服务业；教育；卫生、社会保障和社会福利业；文化、体育和娱乐业；公共管理和社会组织；国际组织。

---

❶ 罗子明.广告主研究[M].北京：机械工业出版社，2009.

二、广告信息

广告信息包括商品或者服务的信息，是广告的主要内容。广告信息包括商品或者服务质量的信息，也可以是提供商品或者服务的企业的信息。广告信息是广告受众可以直接接触到的信息，其质量水平会影响到广告受众的购买行为。❶只有广告受众决定购买，广告受众才能转化为商品或者服务的消费者。广告信息关系到商品的销售量，关系到广告受众选择所宣传服务的多寡，所以经常会出现虚假的广告信息，或者引人误解的广告信息，因此，广告法对此作了更多的规定，以防止消费者受骗。

三、广告媒介形式

广告媒介是将信息输送给广大公众的工具，是广告主和广告接受者之间起桥梁作用的物质。广告所借助的传播媒介有两类：一类是大众传播媒介，如电视、广播、报纸等；另一类是自筹式传播媒介，如路牌、张贴、直邮等。

广告媒体，即广告信息的媒介物，是从事广告发布业务的机构或主体。广告媒体包括印刷广告媒体（报纸、杂志等）、电子广告媒体（广播、电视、电脑等）、展示广告媒体（橱窗、展销会等）、户外广告媒体（霓虹灯、招牌等）、其他广告媒体。报纸、杂志、广播、电视为传统四大广告媒体。❷电脑网络是新经济时代的新型广告媒体，其表现形式有电子杂志、网络广播、博客、网络电

---

❶ 广告受众是广告信息的接受者，是广告信息传播和影响的对象，是广告诉求的目标群体，是广告营销商品和服务的需求者、购买者、消费者。参见：李宝元.广告学教程[M].2版.北京：人民邮电出版社，2004：6.

❷ 李宝元.广告学教程[M].2版.北京：人民邮电出版社，2004：6.

视等。❶在这些媒介形式之外，新兴的广告媒介还包括售点广告、磁卡、文化衫、车身、电视塔等，与传统的广告媒介一起构成了丰富多彩的广告传播形式。

四、广告费用

广告费用即设计、制作、发布广告所需的费用。无论广告主自行还是委托他人设计、制作、发布广告，均需承担相应的费用，这是广告与其他信息传播的重要区别。如果某种信息传播并未以广告命名，但广告主支付了费用的，仍应将其认定为广告。❷

广告的使用必须通过有偿的形式实现。从事广告经营活动的广告经营者和广告发布者属于提供劳务的生产性企业，他们对广告的设计制作行为、代理行为、发布行为的完成付出了一定的活劳动和物化劳动，而这种劳动能给广告主带来收益，因此，这部分活劳动和物化劳动的补偿需由广告主承担。

第四节　广告的作用

广告是伴随着市场交易活动和市场经济的发展演变而形成、变革和扩展的。广告发展是一个社会经济发达与否、市场经济是否繁荣的重要标志。广告成为人们生活中不可或缺的组成部分。对于广告，人们的态度是既喜欢，又痛恨。合法广告确实给人民群众的生活带来了便利。合法广告方便了人们的购物选择，活跃了人们的生活，因此合法广告受到人民群众的喜爱。广告真实合法，消费

---

❶　蒋恩铭.广告法律制度[M].南京：南京大学出版社，2007：143-168.
❷　杨紫烜.经济法[M].4版.北京：北京大学出版社，高等教育出版社，2011：281.

者信任商业广告,愿意购买广告中促销的商品,有助于经济发展,社会公平公正,有助于推进诚信体系建设。违法广告会侵犯消费者的财产权、健康权,甚至生命权,所以会受到消费者的唾弃。

一、合法广告的积极作用

1. 商业广告是经营者争夺交易机会的有效竞争手段

广告是促进生产者、经营者与用户、消费者之间信息沟通的最常见、最重要的手段,是连接生产者、经营者与消费者的桥梁。❶ 在现代商业社会中,经营者之间的竞争在一定程度上是广告竞争。广告能够有效地引导和转变消费者的消费观念和消费习惯,创造新的市场。广告可以引起公众,特别是消费者对经营者商品或者服务的关注,激发消费者的购买兴趣和消费欲望,并提供必要的消费信息,影响消费者的消费决定。通过广告宣传方式,经营者最终实现促进生产、扩大流通,获取竞争优势、提高经济效益的目的。❷ 广告宣传能够及时传播市场信息,缩短流通时间,打破分配方式和销售区域的限制,做到货畅其流,物尽其用,提高经济效益。通过广告媒介,还可以开辟新的流通流域,使购销产生密切联系,从而加速周转,降低费用,扩大商品销路,增强竞争能力。❸

2. 商业广告是消费者获取商品和服务信息的主要渠道

广告的基本功能是传播广告信息,为消费提供服务。通过广告信息的传播,消费者可以不必到处打听,东奔西走,就能准确地找到自己需要的商品或者服务。当消费者在生活中有了消费需求,而对所需要的商品并不了解时,任何信息都可能成为其决定购买的因素。如果经营者提供广告信息,可以增加消费者

---

❶ 高铭暄,马克昌.中国刑法解释:上卷[M].北京:中国社会科学出版社,2005:1482.

❷ 邵建东.竞争法教程[M].北京:知识产权出版社,2003:98-99.

❸ 冯尔泰.商标广告法律知识[M].北京:知识产权出版社,1985:131.

选择的机会。越来越多的广告，为消费者提供越来越多的选择机会。广告通过信息传播，向消费者介绍商品的生产者、商标、性能、特点、价格，向消费者介绍商品的使用方法和使用效果，帮助消费者认识商品，指导消费者选购商品，识别假冒伪劣商品。广告为消费者提供商品信息，普及商品知识，使消费者有更大的选择余地。❶广告还可以通过吸引人们对商品产生兴趣，激发消费者的购买欲望，促进消费者实施购买行为。

3. 广告是舆论阵地和文化传播工具的主战场

作为舆论阵地和文化传播工具，广告承担着宣传科学理论、传播先进文化、塑造美好心灵、弘扬社会正气、倡导科学精神的艰巨任务。天津自行车厂生产的"飞鸽"牌自行车广告，除了宣传商品之外，还宣传了"热爱和平、反对战争"的思想。这反映了合法广告有利于社会主义精神文明建设。广告总是要借助艺术的表现手法来实现推销产品的目的，而艺术作品可以美化生活、陶冶情操、开阔视野，所以，广告传播可以影响人们的审美水平，影响社会风气，影响市容环境。❷

公益广告影响公众道德行为的选择和德行的养成。公益广告倡导的道德意识具有超前性，使得公益广告可以站在社会发展的前沿，引领全新的生活观念、行为方式和伦理道德规范。公益广告所担负的道德教育的职责决定了其传播内容必须有利于整个社会和公众利益，所以，公益广告可以强化传媒对社会的积极影响。❸苏联在十月革命以后，面临着恢复和发展经济的繁重任务，为了把不法私商从市场中排挤出去，著名诗人马雅可夫斯基写了300多篇广告诗，有的发表在报纸杂志上，有的印在广告和糖果包装上，也有的印成诗传单广为散发，或作为商店的招牌进行宣传。他的广告宣传对当时苏联经济的调整和社会风气产生了很大影响。❹

---

❶ 阎廷枢，戚庆英.广告法概说[Z].保定：华北人才技术开发公司，河北大学科研处，1985：15.

❷ 刘凡.基于公众利益的中国广告监管[M].北京：中国工商出版社，2007：60.

❸ 陈正辉.广告伦理学[M].上海：复旦大学出版社，2008：288.

❹ 冯尔泰.商标广告法律知识[M].北京：知识产权出版社，1985：135-136.

二、违法广告的消极作用

违法广告的消极作用表现为侵犯消费者权益、侵犯其他经营者利益、败坏社会风气。

1. 侵犯消费者权益

在嘉益肽平压软胶囊的电视广告中,患者"李大爷"说,自己一开始服用各种降压药,但降压效果都不是很好,用了肽平压可就不一样了,可让他停服所有降压西药。❶中国消费者协会在评点该广告时说,嘉益肽平压软胶囊并非药品,但在广告中出现了涉及药品的宣传,违反了《中华人民共和国药品管理法》(以下简称《药品管理法》)"非药品广告不得有涉及药品的宣传"的规定。所宣称的奇效,违反了《广告法》"广告应当真实、合法""广告不得含有虚假的内容,不得欺骗和误导消费者"等规定。部分消费者由于听信了"李大爷"的虚假宣传,停服了所有降压西药,导致脑梗复发,险些危及生命安全。这则违法广告侵犯了消费者的财产权、健康权,将患者的生命置于非常危险的境地,将会受到消费者的抵制和广告监管机关的处罚。

2. 侵犯其他经营者利益

在嘉益肽平压软胶囊的电视广告中,67岁的"冯大爷"高兴地说:"吃了一箩筐降压药没管用,倒让两粒肽平压给解决了。"该广告违反了《广告法》"广告不得贬低其他生产经营者的商品或者服务"的规定,侵犯其他经营者的合法利益。❷

3. 败坏社会风气

在美国,广告业并未成为一方净土。"一手拿着计算机器,一手操作打字机",始终是美国广告业界生存的图景。1932年,美国顶级广告经理巴登又一次感叹:许多美国广告都变成"文明世界呼出的臭气"。❸

---

❶ 姚芃. 中国广告协会公开点评五则违法违规广告 [N]. 法制日报,2008-2-2(4).

❷ 同❶。

❸ 刘凡. 基于公众利益的中国广告监管 [M]. 北京:中国工商出版社,2007:60.

第二章 广告法

第一节 广告法概述

一、广告法的概念

广告法是调整在广告活动中发生的经济关系的法律规范的总称。❶它是国家广告监督管理机关对广告实施监督管理的依据,是广告审查机关作出决定的标准,也是广告主、广告经营者和广告发布者进行广告活动的行为准则。❷一般而言,广告法是指调整广告因策划、创意、设计制作、发布等活动,而在国家、企业、广告经营单位以及消费者之间所发生的各种法律关系的总称。❸

广告法有广义与狭义之分。❹

---

❶ 蒋恩铭.广告法律制度 [M].南京:南京大学出版社,2007:1-3.
❷ 杨紫烜.经济法 [M].4版.北京:北京大学出版社,高等教育出版社,2011:282-283.
❸ 张龙德,姜智彬,王琴琴.中外广告法规研究 [M].上海:上海交通大学出版社,2008:7.
❹ 何修猛.现代广告学 [M].5版.上海:复旦大学出版社,2003:324.

第二章　广告法

狭义的广告法是指国家立法机关依照一定的法律程序所制定的专门调整广告活动的法律，我国 1994 年 10 月 27 日通过的《广告法》，这是通常意义上的广告法典。

广义的广告法是指调整广告活动中所发生的各种社会关系的各类法律规范的总称。《中华人民共和国民法通则》(以下简称《民法通则》)《中华人民共和国合同法》(以下简称《合同法》)都是广告法的重要渊源。在《中华人民共和国产品质量法》(以下简称《产品质量法》)《中华人民共和国反不正当竞争法》(以下简称《反不正当竞争法》)《中华人民共和国消费者权益保护法》(以下简称《消费者权益保护法》)《药品管理法》《中华人民共和国食品卫生法》(以下简称食品卫生法)《中华人民共和国烟草专卖法》(以下简称《烟草专卖法》)等法律文件中也有广告法律规范。❶ 除了包括《广告法》之外，还包括其他有关广告管理、审查和广告经营活动的行政法规、地方性法规、部门规章及其他规范性法律文件。❷

广义理解上的广告法则是指以广告法为基本法，相关广告法律规定、行政法规、地方性法规为补充的法律法规体系。本书所指的广告法，是从广义角度理解的。❸

二、广告法的调整对象

法律调整对象，是指"已被法律调整的或客观上要求法律调整的具体的意志社会关系。"❹ 广告法的调整对象就是广告法律规范所调整的各种社会关系。❺

---

❶ 乔新生.中国广告法：体系与结构[EB/OL].(2001-01-16)[2019-01-15].http://www.people.com.cn/GB/guandian/29/173/20010116/379949.html.

❷ 贵立义.市场管理法学[M].北京：中国财经经济出版社，2002：122.

❸ 蒋恩铭.广告法律制度[M].南京：南京大学出版社，2007：1.

❹ 孙国华，朱景文.法理学[M].2版.北京：中国人民大学出版社，2004：239.

❺ 郑国生，肖汉奇.广告法实用教程[M].北京：中国法制出版社，1995：18-19.

广告法没有明确规定广告法的调整对象，但根据《广告法》第二条第二款的规定，广告法主要是调整"商品经营者或者服务提供者承担费用，通过一定媒介和形式直接或者间接地介绍自己所推销的商品或者所提供的服务的商业广告。"对其他广告，如公益广告、政治广告等不做调整。❶

李昌麒教授认为，"广告法的调整对象是广告关系。广告关系是广告监督、广告审查机关、广告主、广告经营者和广告发布者等主体相互之间，在广告监管管理、广告审查和广告活动中所发生的社会关系。"❷广告法调整的广告关系，主要包括3方面的内容：①广告监督管理机关在实施广告监督管理过程中与广告主、广告经营者和广告发布者发生的社会关系；②广告审查机关在实施广告审查的过程中与广告主发生的社会关系；③广告主、广告经营者和广告发布者在进行广告活动的过程中相互之间发生的关系，如广告合同关系。❸广告合同是在广告主、广告经营者、广告发布者相互之间而订立的一种合同。根据广告合同主体的不同，可以将广告合同分为广告主与广告经营者订立的广告合同、广告主和广告发布者之间订立的广告合同、广告经营者和广告发布者之间订立的广告合同。❹

关于广告法的调整对象，法学理论界存在若干争议：

（1）第一种观点认为，广告法的调整对象是广告市场监督管理关系。原国家工商行政管理总局2018年3月，不再保留国家工商行政管理总局，组建国家市场监督管理总局。认为，广告法的调整对象是广告市场监督管理关系。"《广告法》由于其调整的对象是国家广告监督管理行政关系，或者说是广告市场监督管理关系，因此它在我国法律体系中是部门行政法，或者说是部门经济

---

❶ 贵立义.市场管理法学[M].北京：中国财经经济出版社，2002：122.

❷ 李昌麒.经济法学[M].北京：中国政法大学出版社，1999：464.

❸ 同❷。

❹ 《广告法教程》编写组.最新广告法全书[M].北京：中国检察出版社，1995：14.

行政法。"❶ 认为广告法的调整对象是广告市场监督管理关系的思想影响非常大，甚至体现在地方法规的制定中。1996 年 7 月 31 日，甘肃省第八届人民代表大会常务委员会第二十二次会议通过《甘肃省广告监督管理条例》。该条例第一条，把"加强对广告活动的监督管理作为第一个立法目的"。❷ 该条例于 2002 年 3 月 30 日进行第二次修正，并于 2004 年 6 月 4 日进行第三次修正，一直保留原名称。我们可以认为，地方立法机关一直把广告法作为广告监管法来看待，而不是作为广告监管法与广告经营法的统一立法。

（2）第二种观点认为，广告法的调整对象就是伴随着广告活动而产生的各种社会关系，简称为广告关系。❸ 广告法调整的对象范围极广。从性质上看，广告法的调整对象可分为三大类：①民事关系，主要是指广告活动中在广告主、广告经营者、广告发布者及广告受众之间发生的，当事人地位完全平等的社会关系。②行政关系，包括广告行政管理体制即广告管理权力分配而产生的社会关系，以及国家对广告活动主体的管理关系。③经济关系，主要是指国家对广告的经济活动进行调节而形成的管理关系。如因广告活动所得收益而形成的税收关系。❹

（3）第三种观点认为，广告法的调整对象是广告活动中所产生的各种广告法律关系。❺ 蒋恩铭认为，广告法的调整对象是广告活动中所产生的各种广告法律社会关系。具体来说，广告法的调整对象包括广告监督管理关系、广告审查关系、

---

❶ 工商行政管理法律理解与适用丛书编委会. 广告法律理解与适用 [M]. 北京：中国工商出版社，2000：9.

❷ 《甘肃省广告监督管理条例》第一条：为了加强对广告活动的监督管理，促进广告业的健康发展，保护消费者的合法权益，维护社会主义市场经济秩序，根据《中华人民共和国广告法》等法律．法规，结合本省实际，制定本条例。

❸ 王瑞龙. 中国广告法律制度研究 [M]. 武汉：湖北人民出版社，2003：2.

❹ 同❸.

❺ 蒋恩铭. 广告法律制度 [M]. 南京：南京大学出版社，2007：4.

广告经营法律关系，以及广告违法行为的处罚与法律救济。[1]郑国生和肖汉奇认为，《广告法》所调整的对象主要包括以下4个方面：①广告监督管理机关在依法监督、检查、管理各种广告活动中发生的广告管理关系；②广告审查机关在依法审查各种广告中发生的广告审查关系；③广告主、广告经营者、广告发布者在委托、设计、制作、代理广告活动中发生的协作关系；④由广告监督管理机关、司法机关主持并参加的处罚广告行为和解决广告纠纷中发生的关系。[2]

本书赞同第三种观点。广告法既不是行政法的部门法，又不是民法的部门法，而是经济法的部门法。这是因为，在广告法中，不仅有公法规范，而且有私法规范，广告法体现了公私法融合的特性，是典型的经济法的部门法。

第二节　广告法律关系

法律关系是根据法律规范产生、以主体之间的权利义务关系的形式表现出来的特殊的社会关系。[3]法律关系包括主体、内容和客体三要素。[4]

一、广告法律关系的概念

广告法律关系是"由广告法律法规调整的，国家行政监管机关、法人、其他经济组织和个人在参加广告监督、管理、审查过程中和广告活动中发生的，由国

---

[1] 蒋恩铭.广告法律制度[M].南京：南京大学出版社，2007：4.
[2] 郑国生，肖汉奇.广告法实用教程[M].北京：中国法制出版社，1995：36.
[3] 孙国华，朱景文.法理学[M].北京：中国人民大学出版社，2005：374.
[4] 高健.法律关系客体再探讨[J].法学论坛，2008（5）：121-128.

家强制力保证其实现的具体权利义务关系。"❶ 与其他法律关系一样,广告法律关系由广告法律关系主体、广告法律关系内容和广告法律关系客体3个部分组成。

二、广告法律关系的主体

广告法律关系主体是指处于广告法律关系中,享有权利或承担义务的人或组织。❷ 广告法律关系主体应当具有权利能力和行为能力。权利能力是指权利主体享有权利和承担义务的能力,反映了权利主体取得享有权利和承担义务的资格。行为能力是指权利主体能够通过自己的行为取得权利和承担义务的能力。❸ 广告活动由广告主、广告经营者、广告发布者组成,所以有人把广告活动的广告主、广告经营者、广告发布者称为广告活动主体。

(一)广告活动主体

1. 广告主

本书所称广告主是指为推销商品或者提供服务,自行或者委托他人设计、制作、发布广告的法人、其他经济组织或者个人。广告主也称为广告客户。广告主是广告活动的发起人,是广告活动的上游行为主体。❹ 规定广告主为广告监管对象的原因:①广告主是广告活动的发起人;②广告主是广告信息的发源地;③广告主是广告信息的受益者;④广告主发布虚假广告信息时,广告主成为侵权行为人。

---

❶ 蒋恩铭. 广告法律制度 [M]. 南京:南京大学出版社,2007:17.

❷ 王瑞龙. 中国广告法律制度研究 [M]. 武汉:湖北人民出版社,2003:6.

❸ 孙国华,朱景文. 法理学 [M]. 2版. 北京:中国人民大学出版社,2004:382-391.

❹ 郑国生,肖汉奇. 广告法实用教程 [M]. 北京:中国法制出版社,1995:33-37.

2. 广告经营者

广告经营者是指受委托提供广告设计、制作、代理服务的法人、其他经济组织或者个人。其职责为从事市场调研、广告策划与制作、联系媒体、广告效果监督、广告全面代理等业务，一般表现为广告公司。广告主要想宣传自己的产品或服务，必须制作成广告作品，这些广告作品可以是平面广告形式，也可以是影视广告、广播广告、户外广告或者其他形式。广告经营者自己本身并不推销商品或者提供服务，而只是在受广告主委托的情况下从事广告设计、制作或者代理服务。但是，如果广告经营者也进行介绍自己服务的广告活动，那么此时其就同时成为广告主了。

3. 广告发布者

广告发布者是指为广告主或者广告主委托的广告经营者发布广告的法人或者其他经济组织。广告发布者即广告媒介。广告媒介是能够将广告信息顺利传播出去的信息载体，如电视台。媒介在广告活动中具有特殊重要的地位，广告信息能否传播出去，广告媒介起着至关重要的作用。根据《广告法》第二十六条的规定："广播电台、电视台、报刊出版单位的广告业务，应当由其专门从事广告业务的机构办理，并依法办理兼营广告的登记。"

4. 广告代言人

广告代言人是指广告主以外的，在广告中以自己的名义或者形象对商品、服务作推荐、证明的自然人、法人或者其他组织。广告代言人也称为广告推荐者，如明星（名人）、公众人物、各类协会、科研机构等。名人广告，即利用具有一定社会知名度和公众影响力的名人的名义或者形象所做的广告。

（二）广告管理主体

广告管理者包括广告监管者、广告审查者、广告自律组织等对经营者或负有一定监督管理权限或审查权的机构。

1. 广告监管者

《广告法》第六条规定："县级以上人民政府工商行政管理部门是广告监督管理机关"。1981年，国家工商总局正式建立广告管理机构：广告管理处。1982年7月28日，工商行政管理总局改为国家工商行政管理局（简称国家工商局），下设广告司。2001年，国家工商行政管理局改为国家工商行政管理总局（简称国家工商总局），下设广告监督管理司（简称广告监管司）。❶根据《国务院办公厅关于印发国家工商行政管理总局职能配置内设机构和人员编制规定的通知》（国办发〔2001〕57号），广告监管司的主要职能是：研究拟定广告监督管理的规章制度及具体措施、办法；组织实施对广告活动的监督管理，依法查处虚假广告等违法行为；指导广告审查机构和广告协会的工作。❷

2. 广告审查者

广告审查是指广告在交付承办（设计、制作、代理、发布）之前，广告内容必须经过检查核对，并将检查核对意见和结论以一定形式表示出来的工作。

3. 广告自律组织

行业协会是由具有相同利益的企业组织起来、维护和促进会员企业共同利益的社团法人，是改革开放以来为适应经济体制转轨和市场经济的发展要求而逐步建立起来的。

（三）社会监督主体

1. 消费者

消费者是为了满足生活消费需要而购买、使用商品或接受服务的，由国家

---

❶ 范志国. 广告监管比较研究 [M]. 北京：中国社会科学出版社，2008：6.

❷ 刘凡. 基于公众利益的广告监管模型及其策略研究 [D]. 武汉：华中科技大学，2006.

以专门法律确认其法律地位和保护其消费权益的个体社会成员。❶消费者在传播学中称为广告受众，是广告法律关系的主体之一。❷

2. 消费者组织

如果经营者的行为损害了消费者合法权益，通过民事诉讼要求经营者承担民事责任是一种有效的途径。根据民事诉讼法和消费者权益法的有关规定，受到损害的消费者可以以自己的名义提起民事诉讼，消费者协会可以支持起诉，包括帮助消费者提供证据，推荐有关人员担任消费者的诉讼代理人或者接受消费者的委托代理诉讼。如果经营者行为侵害了众多消费者的合法权益，中国消费者协会或者在省、自治区、直辖市设立的消费者协会，可以以自己的名义向法院提起诉讼，维护广大消费者的权益。❸这一规定的性质属于消费公益诉讼。消费公益诉讼是指众多且不特定消费者受到或者可能受到损害时，无直接利害关系的主体为保护消费者权益提起的诉讼。与普通消费诉讼相比，消费公益诉讼的本质特征是原告在案件中无直接的个人利益，而是为了众多且不特定消费者的权益提起诉讼。❹

三、广告法律关系的内容

广告法律关系的内容是指广告法律关系主体所享有的权利和应当承担的义务。

（一）法律权利

法律权利是指法律保障或允许的行为人能够作出一定行为的尺度，是权利

---

❶ 潘静成，刘文华. 经济法 [M]. 3 版. 北京：中国人民大学出版社，2008：236.

❷ 王瑞龙. 中国广告法律制度研究 [M]. 武汉：湖北人民出版社，2003：7.

❸ 全国人大常委会法制工作委员会民法室. 中华人民共和国消费者权益保护法解读 [M]. 北京：中国法制出版社，2013：179.

❹ 法律出版社法规中心. 中华人民共和国消费者权益保护法注释本 [M]. 北京：法律出版社，2013：48.

主体能够作出一定行为或不做出一定行为,以及要求他人相应地做出一定行为或不做出一定行为的许可和保障。

(二)法律义务

法律义务是法律为保障权利人的权利需要而要求义务人作出必要行为的尺度,是因他人的要求为一定行为或不为一定行为,如果义务人未履行其义务,则构成法律制裁的理由或根据。广告管理者与被管理者之间是种不平等的行政管理关系,其依法享有管理权的国家机关有依法对广告主体的广告活动进行监督管理的权力,广告活动主体有接受监督管理的义务。在广告活动主体因为从事广告活动所形成的民事法律关系中,当事人之间的权利义务关系平等或对等,其法律地位平等。

四、广告法律关系的客体

广告法律关系的客体是指广告法律关系主体权利和义务所共同指向的对象。它是将广告法律关系主体之间的权利与义务联系在一起的中介,没有广告法律关系的客体作为中介,就不可能形成广告法律关系。广告法律关系的客体主要包括:物、行为、精神财富等。

(1)物,即广告法律关系主体支配的客观实体。❶

(2)行为,即广告法律关系主体的行为,可以分为作为和不作为两种情况。

(3)精神财富,即智力成果,是广告法律关系主体在智力活动中所创造的精神财富。

---

❶ 温智,王桂霞.广告道德与法规[M].北京:清华大学出版社,2013:7-9.

第三节　广告法的历史沿革

一、外国广告法的产生发展

英国是世界上广告业发展较早的国家，美国、日本是世界上广告业发达的国家，加拿大是广告自律发达的国家之一。下面介绍这几个国家的情况。

（一）美国广告法

美国是世界上广告业发达的国家之一。

1. 广告法律法规

1911年，美国制定《普令泰因克广告法案》，这是美国最早的广告法律。美国的广告法规有《联邦贸易委员会法》《食品与医药卫生法》（1906年）、《印刷物广告法案》（1911年）、《食品、药物和化学品法》（1938年）、《不当包装与商标法》《消费者信贷保护法》《玩具安全法》等规定。《联邦贸易委员会法》是最为重要的广告法，规定了虚假广告的含义、法律责任、虚假广告的管理机关等内容。美国的广告监管机构有综合性的和职能性的两类。综合性的有联邦贸易委员会，职能性的有邮政管理局、烟酒税务司、联邦通信委员会、食品药物管理局、证券交易委员会等。

2. 广告自律规则

美国的广告行业自律机构很多，有全国性的广告行业自律组织——全国广告审查理事会，有各地的营业质量促进局，有美国广告联合会。1975年美国广告业协会制定的《美国电视广告规范》除了对电视广告播映的基本标准进行规定以外，还有禁止香烟广告、带迷信色彩广告、用虚构人物呼吁消费者购买，禁止医师、牙医、护士、药剂师为药品、治疗方法做广告，医疗广告中不得使用"安全可靠""无副作用"等夸大医疗效用的词句等规定。[1]

（二）英国广告法

英国是世界上广告业发展较早的国家。

1. 广告法律法规

英国的专门广告法规有《广告法》（1907年），这是世界上最早的广告法，该法于1952年、1972年进行了修订。《广告标准与实践》是由独立广播局制定的广告专门法规。总则部分对广告事项所涉及的36个广告方面作了全面的规定，如费解的广告、广告与政治和工业争论、广告与慈善事业、比较广告、广告推荐书的使用等。除总则以外，还制定了3个单项广告管理规定：《广告与儿童》《财政金融广告》《卫生和医疗广告》。英国的相关广告法规较多，有《公平贸易法》《儿童与青年法》《食品和药物法》《消费者保护法》《癌症法》《版权法》《诽谤法》《奖励和娱乐法》《贸易说明书法规》《商标法》《独立广播电台法规》《消费者信用法》等。

2. 广告自律规则

英国的广告自律组织有广告标准局（ASA）、电视广告研究联合会、电视广告研究联合委员会、发行量审计局、广告人联合会、广告商协会、独立电视公司协会、报纸出版协会、期刊出版者协会等。

（三）日本广告法

日本是广告业大国之一。

---

[1] 梁绪敏，高寺东.广告法规管理与道德自律[M].北京：群众出版社，2006：312-313.

1. 广告法律法规

《日本宪法》第二十一条有关表现自由的规定；第二十二条、第二十九条有关"在不违反公共秩序和良好的风俗，也不违反消费者的利益，在不违反各种法制条件下保障广告表现自由的内容。"《日本民法》第五百二十九条至五百三十二条正式规定了广告主、广告公司和广告媒体之间的权利义务。另外，还有《不正当竞争防止法》（1934年）、《药事法》（1948年）、《轻犯罪法》（1948年）、《不正当景品类表示防止法》（1962年）、《宅地建筑交易业法》（1967年修改）、《旅行业法》（1971年修改）、《访问销售法（特定商交易法）》（1976年）、《贷金业规制法》（1983年）、《特商法》（1983年修改）、《特定电子邮件送信是正化的法律》（2002年）、《健康增进法》（2003年）、《景观法》（2004年）、《户外广告物法》（2004年）、《消费者保护基本法》（2004年）。1962年，公正交易委员会为简化《独占禁止法》的裁定程序，制定了《不当景品类及不当表示防止法》，对各种使消费者产生误认的商品、服务的表示及广告进行规制。由此，《景品表示法》成为日本广告监管的重要法律。

《日本民法》规定了广告主、广告经营者、广告发布者三者之间的权利和义务。《不正当竞争防止法》（1934年）从防止不正当竞争的角度对广告作了禁止性规定。《不当赠品及不当标志防止法》从保护公平竞争及消费者利益的角度规定了禁止的广告情形。《户外广告物法》规定：公园、绿化区、纪念地、坟墓等地不得设置广告。

2. 广告自律规则

日本的广告自律规则主要有《日本广告业协会伦理纲领》《户外广告伦理纲要》《公正真实广告协定》《报纸广告伦理纲要》《广播的基准》《医药品有关广告自律纲要》《卫生用棉类（包括棉纸）广告自律纲要》《广告等之合理化措施》《照相机业广告宣传共同遵守事项》等。其中，《日本广告业协会伦理纲领》是由日本广告会（现为东京广告会）于1947年制定的，是日本广告行业自律的一个样板。《户外广告伦理纲要》要求户外广告必须做到真实、美观、美化环境、不得对社会产生危害。《公正真实广告协定》是由日本广告主协会制定的，规定广告应当做到真实、高雅，不得使用有损广告信誉、欺诈、夸大、贬低他人、规避法律的行为和言辞。

（四）加拿大广告法

加拿大是广告自律发达的国家之一。

1. 广告法律法规

加拿大的广告法律主要是关于制止不正当竞争、保护消费者权益的。加拿大法律禁止用流行的动画形象向儿童推荐商品。魁北克省的广告法令规定：不得面向13岁以下儿童制做广告。广告不得鼓励儿童让家长购买某种商品。

2. 广告自律规则

加拿大广告业自律组织比较完善，其自律组织广告标准委员会颁布的自律规则有《加拿大广告标准准则》《儿童广播广告准则》《应用说明药物消费广告准则》《园艺产品直接销售广告准则》《妇女卫生保护用品广告准则》《食品业使用比较法广告准则》等。例如，《加拿大广告标准准则》规定，不准曲解引用专家、权威言论。不得使用迷信或恐吓手段。在提供担保或保证时，必须详细列出担保或保证的条件，并告知担保人的姓名和地址。不得做诱售广告。

（五）法国广告法

1905年8月1日，法国政府颁布《关于欺诈及假冒产品或服务》。法国于1968年制定《消费者价格表示法》《防止不正当行为表示法》《禁止附带赠品销售法》等有关法律，对广告活动中的有关内容作出了严格限制，使广告活动能在法律规定范围内进行。1973年12月27日，《商业、手工业引导法》确定了虚假广告罪的定义。法国政府规定电视不得做烟草、酒类等广告，从1993年1月1日起，已全面禁止烟草广告。烟草公司不得以任何形式赞助体育比赛，禁止在其他公共场所做烟草广告宣传。法国政府还规定不得出现低级趣味、性与暴力的广告。禁止比较型广告，禁止在医院做广告。

（六）泰国广告法

《消费者保护法》是泰国管理广告的基本法律之一，该法有关广告活动的规定主要包括以下 4 个方面的内容。

1. 广告禁止出现的内容

该法第二十二条规定，广告的内容无论是关于商品和服务的来源、状态、质量或性能，还是关于商品和服务的交付、供给或利用，都不允许使用对消费者不公平的内容和给予集体社会恶劣影响的内容。第二十三条规定，虚假和被夸张了的内容；统计报告书使用了不真实或被夸张了的东西，或者虽未言及这些东西，但仍然会使人误解商品和服务的重要因素的内容；直接地或间接地支持违反法律的良好风俗的内容或导致国民文化颓废的内容；产生分离和削弱公正的协调的公共意识的内容；其他违反法令规定的内容属于对消费者不公正的内容和给予集体社会恶劣影响的内容。

2. 广告必须标明内容

该法第二十三条规定，在广告委员会认为某商品有把消费者置于险境的担心，而且该商品在表示方法被法律规定为统制物品的场合，可以规定该商品广告必须将其利用方法和关于危险的忠告或警告同时附在一起做广告。第二十五条规定，广告委员会在商品和服务的性质上，认为有必要使消费者了解事业者的情况、身份及其他细节方面事实的场合，广告委员会有权根据其所规定的规则，规定商品和服务的广告要具备这些事实的内容。第二十六条规定，广告委员会对于通过广告媒体所作的广告的内容，在认为使消费者知道该内容属于广告的目的是适宜的场合，广告委员会有权规定要同时用文字向公众说明通过该广告媒体所做广告的哪些内容是广告。

3.广告管理机关及其权限

该法第十四条规定,由政府内阁任命 7~13 名对广告有知识经验的委员组成广告特别委员会管理广告。委员的任期为两年,任期终了退任的委员,可以再任;广告委员会的权限是:发布广告命令,包括禁止广告上出现一定的内容,禁止做广告和广告上禁止使用的手段,要求广告主制作旨在订正已使消费者发生误解的广告,要求订正广告内容和手段,规定广告必须标明内容,规定广告必须标明"广告"标志;要求广告主证明被怀疑有虚假和夸大内容的广告是真实的;审理广告主送审的广告并表明看法;要求被投诉广告人提出有关他人投诉的事项的文件和情报,并传唤关系方出席进行说明;对违法广告处以罚金。

4.对违法广告的处罚办法

对制作虚假广告者处以 5 万铢以下的罚金。凡在最初违反法律之后 6 个月内再犯者,处以 1 年以下监禁或 10 万铢以下罚金并科。做法律禁止内容广告的,处以 6 个月以下的监禁或 5 万株以下的罚金并科等。此外,该法还规定了广告和广告媒体等广告专用语的含义。该法规定"广告"是指作为盈利的事业,采取让公共观看其内容和使其了解的某些方法所进行的行为。

(七)澳大利亚广告法

澳大利亚广告管理法规体现了其广告管理的具体规定。这些法规包括政府制定的有关法规、媒介委员会的自制规约和各不同媒介协会的行规。这三者形成了一个有机联系的法规整体,任何一则广告必须同时符合这三种法规。澳大利亚的广告自律规则尤为完善和系统,形成了一套体系。有关自律准则体现在广告管理的具体方面。

关于广告应遵守的基本道德准则,《广告业道德准则》规定:广告内容必须真实,不得使人误解或上当受骗;广告内容必须符合国家法律、法规,不得出现怂恿违反国家法律法规的内容;广告必须尊重社会公共准则,不得触犯;禁止广告中使用迷信、过分恐吓人的方法；禁止以不公平或使人误解的方法贬低同类产品、服务或竞争者；广告内容中所引用的科学的，统计的或其他研究数据，不能使人误解，也不能与广告内容无关；广告中使用他人言论时，必须如实反映被使用人的意见，而且使用被使用人的意见不得与《准则》相抵触；广告中涉及有关保证或担保内容时，必须遵守国家或地方的有关规定；针对儿童的商品广告不得包含有损于儿童身体、智力、精神的危险内容，也不得直接促使儿童向父母施加购买该商品的压力。

广告审查处还具有停播广告的权力。在下列任何一种情况下，广告审查处可以有权决定停播广告：澳大利亚广播电视局已认定广播违反了广播电视法规；任何一个法院判决该广告违反了全国、州或地区的法律；广告标准局支持对某一电视广告的投诉案；广告主没有按照广告审查处的要求提供贸易实践保证书和赔偿书，或没有提供对广告内容做进一步证明的材料。

二、我国广告法的产生发展

我国广告法包括中华民国时期的广告法，以及中华人民共和国时期的广告法。

中华民国时期的广告法。20世纪20年代，国民政府颁布了近现代中国最早的广告法规《民律法案》，对广告的解释、效力、撤销、悬赏等作了16条规定。1929年，上海市卫生局颁布了《上海市取缔淫猥药物宣传品暂行规定》，规定对指明禁止的医药器物的刊物都将予以取缔，严重者移送法院惩治。1936年国民政府社会部颁布了《修正取缔树立广告的办法》《户外广告张贴法》等广告管理法规。1943年，重庆市政府社会局颁布了《重庆市广告管理法则》《广告经营标准》等。❶

---

❶ 汪洋. 中国广告通史[M]. 上海：上海交通大学出版社，2010：107.

中华人民共和国成立后，广告法的产生与发展经历了国民经济恢复、社会主义改造时期、计划经济时期、改革开放时期和经济全球化时期，共5个阶段。

（一）国民经济恢复时期

1949—1952年，为国民经济恢复时期，这一时期的广告法表现为地方性广告法规，没有全国统一的广告立法。面对中华民国遗留下来的广告业，主要是经济发达地区，如上海、广州、天津、重庆、武汉等城市，中华人民共和国政府进行整顿与改造。例如，1949年4月天津市人民政府公布《管理广告规则》，1949年12月上海市人民政府颁布《广告管理规则》，1950年西安市公安局印发《广告管理暂行办法》，❶1951年重庆市人民政府发布《广告管理暂行办法》，广州市人民政府颁布《广告管理暂行办法》，1952年重庆市人民政府又发布《广告业暂行管理条例》，天津市人民政府发布《管理医药广告暂行办法》，这些地方性广告法规，对当地广告业的恢复与发展，起到了积极作用。❷

（二）社会主义改造时期

社会主义改造时期，国家对广告业进行有计划、有步骤的社会主义改造，以确定公有制经济在广告业中的主导地位。在广告立法形式上，主要是对地方性法规进行修订。在调整范围上，扩大了广告法规的调整范围。例如，对商业广告的规范扩展到文化、教育、卫生等方面。在此基础上，规定了广告行政审查制度。1954年广州市在修订《广告管理暂行办法》的基础上，出台了《广告管理办法》，规定招贴广告应当经工商部门审核并加盖核准印章方可付印。1955年，天津市城市公用事业管理局修订了《天津市广告管理暂行办法》。

---

❶ 汪洋. 中国广告通史[M]. 上海：上海交通大学出版社，2010：114.

❷ 王瑞龙. 中国广告法律制度研究[M]. 武汉：湖北人民出版社，2003：17.

1958年，原外贸部、商业部、文化部、工商行政管理总局联合发布《关于承办外商广告问题的联合通知》，规定外商广告由上海市广告公司、天津市广告美术公司、广州市美术广告装饰公司承办。在地方，由商业局、工商行政管理局指导广告公司的业务活动。❶ 1959年5月，商业部发出《关于加强广告宣传和商品陈列工作的通知》。1959年8月，在上海召开21个开放城市的广告工作会议，制定了"为生产、为消费、为商品流通、为美化市容服务"的"四为"方针，提出了"思想性、政策性、真实性、艺术性和民族风格"的要求。这些方针和要求，实际上起到了充当广告法规的作用。❷

（三）计划经济时期

这一时期的地方性广告法规主要有《广州市广告管理办法》（1954年制定，1958年修订）、《天津市中、西药品广告宣传管理暂行规定》（1960年）、《天津市霓虹灯安排处理暂行办法》（1965年）、《上海市管理广告美术个体户暂行办法》（1963年）。这一时期的广告规章有商业部、铁道部《关于在铁路、车站及客车可做广告的联合通知》（1958年）、外贸部、商业部、文化部、国家工商行政管理总局《关于承办外商广告问题的联合通知》（1958年）。在1966年开始的"文化大革命"中，广告被视为资本主义的产物，广告立法处于停滞状态。

（四）改革开放时期

改革开放时期，广告业有了进一步发展。1980年，国务院授权工商行政管理机关管理广告业。1981年，国家工商行政管理总局成立广告管理处，1982年改为广告管理司。1982年2月，国务院发布《广告管理暂行条例》。1982年4

---

❶ 汪洋. 中国广告通史[M]. 上海：上海交通大学出版社，2010：118.

❷ 冯尔泰. 商标广告法律知识[M]. 北京：知识产权出版社，1985：126.

月，国家工商行政管理总局依据国务院《广告管理暂行条例》，制定《广告管理暂行条例实施细则》。1987年10月，国务院发布《广告管理条例》。在此后的4年里，国家工商行政管理总局单独或者会同国务院有关部门制订、修改和完善了十几个配套的单项广告行政规章和规范性文件，分别对体育广告、药品广告、食品广告、医疗器械产品广告、农药广告、电视广告、出版物封面插图和出版物广告作了规定。国家工商行政管理总局还颁布了《关于企业、商店牌匾、商品包装、广告等正确使用汉字和汉语拼音的若干规定》，并在全国统一实行《广告业务员证制度》《广告业专用发票制度》等。❶

1990年，国家工商行政管理局开始着手起草《中华人民共和国广告法》。1994年8月12日，国务院正式将《广告法（草案）》提交第八届全国人民代表大会常务委员会审议。1994年10月，第八届全国人大常委会第十次会议审议通过了《中华人民共和国广告法》。明确规定广告法调整对象为商业广告，而不调整社会广告。对广告活动主体作了较为科学的划分，广告活动主体包括广告主、广告经营者、广告发布者。《广告法》还规定了《广告管理条例》所没有的许多禁止性规定。《广告法》强化了对香烟广告的监管，放松了对酒类广告的监管。

（五）加入世贸组织时期

这一时期，外资广告企业进入我国，2001年12月11日，我国正式成为世界贸易组织（WTO）成员后，开始把WTO的相关承诺转化为国内法。1992年3月11日，国家发展计划委员会、国家经济贸易委员会、对外贸易经济合作部联合颁布新的《外商投资产业指导目录》。该目录规定：广告，外资比例不超过49%；不迟于2003年12月11日允许外方控股；不迟于2005年12月11日允许外方独资。

---

❶ 汪洋.中国广告通史[M].上海：上海交通大学出版社，2010：219.

建立了违法广告公告制度。2001年7月，国家药品监督管理局发布《关于建立违法药品广告公告制度的通知》。国家工商行政管理总局会同卫生部发布《关于建立违法食品广告联合公告制度的通知》。

随着计算机网络的出现，迫切需要相关法律法规。2001年5月发布的《北京市网络广告管理暂行办法》是较早的网络广告法规。

根据《中华人民共和国行政许可法》（以下简称《行政许可法》）的相关要求，国家工商总局于2004年6月、8月分两批废止了356个规章和规范性文件，涉及广告监管的共39个。除此之外，广告监管相关职能部根据我国立法实践和广告监管的实际需要，修订了很多广告监管的规章和规范性文件，也制定颁布了很多新的规章和规范性文件。

2004年以来，废止的广告法规有：《食品广告管理办法》《广告显示屏管理办法》《店堂广告管理暂行办法》《广告审查员管理办法》《广告服务收费管理暂行办法》《国家工商行政管理局关于严禁发布有关移民广告的通知》《国家工商行政管理总局关于切实加强广告专业技术岗位资格培训和广告审查员培训工作的通知》《国家工商行政管理局关于在部分城市进行广告代理制和广告发布前审查试点工作的意见》《国家工商行政管理局关于印发（广告经营者、广告发布者资质标准及广告经营范围核定用语规范）的通知》等。

修订的广告法规有：2004年修订的《广告管理条例施行细则》，2005年修订的《印刷品广告管理办法》《化妆品广告管理办法》和《酒类广告管理办法》，2006年修订的《医疗广告管理办法》和《户外广告登记管理规定》，2007年修订的《药品广告审查发布标准》和《药品广告审查办法》。截至2009年，《保健食品广告审查办法》《保健食品广告发布标准》的修订工作也已初步完成。

颁布的广告法规有：2004年颁布的《外商投资广告企业管理规定》《关于查处以电视短片形式发布违法医疗广告的通知》《关于规范和加强广告监测工作的指导意见（试行）》《关于加强广告执法办案协调工作的指导意见（试行）》。

2005年颁布的《保健食品广告审查暂行规定》《广告服务明码标价规定》《关于禁止发布含有不良内容声讯、短信等电信信息服务广告的通知》《广告经营许可证管理办法》。2006年7月和10月，国家工商总局会同国家广电总局、新闻出版总署印发了《关于整顿广播电视医疗资讯服务和电视购物节目内容的通知》《关于禁止报刊刊载部分类型广告的通知》，2007年的《关于进一步规范固定形式印刷品广告经营发布行为的通知》《停止广告主、广告经营者、广告发布者广告业务实施意见》。2008年4月，国家食品药品监督管理局印发了《关于开展互联网药品信息服务和交易服务监督检查工作的通知》。❶

（六）香港特别行政区广告法

香港最重要的广告专业管理规定是香港政府影视及娱乐事务管理处（简称电检处）制定的《电视广告标准》。该标准规定了广告的基本原则——合法、健康、诚实及正确。此原则不但适用于电视广告，而且适用于全香港各媒介中其他所有的广告。除了上述规定的广告基本原则外，《电视广告标准》规定的主要内容包括以下8个方面：①规定所有广告影片事前必须交电影检查委员会及电视监督会检查通过后，方可播放；②广告内容、表达方式及播映时间必须遵守有关节目标准的电视业务守则；③广告资料必须以庄重不致低俗的方式播映，避免播映令人不安及烦忧的事物；④广告内容不得贬抑与其竞争的厂商、货品、其他行业、专业或机构；⑤未有证明，广告字句不能称某一货品与其他货品比较，为"最好""最有效""最安全"或"最快"，或采用类似字眼，称品质最高；⑥规定了香烟及烟草广告、酒类广告、私人用品广告、医药广告等具体标准；⑦规定了禁止发布的广告；⑧规定了广告时间的限制。

此外，其他专项广告管理规定主要有《香烟及烟草广告标准》《物业广

---

❶ 李明伟. 广告法规与管理[M]. 长沙：中南大学出版社，2009：6-7.

标准》《医药广告标准》《广告与儿童标准》《戏院广告标准》等。《香烟及烟草广告标准》规定，香烟广告只可以说吸烟者转吸或继续吸所推销的牌子，但不可以鼓励非吸烟人士吸烟，鼓励吸烟者吸更多的香烟或无节制地吸烟；香烟及烟草广告只能以成年观众为对象，儿童及青年俱不得在广告中出现，也不得在接近儿童节目时间或电视监督认为为青年人而设的节目时间播映，不能以运动、娱乐界知名人士或其他对市民具有吸引力的人作为推荐者；不得以家庭为背景，显示父母在孩子面前吸烟；香烟广告不得表现邻人觉得吸烟是值得一时的新体验，或将吸烟描述为受欢迎人士必备条件，或暗示吸烟会促进健康、增进爱情、提高声望、有助于成功或个人发展，特别是不能用"成功"一词，不能用"清""纯"等字眼；必须在广告中标有健康警告语句等。

《广告与儿童标准》主要规定在专为儿童观众播映，或可能有大量儿童观看的电视节目内，不得播映任何会引致儿童生理、心理或道德观念受到损害，或利用儿童天真无邪及诚信本性以达到目的的商品或服务广告。根据上述原则，该标准对有可能引起儿童生理、心理及道德观念受到损害的6个方面作出具体详细规定：①规定不得鼓励儿童进入陌生的地方和陌生人交谈，以便领取赠券、包装纸、签条等；②不得引致儿童相信如缺少宣传的物品，即会不如其他儿童，遭人轻蔑嘲笑；③儿童及少年人不准参与烟酒广告的播出；④不应出现儿童将身体伸出窗外或桥边，会攀登峭壁等危险画面；⑤不得表现儿童能触摸到药物、消炎剂、防腐剂或腐蚀性物质；⑥不得表现儿童使用火柴或可能引起灼伤、触电或其他伤害的各种煤气、石蜡油、汽油、机械或电动的设备等。

（七）澳门特别行政区广告法

澳门广告法的主要内容有：①规定了广告定义：凡旨在使公众注意某商业性质的物品或服务，以便促进其购买的所有传播视为广告；②规定了广告原则：广告信息应是合法、真实、可识别的，并遵守维护消费者的原则；③规定了广告禁止的内容及禁止做广告的对象；④规定含酒精饮品及香烟广告是受管制的广告，并对这两种广告禁止出现的内容作了规定；⑤规定禁止欺诈性广告；⑥对涉及妇女、儿童、青少年的广告，对机动车辆广告、药物药剂产品及治疗广告、房地产广告、旅游广告作了特别规定；⑦规定了户外广告的审批；⑧规定了法律责任。

《广告活动法》是澳门管理广告活动的基本法律，该法颁布于1989年，共四章三十四条，主要内容包括广告的一般原则、被禁止的广告、受限制刊播的广告、户外广告以及违法广告所应承担的法律责任等。

有关户外广告，该法规定，广告物的设置不得阻碍风景的美观；不得损坏纪念碑；不得对第三者造成损害；不得影响人或物的安全，产生损害行人特别是伤残人的交通；不得使用与路上信号有可能相混淆的装饰、体积和颜色等；设置张贴户外广告必须向市政厅申请，经批准，发给准照后，方可设置张贴。

对于违法广告，该法规定，由行为人分别承担民事责任和刑事责任。卫生局、旅游司、市政厅和经济局可依职权对违法广告处以罚款。该法特别规定，因疏忽违法必须被惩罚，再犯者加倍处罚。

（八）我国台湾地区"广告法"

我国台湾地区广告业自20世纪60年代后开始兴起，台湾地区相关部门也随之制定了一系列的相关"法规"，对广告经营活动和广告传播过程予以管理和规范。这些有关广告的"法规"，是根据台湾地区的广告活动情况制定出来的，有些还比较具体翔实。其中，主要有"电视广告制作规范""广播电视节目供应事业管理规则""广播电视法""广告物管理办法""食品卫生管理法""化妆品卫生管理条例""药物药商管理法"等。下面择要摘编相关内容，以供参考。

"电视广告制作规范"的主要内容：

（1）本规范依据"广播电视法"第三十三条及施行细则第三十一条规定订定之。

（2）电视广告（含影片与图卡幻灯，以下同）应提供正确的商品信息与服务。其能促进经济繁荣，提高生活水平。

（3）电视广告务求内容真实、画面优美、旁白高雅、音量柔美，以提高水准。广告之主题与内容，须在家庭餐会中亲子两代间能公开讨论之。

（4）电视广告内容，不得欺骗观众或使观众产生误导之描述：①不得用新闻报道方式，如"新闻快报""快讯""号外""重大消息""最新消息"等语，以免混乱视听；②有关商品之特性、功能、数据及特殊成分者，应备附确实证明文件；③不得采用引诱或导致误导的诉求方式。

（5）电视广告之内容与表现应顾及公共安宁与社会道德。

三、我国广告行业自律规则的发展

1919年，中国广告公会在上海成立。会员由申报馆、商务印书馆等单位组成，这是我国最早的广告行业组织。

1927年，由上海维罗广告公司、耀南广告社等6家广告公司发起中华广告公会。1930年，中华广告公会更名为上海市广告业同业公会。1945年以后，更名为上海市广告商业同业公会，会员有公司、行号共91家。❶

1990年，中国广告协会制定《广告行业自律规则》，对广告活动的基本原则、广告活动主体的道德水准做出了规定。1991年，中国广告协会制定《广告行业岗位职务规范》，把广告人员分为9类，进行岗位职务规范。1994年，中国广告协会制定《中国广告协会自律规则》，共12条自律规则，旨在全面提高广告业服务水平。中国对外贸易广告协会制定《中国对外贸易广告协会会员关于出口广告工作的自律守则》，对保障出口广告工作健康发展意义重大。1996年，中国

---

❶ 汪洋. 中国广告通史 [M]. 上海：上海交通大学出版社，2010：106.

广告协会制定《广告宣传精神文明自律规则》。1999年,中国广告协会制定《广告行业公平竞争自律守则》,这是第一个规范全行业市场行为的自律性规则。

此外,还有《城市公共交通广告发布规范(试行)》《广告自律劝诫办法》《奶粉广告自律规则》《卫生巾广告规则》。2003年,中国广告协会制定《中国广告业企业资质认定暂行办法》。

第四节 广告管理法律体系

一、广告管理法律体系的概念

广告管理法律体系是调整广告主、广告经营者、广告发布者共同参与的广告活动的有关法律、法规、规章的总称。

二、广告管理法律体系的构成

法律,是指由全国人民代表大会及其常务委员会依照立法程序制定的规范性文件,具有普遍的约束力和强制力。如,1995年2月1日正式颁布施行的《中华人民共和国广告法》。

法规是法令、条例、规则和章程等法定文件的总称。如,1987年12月26日国务院颁布的《广告管理条例》及《广告管理条例施行细则》。[1]

规章,是国务院各部门依据法律、法规制定的有关行政管理、行业管理等方面的各种规则、章程、制度的总称。如,国家工商行政管理局、卫生部于

---

[1] 郑国生,肖汉奇.广告法实用教程[M].北京:中国法制出版社,1995:28-29.

1992年6月1日联合制定的《药品广告管理办法》。

广告管理法律体系是庞大、复杂而又相对独立的经济法律体系。要建立科学的广告法律体系，必须进行大量的实际调查研究，借鉴国外先进的立法经验、管理经验，立足于我国近年来的广告发展实际状况，在现有的法律、法规、规章基础上，逐步补充、完善。

广告管理法律体系由基本法《广告法》、主要法规《广告管理条例》及《广告管理条例实施细则》、相关法律、行业规章、政策性文件几个部分组成。

伴随着中国广告法制化进程日趋深入，中国广告法制体系的框架已基本成形，建立起了多层次、全方位、多角度的法制体系。包括以下6个内容。

（一）法律

《广告法》由第八届全国人大常委会第十次会议于1994年10月27日通过，于1995年2月1日起施行。《广告法》是中华人民共和国第一部广告法律，在广告法规中具有最高的法律效力。2015年4月24日第十二届全国人大常委会第十四次会议通过了对《中华人民共和国广告法》的修订。同日，习近平主席签署第22号国家主席令，公布了修订后的《中华人民共和国广告法》，并决定自2015年9月1日起施行。

《中华人民共和国民法总则》（以下简称《民法总则》）《合同法》都是广告法的重要渊源。在《产品质量法》《反不正当竞争法》《消费者权益保护法》《药品管理法》《食品卫生法》《烟草专卖法》等法律文件中也有广告法律规范。[1]

除了包括《广告法》之外，还包括其他有关广告管理、审查和广告经营活动的行政法规、地方性法规、部门规章及其他规范性法律文件。[2]

---

[1] 乔新生.中国广告法：体系与结构[EB/OL].(2001-01-16)[2019-01-15].http://www.people.com.cn/GB/guandian/29/173/20010116/379949.html.

[2] 贵立义.市场管理法学[M].北京：中国财经经济出版社，2002：122.

（二）行政法规

1987年10月26日颁布的《广告管理条例》于1988年开始实施。后来，依照《行政许可法》的规定，以及我国加入世界贸易组织的承诺和我国实际情况，于1998年12月、2000年12月、2004年11月进行了三次修改。在修订中，取消了关于个体工商户需要经过考试合格才可以经营广告业务的规定，❶取消了举办临时性广告经营活动需要经工商管理部门的批准的规定。

全国人大在审议《广告法》的过程中，发现了该法存在的一些缺憾，为了保障广告法制体系的完善，全国人大在审议后决定，《广告法》公布后，《广告管理条例》仍然有效实行，作为《广告法》的补充，在行政法规层次上发挥作用。《广告管理条例》的法律效力低于《广告法》。行政法规涉及广告的有关规范还有《中华人民共和国中医药条例》《卫星电视广播地面接收设施管理条例》等。《医疗器械监督管理条例》（2000年1月4日国务院公布，2014年2月12日国务院第三十九次常务会议修订通过）、《中华人民共和国中医药条例》（2003年4月2日国务院公布）。

（三）行政规章

现行广告法律体系中还包括许多行政规章和其他规范性法律文件，行政规章由国务院各部委局及地方政府制定。❷如《广告管理条例施行细则》，国家工商局单独或会同有关部、委制定的局长令约20个，一批地方政府制定的专项或综合性广告管理规定。这些地方性规定，可以在全国广告业发展不平衡、广告管理工作基础不尽相同的情况下，有针对性地解决本地区的实际问题，及时处理当地群众反映强烈的某些倾向性问题。这些规定是国家法律，法规和部门规章、

---

❶ 国家工商行政管理总局.广告业发展与监管[M].北京：中国工商出版社，2012：195.
❷ 国家工商行政管理总局.广告业发展与监管[M].北京：中国工商出版社，2012：196-197.

规范性文件的重要补充，同时也为将来进一步补充完善国家的有关规定，提供了有益的实践经验。规范性文件，主要是由国家工商局发布的广告方面的文件，有较强的针对性和操作性。包括公告、通知和给地方工商局的答复等100多个文件。

行政规章包括一般行政规章和专项广告法规。

1. 一般行政规章

一般行政规章是指国家工商行政管理总局制定的《广告语言文字管理暂行规定》（1998年）、《广告管理条例施行细则》（2004年11月公布，2011年12月12日修正）、《广告发布登记管理规定》（2016年11月1日公布）、《工商行政管理机关行政处罚程序规定》（2007年9月4日公布）。此外还有国家发展和改革委员会、国家工商行政管理总局共同发布的《广告服务明码标价规定》（发改价检〔2005〕2502号）。

规范性文件包括：国家工商行政管理总局、中央宣传部等部门关于印发《大众传播媒介广告发布审查规定》的通知（工商广字〔2012〕26号）、国家工商行政管理总局、国家旅游局关于加强旅游服务广告市场管理的通知（工商广字〔2012〕78号）、国家工商行政管理总局等9部门关于印发《整治虚假违法广告部际联席会议工作制度》的通知（工商广字〔2015〕106号）、国家工商行政管理总局关于在查处广告违法案件中如何认定广告经营者广告费金额的答复意见（工商广字〔2015〕221号）、国家工商行政管理总局国家发展和改革委员会关于促进广告业发展的指导意见（工商广字〔2008〕85号）、国家工商行政管理总局关于印发《国家广告产业园区认定和管理暂行办法》的通知（工商广字〔2012〕48号）、国家工商行政管理总局关于推进广告战略实施的意见（工商广字〔2012〕60号）、国家工商行政管理总局关于进一步加强参加国际广告赛事活动管理的通知（工商广字〔2008〕242号）、工商总局国家统计局关于认真做好广告业统计工作的通知（工商广字〔2012〕157号）。

2.专项广告法规

(1)医疗广告。

① 部门规章:《医疗广告管理办法》(1993年9月27日国家工商行政管理局、卫生部令第16号公布,2005年9月28日国家工商行政管理总局令第21号第一次修订,2006年11月10日国家工商行政管理总局、卫生部令第26号第二次修订)、《医疗器械广告审查办法》(2009年4月7日卫生部、国家工商行政管理总局、国家食品药品监督管理局令第65号发布)《医疗器械广告审查发布标准》(2009年4月28日国家工商行政管理总局、卫生部、国家食品药品监督管理局令第40号发布)、《药品广告审查办法》(2007年3月13日国家食品药品监督管理局、国家工商行政管理总局令第27号发布)、《药品广告审查发布标准》(2007年3月3日国家工商行政管理总局、国家食品药品监督管理局令第27号发布)。

② 规范性文件:《食品药品监管总局关于进一步加强药品医疗器械保健食品广告市查监管工作的通知》(食药监稽〔2015〕145号)、《食品药品监管总局办公厅关于加强含麻黄碱类复方制剂药品广告审查工作的通知》(食药监办稽〔2015〕21号)。

(2)食品、烟草酒类广告。

① 法律:《中华人民共和国食品安全法》《中华人民共和国烟草专卖法》。

② 部门规章:《母乳代用品销售管理办法》(卫妇发〔1995〕第5号)、《保健食品广告审查暂行规定》(国食药监市〔2005〕211号)、《酒类广告管理办法》(1995年11月17日发布,2005年9月28日修订)。

(3)农药、兽药、饲料和饲料添加剂广告。

① 行政法规:《农药管理条例》(1997年5月8日中华人民共和国国务院令第216号发布,2001年11月29日修订)、《兽药管理条例》(2004年4月9日国务院令第404号发布,2016年2月6日发布的国务院令第666号《国务院关于修改部分行政法规的决定》第二次修订)、《饲料和饲料添加剂管理条例》

(1999年5月29日发布,2016年2月6日最新修订)。

②部门规章:《农药广告审查办法》(1995年4月7日国家工商行政管理局、农业部令第30号公布 根据1998年12月22日国家工商行政管理局、农业部令第88号修订)《农药广告审查发布标准》(2016年2月1日国家工商行政管理总局令第81号发布)、《兽药广告审查办法》(1995年4月7日国家工商行政管理局、农业部令第29号公布根据1998年12月22日国家工商行政管理局、农业部令第88号修订)、《兽药广告审查发布标准》(2015年12月24日国家工商行政管理总局令第82号公布)。

(4)教育、培训广告。

①法律:《中华人民共和国民办教育促进法》(2002年12月28日第九届全国人民代表大会常务委员会第三十一次会议通过,2016年11月7日第十二届全国人民代表大会常务委员会第二十四次会议修正)。

②行政法规:《中华人民共和国民办教育促进法实施条例》(2004年2月25日国务院第四十一次常务会议通过,自2004年4月1日起施行)、《中华人民共和国中外合作办学条例》(2003年2月19日国务院第六十八次常务会议通过,2013年7月18日修改)。

(5)招商投资、金融理财广告。

①行政法规:《商业特许经营管理条例》(2007年1月31日国务院第一百六十七次常务会议通过,2007年2月6日国务院令,第485号发布自2007年5月1日起施行)。

②部门规章:《证券投资基金销售管理办法》(2013年3月15日证监会令第91号发布)、《证券发行与承销管理办法》(2013年10月8日中国证券监督管理委员会第十一次主席办公会议审议通过,2015年12月30日修订)。

③规范性文件:《关于保本基金的指导意见》(2010年10月26日中国证券监督管理委员会公布,根据2015年7月31日中国证券监督管理委员会《关

于落实注册资本登记制度改革修改相关规定的决定》修订）、国家工商行政管理总局、中国银行业监督管理委员会、国家广播电影电视总局新闻出版总署《关于处置非法集资活动中加强广告审查和监管工作有关问题的通知》（工商广字〔2007〕190号）、中国人民银行工业和信息化部、公安部等《关于促进互联网金融健康发展的指导意见》（银发〔2015〕221号）、工商总局等17个部委《关于开展互联网金融广告及以投资理财名义从事金融活动风险专项整治工作实施方案》（工商办字〔2016〕61号）。

（6）房地产广告。

① 行政法规：《城市房地产开发经营管理条例》（1998年7月20日中华人民共和国国务院令第248号发布）根据2011年1月8日国务院令第588号《国务院关于废止和修改部分行政法规的决定》修订）《商品房销售管理办法》（2001年4月4日建设部令第88号发布）。

② 规范性文件：国家发展改革委《商品房销售明码标价规定》（发改价检〔2011〕548号）、国家工商行政管理总局《房地产广告发布规定》（2015年12月24日令第80号公布）。

（7）种子、种苗和种养殖类广告。

① 法律：《中华人民共和国种子法》（2000年7月8日通过，2015年11月4日最新修订）。

② 行政法规：《农业转基因生物安全管理条例》（2001年5月23日中华人民共和国国务院令第304号公布，2011年1月8日国务院修订）。

③ 部门规章：《农作物种子标签和使用说明管理办法》（2016年7月8日农业部令第6号发布）。

（8）互联网广告。

① 行政法规：《互联网信息服务管理办法》（2000年9月25日中华人民共和国国务院令第292号公布）；《信息网络传播权保护条例》（2006年5月18日

国务院令第 468 号公布）根据 2013 年 1 月 30 日《国务院关于修改〈信息网络传播权保护条例〉的决定》修订）。

② 部门规章：《互联网广告管理暂行办法》（2016 年 7 月 4 日国家工商行政管理总局令第 87 号发布）、《互联网信息搜索服务管理规定》（2016 年 6 月 25 日国家互联网信息办公室发布）、《移动互联网应用程序信息服务管理规定》（2016 年 6 月 28 日国家互联网信息办公室发布）、《互联网药品信息服务管理办法》（2004 年 5 月 28 日国家食品药品监督管理局局务会议审议通过，自 2004 年 7 月 8 日起施行）、《网络交易管理办法》（2014 年 1 月 26 日国家工商行政管理总局令第 60 号公布）、《互联网电子邮件服务管理办法》（2006 年 2 月 20 日信息产业部令第 38 号公布，自 2006 年 3 月 30 日起施行）、《网络商品和服务集中促销活动管理暂行规定》（2015 年 9 月 2 日国家工商行政管理总局令第 77 号公布）。

③ 规范性文件：国家工商总局《2016 网络市场监管专项行动方案》（工商办字〔2016〕87 号）。2016 年 7 月 8 日，国家工商总局发布《广告业发展"十三五"规划》，规划总结了"十二五"时期广告业发展成果，明确"十三五"时期广告业发展的指导思想、基本原则和发展目标。

（四）地方性法规及地方政府规章

各地方政府和工商行政管理机关根据本地广告活动中不断出现的新情况和新问题，按照《广告法》原则，制定了许多地方性法规或者地方政府规章，如《长沙市城市户外广告管理条例》《广州市户外广告管理办法》等。甘肃等省制定了广告综合管理的规章。制定地方性法规或者地方政府规章的有广东省、湖南省、湖北省、河南省、安徽省等省，以及深圳市、重庆市、杭州市等城市制定了户外广告管理规定。北京、上海、四川、江西、广西、河北、辽宁等省或直辖市制定了特定广告活动或者商品、服务广告的规范性法律文件。❶

---

❶ 汪洋. 中国广告通史 [M]. 上海：上海交通大学出版社，2010：221-222.

2005年5月27日，重庆市第二届人民代表大会常务委员会审议通过并发布《重庆市户外广告管理条例（修订）》，该条例自2005年7月1日起施行。1999年11月25日重庆市第一届人民代表大会常务委员会第二十次会议通过，2007年7月29日重庆市第二届人民代表大会常务委员会第三十二次会议通过《重庆市新闻媒体广告管理条例（修订）》。1999年8月16日，山西省第九届人民代表大会常务委员会第十一次会议通过《山西省酒类管理条例》。2007年9月28日，浙江省第十届人民代表大会常务委员会第三十四次会议通过《浙江省检验机构管理条例》并公布，自2008年1月1日施行。

（五）司法解释

除了上述法律、行政法规和部门规章外，司法解释在维护广告市场秩序，加大广告监管力度中也发挥重要作用。2003年4月28日，最高人民法院公布了《关于审理商品房买卖合同纠纷案件适用法律若干问题的解释》，该解释第三条规定："商品房的销售广告和宣传资料为要约邀请，出卖人就商品房开发规划范围内的房屋及相关设施所作的说明和允诺具体确定，并对商品房买卖合同的订立以及房屋价格的确定有重大影响的，应当视为要约。该说明和允诺即使未被载入商品房买卖合同，亦应当视为合同内容，当事人违反的，应当承担违约责任。"这是我国第一次以司法解释的形式对房地产销售广告要约邀请与要约及约束力范围制定司法标准。[1]

在广告法制体系中，不同的法律规范，其法律效力是不同的。《广告法》是广告法制体系中的基本法，所有有关广告的法律规范和原则，不得与《广告法》相冲突。《广告法》的调整对象侧重于商业广告，但其力度和涵盖面，是其他广告法规所不能比拟的。

---

[1] 孙祥俊. 最高人民法院知识产权司法解释理解与适用[M]. 北京：中国法制出版社，2012：255-256.

（六）国家认可的习惯和职业道德原则

我国有着悠久的历史文化传统和良好的习惯，这些公序良俗经认可之后即可具有法律拘束力。1994年《广告法》第六条规定："广告内容应当……遵守社会公德和职业道德……"。 新修订的《广告法》第九条规定：广告不得有下列情形：妨碍社会安定，损害社会公共利益；社会公德是一定社会中占统治地位的公共道德，有关广告活动的社会公德和职业道德，也成为广告活动应当遵守的规则。❶

第五节 《广告法》的效力

本法主要调整商业广告，有助于解决当前建立市场经济过程中那些对消费者影响最大的商业广告存在的问题，调整范围比较适当。

一、《广告法》的空间效力

从空间上讲，在中华人民共和国境内从事广告活动，都必须遵守《广告法》。❷❸《广告法》适用于我国的全部领域，包括领陆、领海、领水、领空以及航行或停泊于境外的我国的船舶、航空器和驻外使领馆等延伸意义的领域。❹

所谓"中华人民共和国境内"，是指我国行使国家主权的空间，包括陆地

---

❶ 郑国生，肖汉奇.广告法实用教程[M].北京：中国法制出版社，1995：29.
❷ 郑国生，肖汉奇.广告法实用教程[M].北京：中国法制出版社，1995：29.
❸ 何修猛.现代广告学[M].5版.上海：复旦大学出版社，2003：323.
❹ 杨紫烜.经济法[M].4版.北京：北京大学出版社，高等教育出版社，2011：284.

领土、领海、内水和领空4个部分。按照1992年2月25日第七届全国人民代表大会常务委员会第二十四次会议通过的《中华人民共和国领海及毗连区法》的有关规定，所谓"陆地领土"，是指"包括中华人民共和国大陆及其沿海岛屿、台湾及其包括钓鱼岛在内的附属各岛、澎湖列岛、东沙群岛、西沙群岛、中沙群岛、南沙群岛以及其他一切属于中华人民共和国的岛屿"；所谓"领海"，是指"为邻接中华人民共和国陆地领土和内水的一带海域"，领海的宽度是从领海基线量起为12海里；所谓"内水"，是指"中华人民共和国领海基线向陆地一侧的水域"，包括海域、江河、湖泊等；所谓"领空"，是指中华人民共和国陆地领土、领海和内水的上空。

2001年，我国加入世界贸易组织，成为第143个成员方。我国签署了三大相关协定：关税贸易总协定、服务贸易总协定、与贸易有关的知识产权。根据《服务贸易总协定》，我国政府在市场准入方面作出了跨境交付、境外消费、商业存在和自然人流动的承诺。外国的企业在中国发布广告，必须通过在中国注册的，具有经营外商广告权的广告公司代理。中国的企业到境外发布广告，必须通过在中国注册的，具有经营外商广告权的广告公司代理。❶

二、《广告法》的时间效力

关于法律的生效日期，有三种情况：①自颁布之日施行；②以另一个法律的施行日期为前提；③于公布日期后的一段时间内施行。《广告法》属于第三种情况。

法律的效力，在时间上有开始和终止的时间。开始时间为法律生效时间，终止时间为法律失效的时间。一般来说，《广告法》在时间上的效力，从实施

---

❶ 褚霓霓. 广告法实例说[M]. 长沙：湖南人民出版社，2004：267.

之日起生效，从终止之日起失效。《广告法》于1995年2月1日起施行，即生效。《广告法》第四十九条规定："本法自1995年2月1日起施行。本法施行前制定的其他有关广告的法律、法规的内容与本法不符的，以本法为准。"就是说，在《广告法》施行前制定的其他有关广告的法律、法规，如果其内容与《广告法》不符的，1995年2月1日就是其终止时间。

国务院颁布的《广告管理条例》第22条规定，本条例自1987年12月1日起施行。1982年2月6日国务院发布的《广告管理暂行条例》同时废止。1987年12月1日，既是《广告管理条例》的生效时间，也是《广告管理暂行条例》的终止时间。

三、《广告法》对人的效力

《广告法》对人的效力，是指广告法律、法规对哪些组织和个人具有法律约束力的问题。在中华人民共和国领域内从事广告活动的组织和自然人，无论是中国人、外国人、无国籍人，都是《广告法》的管辖对象。无论是法人、非法人组织、还是自然人，都是《广告法》的管辖对象。无论是广告主、广告经营者、广告发布者，还是消费者，都是《广告法》的管辖对象。

根据《服务贸易总协定》，我国政府承诺外国广告企业在我国享受国民待遇。只要合法进入我国市场，外国的广告企业与中国的广告企业一样，平等地从事广告经营活动，享受国民待遇。

第六节 《广告法》与相关法的关系

一、《广告法》与《反不正当竞争法》

《广告法》与《反不正当竞争法》关系密切。《反不正当竞争法》第九条从确保经营者之间公平的角度对虚假宣传作出禁止性规定,把维护合法的广告行为作为实现其正当竞争的途径之一进行保护。[1]

《广告法》关于不得在广告活动中进行不正当竞争行为的规定,包括下述内容:

(1)禁止的主体。本法中禁止不正当行为的主体为广告主、广告经营者、广告发布者。即广告主和广告经营者之间、广告主和广告发布者之间、广告经营者和广告发布者之间均不得从事不正当竞争行为。

(2)禁止的行为。本条对禁止的行为采取的是比较宽松的规定,即任何形式。任何形式主要是指《反不正当竞争法》规定的几种行为,按照《反不正当竞争法》和本法的规定,广告主和广告经营者之间、广告主和广告发布者之间、广告经营者和广告发布者之间均不得从事下列不正当竞争行为。

第一,不得从事假冒他人名牌的广告行为。即不得假冒他人的注册商标;不得擅自使用知名商品特有的名称、包装、装潢,或者使用与知名商品近似的名称、包装、装潢,造成和他人的知名商品相混淆,使购买者误认为是该知名商品;不得擅自使用他人的企业名称或者姓名,引人误认为是他人的商品,不得在商品上伪造或者冒用认证标志、名优标志等质量标志,伪造产地,对商品

---

[1] 杨紫烜.经济法[M].4版.北京:北京大学出版社,高等教育出版社,2011:283.

质量作引人误解的虚假表示。❶

第二，不得利用行政权力从事广告行为。即利用公用企业或者其他依法具有独占地位的经营者，不得在广告中限定他人购买其指定的经营者的商品，以排挤其他经营者的公平竞争。政府及其所属部门不得滥用行政权力，在广告中限定他人购买其指定的经营者的商品，限制其他经营者正当的经营活动。政府及其所属部门不得滥用行政权力，在广告中限制外地商品进入本地市场，或者本地商品流向外地市场。

第三，不得利用回扣行为从事广告行为。即广告主、广告经营者、广告发布者之间不得采用财物或者其他手段在广告中从事贿赂以销售或者购买商品的行为。

第四，不得利用广告从事虚假宣传行为。即广告主不得利用广告或者其他方法，对商品的质量、制作成分、性能、用途、生产者、有效期限、产地等作引人误解的虚假宣传。广告的经营者不得在明知或者应知的情况下，代理、设计、制作、发布虚假广告。

第五，不得利用广告从事侵犯他人商业秘密的行为。即不得通过广告披露其所掌握的他人商业秘密。

第六，不得利用广告的形式采取不正当降价的行为。即广告主不得以排挤竞争对手为目的，从事以低于成本的价格销售商品的广告。

第七，不得从事违法有奖销售行为的广告，即广告主不得从事下列有奖销售广告：采用谎称有奖或者故意让内定人员中奖的欺骗方式进行有奖销售的广告；利用有奖销售的手段推销质次价高的商品的广告；抽奖式的有奖销售，最高奖的金额超过 5000 元的广告。

第八，不得从事捏造、散布虚伪事实，损害竞争对手的商业信誉、商品声誉的广告。

---

❶ 蒋恩铭. 广告法律制度 [M]. 南京：南京大学出版社，2007：15-17.

二、《广告法》与《消费者权益保护法》

《消费者权益保护法》从维护消费者权益的角度，要求经营者向消费者提供的商品或者服务是真实信息，不得作引人误解的虚假宣传。《广告法》禁止广告含有虚假内容，不得欺骗或者误导消费者。消费者的知悉权是指消费者在购买商品、使用商品或者接受服务时，知悉商品的真实情况和服务的真实状况的权利。❶ 消费者不仅要知悉商品和服务的情况，更重要的是要知晓其真实情况。经营者在向消费者推出其商品或者服务时，应向消费者提供真实情况。经营者所提供的有关商品或者服务的信息不实，或者因其引人误解的宣传而使消费者接受该商品或者服务时，消费者可以主张彼此的交易为无效。《消费者权益保护法》第八条规定消费者可以要求经营者提供商品或者服务的信息的内容。这些信息包括商品或者服务的基础情况、有关技术状况、有关销售情况。❷

三、《广告法》与《食品安全法》

《广告法》与《食品安全法》都规定了广告荐证人的法律责任。但是《广告法》只规定了社会团体、其他组织作为虚假广告荐证人的法律责任，《食品安全法》规定了个人作为虚假广告荐证人的法律责任。《广告法》（1994年）第三十八条规定，广告主、广告经营者、广告发布者以及在广告中推荐商品或者服务的社会团体、其他组织的法律责任，没有规定在广告中推荐商品或者服务的个人的法律责任。一些名人代言虚假广告的案件已经证明，名人代言的虚假广告，其误导性和欺骗性更大。名人因代言获得了高额经济利益，如果不承担相应责任，将违背权责相统一的法律原则。为此，《食品安全法》第五十五

---

❶ 《广告法教程》编写组.消费者权益保护法律理解与适用[M].北京：中国工商出版社，2009：44.
❷ 杨紫烜.经济法[M].4版.北京：北京大学出版社，高等教育出版社，2011：283.

条扩大了《广告法》规定的责任主体范围，规定社会团体或者其他组织、个人在虚假广告中向消费者推荐食品，使消费者的合法权益受到损害的，都要与食品生产经营者承担法律责任。❶通过虚假广告推荐食品的个人，可以是名人，也可以是普通人。通过虚假广告推荐食品的组织或者个人，应当与食品生产经营者承担连带责任。❷

四、《广告法》与《商标法》

商标和广告的关系比较密切。《水浒传》"武松打虎"的情节中，景阳冈酒店门前有"三碗不过冈"的幌子，这个幌子既是广告，也是商标。商标与广告相互结合，收到了预期的效果。把商标用于广告宣传，可以加深消费者印象，可以增加消费者的信息，有利于获得商品的信息反馈。在广告宣传中，凡是广告内容有商标的，就要遵守《商标法》的规定。不能宣传假冒的商标，不能在同一商品上宣传十分近似的商标，不能对容易发生混同的商标做广告。在广告中对带有商标的商业广告，就要保证商业质量，不准掺杂使假，欺骗消费者。否则，就会既违反《商标法》，又违反《广告法》。

五、《广告法》与《产品质量法》

《产品质量法》第二十七条规定："产品或者其包装上的标志必须真实，并符合下列要求：(一)有产品质量检验合格证明；(二)有中文标明的产品名称、生产厂厂名和厂址；(三)根据产品的特点和使用要求，需要标明产品规格、

---

❶ 李援.中华人民共和国食品安全法解读与适用[M].北京：人民出版社，2009：139.

❷ 连带责任是指根据法律规定或者当事人的约定，债权人有权请求数个债务人的任何人履行全部债务的一种民事责任承担方式。

等级、所含主要成分的名称和含量的,用中文相应予以标明;需要事先让消费者知晓的,应当在外包装上标明,或者预先向消费者提供有关资料;(四)限期使用的产品,应当在显著位置清晰地标明生产日期和安全使用期或者失效日期;(五)使用不当,容易造成产品本身损坏或者可能危及人身、财产安全的产品,应当有警示标志或者中文警示说明。裸装的食品和其他根据产品的特点难以附加标志的裸装产品,可以不附加产品标志。"

  商品的质量证明是指国家认可的产品质量检验机构出具的证明文件。商品质量检验机构是指国家的产品质量监督机关授权的部门。质量检验机构出具证明时必须依据国家法律规定的标准进行检验,对于其检验的商品出具的证明必须保证其合法有效,否则,要承担相应的法律责任。

第三章 广告内容准则

第一节 广告内容准则概述

一、广告内容准则的概念

(一) 广告准则的内涵

广告内容准则,又称广告发布标准,是指发布广告的一般原则与限制,是判断广告是否合法的依据,是广告法律、法规规定的广告内容与形式应符合的要求。❶ 广告内容准则,以前称为广告准则。❷ 广告准则是广告基本原则的具体体现。❸

---

❶ 蒋恩铭.广告法律制度[M].南京:南京大学出版社,2007:22.
❷ 广告发布标准,原来称为广告准则。参见:国家工商行政管理总局.广告业发展与监管[M].北京:中国工商出版社,2012:123.
❸ 倪嵋.广告法规实用实训新编教程[M].上海:文汇出版社,2008:62.

（1）一切广告应遵循的发布标准。凡是广告，在发布的内容及形式上都应遵循广告准则的规定。

（2）广告发布的一般原则和禁止规定。广告准则是广告基本原则的具体体现，是广告发布的一般规定和特殊规定的一般原则，凡是广告准则禁止发布的内容都不得出现在广告中，否则就是违禁广告。

（3）判断广告能否可以发布的依据。广告主、广告经营者、广告发布者在广告发布前，评审及广告审查机关审查特殊商品广告，广告监管机关检查监督广告是否违法，都应按照广告准则的规定进行判断。

（二）广告准则的外延

1. 广告发布内容、形式的基本要求

广告是由文字、图像、音响构成的，广告的表现是由形式体现的，因此，在广告内容上，对于违背法律、法规规定，违反社会公德和职业道德，侵犯消费者的合法权益，损害国家的尊严和利益的文字形象的广告都必须予以禁止。在广告发布形式上，凡是以新闻报道形式发布广告的也都必须予以禁止。

2. 广告发布的一般准则及特殊准则

一般准则是广告发布的一般标准。特殊广告准则是广告发布的具体标准。特殊广告准则是关于一些与人民生命财产安全密切相关商品广告发布标准。❶❷除了一般的产品广告外，还有与人民健康和生命密切相关的产品，如药品、医疗器械、农药、烟草、食品、化妆品等一些特殊商品以及其他法律、行政法规中规定的应当进行特殊管理的商品。特殊广告是指涉及人体健康以及人身安全、财产安全的商业广告。❸对这些特殊商品的广告，更要做出严格的规定和要求，制定特殊的标准。

---

❶ 陈柳裕，唐明良．广告监管中的法与理[M]．北京：社会科学文献出版社，2009：64-76．

❷ 蒋恩铭．广告法律制度[M]．南京：南京大学出版社，2007：32-40．

❸ 杨紫烜．经济法[M]．4版．北京：北京大学出版社，高等教育出版社，2011：289．

3.禁止性准则和命令性准则

（1）禁止性准则。广告发布标准规范了广告内容和表现形式的禁止和限制。《广告法》第九条规定："广告不得有下列情形：（一）使用或者变相使用中华人民共和国的国旗、国歌、国徽，军旗、军歌、军徽……"。

（2）命令性准则。《广告法》第八条规定："广告中对商品的性能、功能、产地、用途、质量、成分、价格、生产者、有效期限、允诺等或者对服务的内容、提供者、形式、质量、价格、允诺等有表示的，应当准确、清楚、明白。广告中表明推销的商品或者服务附带赠送的，应当明示所附带赠送商品或者服务的品种、规格、数量、期限和方式。法律、行政法规规定广告中应当明示的内容，应当显著、清晰表示。"

4.广告法律准则和广告道德准则

广告法律准则指真实性原则、合法性原则、诚实信用原则、公平竞争原则。《广告法》第三条规定："广告应当真实、合法，以健康的表现形式表达广告内容，符合社会主义精神文明建设和弘扬中华民族优秀传统文化的要求。"

广告道德准则主要有未成年人保护、残疾人保护、特殊产品广告，《广告法》第十条规定："广告不得损害未成年人和残疾人的身心健康。"

二、广告内容准则的特征

广告准则由一系列标准组成，根据这些标准可以衡量广告能否发布，广告内容是否合法。广告准则适用于一切广告形式，包括商业广告与社会广告。广告准则适用于广告活动的各个方面，包括广告内容、广告形式和广告行为。广告内容是强制性规范，如果广告活动主体不遵守广告准则，则要承担法律责任。

三、广告内容准则的作用

对广告活动,广告准则有 3 个方面的作用:

1. 立法准则的功能

广告法基本原则是制定相关广告法律法规的立法准则,不仅是国家制定和修改广告法律制度的指导思想,同时对国家行政机关制定广告行政法规进行指引,保证行政法规能够与广告法律制度相一致,并且也是地方权力机关制定广告地方法规的指导思想,另外对广告监管机关制定政策性文件也起到指导作用。

2. 行为准则的功能

广告法律规范是从广告法基本原则中推导出来的,具有直接的可操作性和具体性,因此,广告活动主体首先应该以广告法律规范作为行为准则,但是广告法律并非总是完备的,它具有时代的局限性。当广告法律规范对某些具体问题缺乏集体规定时,广告活动主体就应当自觉地将广告法律规范源头的广告法基本原则作为行为指南。

3. 执法和司法准则的功能

行政执法机构和司法审判机构处理相关广告案件时,首先应当以广告法律规范为依据。但现实中,一方面,同一部法律中可能会出现规定模糊或自相矛盾之处,另一方面,不同的法律规范之间更容易产生法律的冲突,目前我国已经制定的与广告有关的广告法律法规已超过 100 部,行政机关和司法机关厘清思路,选择所应当适用法律规范,最为重要的问题就是要遵循广告法基本原则的指导,根据广告法的基本原则来衡量冲突的法律法规中哪条法律规范更能体现广告法立法目的和宗旨。同样,行政执法机构和司法审判机构处理相关广告案件时,在没有具体法律条文可以适用时,可以依据广告法律规范进行自由裁量。当然这主要针对民事和经济方面的行为,根据"罪刑法定"的原则,刑事审判只能依据现有法律。❶

---

❶ 蒋恩铭. 广告法律制度 [M]. 南京:南京大学出版社,2007:8.

四、广告内容准则的分类

按照广告准则的作用范围,广告准则由基本准则、一般准则以及特殊准则组成。

第二节 广告的基本准则

广告的基本准则,是指反映广告本质及内容的指导原则。[1]人们多把广告的基本准则称为广告法的基本原则。广告的基本准则有真实性原则、合法性原则、公平原则、精神文明原则以及可识别原则。

广告法的基本原则是国家对广告行业发展总的方针、政策在法律上的体现,是调整广告法律关系的指导规范,也是广告立法、司法、执法、守法必须遵循的准则。广告法的基本原则,也称为广告发布的基本原则,或者广告的基本准则。

违反真实性原则的典型广告是虚假广告,违反合法性原则的典型广告是违法广告,违反公平原则的广告是误导广告,违法精神文明原则的广告是低俗广告,违反可识别原则的广告是隐性广告(包括新闻广告、植入性广告)。

一、真实性原则

(一)真实性原则的含义

广告真实性,是指广告内容必须客观、准确地介绍商品、服务的情况,不能含有虚假不实、引人误解的内容,不能欺骗和误导消费者。《广告法》第三条

---

[1] 杨紫烜.经济法[M].4版.北京:北京大学出版社,高等教育出版社,2011:284.

规定："广告应当真实、合法，符合社会主义精神文明建设的要求。"这是广告"真实原则"的法律依据。❶

真实性原则是从诚实信用原则派生出来的。《民法总则》规定了诚实信用原则。诚实信用最早是市场活动中形成的道德规范，以商品交换的存在为根据，为了加强对社会经济关系的调整，各国将诚实信用的道德规范上升为法律规范。真实性原则要求广告中有关广告主、商品或服务的介绍等，应当符合事实真相，不得有虚假或不实记载。凡是捏造、过时、不实之内容，在广告中不得出现。无法印证的词句，也不能在广告中出现。

美国布莱克法律大词典的解释是：诚信是指"没有恶意，没有欺诈或取得不当利益的企图。"《美国统一商法典》第2103条指出："对商人而言，诚信系指忠于事实真相,遵守公平买卖合理之商业准则。"《瑞士民法典》第2条规定："无论何人，行使权力及履行义务，均应依诚信为之。"《日本民法典》第10条第2款规定："行使权利及履行义务时，应恪守信义诚实进行。"就广告而言，诚实信用原则的要求是多方面的：①设计、制做广告要有善良的动机、态度，没有欺诈或误导的故意，在追求广告效果的时候，还要考虑到广告受众和消费者的利益及社会公共利益。广告应当真实，不能利用迷信或一般人的盲从心理；②广告中的承诺，是经营者为自己设定的义务或是对法定义务的重述。诚实信用原则要求经营者认真对待自己的承诺、完全实现承诺；③广告要有可识别性，要能够使消费者清楚地辨明其为广告，要与新闻报道相区别；④引用数据资料要准确真实。

（二）真实性原则的内容

1. 言之有据

广告的信息要以事实为依据，通过实物、画面、实证、论据和论证等方式，

---

❶ 高铭暄，马克昌. 中国刑法解释：上卷[M]. 北京：中国社会科学出版社，2005：1483.

实事求是地传递信息，做到科学、准确、具体而有价值。反对夸大失实、美化失度、含义不清而引起误解、误用，不应滥用夸张词语。

真实性是有效广告的根源，是广告的生命。广告是一种信息传播活动，只有真实、实事求是地传达信息，广告才是科学的，才具有认知价值，才具有生命力。广告要达到取信于人并引导人的行为的目的，就必须以真实的信息内容去影响、打动消费者。美国广告业巨子大卫·奥格威在他的《一个广告人的自白》中把"讲事实"列入他总结的"一生中如何创作高水平广告的十一条规律"之中。正是如此，各国的广告立法、广告行业自律，毫无例外地都将广告的真实性视为首要原则，列为重要条款，美、日、英、法等许多国家对虚假不实的广告都规定了民事、经济乃至刑事责任。《国际商业广告从业准则》中规定："广告只应陈述真理，不应虚伪或利用双关语及略语等手法，以歪曲事实；广告不应含有夸大的宣传，致使顾客在购买后有受骗及失望之感。"世界上最早的广告法规、美国于1911年颁布的《印刷物广告法案》中规定："凡个人、商店、公司、社会直接或间接出卖或用其他方法处理商品、证券、劳务或任何物品，或者欲增加这些物品的消费量，或用任何方法、诱使公众就这些事物缔结契约、取得利益，或者发生利益关系而制成广告，直接或间接刊载于本州各种报纸或其他刊物上或作书籍、通知、传单、招贴、小册子、书信等分发的，如其中陈述的事实有不确实、欺诈或使人误信者，治以轻罪。"

2. 兑现承诺

广告不能欺骗和误导消费者。广告行为应当体现真实性，即广告行为应当体现诚实信用原则。这项原则要求广告行为主体在广告活动中应保持善意、诚实、恪守信用，反对任何形式的误导和欺骗。任何广告在设计时不得滥用消费者的信任或者利用消费者缺乏经验或者知识欠缺，弄虚作假、欺骗误导，更不得利用广告这种具有广泛影响力和说服力的宣传形式，诋毁、贬损其他经营者。要求广告不得含有虚假的内容、不得欺骗和误导消费者，实际上也就是要求广告必须具有真实性，即广告活动必须真实地、客观地传播有关商品或者服务的情况，而不能作虚假的传播，更不能欺骗和误导消费者。这是因为，商业广告的目的就在于推销商品或者提供服务，广告对于消费者来讲，具有很大的导向性，现实生活中的许多商品和服务的情况，消费者是从广告中得知的，如果广告中含有虚假的内容，欺骗或者误导消费者，消费者就难免上当受骗，这种采用欺骗的手段推销商品或者提供服务，是与社会主义市场经济的要求格格不入的。因此，广告中不得含有虚假的内容，不得欺骗和误导消费者。

3. 提倡一分为二

介绍产品、服务的优点和特点的同时，也不讳言缺点和不足之处；向目标消费者推荐，同时也应向明显不适应者提出劝止忠告；突出产品的特效，也应指出可能发生的副作用等。广告内容的真实性主要表现在以下4个方面：①商品的质量、价格、生产者、产地及承诺必须具有真实性；②对服务的形式、质量、内容、价格、承诺要真实；③广告中表明推销商品、提供服务附带赠送礼品的，应当标明赠送的品种和数量；④广告使用数据、统计资料、调查结果、文摘、引用语应当真实、准确并表明出处。广告使用数据、统计资料、调查结果、文摘、引用语应当表明出处包含两层含义：①在广告中使用数据、统计资料、调查结果、文摘、引用语必须要有出处，没有出处的不得在广告中使用；②广告使用数据、统计资料、调查结果、文摘、引用语一定要表明出处，表明的出处应当真实、准确、明白、有据可查。广告数据资料使用应当具有合法性，数据资料内容应当正确。数据使用应当标明出处，资料的提供者应当对资料的真实性负责。❶广告不能含有虚假不实的内容，广告行为不得弄虚作假。

（三）真实性原则的法律规定

《广告法》第三条规定："广告应当真实、合法，以健康的表现形式表达广

---

❶ 陈柳裕，唐明良. 广告监管中的法与理[M]. 北京：社会科学文献出版社，2009：64.

告内容，符合社会主义精神文明建设和弘扬中华民族优秀传统文化的要求。"第四条规定："广告不得含有虚假或者引人误解的内容，不得欺骗、误导消费者。广告主应当对广告内容的真实性负责。"第二十八条规定："广告以虚假或者引人误解的内容欺骗、误导消费者的，构成虚假广告。"

广告有下列情形之一的，视为虚假广告。

（1）商品或者服务不存在的。

（2）商品的性能、功能、产地、用途、质量、规格、成分、价格、生产者、有效期限、销售状况、曾获荣誉等信息，或者服务的内容、提供者、形式、质量、价格、销售状况、曾获荣誉等信息，以及与商品或者服务有关的允诺等信息与实际情况不符，对购买行为有实质性影响的。

（3）使用虚构、伪造或者无法验证的科研成果、统计资料、调查结果、文摘、引用语等信息作证明材料的。

（4）虚构使用商品或者接受服务的效果的。

（5）以虚假或者引人误解的内容欺骗、误导消费者的其他情形。

广告应当遵循以下要求：

（1）广告中对商品或者服务的重要信息的表示应当准确、清楚、明白。一般情况下，法律并不要求广告必须对商品的性能、功能、产地、用途、质量、成分、价格、生产者、有效期限、允诺等，以及服务的内容、提供者、形式、质量、价格、允诺等信息作出表示。但是，一旦广告主特意在广告中就上述信息作出表示，以此为卖点吸引消费者，从而影响消费者作出购买商品或者接受服务的决策，则其表述的信息必须准确、清楚、明白，避免误导消费者。所谓准确、清楚、明白，一是要实事求是，客观、明确地作出表述，不能含混不清；二是要使普通消费者能够正确理解，不致误解。

（2）附带赠送广告的明示义务。在实践中，商品经营者或者服务提供者为了吸引消费、促进销售，往往在广告中宣称将会向商品购买者或者服务接受者提供赠品、消费券、抵用券、额外服务等。但是，有的附带赠送广告因为表述不清，往往会引发争议，常见的情形有：① 广告中宣传的赠品与实际不符。如宣称赠送高级化妆品，实际上只赠送廉价化妆品；宣称"买一赠一"，实际上买一双鞋赠送一双鞋垫，买一大桶油送一小瓶油。② 获取赠品附带条件，在广告中未声明。例如，宣称来店就有礼品，实际上数量有限，或者消费满一定金额后才能享受。③ 赠品的使用附带条件，在广告中未声明。例如，仅限特定日期使用，消费满一定金额才能使用一张消费券等。

（3）法定明示义务。一些特殊商品、服务可能对消费者产生重要影响，为更好保护消费者权益，法律、行政法规对其广告中应当明示的内容作了明确规定。例如，畜牧法第二十八条规定："种畜禽广告应当注明种畜禽品种、配套系的审定或者鉴定名称，对主要性状的描述应当符合该品种、配套系的标准，等等。"

二、合法性原则

合法性原则是原广告法的重点原则。《广告法》第三条："广告应当真实、合法，以健康的表现形式表达广告内容，符合社会主义精神文明建设和弘扬中华民族优秀传统文化的要求。"由于容易与行政主体的合法性原则相混淆，所以这一原则受到弱化。违反合法性原则的行为是广告违法行为。

（一）合法性原则的概念

广告的合法性，是指广告的形式和内容都必须遵守法律和行政法规的规定，不得违反公序良俗或者损害他人利益。广告的合法性，可分为广告内容的合法性和广告形式的合法性。❶

---

❶ 蒋恩铭. 广告法律制度 [M]. 南京：南京大学出版社，2007：24-29.

（二）合法性原则的要求

广告合法性原则的要求主要表现在以下3个方面。

1. 广告客户的主体资格要合法

广告发布者要具有发布某项广告的权利，这种权利要与其核准登记的经营范围相适应。广告所宣传的商品和服务必须符合国家法律法规的规定，国家法律法规禁止进行广告宣传的产品或者服务，不得进行广告宣传。

2. 广告的内容要合法

广告所宣传的内容必须符合广告法律法规的规定。广告的内容要合法，不得为国家明令禁止生产的商品或开展的服务做广告；不得出现《广告法》明文规定禁止的内容。如，不得使用国旗、国徽、国歌标志作为广告背景；广告所采用的宣传语言应当符合《广告法》和有关法律法规的规定，不得使用绝对化语言；不得使用国家机关和国家机关工作人员的名义和形象做广告等。广告内容按照规定应当经过批准的，必须履行规定的批准手续。

3. 广告的表现形式要合法

广告的表现形式必须符合有关法律法规的规定，不得采用广告法以及有关法律法规禁止采用的广告宣传形式。广告的发布要符合法定程序，广告经营者要依法实行广告审查制度；新闻单位刊播广告，应当有明确的标志，不得以新闻报道形式刊播广告，收取费用；不得采用有偿新闻报道形式做变相广告宣传等。

《民法总则》第八条规定："民事主体从事民事活动，不得违反法律，不得违背公序良俗。"遵守法律、行政法规是法律对于民事活动的最基本的要求。而广告活动作为民事活动的一种，也必须遵守法律、行政法规。遵守法律和行政法规，是将广告活动纳入法制轨道和保障正常的社会经济秩序的必要条件。遵守法律、行政法规的原则，要求广告主、广告经营者、广告发布者在进行广告设计、制作、代理服务、发布等活动时，必须符合法律、行政法规的规定。广告活动主体必须遵守法律、行政法规的原则，一方面，为广告活动主体提供了基本的行为准则，要求广告活动主体必须在法律、行政法规允许的范围内进行广告活动；另一方面，为国家管理机关、其他经济主体判断广告活动主体的行为是否合法提供了一个衡量标准，有利于国家管理机关依法查处违法广告行为，有利于其他经济主体依法维护自己的合法权益。

广告的合法性原则要求广告的内容和形式都必须在法律允许的范围内，不得违背社会秩序和公共利益的要求。广告活动的合法性原则不仅要求广告的内容和广告的形式要合法，而且要求广告主的广告宣传活动和广告经营者、发布者的设计、制作、代理发布等广告活动必须符合法律、法规的规定，不得违反法律法规的强制性规定。任何违反法律法规的行为都必须承担相应的法律责任。❶

三、公平竞争原则

（一）公平竞争原则的含义

所谓公平竞争，是指广告主、广告经营者、广告发布者享有在"公平""公开""公正"的同等条件下参与市场竞争的机会，在不违背法律、国家政策，不超出自己业务范围的前提下，对是否参与广告活动，参与何种广告活动，应有均等的选择机会。公平竞争原则是市场经济有关公平交易、公平竞争观念在法律上的体现。其基本含义如下：

（1）广告业应当为广告活动各参与方创造一个公平竞争环境。在广告中提倡优胜劣汰，有助于公平竞争。发布真实、客观、及时、准确的广告，有利于

---

❶ 刘双舟. 新广告法精解与应用[M]. 北京：中国财政经济出版社，2015：27.

促进商品流通，推进社会生产的发展，促进社会经济秩序的稳定。

（2）禁止将广告作为开展不正当竞争的手段。在广告宣传中，抬高自己，贬低别人；利用回扣、贿赂等手段承揽广告业务；利用自身的优势地位搞业务、媒介垄断，阻碍他人参与广告市场的公平竞争；窃取、利用他人商业秘密。

（3）禁止利用虚假广告欺骗或误导消费者购买商品或者接受服务，这是一种显失公平的交易，既违反公平竞争原则，又严重损害了消费者的权益，这些都是违反公平竞争原则的行为，应坚决予以制止。

公平竞争原则既是广告活动必须遵循的一个原则，也是我国所有的民事活动都要遵循的一个原则。《民法总则》第六条明确规定了民事活动应当遵循公平的原则。《民法总则》第六条规定："民事主体从事民事活动，应当遵循公平原则，合理确定各方的权利和义务。"公平原则要求广告活动主体应本着公平的观念进行广告活动，如在签订广告合同时，双方应公平地享有权利和承担义务。《民法总则》第一百五十一条规定："一方利用对方处于危困状态、缺乏判断能力等情形，致使民事法律行为成立时显失公平的，受损害方有权请求人民法院或者仲裁机构予以撤销。"1937年通过的《国际广告行为准则》第1条明确规定："任何广告不得有违反通行的公平标准的声明或陈述。"这一规定基本上可以作为"公平原则"的国际法依据。《广告法》第五条规定："广告主、广告经营者、广告发布者从事广告活动，应当遵守法律、行政法规，遵循公平、诚实信用的原则。"

（二）公平竞争原则的内容

根据我国《广告法》及相关法律、法规的规定，公平竞争原则具有以下4个方面的内容。

1. 市场准入制度的公平

一个健康的广告市场，企业可以根据法律所设立的条件，自由选择进入或者退出。市场准入标准,应当是按照资本组成方式,而不是根据人为的其他因素。市场准入方式,应当是准则主义为主,而不是审批主义为主。❶

2. 市场活动规则的公平

凡参与广告市场竞争的广告行为主体,都应当依照同一规则从事广告活动,严禁广告行为主体利用其优势,采用任何非正当的或者不道德的手段进行不公平竞争。诸如利用回扣、贿赂等手段承揽广告业务;或者利用自身优势垄断广告市场,阻碍他人参与广告市场的公平竞争等。

3. 监管执法公平

在广告活动中,广告行为主体应当平等地享有权利和承担义务,不允许任何广告行为主体只享有权利而不承担义务;也不允许某些广告行为主体利用自己的优势地位,强迫交易对方放弃其依法享有的权利。广告主、广告经营者与广告发布者是平等的,广告发布者不享有超越法律的特权。如果涉嫌广告违法行为,广告发布者应当与其他主体平等地承担法律责任。

4. 结果的公平

从商品购买者和服务接受者的角度看,广告对其有直接的或者潜移默化的影响。若广告主、广告经营者或广告发布者利用虚假的、引人误解的广告欺骗或者误导广告受众或者消费者,诱导广告受众或者消费者购买其产品或者接受其服务,该广告行为主体的行为就是违反公平原则的行为。广告受众或者消费者之所以易于被误导或诱导,其主要原因在于广告受众或者消费者与广告行为主体在市场信息资源方面具有明显的不平等性,而且前者的市场信息资源主要来自后者。

公平竞争原则是协调广告主、广告经营者、广告发布者之间利益关系的根本准则。

---

❶ 蒋恩铭.广告法律制度[M].南京:南京大学出版社,2007:11.

四、精神文明原则

（一）精神文明原则的含义

精神文明是人类改造客观世界的同时也改造主观世界的精神成果的总和，是人类精神生产的发展水平及其积极成果的表现。精神文明包括两个方面：一方面，指全体社会公众在智力及技能方面达到的素质和水平；另一方面，指全体社会公众在思想、道德方面的素质和水平。❶ 如社会的政治思想、道德面貌、社会风尚、人们的世界观、信念、理想、觉悟、情操以及自律性等。这些因素的综合成果，反映一个社会精神文明程度。

广告内容必须符合社会主义精神文明的要求，确保广告的社会效益。

1. 广告必须有利于人民的身心健康

广告既要具有给人美的艺术上的享受，还要完成商品或服务的宣传作用。广告内容应对全社会的人民有利，符合社会主义精神文明建设的要求。

2. 广告可以促进商品和服务质量的提高

商品和服务的质量，关系到企业的兴衰、社会的整体利益、国家的经济发展水平和总体形象，是一项至关重要的问题。广告是与商品服务有关的活动，应该为之努力，做出贡献。

3. 广告必须保护消费者的合法权益

广告的目的是让更多的消费者来扩大消费，满足消费者日益增长的物质和文化需求。广告传播应将消费者的合法权益摆在首位，不得妨碍社会安定和危害人身、财产安全，损害社会公共利益。

4. 广告要遵守社会公德，维护国家的尊严和利益

社会公德是全体公民在社会交往和公共生活中必须共同遵循的准则，是社

---

❶ 陈正辉.广告伦理学[M].上海：复旦大学出版社，2008：136-139.

会普遍公认的基本行为规范。广告在社会风气的维护方面起着举足轻重的引导作用。❶

（二）违反精神文明原则的广告

违反社会主义精神文明建设的广告是指宣扬恐怖、暴力、残忍、丑恶，破坏良好社会风尚的广告。

1. 恐怖广告

恐怖，是一种极度恐惧、害怕的心理状态。含有恐怖内容的广告起到了对人的心理强制作用。如果我们把血淋淋的车祸展现给受众，会使他们产生恐惧感，适度的恐惧可以达到正面作用；过度的恐惧，则会使受众产生逆反心理，使我们的广告片适得其反，单纯的提醒又不会引起受众足够的注意。

2. 残忍广告

小时候，记得有一年市里来了个耍把戏卖艺的，在市区热闹处支了个摊子裸露着胸脯，喊着："祖传接骨秘方，能接任何部位的断骨处，三分钟包好。"喊完便把一个八九岁模样也赤着上身的男孩拉到场地中央，大喊一声，使劲把小男孩的胳膊向后拧，一直到拧折才罢手，小男孩疼得哇哇乱叫。接着他故意让小男孩晃着被拧折的胳膊到场边向人讨钱，闲人见此惨状于心不忍，纷纷解囊，壮汉直到看着讨得差不多了，才使劲把小男孩的胳膊又给正了过来，再贴上所谓"祖传秘方"药膏。

3. 丑恶广告

丑恶是歪曲、畸形形象的表现。含有丑恶内容的广告是对社会的挑战，理所当然地要予以禁止。❷ 2002年的一天，广州街头忽然出现了一幅巨大的招牌

---

❶ 倪嵋.广告法规实用实训新编教程[M].上海：文汇出版社，2008：64.
❷ 崔银河.广告法规与职业道德[M].北京：中国传媒大学出版社，2008：110-120.

广告，画面上一个在浴缸里浸泡自己胴体的女子正将其一条腿高高抬起，旁边有一句语惊四座的广告语："泡的就是你"。可是再看右下方，却打出了一个与广告没有任何联系的某品牌方便面。这样的创意手法从根本上违背了中华民族固有的道德传统和审美观念。

4. 暴力广告

暴力是烧、杀、抢、夺、打，侵犯他人人身和财产的强暴行为，广告展现暴力是对社会的侵害。从立法的预防性功能来看，做出禁止性规定还是有必要的。2006年11月，一个马戏团在某个城市演出。为了招徕观众，他们竟把一个只穿泳装的妙龄女郎横捆在一匹高头大马上沿街走巷做广告，前面还有几个人吹吹打打地在开道。当时已是11月底，这座北方城市的气温已在0℃以下，女郎被紧紧绑在马上冻得瑟瑟发抖，两只眼睛无助地闪出苦楚的光，过往行人凡看到者一边同情女郎，一边咒骂这个马戏团班主，太暴力了。

5. 低俗广告

有些广告利用"准"性、色的创意来诱惑消费者以及用一些低级庸俗的东西做宣传试图达到推销产品的目的，同样违背了精神文明建设的宗旨。比如近几年在一些电视广告画面上出现的美女不是比基尼就是超短式，要么干脆就裸着上身洗浴。本来宣传的是洗发用品，却非要暴露女子的玉腿不可；明明是为清凉饮料做广告宣传，画面却是海滩上有一群半裸女孩。据某家报纸报道，有一家省级电视台举办"十佳"演员评选活动，某服装厂赞助了20万元。但他们同时提出了一个要求，"十佳"演员上台时要穿上该厂制作的旗袍，这要求按说并不过分。但就在女演员穿着该厂制作的旗袍开始拍摄时，创意人员又要求每位女演员必须有一个从旗袍缝隙处晃出大腿的镜头。女演员就此与创意人员发生了争执，制作方见状便说"有言在先，不拍不行"，并用收回赞助作威胁。

6. 歧视广告

画面上一个戴眼镜的小男孩边玩电脑边打电话:"我爸爸给我买了台电脑,还会说话呢。"这时进来一个模样又憨又笨的胖男孩傻乎乎地说"真的吗?"人胖就是傻与笨的同义?这样的创意确实损害了人们的感情,假设有些想给自己孩子买台电脑的家长,但因孩子或自己身体较胖,那看了此广告后反而会打消购买念头。

7. 不尊重民族风俗的广告

广告创作过程中,在考虑商品功利诉求的同时,还必须尊重各民族的风俗习惯,注意各个不同民族、不同国家间的禁忌。2003年12月,《汽车之友》杂志刊登了一则日本丰田公司的"霸道"汽车广告:一辆"霸道"汽车停在两只石狮前面,一只石狮抬起右爪做敬礼状,另一只石狮向下俯首,广告语为"霸道,你不得不尊敬"。广告背景看上去像是卢沟桥,石狮也似乎是卢沟桥上的石狮。广告一经刊登,立即引起社会各界强烈反响:这不明明是"含沙射影"吗?这不明明是污辱中国人吗?

中华民族历来崇尚黄色,认为这是崇高、尊严的象征。因此国旗上的五星被确定为黄色。但以色列人则把黄色看成不祥之象征,埃塞俄比亚更将黄色视为丧色。法国人喜爱蓝色,国旗是蓝、白、红三色,过重大节日时报纸标题也喜欢套上蓝色;而在瑞典却忌讳蓝色,在埃及蓝色则被视为噩梦的象征。在东南亚和印度等国家,人们非常崇爱大象,但到了英国则视大象为"大而无用"的代称。菊花被意大利人奉为国花,但法国人则觉得菊花是不吉利的象征。仙鹤在日本和我国被看作长寿的象征,但到了法国则代表蠢汉与淫妇。我国一种"山羊"牌闹钟出口时译成的英文是Goat,英国人对这个词的理解则是"替罪羊""好色",这种闹钟谁敢买。

五、可识别原则

（一）可识别原则的概念

"通过大众传播媒介发布的广告应当有广告标记，与其他非广告信息相区别，不得使消费者产生误解。"❶广告具有可识别性，是为了保护消费者的利益，以防止或减弱广告的误导作用。这可以说是一个通例，如澳门特别行政区的《广告法》第5条规定："广告信息，不论在其传播时使用任何工具，应该可清楚地做广告的识别。"《澳洲共同体关于电视广告的统一规定》第13条中明确规定："为避免广告与节目混淆不清，不仅要对广告加上明显的标志，还必须同节目的图像、伴音分离。"❷

广告标记的形式可以多样，有的报纸在栏头标明"广告专版""分类广告"等，这就应认为有广告标记。有的广告内容本身就已表明其为商业广告，如一份医疗广告要注明："京中医广证字（97）第186号，京工商广备字（97）第186号"；还有的广告称"凡持本广告购机者享受此优惠。"有上述内容的广告可以认为有广告标记。

（二）可识别原则的要求

《广告法》第十四条规定："广告应当具有可识别性，能够使消费者辨明其为广告。大众传播媒介不得以新闻报道形式发布广告。通过大众传播媒介发布的广告应当有广告标记，与其他非广告信息相区别，不得使消费者产生误解。"这是广告应当具有可识别性的法律依据。

广告应在形式上具有可识别性，能够使消费者辨明其为广告。《国际商会广

---

❶ 隋彭生．广告法律实务新论 [M]．北京：中国工商出版社，1998：37-39．

❷ 谢晓尧．在经验与制度之间：不正当竞争司法案例类型化研究 [M]．北京：法律出版社，2010：336-337．

告行为准则》第十一条规定："任何广告不管是形式还是使用的媒介，都必须是清晰易辨的；当一则广告在含有新闻或者文章的媒介上发布时，它应该轻而易举地被认为是广告。"我国广告法规定："广告应当具有可识别性，能够使消费者辨明其为广告。"❶

（1）在形式上不能使消费者认为广告是艺术品。广告表现形式表现可以体现艺术性，但是，以不给消费者造成对商品或服务相关属性的误解为限。如果广告受众认为它是艺术品，就不会有人购买，达不到广告宣传的效果。广告经营者应当把握广告作品与艺术品的界限。

（2）不能在内容上使消费者认为是其他形式，如新闻报道。广告不同于新闻报道，广告是有偿的，新闻是无偿的。广告是自我宣传，新闻是客观报道。把广告混同于新闻报道是一种广告违法行为。其违法表现为：①以新闻发布会形式，来介绍企业产品或服务商情况的广告；②以新闻采访的形式，通过采访人之口和被采访人之口，介绍商业或服务的特点；③以专题片的方式，集中介绍出资企业的基本情况、经营方针、商标情况。❷

（3）在发布方式上具有能使消费者辨明广告的特征。大众传播媒体不得以新闻报道形式发布广告，通过大众传播媒介发布的广告应当有广告标记，与其他非广告信息相区别，不得使消费者产生误解。特别是利用电视、广播、杂志、报纸等大众传播媒体发布广告时，必须有专门的标记作为提示，以便广大消费者将广告与新闻区别开。

（三）对广告可识别性的理解

1. 广告可识别性的重要意义

广告可识别性的重要意义是企业通过一定的媒介发布商业广告，向目

---

❶ 杨紫烜. 经济法 [M]. 4 版. 北京：北京大学出版社，高等教育出版社，2011：286.

❷ 褚霓霓. 广告法实例说 [M]. 长沙：湖南人民出版社，2004：108-109.

标客户传递商品或服务的存在及其性能、特征等信息，目的是引起消费者兴趣，激发消费者购买欲望以及付诸购买行为。一方面，广告为消费者提供商品或者服务的存在及其性能、产地、用途、价格、提供者、允诺等信息，是消费者选择商品或者服务的重要参考；另一方面，广告是一种促销手段，广告提供的信息可能具有劝诱性、选择性、适度夸张性，往往突出、强调其优点、益处，淡化、隐藏其缺点、副作用等。消费者对于广告的这些特点一般有较为清晰的认知，能够较为审慎地对待广告所介绍的商品或者服务信息。

2. 大众传播媒介不得以新闻报道形式变相发布广告

以新闻报道形式变相发布广告，忽视了广告与新闻的界限。

广告与新闻的区别：广告与新闻都是以传播信息、扩大影响为主旨的社会传播活动，但是二者又有明显区别：

（1）目的不同。广告是推销商品或者服务的手段，目的在于促进销售、提升形象、获得经济利益。新闻主要为满足受众对新闻的获知欲望，通过对新近发生的事实的报道达到对社会舆论进行引导的目的。

（2）内容不同。广告宣传的是商品、服务信息。新闻报道的是人民关心或感兴趣的新近发生的客观事实。

（3）费用承担不同。广告是有偿服务，广告主要进行广告宣传，就需要向广告经营者、广告发布者（主要是大众传播媒介）、广告代言人支付相应的对价；广告主自己制作、发布广告的，也要承担相应的成本费用。新闻中的被宣传对象则不需要向新闻机构支付费用，其作者还可以从新闻机构取得相应的报酬。

（4）制作方式和责任承担形式不同。广告反映广告主的意愿，广告经营者、广告发布者、广告代言人按照广告主的要求设计、制作、发布、代言；广告违法、侵权的，首先由广告主承担责任，广告经营者、广告发布者、广告代言人根据

第三章 广告内容准则

其过错大小承担相应责任。新闻一般由记者或者通讯员采写，经过编辑部修改、审定后发表；其责任由记者、通讯员、编辑承担。

3.广告应当显著标明"广告"

为了使通过大众传播媒介发布的广告与新闻等非广告信息相区别，避免消费者产生误解，本条第二款中规定，通过大众传播媒介发布的广告应当显著标明"广告"。例如，报纸、期刊、电影、电视、互联网页面上的广告应当在显著位置、以显而易见的方式标明"广告"字样；广播中的广告应当由播音员作出明确提示，如"以下进入一段广告"。从效果上看，就是要使消费者能够清晰地辨别出广告，不会与其他非广告信息相混淆，不会将广告误以为是非广告信息。南京圣欣小雅教育科技有限公司通过其公司的工作人员与某中学和某幼儿园取得联系，以报告会的名义，在该幼儿园和中学内部向学生发放由当事人统一印制的宣传单页表格，登记后安排家长于2017年4月8日、9日至当事人租用的南京某酒店的场地参与报告会，其主要目的就是为了销售当事人代理的"神尔天才"品牌听读机系列产品。当事人的行为违反了《广告法》第三十九条所禁止的"在中小学校、幼儿园内开展广告活动"的规定，被市场监管部门处以罚款4万元。

第三节 广告发布的一般标准

广告发布的一般标准，也称为广告的具体准则。❶

法律是由一系列社会规范组成的。根据规范的内容，可以将法律规范分为授权性规范、命令性规范和禁止性规范。这3类规范都存在于《广告法》中。

---

❶ 杨紫烜.经济法[M].4版.北京：北京大学出版社，高等教育出版社，2011：287.

授权性规范是法律关系主体可以做出或要求他人做出一定行为的规范,这种规范规定法律关系主体的权力或权利。

命令性规范是要求法律关系主体应当为一定行为的规范。

禁止性规范是规定法律关系主体不应当为一定行为的规范,它规定的是法律关系主体的义务。❶

一、命令性准则

《广告法》第八条规定:"广告中对商品的性能、功能、产地、用途、质量、成分、价格、生产者、有效期限、允诺等或者对服务的内容、提供者、形式、质量、价格、允诺等有表示的,应当准确、清楚、明白。广告中表明推销的商品或者服务附带赠送的,应当明示所附带赠送商品或者服务的品种、规格、数量、期限和方式。法律、行政法规规定广告中应当明示的内容,应当显著、清晰表示。"

(一)对一般内容表述的要求

广告的内容应当清楚、明白。清楚是指广告所传达的信息条理分明,使普通消费者能够清楚地理解,不会引起判断上的混乱;明白是指广告意思表达直截了当,广告用语浅显易懂,没有深奥晦涩的词汇。对于消费者而言,辨别商品和服务的好坏或者决定是否消费,最主要的就是基于对商品的性能功能、产地、用途、质量、成分、价格、生产者、有效期限、允诺等或者对服务的内容、提供者、形式、质量、价格、允诺等方面信息的判断和认识。而不同的商品在性能、产地、用途、质量、价格等方面有很大的差异,不同服务的内容、形式、

---

❶ 蒋恩铭. 广告法律制度 [M]. 南京:南京大学出版社,2007:24.

质量、价格等方面也存在较大的区别。如果广告不能准确标志清楚这些内容，就可能对消费者产生误导。

《反不正当竞争法》规定："经营者不得利用广告或者其他方法，对商品的质量、制作成分、性能、用途、生产者、有效期限、产地等作引人误解的虚假宣传。"

《消费者权益保护法》规定："经营者向消费者提供有关商品或者服务的质量、性能、用途、有效期限等信息，应当真实、全面，不得作虚假或者引人误解的宣传。经营者以广告、产品说明、实物样品或者其他方式表明商品或者服务的质量状况的，应当保证其提供的商品或者服务的实际质量与表明的质量状况相符。"

《产品质量法》规定，产品或者包装上的标志必须真实，根据产品的特点和使用要求，"需要标明产品规格、等级、所含主要成分的名称和含量的，用中文相应予以标明；需要事先让消费者知晓的，应当在外包装上标明，或者预先向消费者提供有关资料"。

1. 广告中对商品或者服务的重要信息的表示应当准确、清楚、明白

如果广告主特意在广告中就商品信息作出表示，以此为卖点吸引消费者，从而影响消费者作出购买商品或者接受服务的决策，则其表述的信息必须准确、清楚、明白，避免误导消费者。所谓准确、清楚、明白，一是要实事求是，客观、明确地作出表述，不能含混不清；二是要使普通消费者能够正确理解，不致误解。

2. 附带赠送广告的明示义务

在实践中，商品经营者或者服务提供者为了吸引消费者、促进销售，往往在广告中宣称将会向商品购买者或者服务接受者提供赠品、消费券、抵用券、额外服务等。但是，有的附带赠送广告因为表述不清，引发争议。为解决上述问题，本条第二款明确规定："广告中表明推销的商品或者服务附带赠送的，应

当明示所附带赠送商品或者服务的品种、规格、数量、期限和方式。"也就是说，虽然是否附带赠送、是否在广告中宣传附带赠送都是广告主的自由，但是一旦在广告中就附带赠送进行宣传，对其中的关键信息（品种、规格、数量、期限和方式）的表示就应当准确、清楚、明白，避免出现前述争议。这样规定，有利于防止商品生产者、服务提供者故意含糊赠送信息吸引消费者，进行不正当竞争；也有利于避免消费者受到误导，减少不必要的争议，保护自己的合法权益。

3. 法定明示义务

一些特殊商品、服务可能对消费者产生重要影响，为更好保护消费者合法权益，法律、行政法规对其广告中应当明示的内容作了明确规定。例如，畜牧法第二十八条规定，种畜禽广告应当注明种畜禽品种、配套系的审定或者鉴定名称，对主要性状的描述应当符合该品种、配套系的标准，等等。对于这些内容，广告中应当依法显著、清晰地表示。

（二）对附带赠送商品或服务内容表述的要求

推销商品提供服务附带赠送礼品是企业营销的一个重要途径。经营者为了推销自己的商品或者服务，鼓励消费者购买或者接受自己的商品或者服务，采用购买商品或者接受服务附带赠送礼品的促销手段，在社会上产生了一定的影响。[1]但是也有些经营者在进行广告宣传时，没有明确说明附带赠送什么样的礼品或者赠送礼品的数量，使一些消费者产生了误解。在购买了商品接受服务的情况下没有获得应得的礼品，或者获得的礼品不是自己想要的东西等，引发了一些纠纷。比如，有些推销广告有附带赠送的内容，当消费者去购买这种商品或接受服务的时候，才发现广告中赠送的内容是附条件的，而这些条件往往并不是消费者愿意接受的。广告中宣称的"送一"，往往并非指同等产品，而是

---

[1] 刘双舟. 中华人民共和国广告法释义 [M]. 北京：中国工商出版社，2016：36.

价格低廉、存在瑕疵或有效期将至的另类产品，有的甚至将"赠送"的商品价格暗中包括在"购买"的商品价格之内。2017年2月，当事人福建平潭海峡如意城开发建设有限公司发布房地产广告时，将卧室及阳台标注为不计建筑面积，宣传为赠送的面积，属于可改造的空间等内容，对客户购买意向有实质性影响，严重误导消费者，违反了《广告法》第二十八条的规定。

为了规范广告中表明附带赠送礼品的活动，本条第二款规定："广告中表明推销的商品或者服务附带赠送的，应当明示赠送的品种规格数量、有效期限和方式。"这一规定包含了两层含义：①对广告活动主体而言，即使是赠送的礼品，该礼品也应当保证质量，不得以劣质产品作为赠品；②应当明确表明赠品的品种、规格、数量、有效期限和方式，不得误导消费者。此外，根据有关法律的规定，抽奖式的有奖销售商品或者服务的广告，必须在广告中清楚明白地表示有奖销售的办法和奖品价值，并且最高奖不超过5000元。广告中不得将药品和酒类作为赠品。

（三）对法律、行政法规规定应当明示内容表述的要求

《广告法》第十六条规定，药品广告应当显著标明禁忌、不良反应；处方药广告应当显著标明"本广告仅供医学药学专业人士阅读"，非处方药广告应当显著标明"请按药品说明书或者在药师指导下购买和使用；推荐给个人自用的医疗器械的广告，应当显著标明"请仔细阅读产品说明书或者在医务人员的指导下购买和使用"；医疗器械产品注册证明文件中有禁忌内容注意事项的，广告中应当显著标明"禁忌内容或者注意事项详见说明书"。第十八条规定，保健食品广告应当显著标明"本品不能代替药物"。对广告应当明示的内容仅做了一般性规定，但是法律、行政法规可能针对具体商品或服务做出更具体的要求。

（四）涉及行政许可和引证内容的广告

《广告法》第十一条规定："广告内容涉及的事项需要取得行政许可的，应当与许可的内容相符合。广告使用数据、统计资料、调查结果、文摘、引用语等引证内容的，应当真实、准确，并表明出处。引证内容有适用范围和有效期限的，应当明确表示。"

1. 关于广告行政许可

行政许可，是指行政机关根据公民、法人或者其他组织的申请，经依法审查，准予其从事特定活动的行为。❶ 广告内容涉及的事项需要取得行政许可的，主要包括两种情形：①对特殊商品或者服务，法律明确规定，其广告内容需要经过行政机关审查。例如，本法第四十六条规定，发布医疗药品、医疗器械、农药、兽药和保健食品广告，以及法律、行政法规规定应当进行审查的其他广告，应当在发布前由广告审查机关对广告内容进行审查；未经审查，不得发布。②法律、行政法规规定从事特定活动须经许可，广告内容涉及该项活动的。例如，《中华人民共和国劳动合同法》规定，从事劳务派遣，须经劳动部门许可。如果广告中涉及劳务派遣内容的，也应遵守本条的规定，广告内容应与许可的内容相符合。

广告内容涉及的事项应当与许可的内容"相符合"，具有两方面含义：①广告内容不能偏离行政许可的原意，使社会公众产生与行政许可内容不同的理解，这是广告内容真实性、准确性的必然要求，也是本条对涉及行政许可的事项作出规定的目的所在。②不要求广告内容一字不差地照搬行政许可的内容，只要符合行政许可，在具体表现形式上可以采取多种艺术形式。

2. 关于广告使用引证内容

广告的内容涉及多种学科、多种门类的知识和资料，为了增强广告的证明

---

❶ 王清. 中华人民共和国广告法解读 [M]. 北京：中国法制出版社，2015：24-26.

力和说服力，广告中常常使用引证内容。引证内容的具体形式包括数据、统计资料、调查结果、文摘、引用语等。在广告中使用引证内容应当慎重，符合下列要求：

（1）引证内容应当真实、准确。首先，广告中使用的数据、统计资料、调查结果、文摘、引用语本身应当真实、准确。如果广告中使用的数据是实验或者测量得来的，实验、测量的方法应当科学，进行实验、测量的机构应当具有可信度等。广告中使用的统计资料和调查结果应当依照科学方法取得，统计和调查应当具有广泛性，进行抽样统计或调查应当具有代表性和普遍性，统计结果的偏差应当在合理范围内。文摘、引用语应当确有其事、有据可查，不能是任意编造或者道听途说的；其次，在引证内容准确的基础上，其在广告中的使用也应当真实、准确。广告中使用上述引证内容时，不得牵强附会、任意引申、断章取义，不得省略对广告主不利的内容，更不得含有违背引证内容原意、可能使社会公众产生误解的内容。

（2）引证内容应当表明出处。这里有两层含义：①广告中使用的数据、统计资料、调查结果、文摘、引用语必须明示出处，以表明其确有其事，不是胡编乱造；②广告中使用的数据、统计资料、调查结果、文摘、引用语等必须有据可查，经得起检验对照、重复验证。这样规定，可以防止广告主使用不真实、不准确的引证内容，或者对引证内容作歪曲使用；有利于促使广告主选择权威出处，提高广告的说服力，增强社会公众的信服度；在因广告引证内容产生争议时，也便于当事人举证。❶

（3）引证内容有适用范围和有效期限的，应当明确表示。广告中的引证内容本身虽然真实、准确，但是有适用范围和有效期限的，应当对其适用范围和有效期限作出明确表示，不得隐瞒限制、扩大适用，这也是广告引证内容应当

---

❶ 王清. 中华人民共和国广告法解读[M]. 北京：中国法制出版社，2015：26.

真实、准确的要求的进一步细化。例如，数据只有在特定条件下才能够实现的，应当说明实现条件，不得将其宣传为普遍适用；仅针对特定期间的评价，应当明确明示其有效期间。

（五）涉及专利的广告

《广告法》第十二条规定："广告中涉及专利产品或者专利方法的，应当标明专利号和专利种类。未取得专利权的，不得在广告中谎称取得专利权。禁止使用未授予专利权的专利申请和已经终止、撤销、无效的专利做广告。"《专利法》第二条规定："本法所称的发明创造是指发明、实用新型和外观设计。发明，是指对产品、方法或者其改进所提出的新的技术方案。实用新型，是指对产品的形状、构造或者其结合所提出的适于实用的新的技术方案。外观设计，是指对产品的形状、图案或者其结合以及色彩与形状、图案的结合所作出的富有美感并适于工业应用的新设计。"

对消费者而言，专利产品通常意味着该商品具有更先进的技术方案，消费者会更倾向于选择专利产品。对广告主而言，在广告中宣称拥有专利，也会产生市场竞争上的优势。但不同的专利种类，发明程度高低有明显差异。

1. 广告中应当标明专利号和专利种类

专利权指专利权人对特定的发明创造在一定期限内依法享有的独占实施权，是知识产权的一种。专利权是一种专有权，这种权利具有独占的排他性。非专利权人要想使用他人的专利技术，必须依法征得专利权人的授权或许可。专利产品是指获得专利法保护的产品，专利方法是指取得专利权的生产工艺和技术等。专利号是指国家在授予专利权时在专利证书上载明的用于区别其他专利的号码。专利种类是指专利法对其保护对象的分类，分为发明专利、实用新型专利和外观设计专利三种。本条款要求当广告中含有专利内容的，应当依法标明专利号和专利种类。

2.广告中不得谎称取得专利权

专利权是一项国家法律赋予的权利,它不伴随着发明创造的诞生而自然产生,而是需要向专利管理机关提出申请,经专利管理机关在核准后才取得。因此,本条款规定,未取得专利权的,不得在广告中谎标取得专利权。浙江省永康市固泰工贸有限公司为提高其商品的美誉度及市场竞争力,在没有取得专利权的情况下,擅自在其经营的天猫网"固泰居家日用专营店"店铺网页上,发布虚构"实用新型专利证书""外观专利证书""拥有国家实验室标准的检测实验室"等内容的图片资料进行虚假宣传,属于发布虚假广告的行为。永康市市场监督管理局按规定,对当事人作出责令停止发布、罚款人民币1万元的处罚。

3.广告中禁止使用专利申请和已经终止、撤销、无效的专利

"专利"和"专利申请"是两个完全不同的概念,专利申请在获得专利管理机关核准前,只能称为专利申请。如果能最终获得核准,则可以称为专利并对其所请求保护的技术范围拥有独占实施权。很明显,这两个概念所代表的两种结果之间的差距是巨大的。因此,为了避免消费者引起误解,本条规定,禁止使用未授予专利权的专利做广告。

除此之外,专利权的终止、撤销和无效等状态,都表示原专利不再得到法律保护,因此不得在生产经营活动中宣称仍对其享有专利权。

二、禁止性准则

广告发布标准规范了广告内容和表现形式的禁止和限制。《广告法》第九条规定禁止情形。广告也不能有法规性文件禁止的内容。1994年4月5日,国务院办公厅又下发了《关于禁止在宣传品,出版物及其他商品上滥用人民币和国家债券图样的通知》(以下简称《通知》),该通知规定:"未经中国人民银行批准,任何单位和个人均不得以任何形式模仿人民币式样印制内部票券,也不得

在宣传品、出版物及其他商品上印制人民币和国家债券图样（不论是放大或缩小印样）"，上述规定没有区分商业广告和非商业广告，一般商业广告是不能使用人民币和国家债券的图样的，非商业广告（公益广告等）和金融业广告需要使用人民币和国家债券图样的，应当履行审批手续。

（一）使用或者变相使用我国的国旗、国歌、国徽，军旗、军歌、军徽

《中华人民共和国宪法》（以下简称《宪法》）第一百三十六条规定："中华人民共和国国旗是五星红旗。"《国旗法》第三条第一款规定："中华人民共和国国旗是中华人民共和国的象征和标志。"第十八条中规定："国旗及其图案不得用作商标和广告。"因此，广告中不得使用中华人民共和国国旗。《宪法》第一百三十七条规定："中华人民共和国国徽，中间是五星照耀下的天安门，周围是谷穗和齿轮。"《中华人民共和国国徽法》第三条第一款规定："中华人民共和国国徽是中华人民共和国的象征和标志。"第十条中第一款规定："国徽及其图案不得用于商标和广告。"因此，广告中不得使用中华人民共和国国徽。根据第五届全国人民代表大会第五次会议的《关于中华人民共和国国歌的决议》，中华人民共和国的国歌是《义勇军进行曲》，中华人民共和国国歌也是中华人民共和国的象征和标志，因此也不得用于广告。

不得使用或者变相使用中华人民共和国的国旗、国歌、国徽，军旗、军歌、军徽。本条中的"国旗"是五星红旗；"国歌"是《义勇军进行曲》；"国徽"的中间是五星照耀下的天安门，周围是谷穗和齿轮；"军旗"包括中国人民解放军军旗和陆军军旗、海军军旗、空军军旗；"军歌"是中国人民解放军军歌，歌名为《中国人民解放军进行曲》；"军徽"包括中国人民解放军军徽，即陆军军徽、海军军徽和空军军徽。国旗、国歌、国徽都是国家的象征和标志，军旗、军歌、军徽是中国人民解放军的象征和标志，商业广告中不能使用或者变相使用这些标志。

（二）使用或者变相使用国家机关、国家机关工作人员的名义或者形象

国家机关是指依照法律或者行政命令组建的、从事国家管理活动的各级国家权力机关、行政机关、审判机关和法律监督机关。国家机关是代表国家从事管理活动的组织，国家机关的工作人员，是具体执行国家管理社会事务职能的人员，由于国家机关及其工作人员的公务活动，体现的是国家的意志，在社会经济生活中具有重要的影响，因此，为了维护国家的尊严，保证国家机关和国家机关工作人员正确行使职权，不得使用国家机关和国家机关工作人员的名义进行广告。

（三）使用国家级、最高级、最佳等用语

广告作为联结生产与消费的重要桥梁和纽带，一方面是一种促销手段，另一方面也是消费者获得商品和服务信息的渠道，具有引导消费者的作用。因此，本法第三条、第四条中明确规定，广告应当真实、合法，不得含有虚假的内容，要求广告必须真实、客观地介绍商品和服务，而不能作虚假的宣传。同时，由于它只是介绍商品和服务的一种形式，在介绍过程中，必然会使用描述商品和服务情况的文字。广告可以使用一般的描述商品和服务情况的用语，但不能使用"最高级"的用语。"最高级"的用语，又分为两种，一种是"最高级"的形容词，如"最好""最强""最佳""最棒""第一"等；另一种是以一定的地域、整体作为形容词，如"国家级""世界级"等。由于广告具有很大的引导作用，所以不能使用最高级的用语。这样一方面可以使消费者免于遭受欺骗和误导之害，另一方面可以保护其他竞争者的合法权利。

（四）损害国家的尊严或者利益，泄露国家秘密

国家尊严通常包括党和政府的尊严、领袖的尊严、民族与人民的尊严、法律道德的尊严等。尊严对一个国家来说至关重要，每个公民都负有维护国家尊严，爱护国家荣誉的义务，这也是爱国主义的集中体现。《中华人民共和国保密法》规定，国家秘密是关系国家安全和利益，依照法定程序确定，在一定时间内只限一定范围的人员知悉的事项。国家秘密受法律保护。一切国家机关、武装力量、政党、社会团体、企业事业单位和公民都有保守国家秘密的义务。任何危害国家秘密安全的行为，都必须受到法律追究。❶

广告应当真实、合法。广告作为一种商业活动，维护国家的尊严和利益，保守国家秘密，这是广告行为应当坚守的底线。一切商业利益都不得凌驾于国家利益之上或者以牺牲国家利益为代价。早在国家工商行政管理局1993年颁布实施的《广告审查标准（试行）》就曾明确规定，禁止发布"损害国家、民族利益和尊严的"广告。因此，本条明确广告中不得有"损害国家的尊严或者利益，泄露国家秘密"的内容。本条中禁止"使用或者变相使用中华人民共和国的国旗、国徽，国歌、军旗、军徽、军歌"，禁止"使用或者变相使用国家机关或者国家机关工作人员的名义或者形象"的规定，其目的也正在于保护国家尊严和国家利益不受损害。

（五）妨碍社会安定，损害社会公共利益

安定的社会环境、可靠的人身和财产安全保障以及体现全体社会成员共同利益的社会公共利益，是社会进步和经济发展的一个重要条件，《宪法》第二十八条明确规定："国家维护社会秩序，镇压叛国和其他反革命的活动，制裁危害社会秩序、破坏社会主义经济和其他犯罪的活动，惩办和改造犯罪分子。"

---

❶ 刘双舟.中华人民共和国广告法释义[M].北京：中国工商出版社，2016：43.

因此，广告中不得含有妨碍社会安全和危害人身、财产安全或者损害社会公共利益的内容。如在广告中散播辱华言论，承担国家涉密尖端装备制造任务的企业在其广告中泄露装备相关信息等，都违反了本项规定。不得妨碍社会安定，损害社会公共利益，维护社会安定和社会公共利益，是每一个社会成员应尽的义务，广告内容妨碍社会安定、损害社会公共利益的，应当予以禁止。例如，为推销应急设备宣传虚假地震风险，为推销口罩夸大呼吸道传染病疫情信息等，都违反了本项规定。

（六）危害人身、财产安全，泄露个人隐私

"危害人身、财产安全，泄露个人隐私"并不是单纯就广告的内容而言的，而是指整个广告活动。首先，这要求广告活动主体在广告活动策划、发布等各个环节都要注意对人身和财产安全的保护，注意对个人隐私的保护。比如户外广告设施存在安全隐患可能危及人身、财产安全，因大风吹倒广告牌造成人身财产损害的事例屡见不鲜。其次，"危害人身、财产安全，泄露个人隐私"也包括因为虚假广告误导或欺骗而给消费者带来的人身、财产或隐私方面的损害结果。虚假广告以牟取非法利益为目的，以"坑、蒙、拐、骗"为手段，生活中因虚假广告造成消费者人身和财产损害的案件屡有发生，消费者花钱买到的商品达不到广告声称的功效或是根本不能使用，有些后果还相当严重。如随着市场经济化进程的快速发展，许多私立医疗机构在利益的驱使下，为了在市场竞争中立足，争取更大的盈利，争相印发各类虚假的医疗广告。虚假医疗广告误导患者，骗取患者的钱财，贻误患者的病情，加重患者的痛苦，更严重的还会危及生命健康安全。倒卖个人信息成了不法分子"发财致富"的新门路，而出售个人信息的主要用途是发送商业广告。随着"精准营销"广告模式的兴起，因广告而引发的泄露侵犯个人隐私的案件逐年增多，引起了公众的强烈不满。

（七）妨碍社会公共秩序或者违背社会良好风尚

社会公共秩序是指人们在社会公共生活中为维护公共事业和集体利益而必须共同遵守的原则。社会公共秩序是维护社会公共生活所必需的秩序，包括生产秩序、工作秩序、教学秩序、交通秩序、公共场所秩序、生活秩序等。社会良好风尚是指社会存在和发展所必要的道德，或某一特定社会所尊重的伦理要求。在法律上，社会公共秩序和良好风尚通常合称为"公序良俗"。

广告内容妨碍社会公共秩序或者违背社会良好风尚的，应当予以禁止。例如，为制造轰动效应，吸引大量人群聚集，堵塞交通、影响治安的广告，以及宣扬享乐主义、奢靡之风的广告等，就违反了本项规定。现实中确实有为了短期的经济利益而违反"公序良俗"的违法广告活动。有的广告滥用成语，比如某饭店广告中有"饭醉团伙""醉大饿急"等成语的谐音。这些违反公序良俗的广告格调低下、有伤风化、内容粗俗，给社会造成不良影响。因此，广告中不得含有妨碍社会公共秩序和违背社会良好风尚的内容。

（八）含有淫秽、色情、赌博、迷信、恐怖、暴力的内容

所谓淫秽，按照《关于惩治走私、制作、贩卖、传播淫秽物品的犯罪分子的决定》中关于淫秽物品的规定，可以理解为是指含有具体描绘性行为或者露骨宣扬色情的淫秽性内容。"淫秽"，是指具体描绘性行为或者露骨宣扬色情；"色情"，是指以撩起性兴奋为目的，而展示或描述人类身体或人类性行为的一种表现；"赌博"，是指用财物作注以一定方式争输赢的活动；所谓迷信，是指相信星占、卜筮、风水、命相、鬼神等的一种思想；"恐怖"，是指使人面临危险情境，企图摆脱而又感到无能为力的心理状态；"暴力"，是指侵犯他人人身和财产安全的强暴行为。淫秽、色情、赌博、迷信、恐怖、暴力的内容有损于社会良好道德风尚，违背社会主义精神文明建设的要求。对含有上述内容的广

告，应当予以禁止。❶

（九）含有民族、种族、宗教、性别歧视的内容

《宪法》规定中国境内的各民族一律平等，不得进行种族歧视，同时保障公民宗教信仰自由，保障男女平等。在广告宣传中含有民族、种族、宗教、性别歧视的内容，是对《宪法》规定的背离，自然应当追究其法律责任。"民族"，是指历史上形成的，处于不同社会发展阶段的各种人的共同体。"种族"，是指人种，即具有共同起源和共同遗传特征的人群。"宗教"，是指相信并崇拜超自然的神灵，是支配人们日常生活的自然力量和社会力量在人们头脑中的虚幻反映。"性别"，是指男女两性之分。所有人类应当一律平等，不因其民族、种族、宗教、性别而受到歧视。广告中既不得含有歧视少数民族的内容，也不得含有歧视多数民族的内容；既不得含有歧视亚洲人种（黄种人）的内容，也不得含有歧视高加索人种（白种人）、非洲人种（黑种人）、大洋洲人种（棕种人）的内容；既不得含有歧视信仰宗教的人士的内容，也不得含有歧视不信仰宗教的人士的内容；既不得含有歧视女性的内容，也不得含有歧视男性的内容。

（十）妨碍环境、自然资源或者文化遗产保护

环境和自然资源的保护，是我国的重要政策，其中环境保护已经列为我国的三大基本国策之一。《宪法》第二十六条第一款规定："国家保护和改善生活环境和生态环境，防治污染和其他公害。"第九条第二款规定："国家保障自然资源的合理利用，保护珍贵的动物和植物。禁止任何组织或者个人用任何手段侵占或者破坏自然资源。"为了更好地保护环境和合理利用自然资源，全国人民代表大会常务委员会已经制定了《环境保护法》《大气污染防治法》《水污染防

---

❶ 国家工商总局广告监督管理司. 中华人民共和国广告法释义 [M]. 北京：中国法制出版社，2016：36-37.

治法》《海洋环境保护法》《土地管理法》《森林法》《草原法》《水法》《野生动物保护法》《渔业法》等法律，对环境保护和自然资源的保护作了具体的规定。因此，广告中不得含有妨碍环境和自然资源保护的内容。

（十一）法律、行政法规规定禁止的其他情形

法律、行政法规规定禁止的其他情形，是指除本法以外的其他法律、行政法规规定的情况，如本法对广告中使用妇女肖像的问题没有作出规定，但《妇女权益保障法》第三十八条规定："妇女的肖像受法律保护。未经本人同意，不得以营利为目的，通过广告、商标、展览橱窗、书刊、杂志等形式使用妇女肖像。"因此，其他法律、行政法规规定禁止的情形，广告也不得使用。广告是一项十分复杂的经济活动，本法不可能穷尽广告不得含有的所有情形，为适应经济社会发展的需要，本项作了衔接性规定，作为兜底条款：法律、行政法规规定禁止的其他情形，在广告中也不得出现。例如，《商标法》第十四条规定，生产、经营者不得将"驰名商标"字样用于广告宣传；直销管理条例第十四条规定，直销企业不得发布宣传直销员销售报酬的广告。

三、授权性准则

（一）未成年人广告发布标准

由于未成年人正处于身体和心理的发育、成长时期，缺乏辨别是非的能力，广告中不得有诱导、误导未成年人购买某商品的意图，不得有损害未成年人身心健康和合法权益的内容。

根据《未成年人保护法》第二条的规定，未成年人是指未满十八周岁的公民。广告对于未成年人来说有着与成年人不同的意义。未成年人群体由于自身的心智

发育尚不健全，对事物缺乏必要的认知和理性判断、辨别的能力，分不清广告世界和现实世界，而在成长过程中，其思维方式和行为方式最显著的一个特征就是模仿，因而很容易受到周围成人世界的影响，而广告内容就不可避免地成了他们模仿的对象，有可能对未成年人的身心健康产生不可估量的负面影响。

（1）广告容易导致未成年人形成物质至上的观念。当今社会是一个物质产品极大丰富的社会，琳琅满目的广告在将商品和服务信息介绍给消费者的同时，往往大肆鼓吹商品和服务的优点，美化消费的好处，使人产生购买的欲望和冲动。未成年人由于辨别力、判断力明显弱于成年人，广告中频繁出现的对消费的溢美之词，极有可能会导致未成年人对物质消费产生过度的追逐，使他们形成物质消费至上的错误观念，认为只有物质消费才能获得快乐和满足。

（2）广告可能诱使未成年人产生不健康心理。有些广告为了宣传效果，精心设计各种情节来突出描绘商品拥有者的优越感，这样极易误导购买了该商品的未成年人产生不正确的骄傲感，同时也会对没有拥有该商品，特别是对所在家庭没有购买能力的未成年人的自信心造成潜移默化的影响，容易让他们因为"物质缺乏"而滋生自卑感。另外，未成年人由于控制力较成年人弱，其较强的购买欲望如果无法满足，很容易产生愤怒、失望等不良情绪。如果无法及时排解，将有可能影响未成年人的心理健康。

（3）广告有可能影响未成年人的道德认知。健康积极正面的广告，对未成年人的道德行为具有指导作用。广告中频繁出现的请客送礼，通过物质交往去获取利益和友谊等一些成年人世界的行为和观念也会误导未成年人的道德认知评判，使未成年人过早形成与其年龄所不符的成人化的人际交往标准。

（4）广告会误导未成年人的行为。有些未成年人广告中出现的危险动作和不文明行为，会对未成年人的行为产生误导。在很多未成年人用品的广告中，未成年人模特对宣传商品的演示往往超出未成年人的一般行为能力。如童鞋广告中经常出现滑板、倒立等危险动作；奶粉广告中的幼儿在人来人往的大街上去捡地上的棒棒糖；食品广告中出现儿童往嘴里抛送食物的动作。这些动作具有不良的引导作用，非常容易被未成年人模仿，从而造成安全隐患。

（5）垃圾食品广告泛滥会给未成年人的健康产生不良影响。在各类食品广告中，高热量、低营养的垃圾食品广告占有很大的比例，如汉堡包、方便面、巧克力、糖果和冰激凌等食品广告充斥荧屏。未成年人长期在这些垃圾食品广告包围中耳濡目染，其膳食结构将会受到不良影响，有可能导致青少年患上肥胖和其他疾病。

（6）广告还有可能误导未成年人的语言。近几年，我们经常能听到从孩子嘴里说出一些似是而非的诗词和成语，不负责任的广告对此难辞其咎。

《未成年人保护法》第三十二条规定："国家鼓励新闻、出版、信息产业、广播、电影、电视、文艺等单位和作家、艺术家、科学家以及其他公民，创作或者提供有利于未成年人健康成长的作品。出版、制作和传播专门以未成年人为对象的内容健康的图书、报刊、音像制品、电子出版物以及网络信息等，国家给予扶持。国家鼓励科研机构和科技团体对未成年人开展科学知识普及活动。"第34条规定："禁止任何组织、个人制作或者向未成年人出售、出租或者以其他方式传播淫秽、暴力、凶杀、恐怖、赌博等毒害未成年人的图书、报刊、音像制品、电子出版物以及网络信息等。"

国际商会在1963年通过的《国际商业广告从业准则》就专门对儿童广告作出了特殊规定："儿童商品广告不应使儿童相信，如果他们不购买广告中的产品，则不利于其健康和身心发展，或前途将受到危害，或将受到他人的轻视与嘲笑。"

（二）残疾人广告发布标准

《残疾人保障法》第二条规定："残疾人是指在心理、生理、人体结构上，某种组织、功能丧失或者不正常，全部或者部分丧失以正常方式从事某种活动能力的人。残疾人包括视力残疾、听力残疾、言语残疾、肢体残疾、智力残疾、精神残疾、多重残疾和其他残疾的人。残疾标准由国务院规定。"

《广告法》第十条规定:"广告不得损害未成年人和残疾人的身心健康。"广告不得损害残疾人的身心健康。残疾人的心理、生理、人体结构等不同于正常人,残疾人参与社会生活存在环境障碍,残疾人的生活状况落后于社会平均水平,这些客观事实的存在,使得残疾人的身心很容易受到伤害,必须给予特殊保护。《残疾人保障法》规定:"残疾人在政治、经济、文化、社会和家庭生活等方面享有同其他公民平等的权利;残疾人的公民权利和人格尊严受法律保护;禁止基于残疾的歧视,禁止侮辱、侵害残疾人,禁止通过大众传播媒介或者其他方式贬低损害残疾人人格。国家保障残疾人享有康复、平等接受教育、劳动就业、平等参与文化生活、享有社会保障、享受无障碍环境等权利。"广告法对此也专门作出规定,要求在广告中要防止损害残疾人的身心健康。例如,未经残疾人同意,在广告中使用残疾人的形象;在广告中嘲讽、歧视、侮辱残疾人,表现正常人相对于残疾人的优越性。有的广告在语言方面侵犯了残疾人的平等权利,有的在广告画面上使用残疾人形象,违反《广告法》和《残疾人保障法》。

第四节　特殊广告准则

广告发布的具体标准,是指特殊广告准则。特殊广告是指涉及人体健康以及人身安全、财产安全的商业广告。特殊广告准则是关于一些与人民生命财产安全密切相关商品的广告发布标准。❶

---

❶ 陈柳裕,唐明良.广告监管中的法与理[M].北京:社会科学文献出版社,2009:64-76.

一、医疗、药品、医疗器械广告准则

《广告法》第十六条规定，医疗、药品、医疗器械广告不得含有下列内容：表示功效、安全性的断言或者保证；说明治愈率或者有效率；与其他药品、医疗器械的功效和安全性或者其他医疗机构比较；利用广告代言人作推荐、证明；法律、行政法规规定禁止的其他内容。药品广告的内容不得与国务院药品监督管理部门批准的说明书不一致，并应当显著标明禁忌、不良反应。处方药广告应当显著标明"本广告仅供医学药学专业人士阅读"，非处方药广告应当显著标明"请按药品说明书或者在药师指导下购买和使用"。推荐给个人自用的医疗器械的广告，应当显著标明"请仔细阅读产品说明书或者在医务人员的指导下购买和使用"。医疗器械产品注册证明文件中有禁忌内容、注意事项的，广告中应当显著标明"禁忌内容或者注意事项详见说明书。"

（一）医疗、药品、医疗器械广告概念

医疗、药品、医疗器械广告，是指利用一定媒介或者形式发布的，介绍所推销的医疗、药品、医疗器械的广告活动。例如，介绍药品、医疗器械的名称、适应证（功能主治）等内容的广告，介绍医疗服务、医疗机构的名称、诊疗科目的广告等。

药品是指用于预防、治疗、诊断人的疾病，有目的地调节人的生理机能并规定有适应证、用法和用量的物质，包括中药材、中药饮片、中成药、化学原料药及其制剂、抗生素、生化药品、放射性药品、血清疫苗、血液制品和诊断药品等。❶

按照药品的通常分类，可以将药品分为治疗性药品和保健性药品两大类。

---

❶ 褚霓霓.广告法实例说[M].长沙：湖南人民出版社，2004：111.

由于治疗性药品受到适应证、配方等方面的限制，必须由医师出具处方，方可使用，又称为处方药品。治疗性药品的管理非常严格，许多国家规定这类药品不能在大众媒体做广告，只能在医学杂志上面向医生做广告。保健性又称为非处方药（Over The Counter，OTC），意思是可以通过柜台购买的药。药品的使用较为宽松，许多国家对这类药品的使用限制较少。非处方药的经营者可以在大众媒体为非处方药做广告。❶

在处方药中，有些药的管理是最为严格的。这些药品是麻醉药品、精神药品、毒性药品、放射性药品。《药品管理法》第三十五条规定："国家对麻醉药品、精神药品、毒性药品、放射性药品，实行特殊的管理办法。管理办法由国务院制定。"按照国务院《麻醉药品管理办法》的规定，所谓麻醉药品，是指连续使用后易产生身体依赖性、能成瘾癖的药品、药用原植物及其制剂。❷根据《精神药品管理办法》第二条规定，所谓精神药品，是指直接作用于中枢神经系统，使之兴奋或抑制，连续使用能产生依赖性的药品。精神药品包括安钠咖、强痛定、氨酚待因片、复方樟脑酊等。❸按照《医疗用毒性药品管理办法》的规定，毒性药品，全称为"医疗用毒性药品"，是指毒性剧烈、治疗剂量与中毒剂量相近，使用不当会致人中毒或死亡的药品。❹按照《放射性药品管理办法》的规定，放射性药品是指用于临床诊断或者治疗的放射性核素制剂或者其标记药物。❺

（二）医疗、药品、医疗器械广告法规

有关医疗、药品、医疗器械广告的法规有以下4点。

---

❶ 国家工商行政管理总局．广告业发展与监管[M]．北京．中国工商出版社，2012．134-146．

❷ 《麻醉药品管理办法》第二条。

❸ 《精神药品管理办法》。

❹ 《医疗用毒性药品管理办法》第二条。

❺ 《放射性药品管理办法》1989年1月13日。

1. 法律

《药品管理法》(1984年9月20日通过,2015年4月24日第三次修正)。

2. 行政法规

《医疗器械监督管理条例(2000年1月4日国务院公布,2014年2月12日修订通过)、《中华人民共和国中医药条例》(2003年4月2日国务院公布)。

3. 部门规章

《医疗广告管理办法》(1993年9月27日国家工商行政管理局、卫生部令第16号公布,两次修订)、《医疗器械广告审查办法》(2009年4月7日卫生部、国家工商行政管理总局、国家食品药品监督管理局令第65号发布)、《医疗器械广告审查发布标准》(2009年4月28日国家工商行政管理总局、卫生部、国家食品药品监督管理局令第40号发布)、《药品广告审查办法》(2007年3月13日国家食品药品监督管理局、国家工商行政管理总局令第27号发布)、《药品广告审查发布标准》(2007年3月3日国家工商行政管理总局、国家食品药品监督管理局令第27号发布)。

4. 规范性文件

规范性文件主要有《食品药品监管总局关于进一步加强药品医疗器械保健食品广告审查监管工作的通知》(食药监稽〔2015〕145号)、《食品药品监管总局办公厅关于加强含麻黄碱类复方制剂药品广告审查工作的通知》(食药监办稽〔2015〕21号)。

(三)医疗、药品、医疗器械广告规定

1. 医疗、药品、医疗器械广告不得含有表示功效、安全性的断言或者保证

医疗、药品、医疗器械,一方面是通过作用于人体,达到预防、诊断、治疗的效果,这种效果都含有一定的差异性、不确定性;另一方面,使用者存在个体差异,同样的药品、医疗器械、医疗服务,用于不同患者身上,效果和副

作用也有所不同。因此，医疗、药品、医疗器械广告要充分考虑这种差异性、不确定性。在医疗、药品、医疗器械广告中作出表示功效、安全性的断言或者保证，如"包治百病""药到病除""根治""一个疗程见效""无效退款""绝对安全""无任何副作用"等，是违反科学规律的，可能对消费者造成误导，应当予以禁止。

2.不得说明治愈率或者有效率

所谓的治愈率、有效率，一般是根据某些医疗机构、过往某一段时期内、经抽样选中的病例的统计得出的结果，这种结果并不一定适用于所有医疗机构、所有时期、所有使用者。特别是对个别患者而言，这些数据并无实际意义，且容易造成误导。因此广告法明确予以禁止。不得与其他药品、医疗器械的功效和安全性或者其他医疗机构比较。宣传某一种药品、医疗器械、医疗服务的功效或者安全性一定优于另一种是不科学的，应当予以禁止。山东夏津县广播电视台在所属频道发布"金沐方""康谷丹舒筋活络丸""张药师壮腰丸""鑫乐宝清心沉香八味丸"等广告。广告中利用专家、患者的名义和形象作证明，说明药品治愈率或者有效率，并含有表示功效、安全性的断言或者保证，且未经食品药品监管部门审查取得药品广告批准文号，违反了《广告法》第十六条等规定。2017年7月，夏津县工商局作出行政处罚，责令当事人改正违法行为，罚款20.4万元。

3.不得利用广告代言人作推荐、证明

考虑到医疗、药品、医疗器械是直接作用于人体的特殊商品和服务，其作用对象存在个体差异，不宜利用广告代言人作推荐、证明。为防止误导患者，保护群众生命健康，广告法禁止利用任何广告代言人的名义或者形象对医疗、药品、医疗器械作推荐、证明。

4.药品广告内容的特别要求

药品广告不得与国务院药品监督管理部门批准的说明书不一致。药品说明书经过国务院药品监督管理部门审查批准，其表述都经过严格审定，具有特定含义。药品广告涉及说明书中的内容的，就应当以说明书为准，不得篡改、曲解。药品广告应当标明禁忌、不良反应。禁忌、不良反应等药品的负面信息，关系到患者的用药效果、用药安全、所承受的痛苦等，对于医生选择处方药、消费者选择非处方药至关重要。因此，本条第二款中特别强调，药品广告应当标明禁忌、不良反应。

5. 药品广告应当显著标明忠告语

药品包括处方药和非处方药。根据本法第十五条规定，处方药中的麻醉药品、精神药品、医疗用毒性药品、放射性药品等特殊药品，药品类易制毒化学品，以及戒毒治疗的药品不得做广告；其他处方药，也只能在国务院卫生行政部门和国务院药品监督管理部门共同指定的医学、药学专业刊物上做广告，仅供医学、药学专业人士参考，不得向普通社会公众（如患者）做广告。因此，本条第二款中特别规定，处方药广告应当显著标明"本广告仅供医学药学专业人士阅读"。

非处方药是指由国务院药品监督管理部门公布的，不需要凭执业医师和执业助理医师处方，消费者可以自行判断、购买和使用的药品。非处方药同样关系社会公众身体健康，由于没有医师把关，一旦使用不当，同样可能影响疾病治疗、康复，甚至可能危及生命安全。因此，本条第二款中特别规定，非处方药广告应当显著标明"请按药品说明书或者在药师指导下购买和使用"。所谓"显著标明"，即应当在广告的显著位置，以显而易见、足以引起广告受众注意、能够使受众清晰获知的方式标示。

6. 医疗器械广告内容的特别要求

医疗器械广告内容的特别要求推荐给个人自用的医疗器械，为避免消费者使用不当，没有达到预期效果甚至造成人身、财产损害，应当提醒其仔细阅读产品说明书或者在医务人员的指导下购买和使用。因此，本条第三款中规定，其广告应当显著标明"请仔细阅读产品说明书或者在医务人员的指导下购买和使用"。医疗器械产品有禁忌内容、注意事项的,为避免使用单位、消费者使用不当,没有达到预期效果甚至造成人身、财产损害,应当在广告中提醒医疗器械经营单位、使用单位、消费者相关人等注意其禁忌内容、注意事项。因此,本条第三款中规定,医疗器械产品注册证明文件中有禁忌内容、注意事项的,其广告中应当显著标明"禁忌内容或者注意事项详见说明书"。

二、处方药、特殊药品、易制毒化学品及戒毒广告准则

《广告法》第十五条规定:"麻醉药品、精神药品、医疗用毒性药品、放射性药品等特殊药品,药品类易制毒化学品,以及戒毒治疗的药品、医疗器械和治疗方法,不得做广告。前款规定以外的处方药,只能在国务院卫生行政部门和国务院药品监督管理部门共同指定的医学、药学专业刊物上做广告。"关于禁止和限制处方药、药品类易制毒化学品以及戒毒治疗的药品、医疗器械和治疗方法做广告的规定。

(1)下列药品、化学品、医疗器械、治疗方法禁止做广告。麻醉药品,即连续使用后易产生身体依赖性、能成瘾癖的药品。2013年国家食品药品监管总局、公安部、国家卫生计生委公布的麻醉药品品种目录中,共有芬太尼、大麻、古柯叶等121种麻醉药品。精神药品,即直接作用于中枢神经系统,使之兴奋或抑制,连续使用能产生依赖性的药品。2013年国家食品药品监管总局、公安部、国家卫生计生委公布的精神药品品种目录中,共有布苯丙胺、哌甲酯等68种第一类精神药品,以及巴比妥、阿普唑仑、地西泮等81种第二类精神药品。医疗用毒性药品,即毒性剧烈,治疗剂量与中毒剂量相近,使用不当会致人中毒或者死亡的药品。例如,砒霜、生马钱子等毒性中药品种,阿托品、洋地黄毒苷、亚砷酸钾等毒性西药品种。放射性药品,即用于临床诊断或者治疗的放射性核

素制剂或者其标记药物。药品类易制毒化学品，即麦角酸、麦角胺等麻黄素类物质，以及上述物质可能存在的盐类、原料药及其单方制剂。戒毒治疗的药品、医疗器械和治疗方法，即控制并消除滥用阿片类药物成瘾者的积聚戒断症状与体征的药品、医疗器械和治疗方法，以及能减轻、消除稽延性症状的戒毒治疗辅助药品、医疗器械和治疗方法，如美沙酮等。麻醉药品、精神药品、医疗用毒性药品、放射性药品等特殊药品，药品类易制毒化学品，以及戒毒治疗的药品、医疗器械和治疗方法，一方面，医疗、戒毒活动中所必需，使用得当，有利于治疗疾病、缓解患者痛苦、戒除毒瘾；另一方面，潜在危害性很大，一旦使用不当，又可能导致成瘾、损害身体健康，甚至危及生命安全。对其应当实行最严格的管理。

（2）除禁止做广告的药品外，其他处方药只能在指定刊物上做广告。所谓"处方药"，是指由药品监督管理部门所确定的，必须凭执业医师和执业助理医师处方才可调配、购买和使用的药品。处方药只能由医师针对每个患者的特定病症决定使用；没有医药专业知识的患者自己使用处方药，同样可能耽误治疗，引发不必要的毒副作用，甚至危及生命安全。这些处方药的使用选择权也只能掌握在医师手中。因此，处方药的广告宣传只能以医师等医学、药学专业人士为对象，只能在国务院卫生行政部门和国务院药品监督管理部门共同指定的医学、药学专业刊物上作介绍。也就是说，处方药既不得在指定刊物以外的其他刊物做广告，也不得在广播、电影、电视、报纸、图书、音像制品、电子出版物、移动通信网络、互联网等大众传播媒介做广告，也不得以其他任何方式向社会公众进行广告宣传。

三、非医药广告准则

《广告法》第十七条规定："除医疗、药品、医疗器械广告外，禁止其他任何广告涉及疾病治疗功能,并不得使用医疗用语或者易使推销的商品与药品、医疗器械相混淆的用语。"

为了防止药品、医疗器械和医疗服务之外的商品或服务利用医疗用语、虚假宣传疾病治疗功能等手段误导或欺骗消费者,给消费者造成损害,本条对药品、医疗器械和医疗广告之外的广告提出了特殊要求:①广告不得涉及疾病治疗功能;②广告不得使用医疗用语或者易使推销的商品与药品、医疗器械相混淆的用语。首先,在广告中不得使用医疗用语,这主要是要求在食品、酒类、化妆品广告中禁止宣传疗效作用;其次,在广告中不得使用与药品相混淆的用语,如将××食品称为"祖传秘方"等,因为在消费者的观念中,"祖传秘方"一般指药品的配方。江苏顶能食品有限公司在淘宝网销售的大麦若叶青汁使用宣传语"大麦若叶青汁具有可以有效阻断癌细胞的转型与恶化,控制癌细胞转移,增强免疫力,促进细胞代谢,维持酸碱平衡、润肠通便,排毒健体,净化血液消炎杀菌除臭,消除毒素,延缓衰老等功效",违反了《广告法》第十七条的规定,被市场监管部门给予 10 万元的处罚。

在非药品、非医疗器械和非医疗广告中,故意使用与疾病或健康有关的用语来误导和欺骗消费者,这种现象在食品广告、保健品广告、酒类广告和化妆品广告中尤为严重。因此,在与这些商品和服务有关的法律、法规和政策性文件中,都做出了禁止性的规定。国家工商行政管理局《化妆品广告管理办法》就明令禁止在化妆品广告中宣传医疗作用或者使用医疗术语。《食品安全法》第四十八条规定,食品和食品添加剂的标签、说明书,不得含有虚假、夸大的内容,不得涉及疾病预防、治疗功能。《酒类广告管理办法》规定,酒类广告应当符合卫生许可的事项,并不得使用医疗用语或者易与药品相混淆的用语。《食品广告发布暂行规定》也要求:食品广告不得出现与药品相混淆的用语,不得直接或者间接地宣传治疗作用,也不得借助宣传某些成分的作用明示或暗示该食品的治疗作用;食品广告中不得使用医疗机构、医生的名义或者形象;保健食品不得与其他保健食品或者药品进行功效对比；普通食品、新资源食品、特殊营养食品广告不得宣传保健功能，也不得宣传某些成分的作用明示或暗示其保健作用。

四、保健食品广告准则

（一）保健食品法规

保健食品广告的法规有《中华人民共和国食品安全法》《中华人民共和国烟草专卖法》《广告法》等法律。此外，还有《母乳代用品销售管理办法》（卫妇发〔1995〕第5号）、《保健食品广告审查暂行规定》（国食药监市〔2005〕211号）、《酒类广告管理办法》（1995年11月17日发布，2005年9月28日修订）等部门规章。

（二）保健品广告规定

《广告法》第十八条规定，保健食品广告不得含有下列内容：表示功效、安全性的断言或者保证；涉及疾病预防、治疗功能；声称或者暗示广告商品为保障健康所必需；与药品、其他保健食品进行比较；利用广告代言人作推荐、证明；法律、行政法规规定禁止的其他内容。保健食品广告应当显著标明"本品不能代替药物"。

第一，保健食品及其广告所谓"保健食品"，是指声称具有特定保健功能或者以补充维生素、矿物质为目的的食品。即适宜于特定人群食用，具有调节机体功能，不以治疗疾病为目的，并且对人体不产生任何危害的食品。"保健食品广告"，是指通过一定的媒介和形式，直接或者间接地介绍自己所推销的保健食品的商业广告活动。

第二，保健食品广告不得含有的内容。保健食品广告是消费者了解保健食品功效的重要途径，规范的保健食品广告，既能为消费者传递真实有用的保健食品信息，指导合理消费，又能有效地促进保健食品市场的竞争和健康发展。针对近年来我国保健食品广告发布不规范，违法广告屡禁不止等情况，本条对保健食品广告作了规范。

（1）不得含有表示功效、安全性的断言或者保证。保健食品是通过作用于人体，达到调节机体功能的效果。这种效果存在一定的差异性、不确定性：①保健食品都有相应的功效、适用人群、用法用量要求，其效果也可能随着服用时间推移发生变化，服用不当还可能产生副作用；②服用者自身身体条件、生活习惯、所处环境都可能影响服用效果。因此，保健食品广告不能对其功效、安全性作出断言或者保证。

（2）不得涉及疾病预防、治疗功能。保健食品是不以治疗疾病为目的的食品，不具有疾病预防、治疗功能，在广告中自然不得涉及上述内容。吉林四平综合广播电台发布违法广告案。当事人在发布的保健品广告中宣称，"所有病痛都可以治疗，不是药，胜似药，没有副作用，婴儿、妇女都可以使用，治疗飞蚊症、老花眼、脚气、脚干、痔疮等疾病"等内容，违反了《广告法》第十七条的规定。2018年1月，四平市工商局作出行政处罚，没收当事人广告费7万元，罚款14万元，共计21万元。

（3）不得声称或者暗示广告商品为保障健康所必需。保健食品仅适宜于特定人群，不是所有人所必需，更不是为保障健康所必需。实践中，有的保健食品广告通过渲染、夸大某种健康状况或者疾病，或者通过描述某种疾病容易导致的身体危害，使公众对自身健康产生担忧、恐惧，误解不使用广告宣传的保健食品会患某种疾病或者导致身体健康状况恶化，这种做法损害了消费者的权益，应予禁止。

（4）不得与药品、其他保健食品进行比较。药品用于疾病的预防、诊断、治疗，保健食品用于调节人体机能，二者本身不具有可比性，不能进行比较；即使同为保健食品，其功效、适用人群也可能存在差异，需要根据使用者的各方面情况综合判断，对不同的保健食品进行比较也是不科学的。上海心知元电子商务有限公司利用互联网上的互动百科词条进行宣传，虚构《抗衰老圣典》中相关内容，谎称"百龄堂盐藻虾青素""百龄堂盐藻"具有临床医学功效；利用自有网站虚构科研机构和科研数据成果，谎称"百龄堂极藻5S"对疾病治疗有效，违反了《广告法》第二十八条的规定。2017年11月21日，上海市静安区市场监督管理局对其作出行政处罚，罚款30.32万元。

（5）不得利用广告代言人作推荐、证明。保健食品直接作用于人体，其作用对象存在个体差异性，不宜利用广告代言人作推荐、证明。为防止误导消费者、损害消费者身体健康，本项禁止利用任何广告代言人为保健食品作推荐、证明。

第三，保健食品广告应当显著标明"本品不能代替药物"。如前所述，保健食品是调节机体功能，不以治疗疾病为目的的食品。本条第二款特别强调，保健食品广告应当显著标明忠告语，即"本品不能代替药物"。所谓"显著标明"，即应当在广告的显著位置，以显而易见、足以引起广告受众注意、能够使受众清晰获知的方式标示。

五、农药、兽药、饲料和饲料添加剂广告准则

（一）农药、兽药、饲料和饲料添加剂法规

1.行政法规

《农药管理条例》(1997年5月8日中华人民共和国国务院令第216号发布，2001年11月29日修订)、《兽药管理条例》(2004年4月9日国务院令第404号发布，2014年7月29日根据《国务院关于修改部分行政法规的决定》修订，

根据2016年2月6日发布的国务院令第666号《国务院关于修改部分行政法规的决定》第二次修订)、《饲料和饲料添加剂管理条例》(1999年5月29日发布，2001年11月29日、2011年10月26日、2013年12月7日、2016年2月6日修订)。

2. 部门规章

《农药广告审查办法》(1995年4月7日国家工商行政管理局、农业部令第30号公布，根据1998年12月22日国家工商行政管理局、农业部令第88号修订)《农药广告审查发布标准》(2016年2月1日国家工商行政管理总局令第81号发布)、《兽药广告审查办法》(1995年4月7日国家工商行政管理局、农业部令第29号公布，根据1998年12月22日国家工商行政管理局、农业部令第88号修订)、《兽药广告审查发布标准》(2015年12月24日国家工商行政管理总局令第82号公布)。

(二)农药、兽药、饲料和饲料添加剂规定

《广告法》第二十一条规定："农药、兽药、饲料和饲料添加剂广告不得含有下列内容：(一)表示功效、安全性的断言或者保证；(二)利用科研单位、学术机构、技术推广机构、行业协会或者专业人士、用户的名义或者形象作推荐、证明；(三)说明有效率；(四)违反安全使用规程的文字、语言或者画面；(五)法律、行政法规规定禁止的其他内容。"本条所称"农药"，是指用于预防、消灭或者控制危害农业、林业的病、虫、草和其他有害生物以及有目的地调节植物、昆虫生长的化学合成或者来源于生物、其他天然物质的一种物质或者几种物质的混合物及其制剂。"兽药"，是指用于预防、治疗、诊断动物疾病或者有目的地调节动物生理机能的物质(含药物饲料添加剂)。"饲料"，是指经工业化加工、制作的供动物食用的产品，包括单一饲料、添加剂预混合饲料、浓缩饲料、配合饲料和精料补充料等。"饲料添加剂"，是

指在饲料加工、制作、使用过程中添加的少量或者微量物质,包括营养性饲料添加剂和一般性饲料添加剂。农药、兽药、饲料和饲料添加剂是农业生产的常用物资。

农药、兽药、饲料和饲料添加剂广告不得含有下列内容:

(1)不得含有表示功效、安全性的断言或者保证。农药、兽药、饲料和饲料添加剂,都是通过作用于动物、植物、微生物,达到除病虫草害、调节生理机能、增产提质等效果。这种效果因动植物品种、生态环境、生产管理水平等的不同,都会有一定的差异性、不确定性。同时,有的农药、兽药、饲料和饲料添加剂本身就有一定的毒副作用,可能危害动植物、人体健康甚至生态环境;有的毒副作用虽然短期难以发现,但可能经过大量积聚形成危害,或者经过长期潜伏后才表现出来;有的本身无害,但一旦使用不当,也可能造成危害。如果农药、兽药、饲料和饲料添加剂广告中作出表示功效、安全性的断言或者保证,是违反科学规律的,并可能对消费者造成误导,应当予以禁止。

(2)不得利用科研单位、学术机构、技术推广机构、行业协会或者专业人士、用户的名义或者形象作推荐、证明。利用上述机构和人员作推荐、证明,容易使购买者产生盲目相信的心理,造成误导。考虑到农药、兽药、饲料和饲料添加剂对农业生产的特殊重要性,为防止误导,对利用上述机构和人员的名义或者形象作推荐、证明的,应当予以禁止。

(3)不得说明有效率。所谓的有效率,一般是根据某些科研机构,在过往某一段时期内,对特定动植物品种,在特定生态环境中或者从经抽样选中的有限案例中经统计得出的结果,这种结果并不一定适用于所有动植物品种、所有生态环境、所有时间段、所有使用者。为防止误导,对说明有效率的内容应当予以禁止。农药、兽药、饲料和饲料添加剂对用法、用量、操作规范、防护措施、注意事项都有严格的要求,一旦使用不当,可能对动植物、使用者、生态环境造成损害。

（4）广告中含有违反安全使用规程的文字、语言或者画面的，应当予以禁止。

六、烟草广告准则

《广告法》第二十二条规定："禁止在大众传播媒介或者公共场所、公共交通工具、户外发布烟草广告。禁止向未成年人发送任何形式的烟草广告。禁止利用其他商品或者服务的广告、公益广告，宣传烟草制品名称、商标、包装、装潢以及类似内容。烟草制品生产者或者销售者发布的迁址、更名、招聘等启事中，不得含有烟草制品名称、商标、包装、装潢以及类似内容。"

（一）烟草广告概述

烟草制品是指卷烟、雪茄烟、烟丝、复制烟叶。1991年，我国颁布《烟草专卖法》。《烟草专卖法》第十八条规定："禁止在广播电台、电视台、报刊播放、刊登烟草制品广告。"《广告管理条例》规定："禁止利用广播、电视、报刊为卷烟做广告。"

烟草广告的类型有三种：烟草制品广告、烟草企业形象广告，以及烟草赞助广告。烟草制品广告是指烟草企业有偿的、直接地介绍烟草制品或其商标的广告。烟草企业形象广告是指烟草企业有偿的、不直接地介绍烟草制品或其商品而只介绍其企业形象或企业宗旨的广告。烟草赞助广告是指烟草企业支付一定费用，用以举办某一专栏或体育赛事，而在大众传播媒介或比赛场地出现该烟草企业名称或形象的广告。烟草广告表现形式有：①冠以烟草商标特约刊播栏；②在画面、背景显示烟草产品或其商标；③烟草企业形象广告。④烟草产品获奖的宣传。[1]

---

[1] 苏德永.最新广告法全书[M].北京：中国检察出版社，1995：19.

（二）烟草广告的规制

1.禁止在大众传播媒介或者公共场所、公共交通工具、户外发布烟草广告

为保护人民身体健康，进一步严格限制烟草广告，2015年《广告法》，在1994年《广告法》的基础上，进一步加大了对发布烟草广告的媒介和场所的限制，禁止在任何大众传播媒介，以及所有的公共场所、公共交通工具、户外发布烟草广告。

（1）禁止利用广播、电影、电视、报纸、期刊发布烟草广告。吸烟有害健康，在香烟广告的政策导向方面，也体现为限制香烟广告发布范围，禁止利用广播、电影、电视、报纸、期刊这些大众媒体发布烟草广告。

（2）禁止在各类等候室、影剧院、会议厅堂、体育比赛场馆等公共场所设置烟草广告。等候室包括候诊室、候车室、候船室、候机室等公共场所；影剧院包括电影院、剧院、剧场以及用于播放电影和戏剧演出的礼堂等公共场所，会议厅堂、体育比赛的体育场、体育馆。不得设置户外烟草广告的场所还包括：利用交通设施、交通标志的；影响市政公共设施、交通安全标志使用的；妨碍生产或者人民生活、损害市容市貌的；国家机关、文物保护单位和名胜风景点的建筑控制地带；当地县级以上地方人民政府禁止设置户外广告的区域。

按照是否自己吸烟，可以将吸烟分为主动吸烟和被动吸烟两种。被动吸烟者一般是妇女或者不吸烟的男士，他们吸入的烟尘并不比主动吸烟的少，因此对健康的危害更大。如果孕妇被动吸烟，危害还会波及胎儿。因此，禁止在各类等候室、影剧院、会议厅堂、体育比赛场馆等公共场所设置烟草广告。

（3）烟草广告中必须标明"吸烟有害健康"。"吸烟有害健康"是对吸烟负面作用的客观描述。虽然吸烟可以提神，增加人的兴奋度，但其积极作用是有限的。同时吸烟可以诱发多种肺部疾病，其副作用远远大于其积极作用。1989年世界烟草大会在世界卫生组织第33、35号决议中号召全面禁止烟草广告。为了减少吸

烟对未成年人的影响,《广告法》要求在吸烟广告中注明"吸烟有害健康"。

《广告法》对烟草广告的规定与《烟草专卖法》相比有了很大的不同：①将烟草制品广告扩大为烟草广告；②对发布烟草广告的禁止范围的扩大；③要求在烟草广告中也要有警语。

2. 禁止向未成年人发送任何形式的烟草广告

广告对未成年人道德品质的误导，是现代广告业争论非常激烈的热点问题。未成年人的心理和生理都尚未成熟，对外界事物分辨能力低，同时又具有极强的模仿能力和学习能力，难以分清真实世界和虚拟的广告。电视上的人物形象尤其是明星，如影视明星吸烟，就自然而然地成为未成年人的重点模仿的对象，这种影响具有极端的效力，它通过对青少年精神意识的影响，导致青少年各种错误观念的泛滥。

3. 禁止变相发布烟草广告

（1）禁止利用其他商品或者服务的广告、公益广告，宣传烟草制品名称、商标、包装、装潢以及类似内容。实践中，由于直接发布烟草广告受到严格的限制，有的生产经营者利用其他商品或者服务的广告、公益广告变相发布烟草广告。例如，将烟草制品的包装、装潢作为广告背景，在公益广告中标注烟草制品名称、商标等，对此，本条第二款予以明确禁止。

（2）烟草制品生产者或者销售者发布的迁址、更名、招聘等启事中，不得含有烟草制品名称、商标、包装、装潢以及类似内容。这类行为构成变相发布烟草广告，应当予以制止。

七．酒类广告准则

酒是食品的一种，在一定的条件下，酒会损害人的身体健康，因此它是一种特殊的食品。为了突出酒的特殊性，本条将其专门列出。

（一）酒类广告的法规

《广告法》（1994年）规定，获得国优、部优、省优和39度以下的烈性酒，以及符合卫生许可事项的酒，才可做广告。不得引用一些医疗用语或易于混淆的用语，不得以文字、语言等形式鼓励人们饮酒，以免给消费者身心造成危害。2015年《广告法》第二十三条规定，酒类广告不得含有下列内容：诱导、怂恿饮酒或者宣传无节制饮酒；出现饮酒的动作；表现驾驶车、船、飞机等活动；明示或者暗示饮酒有消除紧张和焦虑、增加体力等功效。

（二）酒类广告的规定

所谓"酒类"，是指含酒精饮料，包括发酵酒、蒸馏酒、配制酒、食用酒精以及其他含有酒精成分的饮品。可以对酒类品牌进行宣传，但是，不得劝诱、鼓励饮酒，更不得鼓励酒后从事危险活动。酒类广告不得含有下列内容：

（1）不得诱导、怂恿饮酒或者宣传无节制饮酒。所谓诱导、怂恿饮酒，一般表现为明示或者暗示饮酒是身份、地位、成熟、魅力的象征等，以及将个人、商业、社会、体育、性生活或者其他方面的成功归因于饮酒等。

（2）法律虽不禁止酒类做广告，但是，对广告中含有的诱导、怂恿饮酒或者宣传无节制饮酒的内容，必须严格禁止。广告中直接出现饮酒动作，对受众具有最直接的引导、示范作用，自然应予禁止。

（3）不得表现驾驶车、船、飞机等活动。酒后驾驶车、船、飞机等，容易发生事故，造成人身财产损失，甚至危及公共安全，也是法律严格禁止的行为。在酒类广告中表现驾驶车、船、飞机等活动，必须严格禁止。

（4）不得明示或者暗示饮酒有消除紧张和焦虑、增加体力等功效。这种表述往往缺乏科学依据，更不具有适用性，反而为饮酒提供借口，自然应予禁止。

八、教育、培训广告准则

(一)教育、培训广告法规

1.法律

《中华人民共和国民办教育促进法》(2002年12月28日第九届全国人民代表大会常务委员会第三十一次会议通过,根据2016年11月7日第十二届全国人民代表大会常务委员会第二十四次会议《关于修改〈中华人民共和国民办教育促进法〉的决定》修正)。

2.行政法规

《中华人民共和国民办教育促进法实施条例》(2004年2月25日国务院第41次常务会议通过,自2004年4月1日起施行)、《中华人民共和国中外合作办学条例》(2003年2月19日国务院第68次常务会议通过2003年3月1日国务院令第372号公布2003年9月1日起施行根据2013年7月18日国务院令第638号《国务院关于废止和修改部分行政法规的决定》修改)。

(二)教育、培训广告规定

《广告法》第二十四条规定:"教育、培训广告不得含有下列内容:(一)对升学、通过考试、获得学位学历或者合格证书,或者对教育、培训的效果作出明示或者暗示的保证性承诺;(二)明示或者暗示有相关考试机构或者其工作人员、考试命题人员参与教育、培训;(三)利用科研单位、学术机构、教育机构、行业协会、专业人士、受益者的名义或者形象作推荐、证明。"

所谓"教育",是指根据一定社会的现实和未来的需要,有目的、有计划、有组织、系统地引导受教育者获得知识技能、培养思想品德、发展智力和体力的一种活动。教育既包括全日制的学校教育,又包括半日制的、业余的学校教育,还包括函授教育、刊授教育,广播学校、电视学校、网络学校的教育;既包括学龄教育，又包括成人教育（继续教育、再教育）；既包括文化教育，又包括职业教育等。"培训"，是指通过有计划的、连续的系统学习，使受训人员获得知识、技能、态度、行为的定向改进的行为过程，以使其能够按照预期的标准或水平完成所承担或将要承担的工作任务，包括知识培训、技能培训、考试培训等。❶

根据本条规定，教育、培训广告不得含有下列内容：

（1）不得对升学、通过考试、获得学位学历或者合格证书，或者对教育、培训的效果作出明示或者暗示的保证性承诺。对教育、培训的效果作出明示或者暗示的保证性承诺，典型的有对升学、通过考试、获得学位学历或者合格证书的承诺，其他的还有很多，如"一个月提高三十分""就业率100%"等。教育培训的效果，受到考核难度变化，教育、培训的师资差异，接受培训方的基础、学习态度差异等多方面因素影响，一般不可能都达到所承诺的效果，在广告中作出明示或者暗示的保证性承诺是不合适的。2016年4月，当事人耿兵利（陕西秦学教育科技有限公司加盟人员）在杨凌印刷宣传彩页广告宣传"杨凌伊顿名师是西安伊顿名师在杨凌的分校""来伊顿名师报名自主招生，高考降10~60分录取，圆你名校梦"等广告。广告内容缺乏事实依据，构成虚假宣传，被工商部门依法处罚款5万元。

（2）不得明示或者暗示有相关考试机构或者其工作人员、考试命题人员参与教育、培训。考试机构及其工作人员、考试命题人员都有可能接触到命题信息，他们如参与教育、培训，有泄露考题的风险，使考试失去公平，违背通过考试选拔人才、考核知识技能的目的。因此，很多主管机构都明确规定，考试机构及其工作人员、考试命题人员不得参与该考试相关的教育、培训活动。在广告中也不得明示或者暗示有相关考试机构或者其工作人员、考试命题人员参与教育、培训。

---

❶ 国家工商总局广告监督管理司. 中华人民共和国广告法释义[M]. 北京：中国法制出版社，2016：76.

（3）不得利用科研单位、学术机构、教育机构、行业协会、专业人士、受益者的名义或者形象作推荐、证明。在广告中利用科研单位、学术机构、教育机构、行业协会、专业人士、受益者的名义或者形象做推荐、证明，容易使消费者产生盲目相信的心理，并可能造成误导。因此，禁止利用上述机构和人员的名义或者形象作推荐、证明。

九、理财产品广告准则

（一）理财产品广告法规

1. 行政法规

《商业特许经营管理条例》（2007年1月31日国务院第一百六十七次常务会议通过，2007年2月6日国务院令第485号发布，自2007年5月1日起施行）。

2. 部门规章

《证券投资基金销售管理办法》（2013年3月15日证监会令第91号发布）、《证券发行与承销管理办法》（2013年10月8日中国证券监督管理委员会第11次主席办公会议审议通过，根据2014年3月21日中国证券监督管理委员会《关于修改〈证券发行与承销管理办法〉的决定》修订，根据2015年12月30日中国证券监督管理委员会《关于修改〈证券发行与承销管理办法〉的决定》二次修订）。

3. 规范性文件

《关于保本基金的指导意见》（2010年10月26日中国证券监督管理委员会公布，2015年7月31日修订）、国家工商行政管理总局、中国银行业监督管理委员会、国家广播电影电视总局新闻出版总署《关于处置非法集资活动中加强广告审查和监管工作有关问题的通知》（工商广字〔2007〕190号）、中国人民银行、工业和信息化部、公安部等《关于促进互联网金融健康发展的指导意见》（银发〔2015〕221号）、工商总局等17个部委《关于开展互联网金融广告及以投资理财名义从事金融活动风险专项整治工作实施方案》（工商办字〔2016〕61号）。

（二）理财产品广告规定

《广告法》第二十五条规定："招商等有投资回报预期的商品或者服务广告，应当对可能存在的风险以及风险责任承担有合理提示或者警示，并不得含有下列内容：（一）对未来效果、收益或者与其相关的情况作出保证性承诺，明示或者暗示保本、无风险或者保收益等，国家另有规定的除外；（二）利用学术机构、行业协会、专业人士、受益者的名义或者形象作推荐、证明。""有投资回报预期的商品或者服务"，是指投资者向其投入一定资金、财物、权益、技术、劳动等，以期在未来获得收益、回报的特定商品或者服务。其中，最典型的是特许经营、店铺招租等招商活动。招商等有投资回报预期的商品或者服务广告，就是通常的理财产品广告。理财产品广告应当符合下列要求：

（1）对可能存在的风险以及风险责任承担有合理提示或者警示。投资往往有风险，在投资中，可能无法获得预期的收益，甚至无法收回投资成本。对此，应当使作为广告受众的投资者有清晰的认知，即广告中应当对风险以及风险责任承担作出合理的提示或者警示。

（2）不得对未来效果、收益或者与其相关的情况作出保证性承诺，明示或者暗示保本、无风险或者保收益等，国家另有规定的除外。一般情况下，投资的未来效果、收益以及与其相关的情况都受到复杂的市场环境、管理人自身能力等诸多因素影响，有时候还受到国家宏观调控的影响，具有不确定性。同理，投资能否保本、无风险、保收益，也具有不确定性。因此，有投资回报预期的商品或者服务广告不宜对未来效果、收益或者与其相关的情况作出保证性承诺，明示或者暗示保本、无风险或者保收益等。同时，一些特殊的有投资回报预期的商品或者服务，如果国家对其未来效果、风险收益等作了明确规定的，则可以宣传国家规定的内容。安徽志鹄信息科技有限公司通过自行开发的"券妈妈"网站及手机APP软件发布互联网金融广告，其中含有"收益率达14%以上"等对未来收益作保证性承诺的内容，违反了《广告法》第二十五条的规定。2017年8月，合肥市蜀山区市场监管局作出行政处罚，责令当事人在相应范围内消除影响，罚款30万元。

（3）不得利用学术机构、行业协会、专业人士、受益者的名义或者形象作推荐、证明。这些机构和人员作推荐、证明，容易使消费者产生盲目相信的心理。考虑到投资活动关系人民群众财产安全，为防止误导消费者，禁止利用上述机构和人员的名义或者形象作推荐、证明，是必要的。2017年1月，山东青岛未来梦电子商务有限公司利用宣传单、微信公众号等方式对提供服务的可靠性、稳定性、合法性等情况进行与客观实际情况不符的宣传，广告含有"资金池资金流是永续增加的，保证消费者100%分红权……有完善的财务管理制度，资金由第三方工商银行监管，专款专用，保证资金无意外损失。"等内容，违反了《广告法》第三条、第四条、第二十八条等规定。2017年2月，青岛市城阳区市场监督管理局作出行政处罚，责令停止发布违法广告，在相应范围内消除影响，罚款20万元。

十、房地产广告准则

（一）房地产广告法规

1. 法律

《广告法》（2015年）。

2.行政法规

《城市房地产开发经营管理条例》（1998年7月20日发布，2011年1月8日国务院令修订）、《商品房销售管理办法》（2001年4月4日建设部令第88号发布）。

3.规范性文件

国家发展改革委《商品房销售明码标价规定》（发改价检〔2011〕548号）、国家工商行政管理总局《房地产广告发布规定》（2015年12月24日令第80号公布）。

（二）房地产广告规定

《广告法》第二十六条规定："房地产广告，房源信息应当真实，面积应当表明为建筑面积或者套内建筑面积，并不得含有下列内容：（一）升值或者投资回报的承诺；（二）以项目到达某一具体参照物的所需时间表示项目位置；（三）违反国家有关价格管理的规定；（四）对规划或者建设中的交通、商业、文化教育设施以及其他市政条件作误导宣传。"

所谓"房地产广告"，是指通过一定的媒介和形式，直接或者间接地介绍自己所推销的房地产的商业广告活动，包括关于房地产项目预售、预租、出售、出租、项目转让以及其他房地产项目的介绍等。根据本条规定，房地产广告应当符合下列规定：

（1）房源信息应当真实。房源信息真实是房地产广告的最基本要求；否则，推销的商品或者服务不存在，属于欺骗、误导消费者，构成本法第二十八条规定的虚假广告。实践中，有的房地产中介为了吸引消费者、抢占客户资源，在广告中发布一些特别优惠的虚假房源信息，待消费者与其联系后，再向消费者推荐其他房源，对此种行为，应予严格禁止。

（2）面积应当表明为建筑面积或者套内建筑面积。房屋面积关系到居住空间、价格税费,是消费者决定是否购买房屋的最重要的考虑因素之一。建筑面积和套内建筑面积都是房屋所有权证上的登记事项;同一套房地产,套内建筑面积比建筑面积小,以建筑面积计算的单价比以套内建筑面积计算的单价低,如果混淆了建筑面积和套内建筑面积,就可能误导消费者。因此,本条明确规定,房地产广告如果对面积作出表示的,应当表明为建筑面积或者套内建筑面积。2017年12月,浙江宁波市象山坤宏置业有限公司在广告宣传中含有误导购房对象对原规划设计进行拓展建设增加使用面积的内容,对客户购买意向有实质性影响,严重误导消费者,违反了《广告法》第二十八条的规定。2018年1月,宁波市象山县市场监督管理部门作出行政处罚,责令当事人停止发布虚假广告,在相应范围内消除影响,罚款80万元。

(3)不得含有升值或者投资回报的承诺。实践中,房地产价格随市场供求关系的变化而变化,承诺房地产一定升值、投资一定有高额回报不符合客观规律,容易误导消费者,应当予以禁止。2016年3月,陕西省咸阳毅立房地产开发有限公司杨凌分公司在其售楼部的宣传彩页有"做居然之家房东、稳拿第二份高薪、投资年收益最高可达11%、满五年可选择110%房价回购"等承诺内容,构成了违法发布房地产广告的行为,被工商部门依法处罚款2万元。

(4)不得含有以项目到达某一具体参照物的所需时间表示项目位置。房地产项目到某一具体参照物的物理距离是确定的,但是项目到达某一具体参照物的所需时间,因所选道路条件、交通工具、交通状况、个人状况等的不同可能有较大差异。例如,同样一段距离,交通顺畅时可能只需要10分钟,交通堵塞时可能1小时也未必能到。统一用一个时间表示项目到某一具体参照物所需的时间,进而表示项目位置,是不客观的,容易误导消费者,应当予以禁止。

(5)不得含有违反国家有关价格管理规定的内容。价格法以及相关行政法规、部门规章对与房地产有关的价格行为作了规定。例如,房产交易价格实行明码标价制度;不得捏造、散布涨价信息,哄抬价格,推动商品价格过高上涨;

不得利用虚假的或者使人误解的价格手段，诱骗消费者或者其他经营者与其进行交易等。

（6）不得含有对规划或者建设中的交通、商业、文化教育设施以及其他市政条件作误导宣传的内容。交通、商业、文化教育设施以及其他市政条件有利于改善居住条件，提高房地产的吸引力而提高价格。实践中，有的房地产广告将尚在规划中的市政条件，宣传为已经在建或者已经建成使用，或者将建设中的市政条件宣传为已经建成使用，或者对规划情况、建设情况进行误导的宣传等，这些都构成欺骗、误导消费者，应当予以禁止。

十一、种植养殖广告准则

（一）种植养殖广告法规

种植养殖广告是指农作物种子、林木种子、草种子、种畜禽、水产苗种和种养殖广告。

1. 法律

《中华人民共和国种子法》（2000年7月8日第九届全国人民代表大会常务委员会第十六次会议通过，2004年8月28日第一次修正，2013年6月29日第二次修正，2015年11月4日修订）。

2. 行政法规

《农业转基因生物安全管理条例》（2001年5月23日中华人民共和国国务院令第304号公布，2011年1月8日修订）。

3. 部门规章

《农作物种子标签和使用说明管理办法》（2016年7月8日农业部令第6号发布）。

（二）种植养殖广告规定

《广告法》第二十七条规定："农作物种子、林木种子、草种子、种畜禽、水产苗种和种养殖广告关于品种名称、生产性能、生长量或者产量、品质、抗性、特殊使用价值、经济价值、适宜种植或者养殖的范围和条件等方面的表述应当真实、清楚、明白，并不得含有下列内容：（一）作科学上无法验证的断言；（二）表示功效的断言或者保证；（三）对经济效益进行分析、预测或者作保证性承诺；（四）利用科研单位、学术机构、技术推广机构、行业协会或者专业人士、用户的名义或者形象作推荐、证明。"

所谓"农作物种子、林木种子、草种子"，是指农作物、林木和用于动物饲养、生态建设、绿化美化等用途的草本植物的种植材料或者繁殖材料，包括籽粒、果实和根、茎、苗、芽等。"种畜禽"，是指经过选育、具有种用适于繁殖后代的畜禽及其卵子（蛋）、精液等。"水产苗种"，是指包括用于增养殖（栽培）生产和科研试验、观赏的水产动植物的亲本、稚体、幼体、受精卵、孢子及其遗传育种材料。"种养殖"，是指一切与种植、养殖有关的商品或者服务。根据本条规定，农作物种子、林木种子、草种子、种畜禽、水产苗种和种养殖广告，应当符合下列要求：

（1）关于品种名称、生产性能、生长量或者质量、品质、抗性、特殊使用价值、经济价值、适宜种植或者养殖的范围和条件等方面的表述应当真实、清楚、明白。上述信息是农、林、牧、副、渔等产业生产过程中使用种子的最重要的信息，是影响消费者决定是否购买农作物种子、林木种子、草种子、种畜禽、水产苗种和种养殖商品或者服务的最重要因素。本条要求其表述应当真实、清楚、明白。

（2）不得含有科学上无法验证的断言。农作物种子、林木种子、草种子、种畜禽、水产苗种和种养殖商品或者服务广告所宣称的内容应当有科学依据，

·149·

经过实践检验,能够被反复验证。广告中不得含有科学上无法验证的断言。

(3)不得含有表示功效的断言或者保证。农作物种子、林木种子、草种子、种畜禽、水产苗种和种养殖商品或者服务的功效,一方面依赖于上述商品或者服务本身的质量,另一方面也受到生态环境、生产管理水平的影响,必然有一定的差异性、不确定性。如果在广告中对功效作出断言或者保证,如成活率100%、绝无病虫害等,都是违反科学规律的,可能对消费者造成误导,应当予以禁止。不得含有对经济效益进行分析、预测或者作保证性承诺的内容。种养殖受到种子本身质量、种养殖人员管理水平、市场供求关系等诸多因素影响,其经济效益可能有较大波动,对经济效益进行分析、预测,可能失准;作出保证性承诺,也可能无法兑现。如果农民因为相信广告宣传的经济效益而进行种养殖,结果与预期存在较大差异,则可能严重损害农民利益,甚至引发社会问题。

(4)本条予以明确禁止不得含有利用科研单位、学术机构、技术推广机构、行业协会或者专业人士、用户的名义或者形象作推荐、证明的内容。这些机构和人员作推荐、证明,容易使消费者产生盲目相信的心理。考虑到农业生产活动关系农民生产安全,为防止误导消费者,禁止利用上述机构和人员的名义或者形象做推荐、证明,是非常必要的。

十二、母乳用品广告准则

《广告法》第二十条规定:"禁止在大众传播媒介或者公共场所发布声称全部或者部分替代母乳的婴儿乳制品、饮料和其他食品广告。"

母乳是婴儿健康生长与发育的最理想食品。在生命的最初六个月对婴儿进行纯母乳喂养,是实现婴儿生长、发育和健康的最佳方式。但是,实践中,有的母乳代用品广告向新生儿父母传递了错误的抚育信息,使他们认为配方奶喂养优于母乳喂养，导致我国的母乳喂养率不断降低。为促进母乳喂养、保护婴儿健康成长，有必要限制母乳代用品广告。1981年第三十四届世界卫生大会通过的《国际母乳代用品销售守则》中，第一条明确规定，禁止对公众进行母乳用品的广告宣传。在我国，1995年卫生部、国内贸易部、广播电影电视部、新闻出版署、国家工商行政管理局、中国轻工总会联合发布的《母乳代用品销售管理办法》第九条也明确规定，禁止发布母乳代用品广告。这次修改广告法，将上述规章规定上升为法律，从法律层面对母乳代用品广告进行限制，禁止在大众传播媒介或者公共场所发布母乳代用品广告。需要注意的是，由于母乳代用品属于专有名词，第一次在法律中出现，应对其内涵作出明确界定。因此，借鉴了《母乳代用品销售管理办法》的相关规定，将其明确为"声称全部或者部分替代母乳的婴儿乳制品、饮料和其他食品"。之所以加上"声称"的限制，主要是在研究修改的过程中，有意见提出，鼓励母乳喂养，限制母乳代用品，是因为母乳代用品不能完全替代母乳，将母乳代用品表述为"全部或者部分替代母乳"不科学。在具体执行中，无论是直接明确地"声称"，还是以各种形式暗示其商品可以全部或者部分替代母乳（如宣传其乳制品适用于零到六个月的婴儿），都属于母乳代用品，都应当纳入本条的规范范围，都不得在大众传播媒介或者公共场所发布广告。对于母乳代用品，具体是指针对什么年龄段的婴儿的食品，本条并未作出明确规定。实践中一般认为，对于六个月以内的婴儿，母乳能够提供全部所需营养，除母婴患特殊疾病不宜进行母乳喂养、母乳不足等原因外，都应当实行纯母乳喂养。

第四章　广告行为规范制度

第一节　广告行为概述

一、广告行为的概念

广告行为是指商品经营者或者服务提供者承担费用,通过一定的媒介和形式直接或间接地介绍自己所推销的商品或所提供服务的商业宣传行为。

二、广告行为的特征

(一)行为作用的媒介性

广告行为是一种媒介行为,通过广告媒介体把广告宣传者与广告宣传对象联结起来,沟通二者之间的关系和情感,缩小二者之间的社会距离。经济广告行为的目的和功能是把工商企业和广大消费者联结起来,使双方发生关系。所以,评价广告行为效果优劣的标志,就是媒介作用的强弱。一幅广告发布后,能刺激顾客和消费者的需求欲望，从而产生购买行为，就有了媒介作用，购买行为的人越多，广告行为效果越好；反之，购买行为的人越少，广告行为效果越差。

（二）行为心理基础的社会性

任何行为都是外界刺激通过心理反应而产生的，广告也不例外；不过，广告行为的心理包括消费者心理、广告客户心理和广告经营者心理以及他们之间的相互作用的心理特征。所以，广告行为的心理基础是社会心理，特别是社会公共关系心理。它的心理依据综合起来看，是工商企业与公众在相互作用中所发生的心理现象及其发展变化规律。

（三）广告行为对象的公众性

人的行为总是有目的的，一定的行为总是按照一定行为目的指向一定的对象，即行为的对象。广告行为的目的是为广告客户促销商品，行为对象是广大顾客和消费者。虽然广告宣传的对象对公众有选择性，但这种选择性一般是开放性的，而不是把宣传对象封闭起来进行。所以，一幅广告一经发布，对公众都会有刺激，只是由于公众对广告也有选择性，能引起注意的公众是有限的。这就要求广告行为不仅要为它的特定目标服务，能够起促销作用，而且还要考虑广告行为的其他社会效果，例如，社会教化作用、美化环境、提高人们审美能力的作用等。

三、广告行为的分类

根据商事行为在同一营业活动内所起的作用和所处的地位的不同进行划分，可以将广告行为分为基本商行为与附属商行为。

（一）基本商行为

基本商行为，是指直接从事营利性经营活动的商事行为。基本商行为包括绝对商行为和相对商行为。由于绝对商行为和相对商行为在整个商事交易行为中属于基本形式，且符合商事交易行为的基本要求，故称其为基本商行为。广告经营者的行为是广告公司的基本商行为。

（二）附属商行为

附属商行为，又称辅助商行为，是相对基本商行为而言的，在同一商事营业内虽不具有直接营利性的内容，但却能起到协助基本商行为实现营利目的的辅助行为。如广告行为、代理行为等。根据新的解释和理解，即不把附属商行为固定化，而根据特定商事主体的经营内容确定其行为的附属性，把主营业务理解为基本商行为，把兼营业务理解为附属商行为。如对于零售商来说，销售是基本商事行为，仓储和运送则是其附属商事行为。而对于承运商来说，运送为其基本商行为，原材料购买则是附属商行为。委托制作、发布广告的行为，是广告主的附属商行为。

四、广告行为与广告活动的关系

广告活动是一种法律行为。取得法定资格的主体必须依法进行活动并承担相应的法律后果，广告活动主体必须合法。只有法定合格自然人、法人或其他组织从事的广告活动才能得到法律认可。广告活动内容也必须符合法律规定。

五、广告行为规范

（一）规范

所谓规范，就是规则和标准。没有规矩不成方圆，没有规范就没有秩序。如果规范、标准缺失，不仅会冲击正常社会秩序，还会影响社会的发展和人们的生存质量。良好的社会秩序需要人们遵循一定的行为规范，从而调整一系列的利益关系，建立正常的社会关系。社会作为一种群体是由个人组成的。所谓个人，就是现实生活中具有自己的意志、利益、需要和行为的个体；而群体是由共同目的和协作关系的个人组成的社会系统。在社会活动中，个人与群体的关系、个人与个人之间的关系，实质上是一种利益关系。正确处理人与人及个人与群体的利益关系就需要行为规范发挥协调作用。

（二）行为规范

行为规范是社会群体或个人在参与社会活动中所遵循的规则、准则的总称，是社会认可和人们普遍接受的具有一般约束力的行为标准。包括行为规则、道德规范、行政规章、法律规定、团体章程等。行为规范是在现实生活中根据人们的需求、好恶、价值判断，而逐步形成和确立的，是社会成员在社会活动中所应遵循的标准或原则，由于行为规范是建立在维护社会秩序理念基础之上的，因此对全体成员具有引导、规范和约束的作用。引导和规范全体成员可以做什么、不可以做什么和怎样做，是社会和谐重要的组成部分，是社会价值观的具体体现和延伸。行为规范是法学、社会学、政治学、经济学、行为学、心理学、伦理学等学科的范畴。

（三）法律规范

法律规范是由国家制定、认可的，由国家强制的行为规范；行为规范却没有强制力或强制力相对很弱。法律规范是普遍适用、并能反复适用的；而行为规范则带有局限性，它针对的往往是特定的人群或特定的个人。

（四）广告行为规范

广告行为规范，又称为广告活动规范。广告活动是指广告主制定一项能测定的目标后，为达到这一目标制定广告战略，然后在市场上执行，包括广告计划、广告制作，销售及营销。广告活动具有以下法律特征。

（1）广告活动的主体是广告主、广告经营者和广告发布者。广告活动的主体从事广告活动时必须符合国家规定。对于广告主来讲，广告主委托设计、制作、发布广告，应当以广告内容涉及的事项取得行政许可且与许可的内容相符合为前提。对广告的经营者来讲，广告的经营者必须取得合法的经营资格，即必须到工商行政管理机关进行工商登记。对于广告的发布者来讲，其从事广告的发布活动，也必须具有从事广告活动的资格。如果广告主、广告经营者、广告发布者不具备广告法规定的诸项条件，其所从事的广告活动就得不到法律的承认。

（2）广告活动是一个集合概念。广告活动包括广告的设计、制作、发布和代理等多个方面。广告设计是指广告经营者根据广告主提出的广告目标要求，对准备发布的广告信息进行构思，编排组合广告创意构思的表现方式和方法直至创作出可供制作的广告图样、图表、样品等整个活动的全过程。广告制作是将广告设计的内容，通过绘制、摄影、录音、录像及印刷等途径创制出广告作品的活动。广告发布是指通过广播、电影、电视、报纸、期刊、网络等各种广告媒介将已做好的广告作品刊播、播放、设置、张贴、宣传的行为。广告代理是广告经营者处于中间地位，为广告主和广告媒介双向提供服务的制度。

第二节 广告行为主体

在广告活动中，一般涉及3个主体，即广告主、广告经营者、广告发布者。近年来，学者提出第四个主体，广告荐证者。[1][2] 在2015年《广告法》的修订中，采用了多数人观点，广告法的主体变为4个，即广告主、广告经营者、广告发布者以及广告代言人。

一、广告主

所谓"广告主"，按照《广告法》第二条第二款规定"本法所称广告主，是指为推销商品或者提供服务，自行或者委托他人设计、制作、发布广告的法人、其他经济组织或者个人"。根据这一规定，广告主必须是为推销商品或者提供服务而需要进行广告宣传的法人、其他经济组织或者个人。[3] 所谓"法人"，按照《民法总则》第五十七条规定，"法人是具有民事权利能力和民事行为能力，依法独立享有民事权利和承担民事义务的组织。"所谓"其他经济组织"，目前法律上还没有专门的定义，但是，按照最高人民法院《关于适用〈中华人民共和国民事诉讼法〉若干问题的意见》第四十条的规定，可以理解为其他经济组织包括依法登记领取营业执照的私营独资企业、合伙组织，依法登记领取营业执照的合伙型联营企业，依法登记领取我国执照的中外合作经营企业、外资企业，法人依法设立并领取营业执照的分支机构，中国人民银行、各专业银行设在各

---

[1] 王瑞龙.中国广告法律制度研究[M].武汉：湖北人民出版社，2003：65-100.
[2] 杨紫烜.经济法[M].4版.北京：北京大学出版社，高等教育出版社，2011：291.
[3] 陈正辉.广告伦理学[M].上海：复旦大学出版社，2008：148-164.

地的分支机构，中国人民保险公司设在各地的分支机构，经核准登记领取营业执照的乡镇、街道、村办企业等经济组织；所谓"个人"，一般是指自然人，按照《民法总则》的规定，"个体工商户、农村承包经营户、个人合伙在某些情况下也按个人对待。"

二、广告经营者

（一）广告经营者的概念

《广告法》第二条规定："广告经营者，是指受委托提供广告设计、制作、代理服务的法人、其他经济组织或者个人。"根据这一规定，广告经营者自己本身并非商品的推销者或者服务提供者，而是在受广告主委托的情况下从事广告的设计、制作或者代理服务的经营者。但是，这并非是绝对的，二者的地位可能在特定情况下发生转换；例如广告经营者也可以进行介绍自己服务的广告活动，此时发布广告的广告经营者自身是广告主。

从事广告经营的，应当具有必要的专业技术人员、制作设备，并依法办理公司或者广告经营登记，方可从事广告活动。因此，广告经营者必须依法经过核准登记，方可接受委托从事广告活动，否则，即构成违法行为。能够具有法人资格的广告经营者有以下5种：① 经各级工商行政管理机关登记注册并获得《广告经营许可证》的综合型广告公司；② 经各级工商行政管理机关登记注册的广告工程制作单位、广告作品设计、制作所，广告调查机构等；③ 具有发布媒介的兼营广告的企业或兼营广告设计、制作的企业；④ 利用媒介设计、制作、发布广告的电视台、广播电台、报纸、杂志社等媒介单位；⑤ 经国家工商行政管理局依据《广告经营者资质标准》核定批准的中外合资、合作的广告公司。

在我国，广告经营者主要是各类广告公司。广告公司，是指依法办理登记注册，经核准成立的专门的广告服务企业。其最明显的特征是代理，即接受委托，提供服务，包括为广告主提供广告宣传计划服务，又称客户代理服务；为广告媒介提供销售版面和时段的服务，又称媒介代理服务。在广告活动中，广告公司处于中间的地位，为广告主和广告媒介提供双向服务。

（1）客户代理服务，即广告公司接受广告主委托，实施市场调研、广告策略拟定、广告创作等全部或部分广告业务。由于广告公司在广告服务方面的专业和经验，广告主委托广告公司实施广告宣传计划更为经济和科学。广告公司具有在市场、媒介、创意方面的专业人才，他们在得到客户委托后，利用其专业知识和用公司的资源帮助客户达到广告宣传和营销的目的。对企业来说，委托广告公司做广告，在使广告更专业、更高效的同时能使企业集中精力搞好生产，提高产品质量，因此委托广告公司进行广告服务已成为现代企业的常见做法。

（2）媒介代理服务，即广告公司接受媒介的委托销售版面和时段。媒介可以是报纸、电视、广播、杂志等大众传播媒介，也可以是路牌、灯箱、车身、大屏幕、霓虹灯等户外媒介，还可以是体育赛事、文艺演出或者其他活动。从事媒介代理的广告公司不仅要熟悉媒介的内容，还要对媒介特性和受众有专业的研究，适时地把媒介的版面、时间或空间推荐给广告主和广告代理公司。广告公司通过对媒介的代理，可以促进媒介内容的改进，如了解电视节目的收视率、提高户外媒介的艺术性等。媒介委托广告公司代理媒介，一般要付给代理公司佣金，通常以销售额的一定比例或年承包费的形式实现。

（二）广告经营者的分类

根据广告公司的服务功能和经营范围，可将广告公司分为全面服务型公司和部分服务型公司。

（1）全面代理广告公司。全面服务，是指为广告主提供关于广告运作全过程、全方位的服务，包括产品分析、市场调研、广告策略、媒介计划和购买、广告创意和制作及其他相关活动。有些广告公司的服务更为广泛，如包装设计、销售调查、直销市场营销、公共关系以及宣传等。通常广告公司实行以 AE（客户代表）为首的小组专业方式，广告公司为其管理的客户组成包括客户代表、市场调研、媒介、创作人员在内的服务小组，提供长期对其产品或品牌的公共策略服务。全面服务的广告公司要有专业的人员和完善的服务模式。其成本高，收费比例也较高。通常广告主在选择全面代理的广告公司时十分慎重，要考虑广告公司的规模、信誉、专业化程度、专业人员的素质、相关领域的服务经验等。

（2）部分服务型公司。部分服务，是指为广告主提供广告活动中的某一项或几项服务，如单一设计、制作等。任何产品的广告、任何媒体的广告都代理，而且具备与全面代理广告业务相配套的人才、设备、资金、场所等条件，能为广告主的一切广告活动及非媒体广告促销活动提供策划方案并实施。许多著名的广告公司，都属于综合代理的广告公司，如，奥美广告公司、电通广告公司、中国广告联合总公司、欣欣广告公司等。

部分服务，在某些方面有与众不同的竞争优势。如有些广告公司擅长广告策略的拟定；有些广告公司精于创意或设计；有些广告公司以制作精良闻名；有些广告公司以媒介计划的科学合理见长。广告主出于不同的考虑，可以同时选择几家广告公司为其服务，把创意策略、品牌管理、媒介购买分开。广告主选择几家广告公司的部分服务，有利之处在于各取所长，不利之处在于整合有较大障碍，广告策略在不同广告公司之间传递容易产生偏差，进而影响广告效果。

单一商品广告代理的广告经营者，即广告经营者只代理某一种商品的广告业务，如药品、化妆品，由于其对此类商品市场和商品品质的专门研究，有时其策划、创意或设计、制作此类商品广告的能力胜过一般综合性广告公司。因此，它的人才配置及技术设备主要与某商品有关即可，比较专一、简单，规模也往往比综合性广告公司小一些。

（三）广告经营者的功能

广告公司对广告主的功用主要有：① 为广告主提供详尽的市场调查和消费者调查，为广告主开发新产品提出建议，并为广告活动的开展打下基础；② 确认市场和产品的特点。分析市场状况，找出目标市场，确认显现市场和潜在市场，分析广告主的产品与竞争对手的差异，找出自己的特点；③ 研究影响广告主产品销售的各种因素，提出改进意见。如，产品的设计、品牌、包装、销售渠道等；④ 了解各种媒体的性能、特点、接受对象的状况、收费情况等。分析广告主的商品最适宜采用什么样的媒介，采用什么样的发布形式等；⑤ 在市场调查的基础上，配合商品的销售策略，帮助或协助广告主制定广告规划，提出广告目标、广告战略、广告预算的建议，供广告主选择、确认。❶

（四）广告经营者的主体资格

广告经营者必须取得合法的经营资格。《广告法》第二十九条规定："广播电台、电视台、报刊出版单位从事广告发布业务的，应当设有专门从事广告业务的机构，配备必要的人员，具有与发布广告相适应的场所、设备，并向县级以上地方工商行政管理部门办理广告发布登记。"一般广告经营者的主体资格具体包括以下几点。① 具备必要的专业技术人员，即从事广告活动应具有的专门人才，包括负责市场调查的专业人员、广告设计人员、广告制作人员、广告编审人员、广告管理人、专职的财会人员等；② 必要的制作设备，即为了设计、制作、发布广告必要的设备；③ 具备了上述条件后，还必须到工商行政管理机关办理工商登记手续，领取法人营业执照或者营业执照。履行完这些手续后，方可进行经营活动。

---

❶ 王军.广告管理与法规[M].北京：中国广播电视出版社，2003：142.

三、广告发布者

按照《广告法》第二条规定，本法所称广告发布者，是指为广告主或者广告主委托的广告经营者发布广告的自然人、法人或者其他组织。

广告发布者，主要是人们所称的"广告媒介单位"，即利用自身拥有的媒介手段发布广告的单位，主要包括广播、电视、报纸、杂志等大众媒介组织，这些单位一般在其内部设立专门的广告部门统一负责广告发布业务。❶❷根据本法第二十六条第二款的规定，"广播电台、电视台、报刊出版单位的广告业务，应当由其专门从事广告业务的机构办理，并依法办理兼营广告的登记。"此外，还有一些拥有其他广告发布手段并办理了广告业务登记的单位，如有户外广告牌的单位。

四、广告代言人

（一）广告代言人的概念

广告代言又称为广告荐证，广告代言人又称为广告荐证者。《广告法》第二条规定，"本法所称广告代言人，是指广告主以外的，在广告中以自己的名义或者形象对商品、服务作推荐、证明的自然人、法人或者其他组织。"

广告荐证是指广告主以外的人（包括个人、社会团体或者其他组织）以自己的名义在广告中直接或间接向消费者推荐商品或服务，或者对其质量、性能、品质、功效等进行证明，意在引起消费者的注意、信赖并促使其做出消费决策

---

❶ 陈正辉.广告伦理学[M].上海：复旦大学出版社，2008：199-222.

❷ 郑国生，肖汉奇.广告法实用教程[M].北京：中国法制出版社，1995：147-150.

的广告宣传行为。❶❷❸❹ 广告荐证有广义和狭义两层含义。狭义的广告荐证仅指商业广告中的广告荐证行为，广义的广告荐证还包括非商业广告如公益广告、科普广告中的广告荐证行为。❺

广告代言人也称为广告荐证者。何为广告荐证者？凡在荐证广告中对商品或服务的质量、性能、功效等进行推荐、证明的个人或组织皆为广告荐证者。根据我国现行法律、法规的规定，团体荐证者与自然人荐证者在承担民事责任、行政责任、刑事责任方面存在一定不同。荐证广告是推荐、保证、见证之类的广告的泛称。由名人、专家、一般消费者或者消费者信赖的组织，通过推荐、题词、保证、证明书、推荐书、感谢信等方式，推荐商品的广告比比皆是，已成为最为常见的广告形式之一。❻

（二）广告代言人的特征

1. 特定性

主要是指广告荐证的主体特定、对象特定以及内容特定：① 主体特定。广告荐证的主体仅限于广告荐证者，即在广告中以自己的名义反映其对商品或服务的意见、信赖、发现或亲身体验的个人、社会团体或者其他组织。并非所有的主体都能够成为广告荐证者，那些具有特定身份的进行广告荐证可能会对消

---

❶ 药恩情. 广告规制法律制度研究 [M]. 北京：中国广播电视出版社，2009：154.

❷ 全国人大常委会法制工作委员会民法室. 中华人民共和国消费者权益保护法解读 [M]. 北京：中国法制出版社，2013：209.

❸ 全国人大常委会法制工作委员会行政法室，李援.《中华人民共和国食品安全法》解读与适用 [M]. 北京：人民出版社，2009：241-243.

❹ 谢晓尧. 在经验与制度之间：不正当竞争司法案例类型化研究 [M]. 北京：法律出版社，2010：332-336.

❺ 于林洋. 广告荐证的行为规范和责任解构 [M]. 北京：中国书籍出版社，2015.

❻ 孔祥俊. 反不正当竞争法的适用与完善 [M]. 北京：法律出版社，1998.

费者造成一定误导的或者法律认为不宜从事广告荐证的人，不得成为广告荐证者。例如，《广告法》第九条规定：广告不得使用国家机关和国家机关工作人员的名义。《药品管理法》第六十一条规定："药品广告不得利用国家机关、医药科研单位、学术机构或者专家、学者、医师、患者的名义和形象作证明。"《食品安全法》第五十四条规定：食品安全监督管理部门或者承担食品检验职责的机构、食品行业协会、消费者协会不得以广告或者其他形式向消费者推荐食品等；② 对象特定。这里的对象是指广告荐证行为的"客体"对象，主要指广告主的商品或者服务，而伴随着企业广告宣传的普及与深入，为整个企业做荐证的"企业代言"形式也逐渐流行开来；③ 内容特定。广告荐证的内容是对广告主的商品、服务进行推荐或者对其质量、性能、品质、功效等进行证明，表现为广告荐证者以自己的名义反映其对于商品或服务的意见、信赖、发现或者亲身体验。尽管不同类别的广告荐证表现形式可能会有所不同，但所有的广告荐证均具有一个共同特征：对广告商品或服务表达一种认可或赞同。

2. 广泛性

主要是指广告荐证的形式广泛与受众广泛：① 形式广泛。广告荐证的形式非常广泛，包括语言荐证（如口头陈述）、书面荐证（如推荐书、感谢信、证明书、认证书、授权书、签名、题词等）、形象荐证（如示范、肖像等）以及其他的能够确定个人或者组织身份的特征（例如签章、印章）等各种形式。② 受众广泛。广告荐证的受众是不特定的消费者，范围极为广泛。受众的广泛性必然会在某种程度上扩大广告荐证对于消费者的影响性，尤其是公众人物的广告荐证，对于消费者的消费决策会产生重要影响，此种影响为在消费者与广告荐证者之间构建一种特定的法律关系奠定了基础。

3. 人格性

广告荐证是广告荐证者以自己的名义所做的广告宣传行为，不以自己名义所做的宣传不属于广告荐证，而属于广告表演。因此，广告荐证具有典型的"人格性"特征。广告荐证的人格性特征使得消费者有理由认为广告中的相关陈述反映的是广告荐证者自己的而非广告主的意见,即使此种意见与广告主的意见完全一致也不例外。可见,人格性特征是广告荐证最基本的特征,可以说,广告荐证是广告主对广告荐证者人格特征的一种商业应用。广告荐证的本质是人格权的商业利用。

4. 公示公信性

广告荐证一般都借助于公共媒体,例如广播、电视、报纸、杂志、网络等在公开场合面向一般公众发布,这使得广告荐证具有典型的"公示性"特征,而基于法律对广告真实性的基本要求,广告荐证又呈现出"公信性"特征。可以说,广告荐证的"公示公信性"与物权的"公示公信性"具有某种意义的异曲同工之效。

5. 隐性担保性

在广告荐证活动中,广告荐证者以自己的名义向消费者荐证商品或服务,基于广告真实性的要求,广告荐证者应承担如实荐证的义务,其应对广告荐证内容的真实性负责,这使得广告荐证呈现出一定的担保性特征。《广告法》第三十八条规定,广告代言人在广告中对商品、服务作推荐、证明,应当依据事实,符合本法和有关法律、行政法规规定,并不得为其未使用过的商品或者未接受过的服务作推荐、证明。不得利用不满十周岁的未成年人作为广告代言人。当然,广告荐证因为不符合担保法的相关规定而不具有典型担保的特征,因此,其担保性可认为是对商品或服务质量的一种"隐性担保",也有学者认为是一种"近似担保"或"担保品质"。广告荐证的隐性担保特征使得广告荐证呈现出一定的法律性。广告荐证者以自己的名义为广告主讲话,其"近似担保"的行为成了荐证广告的本质,而这会对消费者的消费决策产生重要影响,因此,"隐性担保"成为法律关注的对象。虽然广告荐证具有"隐性担保性",但不能因此认为广告荐证者就是商品或服务质量的担保人。

（三）广告代言的种类

1. 广告推荐

广告推荐又称广告劝导，是指广告荐证者在广告中向广告受众推荐商品或者服务，以明确的意思劝告、诱导受众选择广告宣传的商品或服务。此类广告中存在可归属于推荐者身份特征的意思表示，广告中的推荐者已经不再是单纯的表演者，而是一个可以从广告活动中析出个人身份与人格特征的广告主体，可形成"荐证者推荐商品"的一般判断。目前，我国的荐证广告中有相当比例的属于推荐广告。此类广告中，广告推荐者直接介绍商品或服务的质量、性能、功效等关键品质，往往会使用"选择""推荐""信赖"等字样。

2. 广告证明

广告证明，又称为广告证言，是指广告荐证者在广告中以使用者的身份对商品或者服务的质量、性能、功效等关键品质进行证明或评价。此类广告中存在更为明显的可归属于证明者身份特征的意思表示，广告中的证明者显然不应被界定为广告表演者，而是一个可以从广告活动中析出个人身份与人格特征的广告主体，可形成"荐证者使用商品"的一般判断。较之广告推荐而言，广告证明具有更强的消费示范作用，更容易引起受众的注意与信赖。证言类广告中，广告荐证者往往会直接表明自己在使用某种商品或服务。如在郭德纲代言的藏秘排油减肥茶广告中，郭德纲宣称"前后我瘦了6斤"。

（四）广告代言人的分类

以广告荐证者的身份为标准，可将广告荐证分为名人、专家、普通人荐证三类。名人是指那些在公众中具有较高知名度或者社会影响力的人，专家则是指在某一领域拥有优于一般人的经验、技能、专业知识等的个人、团体或者组织，普通人即一般消费者。此分类在区分广告荐证主体的注意义务、责任承担等方面具有一定的法律意义。例如,专家荐证中,广告荐证者应承担更高程度的注意义务,这对于判断其是否存在过错以及存在何种过错等具有重要价值。又如,名人的广告荐证费用远远高于普通消费者,在立法与司法实践中可以考虑令其承担更高程度的注意义务。虽然广告荐证费用的高低并不是决定广告荐证者义务程度高低或者责任大小的充分条件,但令名人承担更为严格的法律责任,不仅符合权利义务一致的法治原则,也符合公平正义的法律理念,因为名人的违法荐证较之普通人而言具有更为严重的社会危害性。

(五)广告代言人的资格

1. 禁止利用不满十周岁的未成年人代言广告

本条第二款规定:"不得利用不满十周岁的未成年人作为广告代言人。"能对商品、服务作推荐、证明,就要求广告代言人具有相应的民事行为能力,可以承担广告代言活动可能产生的相应法律责任。而不满十周岁的未成年人是无民事行为能力人,心智发育尚不健全,不具备独立的判断辨别能力和承担法律责任的能力,广告代言是与其年龄、智力状况不相适应的一种复杂的商业活动。同时,让无民事行为能力的儿童过早的涉足商业广告代言活动,不仅违背儿童的天性,还可能扭曲他们幼小的心灵,影响其正确人生观、世界观、价值观的形成;而且容易产生示范效应,对其周围的其他儿童产生不良影响。因此,本条禁止利用不满十周岁的未成年人作为广告代言人。本条禁止的是利用不满十周岁的未成年人做广告代言,但并不禁止其进行广告表演。按照本法第二条的规定,广告代言是指以自己的名义或者形象对商品、服务作推荐、证明。在广告中将身份信息予以明确标示的,属于以自己的名义,利用自己的独立人格;对于一些知名度较高的主体,如果广告中没有标明其身份,但对于广告所推销的商品或者服务的受众而言,属于较为知名,通过其形象即可辨明其身份的,则属于以自己的形象,也是利用了自己的独立人格;如果广告中没有标明身份,对于相关受众而言也难以辨别其身份的，则不属于利用自己的独立人格，属于广告表演，不属于广告代言。一般情况下，如果不满十周岁的普通儿童在广告中不表明身份，不是以自己的名义做广告宣传，只是担任某个广告角色，进行表演，不属于广告代言。但是，不满十周岁的为公众所熟知的童星在广告中即使不表明身份，由于其形象可以被公众直接辨识，也属于广告代言，这是本款所禁止的情形。❶

2.因虚假广告受过行政处罚的代言人一定期限内禁止代言广告

本条第三款规定，对在虚假广告中作推荐、证明受到行政处罚未满三年的自然人、法人或者其他组织，不得利用其作为广告代言人。也就是说，如果自然人、法人或者其他组织由于明知或者应知广告虚假仍在广告中对商品、服务作推荐、证明，而受到行政处罚，那么自其受到行政处罚之日起三年内，任何广告主、广告经营者不得利用其作为广告代言人，广告发布者也不得发布代言的广告，否则将承担相应的法律责任。本款虽然从文字上是对广告主、广告经营者和广告发布者利用广告代言人设置的排除性条件和义务，但实际上同时也是对广告代言人的一种"警告"。这样一来，因明知或者应知广告虚假仍在广告中对商品、服务作推荐、证明，而受到行政处罚的广告代言人，自其受到行政处罚之日起未满三年都不得被邀请为广告代言。这一规定对于已经受到行政处罚的广告代言人而言，无疑是"双重惩罚"。这种双重惩罚机制，可以促使广告代言人更加慎重地选择其代言的广告，不会轻易地为了一时的经济利益而为虚假广告代言。这样的规定对于虚假广告代言现象必将具有更大的威慑力和遏制效果。

这次修订中，进一步完善了广告代言制度及广告代言人法律责任。其具体表现在以下10个方面。

---

❶ 郎胜.中华人民共和国广告法释义[M].北京：法律出版社，2016：68-70.

第一，将广告代言人纳入了广告活动主体范围，并对代言人的含义进行了规定。第二条规定，本法所称"广告代言人"是指广告主以外的，在广告中以自己的名义或者形象对商品、服务做推荐、证明的自然人，法人或者其他组织。

第二，明确了不得进行代言的广告范围系第十六条规定的药品，医疗器械，医疗广告；第十八条规定的保健食品广告；第二十二条规定的烟草广告。

第三，规定了不得利用科研单位、学术机构、行业协会、专业人士、用户和受益者代言的广告范围是第二十一条规定的农药、兽药、饲料和饲料添加剂广告，第二十四条规定的教育培训，第二十五条规定的招商等有投资回报预期的产品或者服务广告，第二十七条规定的农作物种子、林木种子、草种子、种畜禽、水产苗种和养殖广告。

第四，禁止利用不满10周岁的未成年人做广告代言人。

第五，规定了广告代言的前置条件是依据事实代言，广告代言人依法代言和使用后，才能依照第38条第一款的规定在广告中对商品服务做推荐、证明。应当依据事实，符合广告法和有关法律，行政法规规定。并不得为其未使用过的商品或者未接受过的服务作推荐、证明。

第六，明确了广告主、广告经营者聘用代言人时，应当履行的法律义务。第三十三条第一款规定使用他人名义或者形象的，应当事先取得其书面同意。使用无民事行为能力人、限制民事行为能力人的名义或者形象的，应当事先征得其监护人的书面同意。

第七，对有代言违法广告前科者的代言禁止。即第三十八条第三款的规定，对在虚假广告中做推荐、证明受到行政处罚未满三年的自然人、法人或者其他组织，不得利用其作为广告代言人。

第八，明确了代言人应当承担的无过错连带责任。即第五十六条第二款规定的关系消费者生命健康的商品或者服务的虚假广告，造成消费者损害的，其广告经营者、广告发布者、广告代言人应当与广告主承担连带责任。

第九，明确了代言人应承担的过错连带责任。即第五十六条第三款的规定与消费者生命健康关系不大的商品或者服务的虚假广告，造成消费者损害的，广告经营者、广告发布者、广告代言人明知或者应知广告虚假、制作、代理、发布或者推荐、证明的，应当与广告主承担连带责任。

第十，明确了广告代言人违法代理的行政法律责任。本法第十六条第一款规定，医疗、药品、医药器械广告不得利用广告代言人作推荐、证明；第十八条第一款第五项规定，保健食品广告不得利用广告代言人作推荐、证明；第三十八条第一款规定，广告代言人不得为其未使用过的商品或者未接受过的服务作推荐、证明。另外，广告代言人在广告中对商品服务做推荐、证明，应当依据事实，符合本法和有关法律、行政法规规定。广告代言人，明知或者应知广告虚假，仍在广告中对商品服务做推荐、证明，应对违法行为承担行政责任。因此，本条规定，广告代言人有前述行为之一的，应当由工商行政管理部门没收违法所得，并处违法所得一倍以上两倍以下的罚款。❶

第三节　广告行为主体的权利和义务

一、广告行为主体的权利

在广告业最为发达的美国，广告被作为商业言论自由，受到美国宪法第一修正案的保护。❷ 在市场经济社会，商业言论无所不在，在美国，人们一般把经营者为了获取交易机会而提议进行商业交易的言论统称为商业型言论，也就

---

❶ 刘双舟. 中华人民共和国广告法释义 [M]. 北京：中国工商出版社，2015.
❷ 刘文华. 中国经济法基本理论：校注版 [M]. 北京：法律出版社，2012：242-273.

是广告。美国最高法院确立对商业言论受宪法保护原则的原因是多方面的,核心原因是美国最高法院认为广告等商业信息传递了重要信息,而信息在市场经济中的自由流动是不可或缺的。政府可以管理虚假或误导性的广告,以及有关非法产品与服务的广告,但必须有充足的理由,否则政府监管就是非法的。因此,在美国,宪法对商业言论自由的保护原则,确立了广告法的法理基础,保证了企业正常进行广告活动的权利。

《宪法》第三十五条规定:"中华人民共和国公民有言论、出版、集会、结社、游行、示威的自由。"言论自由是公民享有的基本权利,但是能否将公民的权利适用到广告活动中去,我国目前没有相关的法律规定和司法解释。从市场经济自身规律来看,广告业发展有其自身的规律,广告立法更多应体现市场经济调控法,而不是行政管制法。广告立法应该扩大广告市场主体自治空间,尊重广告市场主体的自治、自由、自主和权利,减少行政权力和国家意志对广告活动的不必要干预。也就是说,广告法应该既体现国家对广告业的规范,同时还应当赋予广告活动主体广告权利。❶

广告法属于经济法范畴,是国家对广告活动主体权利和义务的规定,属于实体法范畴。企业广告组织是负责协调组织企业广告方面事务的职能部门,它与其他职能部门共同构成企业组织管理系统,一般来说,企业广告组织管理的形式主要是设立企业的广告管理部门,另有少数企业在广告管理部门的基础上设立自己的广告代理公司。根据我国现行广告管理法规的有关规定,广告主在广告活动中应当享有一定的权利和承担相应的义务。

(一)广告主的权利

广告主的权利是指广告主在参与广告活动中,根据法律的规定,在财产和

---

❶ 蒋恩铭.广告法律制度[M].南京:南京大学出版社,2007:2.

人身方面，应当享有的民事权利。一般来说，广告主享有以下权利：① 广告决定权；② 对广告代理公司和广告媒介的选择权；③ 拒绝行政机关乱收费、乱摊派的权利；④ 要求进行不正当竞争的企业停止侵害、恢复名誉、赔偿损失的请求权；⑤ 要求广告管理机关依法保护其合法权益的权利。⑥ 申请复议和提起诉讼的权利等。❶

（1）要求广告管理机关保护自己依法从事广告活动的权利。

企业公关活动，是企业为了塑造自身的良好形象而从事的传播、协调、沟通的实务活动。企业通过一系列的公关活动，可以发挥采集信息、咨询建议、参与决策、协调沟通、渗透组织日常事务、策划专题活动的职能，从而起到监测、凝聚、调节、应变的功能。使企业与社会环境之间和谐发展，尽可能多地减少摩擦和冲突，倡导友善与协调，通过情感的力量来影响公众，让公众对企业产生信任感和好感，从而维系企业与公众的良好氛围。

（2）是否做广告、做多少广告、何时做广告、采取何种方式做广告等的自由决定权。

为了保证广告活动的顺利进行，要求企业广告部门要及时对广告计划实施过程中和实施后的结果进行检验和分析，并根据检验结果制定改进措施，及时调整广告计划和营销策略。

（3）选择广告代理商、广告媒介的自主决定权。

企业应考虑按以下 3 个原则来选择广告代理公司：第一，需要原则。每一个企业都有各自不同的情况，企业的广告活动在规模程度上也有大有小，在涉及的领域上有宽有窄，在作用的对象上有多有少，这就要求企业要按照不同的需求情况来选择广告代理公司。第二，能力原则。在选择广告代理公司时应充分考虑其提供服务的能力：① 要根据其对本企业提出的合理化建议，坦率地分

---

❶ 王军. 广告管理与法规 [M]. 北京：中国广播电视出版社，2003：15.

析来考虑其是否有独到的见解，是否开诚布公、与众不同，值得成为合作伙伴；② 要根据其广告计划能力来考虑其能否制定出优秀的广告计划并且有具体实施各项广告计划的措施。③ 客户原则。企业在选择广告代理公司时还应考虑其与客户的亲和力。企业有必要接触一下该公司目前的客户或过去的客户，全面考查一下该公司的履约能力、资金和信誉情况，了解并掌握其经营状况、服务能力。

（4）要求广告代理商履行合同的权利以及违约后的赔偿权。

（5）请求侵害自己合法权益广告的单位和个人停止侵害、恢复名誉和赔偿损失的权利。

（6）拥有对违法广告、虚假广告的举报权。

（7）对广告管理机关的行政处罚决定及其他行政处理决定不服时的申请行政复议权和提起行政诉讼权，等等。

（二）广告经营者的权利

广告经营者应当享有的权利有以下 8 点。

第一，要求广告管理机关保护自己合法经营的权利。

第二，享有申请经营广告业务的权利。

第三，享有自主经营广告业务的权利。

第四，要求广告主交验其主体资格和广告内容证明文件或材料的权利。

第五，拥有拒绝承办或者举报虚假、违法广告的权利。

第六，以国家规定为指导，享有自行制定和调整广告收费标准的权利。

第七，要求广告主按照约定支付酬金的权利。

第八，享有申请复议和提起诉讼的权利，等等。❶

---

❶ 梁绪敏，高寺东．广告法规管理与道德自律[M]．北京：群众出版社，2006：58-59．

(三)广告发布者的权利

广告发布者应当享有的权利有以下 8 点。

第一,要求广告管理机关保护自己依法从事广告发布活动的权利。

第二,享有申请广告业务的权利。

第三,享有自主发布广告业务的权利;

第四,要求广告主、广告经营者校验其主体资格和广告内容真实、有效的证明文件、材料的权利;

第五,拒绝发布虚假、违法广告的权利;

第六,以国家规定为指导,享有自行制定和调整广告费用标准的权利

第七,要求广告主、广告经营者按照约定支付广告费用的权利;

第八,享有依法申请复议和提起诉讼的权利,等等。

(四)广告代言人的权利

广告代言人应当享有的权利有以下 3 点。

第一,要求广告主、广告经营者按照约定支付代言费用的权利。

第二,享有自主代言广告业务的权利。

第三,拒绝代言虚假、违法广告的权利;等等。

二、广告活动主体的义务

(一)广告主的义务

广告主的义务是指广告主在参与广告活动中根据《广告法》和有关法规的规定,应当为一定行为或者不为一定行为的责任。

广告主在广告活动中应尽的义务包括以下7个方面：❶

（1）广告主必须履行在经营范围内从事广告活动的义务。广告主为了推销自己生产的产品和所提供的服务，在设计、制作、发布广告时必须以自己的经营范围为前提，否则，就等于欺骗了广大消费者，违背了广告应真实合法、广告主体应诚实信用的广告基本准则。

（2）广告主委托广告经营者和广告发布者从事广告活动必须合法的义务。即广告主委托设计、制作、发布广告，应当委托具有合法经营资格的广告经营者、广告发布者。如果广告主没有委托具有合法资格的广告经营者和广告发布者，设计、制作、发布广告，会造成广告设计、制作和发布活动的无效。同时，由此而引起的经济损失，广告主应自己承担，法律不予保护。

（3）广告主委托他人从事广告活动必须提供真实合法、有效的证明文件的义务。广告主自行或者委托他人设计、制作、发布广告时，应当具有或提供真实、合法、有效的证明文件。所谓真实、合法、有效是指广告主提供文件是依法取得的，属于实实在在的，不能被误解的文件，不是通过不正当的途径取得的。

（4）使用他人名义、形象应征得他人书面同意的义务。在广告活动中，广告主有可能使用他人的名义或他人的形象做广告。根据《民法总则》等法律的规定，法人、公民对自己的姓名、名称、肖像有名称权、姓名权、肖像权，所以广告主在利用他人名义或形象时，应征得他人的书面同意。使用无民事行为能力人，限制行为能力人的名义、形象的，应当事先征得其监护人的书面同意。

（5）不得设计、制作、发布依法禁止做广告的商品或服务的义务。广告主对于法律、行政法规规定禁止生产、销售的商品或者提供的服务，不得自行或委托他人设计、制作、发布广告，维护广告主的合法权益与消费者合法权益。广告主应当遵守诚实、信用、公平竞争等市场经营的基本原则从事广告宣传活动，

---

❶ 许小君. 广告法律与案例 [M]. 北京：中国广播电视出版社，1995：42-48.

不得用广告宣传贬低或损害竞争对手，不得用广告宣传损害用户或消费者的合法权益。❶

（6）提供真实合法的广告证明文件的义务。依据《广告法》第二十四条的规定："广告主自行或者委托他人设计、制作、发布广告，应当具有或提供真实、合法、有效的下列证明文件：营业执照以及其他生产、经营资格的证明文件，质量检验机构对广告中有关商品质量出具的证明文件，确认广告内容真实的其他文件。"

（7）广告主的其他义务。广告主的其他义务包括：① 遵守国家广告管理法律、法规和有关政策的规定，依法从事广告经营活动、不得违法的义务；② 按照一定的法律、法规规定和程序，依法办理广告经营的登记、注册的义务；③ 广告经营者的广告活动必须在广告管理机关核准的经营资格和核定的经营范围内进行的义务；④ 收取并查验广告主的主体资格和广告内容的证明文件或材料的义务；⑤ 与广告主签订书面合同，明确各方的权利与责任的义务；⑥ 依法建立、健全广告业务的承接登记、广告审查、广告合同、广告业务档案等广告经营管理制度的义务；⑦ 对广告收费标准进行备案，并依法接受监督、检查的义务；⑧ 禁止从事不正当竞争行为或从事垄断经营活动的义务；⑨ 主动接受并积极配合广告管理机关的监督、检查的义务；⑩ 自觉履行广告管理机关和人民法院作出的已经发生法律效力的广告行政处罚决定和广告行政处罚诉讼案件判决的义务，等等。

（二）广告经营者的义务

第一，具有从事业务的条件和手续。广播电台、电视台、报刊出版单位从事广告业务的条件和手续条件是：广播电台、电视台、报刊出版单位应设立专

---

❶ 王军.广告管理与法规[M].北京：中国广播电视出版，2003.

门的机构从事广告业务，其他非专业机构不得从事广告业务，专门设立的从事广告的机构应具备直接发布广告的手段，有熟悉广告管理法规的管理人员，广告的编审人员等，具备上述条件后，专门广告机构应依法办理媒介兼营广告业务的登记。

第二，查验有关证明文件的义务。广告经营者和广告发布者承揽广告业务，第一步就是要承接业务，至于如何承接、需要些什么手续，都应有一套规章制度；第二步就是对承揽的广告业务进行审查，怎么样进行审查，也需要有一整套的规章制度；第三步是将自己所承接，审查的广告业务归纳整理，进行存档。《广告法》要求广告经营者和广告发布者建立、健全这些制度，目的在于保证广告经营者和广告发布者正常地开展广告活动，也便于对广告活动的监督。

第三，核对广告内容的义务。不得设计、制作、代理或者发布内容不实、证明文件不全的广告的义务。广告经营者和广告发布者对广告进行审核必须依据包括《广告法》在内的法律、行政法规查验有关证明文件并核实广告内容，对于内容不实、证明文件不全的广告，广告经营者不得提供设计、制作和代理服务，广告发布者不得发布。广告经营者在广告中不得任意使用他人的名义、形象。

（三）广告发布者的义务

第一，遵守国家广告管理的法律、法规，依法从事广告发布活动，不得违法发布公告业务。

第二，按照一定的法律规定和程序，依法办理兼营广告业务的登记手续，取得广告经营的资格证明。

第三，收取并查验广告主、广告经营者的主体资格、广告内容的证明文件、材料。

第四，依法建立、健全广告发布业务的承接登记、审查与发布等业务档案制度。

第五，备案广告发布费用标准，自觉接受广告管理机关的监督与检查，广告收费合理公开的义务。《广告法》第二十九条规定，广告收费应当合理、公开。

第六，自觉维护广告主、广告经营者的合法权益。

第七，按照国家有关规定，如期向广告经营者支付广告代理费。

第八，主动接受并积极配合广告管理机关的监督与检查。广告发布者应当向广告主、广告经营者提供媒介覆盖率、收视率、发行量等真实资料。广告发布者在向广告主或广告经营者提供这些情况时，必须真实合法。

第九，自觉履行广告管理机关和人民法院依法作出的已发生法律效力的广告行政处罚决定和广告行政处罚诉讼案件的判决，等等。

第十，不得设计、制作、发布依法禁止做广告的商品或者服务。❶

（四）广告代言人的义务

广告代言人的义务，既包括广告代言人的积极义务，也包括广告代言人的消极义务。

1.广告代言人的积极义务

（1）广告代言人在广告中对商品、服务作推荐、证明，应当依据事实。这实际上就是要求广告代言人应当实事求是，不得没有事实依据地夸大宣传，更不得代言虚假广告。

（2）广告代言人在广告中对商品、服务作推荐、证明，应当符合本法和有关法律、行政法规规定。首先，广告代言应当符合广告法有关各项规定；其次，广告代言应当符合其他法律、行政法规的相关规定。例如，《消费者权益保护法》规定，消费者组织不得以收取费用或者其他牟取利益的方式向消费者推荐商品和服务；《产品质量法》规定，产品质量监督部门或者其他国家机关以及产品质

---

❶ 许小君.广告法律与案例[M].北京：中国广播电视出版社，1995.

量检验机构不得向社会推荐生产者的产品;《食品安全法》规定,县级以上人民政府食品药品监督管理部门和其他有关部门以及食品检验机构、食品行业协会不得以广告或者其他形式向消费者推荐食品。消费者组织不得以收取费用或者其他牟取利益的方法向消费者推荐食品。❶

(3)广告代言人可以为实际使用过的商品或者未接受过的服务作推荐、证明。广告代言人需要了解其所代言的商品或者服务的基本情况和特性,并有过亲身体验,他的推荐、证明才有根据、有说服力。然而一些明星根本没有使用过所代言的商品或者接受过所代言的服务,有的甚至根本没有听说过该商品或者服务,但为了丰厚的代言费,对该商品或者服务作推荐、证明,客观上误导了广告受众。因此,广告代言人必须先使用相关商品或接受相关服务,否则不得为其代言。

2. 广告代言人的消极义务

(1)广告代言人不得代言虚假广告。根据《广告法》第二十八条的规定,广告以虚假或者引人误解的内容欺骗、误导消费者,构成虚假广告。构成虚假广告的情形主要有:① 商品或者服务不存在的;② 商品的性能、功能、产地、曾获荣誉等信息,以及与商品或者服务有关的允诺等信息与实际情况不符,对购买行为有实质性影响的;③ 使用虚构、伪造或者无法验证的科研成果、统计资料、调查结果、文摘、引用语等信息作证明材料的;④ 虚构使用商品或者结构服务的效果的。对于这些虚假广告,代言人不得进行推荐、证明。

(2)广告代言人不得为法律、行政法规禁止生产、销售的产品或服务代言。《广告法》第三十七条规定,法律、行政法规禁止生产、销售的产品或者提供的服务,以及禁止发布广告的商品或者服务,任何单位或者个人不得设计、制作、发布广告。这意味着,广告代言人也不得为这些广告代言。比如,《食品安全法》

---

❶ 郎胜. 中华人民共和国广告法释义[M]. 北京:法律出版社,2016:68-70.

第三十四条规定的食品,《药品管理法》第三十八条、第四十二条、第四十八条规定的药品,就属于不得进行广告代言的商品。根据本法第十五条的规定,麻醉药品、精神药品、医疗用毒性药品、放射性药品等特殊药品,药品类易致毒化学品,以及戒毒治疗的药品、医疗器械和治疗方法,不得做广告。另外,《广告法》第二十二条规定:"禁止在大众传播媒介或者公共场所、公共交通工具、户外发布烟草广告。禁止向未成年人发送任何形式的烟草广告。禁止利用其他商品或者服务的广告、公益广告、宣传烟草制品名称、商标、包装、装潢以及类似内容。烟草制品生产者或者销售者发布的迁址、更名、招聘等启事中,不得含有烟草制品名称、商标、包装、装潢以及类似内容。"这些广告都属于不得代言的范畴。

(3)根据《广告法》第九条的规定,广告不得有若干情形。含有这些情形的广告,因为违反广告内容准则,广告代言人不得代言。

(4)根据《广告法》第十六条的规定,广告代言人不得为药品广告、医疗器械广告、医疗广告代言。根据第十八条的规定,广告代言人不得为保健食品广告代言。

(5)根据《广告法》第二十一条的规定,农药、兽药、饲料和饲料添加剂的广告,不得利用科研单位、学术机构、技术推广机构、行业协会或者专业人士、用户的名义或者形象做推荐、证明;第二十四条的规定,教育、培训广告不得利用科研单位、学术机构、教育机构、行业协会、专业人士、受益者的名义或者形象做推荐、证明;第二十五条的规定,招商等有投资回报预期的商品或者服务广告,不得利用学术机构、行业协会、专业人士、受益者的名义或者形象做推荐、证明;第二十七条的规定,农作物种子、林木种子、草种子、种畜禽、水产苗种和种植广告,不得利用科研单位、学术机构、技术推广机构、行业协会或者专业人士、用户的名义或者形象做推荐、证明。

第四节　广告活动法律制度

广告活动法律制度由企业内部管理制度、广告收费管理制度、广告语言文字管理制度、广告代理制度、广告合同制度等制度组成。

一、企业内部管理制度

（1）承接登记制度，即广告经营者、广告发布者接洽广告业务的开始，通过承接登记制度，了解、记录广告主的基本情况，确认广告业务来源渠道是否合法以及广告主是否具有从事广告活动的主体资格。❶

（2）审核制度，即审核承接的广告业务是否符合《广告法》及有关法律、行政法规的要求。该项制度也是广告经营者和广告发布者的自我约束机制。

（3）档案管理制度，是对广告经营者、广告发布者保存广告证明、广告样件、广告活动文书、表格、资料的具体要求，即广告业务档案的保存制度。❷

二、广告收费管理制度

商业广告是以营利为目的的传播行为，广告经营者和发布者通过设计、制作和发布广告收取服务费用，以实现企业的赢利。我国于 20 世纪 90 年代中期开始建设市场经济体系，在市场经济体系中，企业自主定价是企业自主经营权

---

❶ 李宝元.广告学教程 [M].2 版.北京：人民邮电出版社，2004：94-100.

❷ 杨紫烜.经济法 [M].4 版.北京：北京大学出版社，高等教育出版社，296.

的重要内容，但企业享有自主定价并非意味着企业可以随意定价，企业的商品或服务的定价必须遵守广告法律法规的要求。

财政部、国家工商行政管理总局于1983年制定了《关于企业广告费用开支问题的若干规定》；国家工商行政管理总局、财政部、国家税务总局、审计署于1990年联合发布了《关于在全国范围内实行"广告业专用发票"制度的通知》；国家发展和改革委员会、国家工商行政管理总局于2005年发布了《广告服务明码标价规定》。上述这些规定与《价格法》一起构成了广告收费管理制度的内容。

1. 广告收费定价的基本类型

在计划经济时代，商品或服务定价主要表现为政府定价；进入市场经济以后，商品或服务主要由企业根据国家法律法规自主定价，但其他定价形式仍然存在。就广告服务收费而言，目前有三种定价方式。

（1）政府定价。政府定价是指由政府价格主管部门或者其他有关部门，按照定价权限和范围制定价格。在广告市场中，政府主要针对带有垄断性质的广告经营行为进行定价，主要有广告代理费和户外广告场地占用费的政府定价。根据有关规定，广告代理收费标准为广告费的15%，户外广告场地占用费原则上不得超过广告费的30%。

（2）政府指导价。政府指导价，是指由政府价格主管部门或者其他有关部门，按照定价权限和范围规定基准价及其浮动幅度，指导经营者制定的价格。政府指导价也是主要适用于带有垄断性的广告经营活动。例如，国家依法指定的广告媒介单位发布证券上市公司信息广告，其收费标准应当低于普通商业广告的收费标准。具体收费标准在不超过普通商业广告收费的70%的幅度内，由广告媒介单位与企业协商议定。

（3）市场定价。市场定价又称市场调节价，是指由经营者自主制定，通过市场竞争形成的价格。广告经营单位可以根据企业自身状况以及市场竞争状况自主确定广告服务收费标准。

2.广告收费的基本原则

1997年12月,我国颁布了《价格法》,该法是确定广告收费的主要法律。《价格法》确定了广告收费的基本原则。

(1)公平、合法原则。广告经营单位对服务收费对象一视同仁,同一广告服务项目同质同价。收费标准和收费办法的确定以及收费过程应当严格按照法律的规定。

(2)诚实信用的原则。广告经营单位在确定收费标准时需实事求是,遵循市场经济的规律,既不能漫天要价显失公平,也不能以随意压价等方式进行不正当竞争。在收费过程中应当自觉遵守行业道德规范,不能用欺诈的手段欺骗广告客户,应当告知客户必要信息等。

(3)公开原则。广告经营单位的收费标准和收费办法应当公开,广告经营单位应当自觉接受广告行政管理部门与社会各界的监督。

3.广告费用确定的依据

《价格法》第八条规定:"经营者定价的基本依据是生产经营成本和市场供求状况"。因此,制定广告服务收费标准,应当根据提供广告服务的工作繁简和广告的覆盖面及收受率情况,以广告的服务成本为基础,增加合理利润,并参照当地广告市场同一期间、同一档次、同种服务项目的价格水平合理确定。

4.广告收费的标示制度

广告经营单位应当明码标价、公开标价。根据《广告服务明码标价规定》的规定,要求广告经营单位必须具体标示广告经营单位名称、服务项目、服务内容、收费标准、计费方式等内容。实行优惠条件的,还应当标明收费的优惠条件(时段、版面、频次等)和标准,或者免费服务的项目和范围。广告经营单位明码标价可采取媒体通告、公示栏、公示牌、价目表、收费手册、互联网查询、多媒体终端查询、语音播报,以及公众认可的其他方式进行事先公示,还应当公布相应的查询方式或客户服务电话。同时在营业场所或业务代办场所的显著位置按照要求实行明码标价。广告经营单位不得利用虚假的或者使人误解的标价内容、标价方式进行价格欺诈，不得在标价之外收取任何未予标明的费用。

5.广告专用发票制度

为了加强对广告费的管理，规范广告市场秩序，我国从1991年开始统一实行"广告业专用发票"制度，该制度的内容主要包括以下4个方面。

（1）凡经工商行政管理机关批准登记经营广告的单位和个体工商户，在开展广告业务收取费用时，一律使用税务机关统一监制的"广告业专用发票"，并套印税务机关发票监制章。其他发票均不得用于广告业务收费。

（2）凡需使用"广告业专用发票"的单位和个体工商户，应分别持工商行政管理机关核发的《企业法人营业执照》《营业执照》《广告经营许可证》，向所在地税务机关办理印领手续，再到所在地工商行政管理机关登记备案。

（3）"广告业专用发票"的经营项目栏应明确填写"广告发布费"或"广告设计制作费"或"广告代理费"。

（4）凡被注销登记的广告经营单位和个体工商户，应向原购领"广告业专用发票"的税务机关办理发票的缴销手续，不准私自处理。

三、广告语言文字管理制度

为了规范广告用字，国家工商行政管理局于1996年发布了《关于规范企业名称和商标、广告用字的通知》，并于1998年12月制定了《广告语言文字管理暂行规定》，这些规定与2000年10月颁布的《中华人民共和国国家通用语言文字法》（以下简称《国家通用语言文字法》）一起构成广告语言文字管理规定的主要内容。

1. 制定广告语言文字管理规定的意义

广告语言文字管理规定的重要意义体现在 3 个方面：① 有利于维护祖国语言文字的纯洁性和尊严，引导人们正确使用语言文字，杜绝不规范的广告用语对人们的用语造成错误影响；② 有利于语言文字规范化、标准化工作的推广，加强对广告语言文字的管理，防止广告中使用语言混乱现象的出现；③ 有利于广告活动的规范化，能够使广大消费者正确理解广告内容，准确接收广告所传达的商品或服务的信息。

2. 广告语言文字管理规定适用范围

在中华人民共和国境内发布的广告中使用的语言文字都应当遵守广告语言文字管理规定。广告中的语言文字包括普通话和规范汉字、国家批准通用的少数民族语言文字，以及在中华人民共和国境内使用的外国语言文字。

3. 广告语言文字管理规定的主要内容

根据《国家通用语言文字法》《广告语言文字管理暂行规定》等法律法规，广告语言文字管理规定的主要内容包括以下 6 个方面。

（1）广告使用的语言文字、用语应当清晰、准确，用字应当规范、标准，不能造成歧义或者容易引起误解。广告使用的语言文字还应当符合社会主义精神文明建设的要求，不得含有不良文化、殖民文化、封建文化等内容。

（2）广告用语用字应当使用普通话和规范汉字。规范汉字的标准：① 繁简字以 1986 年国务院重新发布的《简化字总表》为标准；② 印刷用字以国家语言文字工作委员会和新闻出版署 1988 年联合发布的《现代汉语通用字表》为准；③ 汉语拼音以教育部（原国家教委）和国家语言文字工作委员会 1988 年联合发布的《汉语拼音正词法基本规则》为准。

根据国家规定，广播电台、电视台可以使用方言播音的节目，其广告中可使用方言；广播电台、电视台使用少数民族语言播音的节目，其广告应当使用少数民族语言文字。在民族自治地方，广告用语用字参照《民族自治地方语言文字单行条例》执行。

（3）广告中不得单独使用汉语拼音。广告中如需使用汉语拼音时，应当正确、规范，并与规范汉字同时使用。广告中数字、标点符号的用法和计量单位等，应当符合国家标准和有关规定。

（4）广告中不得单独使用外国语言文字。广告中如因特殊需要配合使用外国语言文字时，应当采用以普通话和规范汉字为主、外国语言文字为辅的形式，不得在同一广告语句中夹杂使用外国语言文字。广告中的外国语言文字所表达的意思，与中文意思不一致的，以中文意思为准。

（5）广告中成语的使用必须符合国家有关规定，不得引起误导，更不能篡改或编造成语，影响青少年正常汉语学习，造成恶劣的社会影响。

（6）广告中出现的注册商标定型字、文物古迹中原有的文字以及经国家有关部门认可的企业字号用字等，可以在广告中使用，但应当与原形一致，不得引起误导。广告中因创意等需要使用的手书体字、美术字、变体字、古文字，应当易于辨认，不得引起误导。

4.广告语言文字使用中的禁止性规定

《国家通用语言文字法》第十四条规定，招牌、广告用字应当以国家通用语言文字为基本的用语用字。因此，广告用语用字应当使用国家通用语言文字，不得出现这5种情形：①使用错别字；②违反国家法律、法规规定使用繁体字；③使用国家已废止的异体字和简化字；④使用国家已废止的印刷字形；⑤其他不规范使用的语言文字。

四、广告代理制度

广告代理制强调广告业内部合理分工、各司其职、互相合作、共同发展。广告公司通过为广告主和媒介提供双重服务，发挥主导作用。显然，广告主、广告经营者、广告发布者是广告市场中最基本的组成要素。在广告代理制度中，它们三者所处的角色是：广告主——被代理人，广告经营者（广告公司）——代理人，广告发布者（媒介）——第三人。它们具体分工是：

1. 广告主

在激烈的市场竞争中从现代企业制度角度考察，企业要生存、发展，就必须使自己的商品或服务占领市场，而要做到这一点，单靠企业自身的力量显然是有限的，它必须依靠和委托有能力的广告经营者（广告代理机构），为其提供专门的广告策划和市场营销服务，而法律制度中有关代理的种种规范使其成为现实。

2. 广告经营者

在广告代理制下，广告公司的主要职能是为客户提供以策划为主导、市场调查为基础、创意为中心、媒介选择为实施手段的全方位、立体化服务，并在整个广告流程中配以公关、展览、促销等手段与营销进行密切配合，最后还要监督制作，对反馈信息进行再度收集整理等。广告公司就是通过为广告主和广告发布者提供双重服务，发挥自己独特的代理作用的。

3. 广告发布者

媒介是最主要的广告发布者，它的主要功能是发布各种真实有效的信息。媒介作为《广告法》规定的广告发布者地位发布广告和向广告公司提供必要的媒介动态与刊登机会。

（一）广告代理制的概念

广告代理制是随着广告业的发展而逐步形成的一种经营体制，是广告业发展到一定阶段的产物。广告代理制确立的标志是以具有独立性规模和组织的广告代理机构取代了以往个人所代理的广告业务，并以科学、规范的方法，小组作业的方式，提高了广告的策划和设计水平，使广告活动效率更高。

1. 什么是广告代理

蒋恩铭教授认为，广告代理，又称广告委托，是指广告代理人以广告被代理人或自身的名义，在授权范围内从事的直接对广告代理人产生权利义务的广告业务活动。❶ 杨紫烜教授认为，广告代理，是指在广告活动中，广告主委托广告经营者设计、策划广告，广告发布者通过广告经营者承揽广告发布业务的形式。❷

2. 什么是广告代理制

蒋恩铭教授认为，所谓广告代理制就是广告活动中，广告客户、广告公司和广告媒介之间明确分工，广告客户委托广告公司实施广告宣传计划，广告媒介通过广告公司承揽广告业务。广告公司处于中间地位，为广告客户和广告媒介双向提供服务，起着主导作用。❸ 广告代理制度实际上就是将广告代理活动制度化，即由广告客户委托广告公司实施广告宣传计划，广告媒介通过广告公司承揽广告业务的一项制度。❹

（二）广告代理制的特征

广告代理本质上属于民事代理中的委托代理，但与一般的委托代理有很大的不同。❺ 在广告代理中，广告经营者处于中间地位，为广告主和广告发布者双向提供服务，形成了一种不同于传统单方代理的特殊"双方代理"。具体来讲，广告经营者一方面为广告主展开了广告宣传工作，包括从事广告市场调查、设计制做广告、提供信息反馈和效果测定等；另一方面，广告经营者代理广告媒介，

---

❶ 蒋恩铭.广告法律制度[M].南京：南京大学出版社，2007：60.

❷ 杨紫烜.经济法[M].4版.北京：北京大学出版社，高等教育出版社，295.

❸ 娄炳林，廖洪元.广告理论与实务[M].北京：高等教育出版社，2002：224.

❹ 蒋恩铭.广告法律制度[M].南京：南京大学出版社，2007：60.

❺ 同❹。

为广告发布者承揽广告,从而扩展广告业务,增加收入。因此,广告经营者进行广告代理,应获得双份代理收入,即来自于广告主支付的广告劳务费和广告发布者支付的广告承揽费。

广告代理制具有以下特征。

1. 广告代理可以不以被代理人的名义进行

在一般的民事代理中,代理人以被代理人的名义为意思表示,由此产生的权利义务只能由被代理人承受;而广告代理可以以被代理的广告主或媒体的名义进行,也可以以广告公司名义进行,这可以由双方协商决定。在广告实务中,多数情况下广告公司以自己的名义从事广告活动,由此产生的法律后果由广告公司自身承担。

2. 广告代理关系以广告公司为纽带

广告主与广告公司之间存在广告代理关系,广告公司与广告媒体之间也存在广告代理关系,广告主与广告媒体之间不存在直接的法律关系。而在一般的民事委托代理关系中,被代理人与第三方是有直接利害关系的,只是这种利害关系委托他人代为处理。广告代理是一种双方的关系,不以第三方的存在为要件,大多数情况下第三方是空缺的。

3. 广告代理具有一定的强制性

一般民事委托代理实行"意思自治"原则,是否建立代理关系完全由双方自愿,何时终止代理关系也可以协商,代理可以收费,也可以不收费,收费金额由双方协商一致。广告代理作为我国一项广告经营制度,是带有强制性的,要求各方严格执行;广告代理费的标准也由国家工商行政管理机关确定,不能由协商确定,当事人双方仅能在国家管理机关确定的标准下就广告费用展开有限的协商。❶

---

❶ 1997年3月,我国颁布《广告服务收费管理暂行办法》,规定广告代理费为广告费的15%。

（三）广告代理制的作用

1.有利于媒介的健康发展

实行广告代理制后，媒介的广告业务可以由广告部直接与若干广告公司联系，统一了广告业务渠道，有利于克服媒介单位内部各部门拉广告所产生的不正之风，避免新闻记者凭借手中掌握的媒介时间或版面向企业索要好处的腐败现象，纯洁了新闻队伍。广告代理制的实行可以使媒介单位能够将广告的来源渠道与新闻消息等文章的来源渠道清楚地分开，封住了有偿新闻的渠道，从而维护新闻宣传单位的信誉和新闻的客观性、公正性。❶

2.健全广告市场机制

尽管代理制在国外的广告发展过程中暴露出不少弊端，但是作为一个国际通行的广告制度，广告代理制仍具有积极的借鉴意义。❷ 实行广告代理制，能够减少企业广告的浪费。目前，我国企业广告宣传计划性差，广告浪费严重，这不仅会损害企业的利益，也助长了社会上的不正之风。例如有些企业的广告人员以广告费作为筹码，向广告经营单位索要高额回扣，不惜牺牲本企业的利益，公饱私囊。实行广告代理制后可以将全部广告业务委托给广告公司，由广告公司为企业制定、实施广告宣传计划，包括广告预算计划、按计划合理分配广告费的投入。

3.能够维护企业的经营自主权

企业对自己的广告宣传活动有充分的自主权，企业可以在平等自愿、等价有偿的原则下，自主地选择合适的广告宣传媒介；广告公司是企业的助手和合作伙伴，广告公司一切工作都要服从企业的营销计划和具体要求。因此，实行

---

❶ 娄炳林，廖洪元.广告理论与实务[M].北京：高等教育出版社，2002：231.

❷ 陈刚，单丽晶，阮珂，等.对中国广告代理制目前存在的问题及其原因的思考[J].广告大观理论版，2006（3）：5-12.

广告代理制后，广告公司和政府都不会干涉企业的经营自主权。

广告代理制有利于提高我国广告业策划、创意、制作、发布的整体水平，更有效地为企业利用广告来树立良好的形象，参与国际广告业的竞争，进而为我国商品参与国内、国际市场竞争提供必要帮助。

五、广告合同制度

《广告法》第三十条规定："广告主、广告经营者、广告发布者之间在广告活动中应当依法订立书面合同。"

（一）广告合同的概念

所谓广告合同，是指广告主、广告经营者、广告发布者之间在广告活动中依法订立的明确各方权利和义务关系的书面协议。[1]

（二）广告合同的特征

作为广告民事活动的基础，广告合同具有以下4个特点。

（1）广告合同是双方合同。广告活动主体之间自愿协商达成的协议，是双方的民事法律行为。广告合同双方都是平等的广告民事主体。双方本着自觉自愿，友好协商的原则，就双方的权利义务关系达成一致意见。

（2）广告合同属于有偿合同，是广告活动主体为了实现一定经济目的而签订的协议。没有经济目的就不是商业广告行为。

（3）广告合同是明确当事人之间权利义务关系的协议，受国家法律保护，具有强制性。广告合同是基于双方自愿签订的，合同一经生效就受到《合同法》

---

[1] 王瑞龙.中国广告法律制度研究[M].武汉：湖北人民出版社，2003：101-123.

和广告法的保护，双方除法定理由可以解除合同外，必须依广告合同条款履行自己的义务。否则对方可以向人民法院申请追究对方当事人违约责任或强制对方予以履行。

（4）广告合同是要式合同。《广告法》第三十条规定，广告合同必须采用书面形式。当然，根据合同自由原则，广告活动主体在不违反法律法规的前提下，可以订立具有任何内容的广告合同。广告合同的书面形式还分为普通书面形式和特殊书面形式。普通书面形式是指广告合同当事人以文字或有形表现所载内容的形式。特殊书面形式是指除文字表述内容，还须履行某种特别程序方能成立的形式。广告合同特殊书面形式主要有公证形式和鉴证形式。公证形式是指广告合同当事人约定，以国家公证机关对广告合同内容加以审查公证的方式订立合同的形式。公证机关对广告合同内容进行审查后，在合同书上加盖公证印鉴，以资证明，广告合同是否进行公证由合同双方协商决定。

（三）广告合同的作用

广告合同作为广告市场的最为重要的法律工具，对规范广告业的经营活动，建立健康、有序的广告市场具有重要作用。

（1）可以规范当事人的签约行为，增强法律意识，减少合同纠纷。签订广告合同可以很好地规范合同双方依合同规定履行义务、行使权利，以避免合同纠纷。

（2）可以明确当事人各自的权利、义务，便于全面地、实际地履行合同。还可以避免合同出现漏洞，杜绝在签约中存在的显失公平和违法现象。

（3）可以为合同纠纷的解决提供便利。广告合同双方可以在合同约定违约责任以及诉讼条款或仲裁条款。广告合同是双方权利义务关系的法律文本，是解决双方纠纷的法律依据。即使发生纠纷，也可以用于举证，是有力的证据，便于请求司法裁判和寻求法律保护。

（四）广告合同的种类

广告合同可以依据不同的标准进行分类。

第一，以主体为标准，广告合同可以分为广告主和广告经营者之间订立的合同、广告主与广告发布者之间订立的合同、广告经营者与广告发布者之间订立的合同。

第二，以内容为标准，则可分为广告设计制作合同、广告发布业务合同、广告市场调查合同、广告代理合同等。

1. 广告设计、制作合同

（1）广告设计、制作合同是指广告经营者和广告主之间签订的，要求广告经营者用自己的技术、设备，按照约定的要求进行设计、制做广告作品，广告主接受广告经营者设计、制作的广告作品，并及时给付约定报酬的协议。

（2）广告设计、制作合同属于《合同法》所规定的承揽合同。广告设计、制作合同具有以下特征：① 广告设计、制作合同具有属人性。广告经营者应当以自己的技术、设备和劳动，完成广告主委托的设计、制做广告的任务。未经广告主同意，不得转交给第三方去完成，否则广告主有权解除合同；② 广告设计、制作合同的标的是特定的活动。广告经营者应当完全按照广告主的委托设计、制作要求去完成，不得随意改变内容。当发现广告主的要求有问题，广告经营者有义务及时通知广告主进行调整；③ 广告经营者要以自己的能力承担风险责任。如果因意外事件导致设计、制作的广告作品损害或灭失时，由广告经营者承担责任；④ 属于双务和有偿劳务合同。广告合同双方都需要承担义务，其中一方需要支付报酬。

（3）广告设计、制作合同主要条款应当包括：广告设计；制作项目；设计、制做广告作品的数量、质量；设计、制做广告作品的方法；设计、制做广告作品使用的原材料的规格、数量、质量；履行期限、地点、方式、验收标准和方法、价款或酬金、结算方式、开户银行、账号、违约责任、诉讼或仲裁等条款及双方约定的其他条款。

（4）广告经营者的义务。权利和义务是相对的，经营者的义务实际上也就是广告主的权利，具体有5个方面：① 按广告设计、制作合同规定的日期和具体要求，完成广告作品的设计、制作工作；② 广告经营者要以自身的设备和技术完成广告主所要求的广告设计、制作任务，不能私自转交为他人完成；③ 广告经营者进行设计、制做广告所用的原材料和技术指标、方法要符合合同的约定，并接受广告主的检验，不得隐瞒原材料的缺陷或使用不符合合同规定的原材料；④ 广告经营者要按照广告主的要求进行设计、制作，如发现按广告主的要求设计、制做广告不合理，应及时通知广告主；⑤ 广告经营者对广告主没有按规定时间领走的广告设计、制作作品，在代为保管期内，负有保管义务。

（5）广告主的义务。广告主的义务同时也是广告经营者的权利，主要有3个方面：① 如实向广告经营者提供真实、合法、有效的证明文件。证明文件包括：营业执照以及其他生产经营资格的证明文件；质量检验机构对广告中有关商品质量内容出具的证明文件；确认广告内容真实性的其他证明文件；特殊商品广告的审查批准文件等；② 按照合同约定的时间、地点接受设计、制作的广告作品，并认真进行检查；③ 按照合同约定的方式支付广告经营者的报酬。

2.广告发布合同

（1）广告发布合同的概念。广告发布合同，是指广告发布者与广告主或广告主委托的广告经营者为广告发布活动而确立的权利义务关系。

（2）广告发布合同的特征。广告发布合同属于《合同法》所规定的委托代理合同，具有如下特征：①广告发布者利用自己掌握或控制的媒体，完成广告主或广告经营者委托的广告发布任务。不同的广告发布者有不同的覆盖面和受众范围。因此，不同的广告发布有着完全不同的广告效果，广告发布者只能按照合同约定的广告媒体发布广告；②广告发布合同的标的是发布广告的行为，广告发布者要按合同约去完成，不得擅自改变广告的内容以及广告的版面或广告时间；③ 广告发布合同是一种双务和有偿的劳务合同。

（3）广告发布合同的主要条款。广告发布合同的主要条款应当包括：广告发布的项目；发布广告的数量、质量；发布广告的媒介；发布广告的范围；发布广告的期限、地点，方式；检验的标准和方法；报酬；违约责任；诉讼或仲裁条款；双方约定的其他条款。

（4）广告发布合同当事人的权利和义务。广告发布者的义务就是广告主或广告经营者的权利，主要有：① 按广告发布合同约定的时间、地点，发布媒体和方式完成发布广告的任务；② 广告发布者要利用自己控制的广告媒体发布广告，并接受广告主或广告主委托的广告经营者的检查；③ 如实地向广告主或广告主委托的广告经营者提供媒体的覆盖率、收视率、发行量等资料。

广告主或广告主委托的经营者的义务实际上也是广告发布者的权利，主要有两个方面：① 如实向广告经营者提供真实、合法、有效的证明文件。证明文件包括：营业执照以及其他生产经营资格的证明文件；质量检验机构对广告中有关商品质量内容出具的证明文件；确认广告内容真实性的其他证明文件；特殊商品广告的审查批准文件等；② 按照合同约定支付广告发布者报酬。

3. 广告代理合同

广告代理合同（又称广告委托合同），是指广告公司以广告主的名义在广告主的授权范围内，按照广告主的要求所签订的从事广告业务活动的协议，它直接对广告主产生权利和义务关系。❶

（1）广告代理人的义务包括以下3个方面。

第一，按照广告委托人的委托要求办理广告委托事务。广告受托人在办理委托事务的过程中，需要变更某些委托要求时，应事先取得广告委托人的同意。

---

❶ 广告委托合同，是指广告受托人以广告委托人的名义和费用为委托人办理委托事务，委托人支付约定报酬的协议。

如情况紧急，在有利于广告委托人的情况下，也可以先变更，后通知委托人。

第二，广告受托人应亲自办理委托事务，非经广告委托人同意，不得由第三人代替自己办理。

第三，应将办理委托事务所得的利益及剩余费用及时交给广告委托人，并告知办理事务的过程和应当注意的问题。

第四，对在办理委托事务时因自己的过错给广告委托人造成的损失应负赔偿责任。

（2）广告委托人（被代理人）的义务。

第一，接受广告受托人在委托权限内办理的委托事务的后果并承担其责任。如甲委托乙代理订立某食品广告设计合同，乙与丙订立某食品广告设计合同后，甲应承担订立合同后的有关责任。

第二，提供或补偿广告受托人办理委托事务所必需的费用。

第三，按广告委托合同约定支付报酬。如委托事务未办理完毕，其原因是广告委托人过失引起，广告委托人应就已完成的事务或已完成的部分，支付相应的报酬。

（3）广告代理合同的内容。

第一，广告调查。包括广告的前期市场调查、媒介调查和广告实施后的广告效果调查。前者是为制定广告计划而进行的，后者是在广告活动中或广告活动后进行的。

第二，广告预算。广告预算是对广告活动费用的框定，是广告活动的经费来源。

第三，广告实施策略。它是根据市场情况、企业营销策略和广告预算等广告计划内容的要求而明确制定的。

第四，广告媒介策略。首先，要将媒介的选择同广告计划中的广告任务联系在一起，以确定广告活动的对象是谁，属于哪一个地区哪一个阶层，用什么方式才能有效地传递信息;其次,要根据广告计划的要求,决定媒介的使用方式,包括使用的时间、次数、频度以及各种不同媒介的配合;然后,要根据广告计划内容和广告预算,有针对性地考察各媒介的租用费用,综合考虑广告费在媒介上的开支及在不同媒介间的分配,明确广告预算对媒介选择和使用的限制。

第五,广告任务。包括广告内容、广告对象、广告目标等主要内容。❶

第六,广告设计制作方案。依照既定的广告任务、广告预算、广告媒介策略、广告实施策略的要求,确立广告创作方针和广告设计、制作的基本要求,并委托有关部门和人员设计和制作的具体方案。

第七,广告效果测定。广告的经济效益,是指广告活动促进商品销售或劳务销售、利润增加的程度;广告的社会效益是指其社会教育作用;广告的心理效益是指广告在消费者心理上的反应程度,产品所树立的品牌印象,最终能否促成购买。

(4)广告代理合同的效力。

广告代理合同一经签订,广告主与广告公司之间就形成了广告委托和代理关系,双方当事人就必须严格按照合同的约定享受各自的权利,履行各自的义务,广告主要按照合同的约定,针对每一项具体的广告业务活动向广告公司支付约定的报酬。

(五)广告合同的订立

1. 广告合同的订立程序

广告合同的订立程序是指广告合同双方当事人就合同的内容进行协商,意思表示一致并达成协议的过程。包括要约和承诺两个阶段。

---

❶ 广告内容是明确广告的诉求范围和诉求重点。广告对象是指对什么地区、什么阶层、什么集团实施广告宣传。不同的广告对象,决定不同的诉求重点,选用不同的广告媒体,同时还要运用不同的广告策略。广告目标是指广告所要达到的目的,即通过广告宣传要得到什么结果。

（1）要约。《合同法》十四条规定，要约是希望和他人订立合同的意思表示，该意思表示应当内容具体明确。要约包括3个特点：① 以缔结广告合同为目的的意思表示；② 广告合同一方向另一方做出签约的表示；③ 内容包括广告合同的主要条款。

（2）承诺。《合同法》二十一条规定，承诺是受要约人同意要约的意思表示。实际是指广告合同另一方向对方做出的对要约完全同意的意思表示。承诺包括3个特点：① 对要约同意的意思表示；② 接受方向发出方做出表示；③ 承诺与要约的内容完全一致。如果接受要约方部分同意合同条款，部分提出新的意见，事实上就形成反要约，对方再考虑是否接受。绝大多数广告合同都是经过要约、再要约等多次过程，最后，有一方进行承诺，标志着双方的意见完全一致，合同即成立。

2. 广告合同成立的时间和地点

广告合同成立的时间和地点关系到当事人的权利、义务和责任的发生以及广告纠纷案件的诉讼时效和司法管辖，因此具有重要的法律意义。对于一般广告合同，要约人收到承诺人的承诺的时间、地点即是广告合同成立的时间和地点。电子合同通常以电子承诺进入收件人系统的时间为合同成立时间，收件人的住所为电子广告合同的生效地点。

3. 广告合同的主要条款

广告合同的条款是经双方当事人协商一致，规定双方当事人权利、义务的具体条文。广告合同的条款是否齐备、准确，决定了广告合同能否成立、生效以及能否顺利地履行、实现。由于广告合同的类型和性质不同，合同的主要条款可能有所不同。一般来说，包括以下条款：① 当事人的名称或者姓名和住所；② 广告活动的内容和要求；③ 价款或者报酬；④ 履行期限、地点和方式；⑤ 违约责任；⑥ 解决争议的方法等。根据各种不同广告合同的性质所决定增加的条款，也是该广告合同的主要条款。如广告制作合同应明确规定制作材料和制作方法。

第四章 广告行为规范制度

（1）标的。标的是指广告经营者与广告主签订广告代理合同或者广告经营者与广告发布者签订广告发布合同中，双方权利义务所指向的对象。一般指承办代理的广告项目，或双方约定的媒介版面、时间段，或是拍摄广告照片，或是设计、制作橱窗、展台等。总之，标的可以是物，也可以是劳务或智力成果等。

（2）数量、质量。数量是指完成广告项目的多少，如委托广告公司做市场调查、广告策划、广告效果测定、设计、制作、代理、发布等服务项目；质量是指对广告项目在制作画面、文稿、图像、清晰度、色彩搭配、模特选用、表演、拍摄方面满足规定要求的特征的总和。

（3）广告费用。广告费用是指广告客户支付给广告经营者提供一定劳务、代理发布广告业务的酬金，以及广告发布者支付给广告经营者承揽一定广告业务的佣金。广告代理收费标准为广告费的15%。广告场地占用的收费标准应当根据广告的设置方式与地段及占用建筑物或空间的情况确定，原则上不超过广告费的30%。

（4）广告项目完成的期限、地点、方式。广告项目完成的期限，是指交付广告项目、支付部分或全部广告费用的时间界限，是衡量广告经营者是否按时履行广告合同的标准。履行期限届满，不能履行或不能完全履行的一方当事人应说明理由，赢得谅解。否则应承担延迟履行的责任。期限的规定应具体、准确，一方要量力而行，另一方也要通情达理，相互理解、配合，这样才能创作出好的广告作品；广告项目完成的地点，是指广告经营者完成广告项目的地点。尤其是广告工程项目完成的具体地点，一定要按照广告主的要求去完成。另外，广告经营者要按照广告主的具体要求去完成某一城市某一广告媒介的代理发布任务，如有变动要及时与广告主协商，得到同意后，方可代理发布别的媒介或到别的城市发布；广告项目完成的方式，有的广告公司全面代理某广告主的广告业务，但具体到某一项业务，如，市场调查，可委托调查公司进行；电视广告片制作，可委托某广告设计、制作公司进行；路牌、霓虹灯制作可委托某广告工程公司制作完成。另外，广告项目完成后还有一个交接的方式，有的是由广告公司派客户代表将制作好的广告片送到广告主所在地，由广告主决策机构观看样片后决定是否通过；有的是广告主的法人代表到广告公司所在地就地验收、签字、通过，再由广告公司实施下一步计划。

（5）广告原材料的提供及规格、数量、质量、交付期限。广告主委托广告经营者承办广告业务，根据双方认同的广告计划，广告主需要向广告公司提供广告的原材料，即实物，如汽车广告、电风扇广告。有的广告产品有不同种类和规格，如"半球"牌电器，有电烤箱、电饭煲、电熨斗等，应向广告公司提供成品，以供拍摄使用。另外，有的户外广告，广告主只将创意、设计、制作委托给广告公司承办。为了节省广告费的开支，广告主愿意自己准备原材料，这就要及时地将约定好的规格、数量、质量的原材料运至广告工程施工地，以便及时制作完工。

（6）技术资料、图纸、广告作品提供的期限、质量、数量及保密要求。对于广告公司而言，对广告主所提供的技术资料、图纸等要严格保密，甚至对广告计划、广告目的、实施的广告战略、媒介战略等都应为广告主保密，不能泄露给公司以外的人，尤其是广告主的竞争对手。因此，为客户保守商业机密是广告人职业道德的要求。

（7）广告项目的验收标准、办法、期限。对于广告项目的验收标准、办法，通常可以参照某一具体项目的行业标准，如霓虹灯广告，耗电量、灯管的使用寿命、亮度、维修等，如果没有行业标准的，最好双方在合同中约定好验收的标准、方法、交付的期限等。

4. 签订广告合同应注意的问题

（1）广告经营者签订广告代理合同时，应当审查广告主有无做广告或做某项内容广告的合法资格，广告主本身有无法人资格，有无产品，经营能力、质量如何，并要求对方提供相关的证明文件。如获专利权者，应提交专利证书；

获奖者，应提交本年度、本届获奖或数年度、数届连续获奖的证书，并在广告中注明获奖级别和颁奖部门，这样才能对受众、消费者负责。如果广告主没有合法资格或不能提供相关的证明文件，广告经营者就不能与之签订广告合同，否则要与广告主一起承担连带法律责任。

（2）广告主提供的广告证明文件，一定要真实、合法、有效，首先，出具证明的机关要合法；其次，广告证明的内容要合法；然后，广告证明与广告要有直接关系；最后，广告证明适用的时间和地域范围有效，才具有法律效力。如果广告主不能出具合法、有效的广告证明或证明文件不全，广告经营者不能与之签订广告合同。

（3）广告经营者不能一味地片面听信广告主的自我吹嘘，应侧面了解广告主的声誉、经营状况、履约能力，避免与资信能力差，有可能影响公司形象、信誉的广告客户签订广告合同。

（4）广告经营者与广告主签订广告合同后，应妥善保存双方在广告业务来往中的信件、电报、电话录音、记录原稿、传真件等资料，以便双方出现合同纠纷时，有据可查，争取主动。

（5）广告合同的标的一般表现为智力成果，当事人应当将合同的质量条款规定得具体、详细，并明确验收标准和方法，严格保密制度，在双方未谈妥之前，广告主不得随意以"比稿"为由，任意剽窃几家广告公司的智力成果，篡改后自用，只有用合同的形式加以规范，才能有效地保护广告公司的智力劳动成果。

（六）广告合同的法律效力

一般来说，广告合同的法律效力主要表现在以下3个方面。❶

（1）广告合同当事人之间产生具体的权利和义务。广告合同依法成立后，

---

❶ 郑国生，肖汉奇. 广告法实用教程 [M]. 北京：中国法制出版社，1995：74.

当事人即享有合同中设定的权利和义务。当事人的权利和义务尽管是自行约定的，但由于是依法约定的，同样是法律上的权利和义务。

（2）广告合同具有法律强制约束力。广告合同依法成立即具有法律上的强制力，当事人各方都要按照广告合同的约定，全面履行合同，任何一方不履行合同约定的义务都应依法承担相应的法律责任。当事人不得擅自变更或解除广告合同，变更或解除广告合同必须有法定事由和依法定程序进行。

（3）广告合同条款是处理广告合同纠纷的依据。广告合同条款是据以确定当事人的权利、义务和责任的证据。广告合同当事人发生争议时，应按照广告合同的条款协商解决，协商不成时，任何一方均有权请求仲裁机关或人民法院裁决。人民法院或仲裁机关在审理广告合同纠纷时，应按照广告合同条款处理。

（七）广告合同的履行

1. 广告合同履行的概念

广告合同的履行，是指当事人双方按照广告合同规定全面完成所承担义务的法律行为。其基本要求是，根据广告合同的约定，按时全面完成所承担的义务。

2. 广告合同履行的条件

广告合同的履行必须具备两个条件：① 该广告合同必须依法成立，具有法律效力；② 必须在有效期限内履行合同。

3. 广告合同履行的种类

在广告活动中，广告合同的履行也会出现各种各样的情况，如部分履行、履行不当、延误履行等。部分履行是指当事人只完成了应尽义务的一部分，即未完全履行广告合同约定的义务。履行不当是指当事人没有按照广告合同规定的有关数量、质量、履行时间、地点、方式等条款履行合同义务。延误履行是指当事人逾期履行合同义务。这些情况，均属广告合同违约行为，要依法承担违约责任。

4. 广告合同履行的原则

广告合同的履行，应当遵循以下 3 个基本原则。

（1）实际履行原则。广告合同的实际履行，是指按照广告合同规定的标的履行义务，标的是什么，就履行什么，不能用其他方式来代替。广告合同当事人一方不履行合同时，他方当事人有权要求继续履行。除对方不再需要或法律规定可以不再履行外，只要有履行可能，都应履行合同，不能单以金钱赔偿的办法来代替合同的继续实际履行。

（2）协作履行原则。广告合同的协作履行，是指广告合同双方当事人在履行广告合同的过程中，相互督促，彼此配合，共同完成广告合同所约定的义务。广告合同是当事人双方共同协商依法成立的，权利和义务既是对等的，又是相互的。因此，广告合同的履行须双方当事人密切配合，才能保证广告合同完全履行。如遇有不能按原广告合同履行的情况，应按法律规定或双方约定而采取积极措施，及时作出处理。

（3）全面履行原则。广告合同的全面履行，是指广告合同双方当事人按照广告合同约定的时间、地点、方式和标的的数量、质量等完成所承担的义务。全面履行的目的在于指导双方当事人在保质、保量和按时全部完成广告合同约定的义务，适应彼此的需要，达到订立广告合同的目的。如果违背了全面履行原则，视为履行不当或不适当履行，要依法承担违约责任。广告合同全面履行后，双方当事人的权利、义务即告终止。

（八）广告合同变更和解除

1. 广告合同变更和解除的概念

（1）广告合同的变更，是指当事人对已发生法律效力的广告合同进行修订，包括变更广告合同主体、合同标的，变更合同内容。一般不涉及已履行的部分，只是对未履行的部分发生效力。

（2）广告合同的解除，是指当事人对已发生法律效力的广告合同，在其全部内容或部分内容未履行之前，终止广告合同的效力。

2. 广告合同变更和解除的条件

广告合同变更的条件比较确定，即双方协商一致就可以对广告合同的有关条款进行修改。广告合同解除的条件比较严格，法律有明确规定。一般来说，具备下列三种情形之一就可以解除广告合同。

（1）当事人双方经协商同意，且不损害国家利益和社会公共利益。❶ 当事人双方协商变更或解除广告合同，主要有两种情况：① 原订广告合同正常履行中发生了预料不到的意外事件，需要当事人双方重新协商，变更或解除原广告合同；② 原订广告合同已约定变更或解除广告合同的条件和范围，而在其正常履行过程中恰好发生了原约定的变更或解除的条件，需双方当事人重新协商，交更或解除广告合同。但是，双方当事人协商变更或解除合同时，不得因此损害国家或社会公共利益。如果双方当事人变更或解除合同的协议损害国家或社会利益，则该协议应属无效，原广告合同继续有效。

（2）由于不可抗力致使广告合同的全部义务不能履行。不可抗力是指当事人无法预料并无法抗拒的客观强制力量，如自然灾害、意外事故等。当发生不可抗力事件时，应对其造成的有碍广告合同正常履行的具体情况进行分析认定，明确危害后果对广告合同的实际影响。只有在发生不可抗力事件致使广告合同全部义务无法履行时，当事人方可变更或解除广告合同。否则，当事人不得以不可抗力为借口，变更或解除广告合同。

（3）当事人一方在合同约定的期限内没有履行广告合同。当事人订立广告合同都是有着一定利益需要的，如果一方违约使原来的合同履行成为不必要的，则另一方有权变更或解除广告合同。违约和履行成为不必要这两个条件必须同时具备，方能作为广告合同变更或解除的条件。如果对方再行履行成为不必要

---

❶ 郑国生，肖汉奇. 广告法实用教程 [M]. 北京：中国法制出版社，1995：77-85.

不是违约行为所引起的，就不能以违约为由变更或解除广告合同。

3.广告合同变更和解除的法律后果

广告合同变更和解除后，原合同不再履行。双方自愿协商变更或解除广告合同的，提出广告合同变更和解除的一方赔偿对方损失；因其他事由变更或解除广告合同使一方遭受损失的，除依法可以免除责任的以外，应由责任方负责赔偿，不可抗力除外。

（1）广告合同变更或解除后，原合同不再履行。广告合同变更的，按变更后的合同履行。广告合同解除的，当事人之间终止合同关系，义务人不再负担该广告合同约定的义务，权利人不再享有广告合同约定的权利。

（2）当事人双方协商变更或解除合同时，提出变更或解除广告合同的一方对广告合同的变更或解除负有责任，因广告合同的变更或解除给对方造成损失的，应当依法进行赔偿。

（3）因其他事由变更或解除广告合同使一方遭受损失的，除依法可以免除责任的以外，应由责任方负责赔偿。在通常情况下，当发生不可抗力事件，并因此变更或解除广告合同的，当事人可免除承担赔偿损失的责任。广告合同如因当事人一方的原因变更或解除的，负有责任的一方应赔偿对方的损失。譬如，一方违约导致广告合同履行成为不必要，而变更或解除广告合同时，违约方应承担因违约而给对方造成的损失。

六、广告人格权保护制度

（一）人格权的概念

人格权是指民事主体依法固有，为维护自身独立人格所必备的，以人格利益为客体的权利。❶《宪法》第三十八条规定："中华人民共和国公民的人格尊严不受侵犯。禁止用任何方法对公民进行侮辱、诽谤和诬告陷害。"《民法总则》第一百零九条规定："自然人的人身自由、人格尊严受法律保护。"

人格权的特征有3个：① 人格权是民事主体依法固有的权利，自然人自出生之时起，法人和非法人组织自成立时就享有人格权。无论自然人的年龄、性别、贫富，都平等地享有人格权；② 人格权是民事主体维护人格独立所必需的。人格独立是人在世界上生存的必需条件，自然人需要人身安全，不受非法攻击，否则自然人无法生存。法人和非法人组织也要有自己的人格权，如独立的名称权，其他组织不得侵犯其名称；③ 人格权以人格利益为客体。人格利益是民事主体就其人身自由和人格尊严、生命、健康、姓名或者名称、名誉、隐私、肖像等所享有的利益的总和。❷

（二）人格权的分类

人格权分为一般人格权和具体人格权。《宪法》第三十八条明确规定："中华人民共和国公民的人格尊严不受侵犯"。一般来说，人格权包括生命健康权、名誉权、肖像权、姓名权、名称权以及隐私权等，其中生命健康权又包括生命权、健康权、身体权等。本节主要介绍与广告活动联系密切的名誉权、肖像权、隐私权等几种人格权类型。

1. 一般人格权

一般人格权是指法律赋予民事主体享有的具有权利集合性特点的人格权，是关于人的存在价值和尊严的权利。❸ 一般人格权包括人格平等、人身自由和

---

❶ 王利民. 人格权法新论 [M]. 长春：吉林人民出版社，1994：10.

❷ 王利民. 民法 [M]. 4版. 北京：中国人民大学出版社，2008：607.

❸ 王泽鉴. 民法总则：增订版 [M]. 北京：中国政法大学出版社，2001：126.

人格尊严。❶《民法总则》第十三条规定:"自然人从出生时起到死亡时止,具有民事权利能力,依法享有民事权利,承担民事义务。"

(1)人格平等。

(2)人格尊严。人格尊严是指公民基于自己所处的社会环境、地位、声望、工作环境、家庭关系等各种客观条件而对自己和他人的人格价值和社会价值的认识和尊重。❷

(3)人格自由。虚假广告恶意侵权行为是对消费者一般人格权的侵犯,因为虚假广告严重违背诚实信用和不得滥用权力的民事基本原则,对消费者公开的欺诈,是对消费者人格平等、人格尊严的不尊重,基于此,消费者的人格自由在虚假广告面前也受到侵害。❸

(4)死者人格利益。

(5)纯粹经济利益。

2. 具体人格权

具体人格权包括生命权、健康权、名誉权、姓名权、肖像权等。❹虚假广告假冒知名人士或国家机关的名义进行虚假宣传,此类虚假广告直接侵犯了消费者的姓名权、肖像权或国家机关的名称权;虚假美容广告谎称某明星在其医院做过美容手术则侵犯了明星的名誉权。❺《民法总则》第一百一十条规定:"自然人享有生命权、身体权、健康权、姓名权、肖像权、名誉权、荣誉权、隐私权、婚姻自主权等权利。"

---

❶ 王利民. 人格权法研究 [M]. 北京:中国人民大学出版社, 2005: 160-161.

❷ 王利民,杨立新,姚辉. 人格权法 [M]. 北京:法律出版社, 1987: 35.

❸ 于林洋. 虚假广告侵权研究 [M]. 北京:中国检察出版社, 2007: 78.

❹ 王泽鉴. 民法学说与判例研究(6)[M]. 北京:中国政法大学出版社, 1998: 304.

❺ 于林洋. 虚假广告侵权研究 [M]. 北京:中国检察出版社, 2007: 75.

（1）肖像权。

肖像权是指公民通过造型艺术或其他形式在客观上再现自己形象所享有的专有权，也就是指公民享有的通过某种形式再现自己的形象和允许或禁止他人使用自己肖像的权利。每一个公民都具有肖像权。

肖像权的主体是在这一法律关系中享有权利和承担义务的人。肖像权是一种绝对权，即对世权，其权利主体特定，义务主体不特定。肖像权的权利主体只能是自然人。虽然自然人在去世后因丧失了民事主体资格，不再享有肖像权，但其肖像仍然受到法律保护。肖像权的义务主体是除了肖像权人以外的所有人，包括公民、法人和其他社会组织。

肖像权的客体就是肖像。所谓肖像是指特定自然人的外部形象通过一定方式固定在某种载体上的再现。肖像权的内容就是指肖像权人享有的权利和义务人所承担的义务。肖像权人的权利主要有：① 肖像制作权，即通过一定方式对自身形象的专有权；② 肖像使用权，即对自身肖像使用的专有权；③ 肖像维护权，即有权制止任何毁损、玷污、丑化、侮辱、贬损自身肖像的行为，从而维护自身肖像的尊严；④ 请求权，是指权利人基于以上三种权利对他人请求支付报酬，或者停止非法侵害、赔礼道歉、赔偿损失等。

（2）名誉权。

名誉权是指公民或法人对自己在社会生活中获得的社会评价即自己的名誉，依法享有的不可侵犯的权利。《民法总则》第一百一十条规定："自然人享有生命权、身体权、健康权、姓名权、肖像权、名誉权、荣誉权、隐私权、婚姻自主权等权利。"这一规定从法律上确定了对名誉权的保护。公民的名誉是指有关公民道德品质和生活作风方面的社会评价。法人的名誉又称为商誉，是指有关法人在商业或职业道德、资信、商业质量或服务质量等方面的社会评价。广告宣传经常需要使用多种传播方式，有时就会涉及对他人评价或者容易产生对他人的评价。

（3）隐私权。

《民法总则》第一百一十一条规定："自然人的个人信息受法律保护。任何组织和个人需要获取他人个人信息的，应当依法取得并确保信息安全，不得非法收集、使用、加工、传输他人个人信息，不得非法买卖、提供或者公开他人个人信息。"隐私权也称个人生活秘密权或生活秘密权，是指自然人享有的私人生活安宁与私人信息不被他人非法侵扰、知悉、收集、利用和公开的一项人格权。隐私权的内容一般包括4个方面：① 隐私隐瞒权，权利主体有权利对自己的隐私进行隐瞒，不让他人知晓；② 隐私利用权，即公民对于自己的个人资讯进行积极利用，以满足自己精神、物质等方面的需要；③ 隐私维护权，即公民对于自己的隐私享有维护其不可侵犯的权利，在受到非法侵害时可以依法寻求司法保护；④ 隐私支配权，即公民对于自己的隐私有权按照自己的意志进行支配，可以公开部分隐私，准许他人利用自己的隐私。❶

（三）侵犯人格权的行为

1. 侵犯肖像权的行为

广告中经常会出现他人的肖像，如果肖像使用不当就会造成法律纠纷。民法以及广告法中，涉及广告中使用肖像的法律规定主要包括以下两方面。

第一，未经本人同意，不得以营利为目的使用公民的肖像。《民法通则》第一百条规定："公民享有肖像权，未经本人同意，不得以盈利为目的使用公民的肖像"。广告是以营利为目的的活动，广告中使用公民肖像一般都带有营利性，因此使用他人肖像，必须要经过他人许可，否则就会造成侵权。

第二，《广告法》第三十二条规定："广告主或广告经营者在广告中使用他人名义、形象的，应当事先取得他人的书面同意；使用无民事行为能力人、限

---

❶ 范志国. 中外广告监管比较研究[M]. 北京：中国社会科学出版社，2008：164.

制民事行为能力人的名义、形象的，应当事先取得其监护人的书面同意。"这就要求如使用须经他人书面同意或授权，否则就会造成侵权。在广告实务中，既存在很多广告侵犯明星肖像权的案例，也有很多广告侵犯普通公众肖像权的案例。

如果原告的人格权受到"严重的"侵害，法院将准予对精神损害予以赔偿；被告的动机和过错程度，以及不法侵害的方式和范围等，也是需要加以考虑的相关因素。1996年6月23日，中央电视台《实话实说》的一期节目中，崔某元和现场观众讨论了"该不该减肥"的话题。在这期节目中，没有提及任何厂家或商品的名称。但是，北京华麟企业（集团）有限公司未经崔某元同意，擅自对崔某元主持的"该不该减肥"这一期实话实说节目录像带进行剪接、拼凑甚至伪造，制作了有崔某元主持节目片段和他本人肖像的"美乐福"减肥药广告，在全国90家电视台播放，并制成招贴广告四处散发。被告的行为使人们认为崔某元是自愿为减肥产品做广告，侵犯了他的肖像权和名誉权。崔某元很快接收到全国各地的观众来信和电话，声称购买该产品后服用效果不好，谴责崔某元在为"美乐福"减肥药做广告，欺骗观众，误导消费者。

1999年4月23日，崔某元起诉北京华麟企业（集团）有限公司，要求停止侵害，赔偿损失170万元，并向他道歉。北京市朝阳区法院认为，被告的广告在使用"该不该减肥"节目片段时包含了原告崔某元的肖像，作为主持人的崔某元在画面中处于主要、突出的位置，比其他人更具有可识别性，该肖像具有可利用性。被告使用名牌栏目和知名主持人的效应，具有提高其产品知名度、创造销售利润的主观目的，应视为对原告肖像权的侵害。且被告的广告发布后，观众误认为原告崔某元为牟取私利违规做广告，造成了其社会评价降低的法律后果，被告的行为对原告名誉权也构成了侵害。2001年2月21日，北京市朝阳区法院判决北京华麟企业（集团）有限公司侵权行为成立，判决赔偿给付原告崔某元肖像侵权赔偿金6万元、名誉侵权赔偿金4万元。在判决生效后十日内，

被告须在中央电视台一套节目发布致歉声明一周,每日一次。❶

2. 侵犯名誉权的行为

一般来说,广告内容构成侵犯他人名誉权必须具备以下4方面的条件:① 广告确实散布了他人道德品质或能够造成他人社会评价降低的情况;② 所散布的情况都是虚假的,不真实的;③ 广告主或广告发布者主观上是故意的,或者存在过失;④ 散布行为客观上造成他人名誉受损,社会评价降低的事实。这4方面条件同时具备,就可以认定该广告侵犯他人名誉权。

《民法总则》第一百一十条规定:"公民名誉权若受到侵害,有权要求对方停止侵害,恢复名誉,消除影响,赔礼道歉,并要求赔偿损失。"如果广告侵犯他人名誉权,就应当承担上述法律后果。例如,某女士原在某旅行社工作,后跳槽到另一旅行社工作。原单位当地晚报发布通告,将该女士除名,并称该女士侵犯商业秘密、道德败坏。该女士以名誉权受侵为案由起诉至当地法院。法院最终判决原单位与晚报社联名在当地晚报上刊登道歉声明,原单位一次性赔偿该女士精神损害抚慰金500元。

3. 侵犯隐私权的行为

侵犯隐私权的违法广告主要集中在医疗广告、保健广告以及增高、美容、减肥广告等,这方面的违法案例也较多。如,某医院在一家电视台做淋病、梅毒的医疗广告,列举了吴某在该医院治疗并很快痊愈,并公布了吴某的家庭住址和真实姓名,给吴某正常生活带来困扰,吴某以隐私权受到侵害起诉至法院并取得胜诉。❷

隐私权和名誉权有很大不同。名誉权侵害主要是散布虚假信息造成当事人社会评价的降低和名誉损失,进而造成精神损害;而隐私权则强调个人安宁生

---

❶ 崔丽. 崔某元赢了官司[EB/OL].(2001-02-21)[2019-05-15].http://www.people.com.cn/GB/shehui/44/20010221/400274.html.

❷ 蒋恩铭. 广告法律制度[M]. 南京:南京大学出版社,2007:72-75.

活的权利，不得随意公开即使是真实但会影响当事人正常生活秩序的隐私信息。现代社会，生产者、经营者或服务提供者掌握了消费者很多有关隐私信息，他们应当尊重消费者的隐私权，不能散布这些隐私信息，更不能在广告中公布他人隐私。

七、广告知识产权保护制度

虚假广告侵犯他人的知识产权，此类侵权行为侵犯的客体为知识产权，包括专利权、商标权、著作权、发现权、发明权和其他科技成果权以及商业秘密、专有技术等。❶

（一）广告语商标权

《商标法》未明确把广告语列为注册对象，但也未明确排斥将广告语注册为商标。一个广告语成为商标，受《商标法》的保护，基本条件是该广告语具有显著性，便于识别。作为商标的广告语的显著性，是指其独创性和可识别性，使广告语成为区别于他人商品或者服务的标志。广告语显著性的产生有两个基本方式：① 创作产生。有的企业甚至不惜重金，向社会公开征集最佳广告语；② 使用产生。根据《商标法》第十一条的规定，缺乏显著特征的标志不得作为商标注册，但经过使用取得显著特征，并便于识别的，可以作为商标注册。当一条广告语长期同特定的商品或者服务联系在一起使用，并经过大量的广告宣传等促销活动，该广告语便具有了区别来源的功效，可以作为商标取得注册。

1. 商标和商标权的概念

商标是商品生产者或销售者在其商品上使用的，用于区别其他生产者或者

---

❶ 于林洋. 虚假广告侵权研究 [M]. 北京：中国检察出版社，2007：75.

销售者品的一种由文字、图形，或其组合构成的具有显著特征的标志。商标包括商品商标和服务商标。商标就是企业形象的代表。商标设计就是企业广告活动的重要组成部分，广告公司可以根据广告主的要求，依据广告主的商品特征、经营理念和企业文化设计出广告主的商标。

商标权是指商标所有人被法律确认并给予保护的商标所享有的权利。它主要是指商标所有人对其注册商标所享有的专用权。

2.广告中涉及商标权的法律规定

（1）未取得注册商标的，不能在广告中表明是注册商标。根据《商标法》的规定，除了人用药品和烟草制品必须使用注册商标外，其他商品的商标都是实行自愿注册的原则，即这些商品的商标即使不申请注册，在生产、销售等经营活动中也可以使用。因此，在广告宣传中可以出现未加注册标记的商标，但是，该未注册商标不能侵犯其他已注册商标权利；同时未注册商标不能冒充注册商标。注册商标是经过国家商标主管机关审查通过予以注册且受法律保护的商标。

（2）广告中不得随意使用"中国驰名商标""著名商标"的用语。"驰名商标"来自于《保护工业产权巴黎公约》，在该公约中规定成员国应承担对驰名商标予以大于普通商标的保护。2003年4月，国家工商行政管理总局发布了《驰名商标认定和保护规定》，根据该规定，驰名商标是指在中国为相关公众广为知晓并享有较高声誉的商标。企业可以向当地工商管理机关提出申请，由国家商标局进行认定，只有认定以后才能作为"中国驰名商标"得到保护。因此广告中不得随意使用"中国驰名商标"，如要使用应当提供有关证明材料。

（3）广告中不得假冒他人商标，不能侵犯他人的驰名商标。商标是商品和服务信息的重要标志，不同的商标对消费者有着不同的影响。广告主应当通过提升自身商品或服务的质量而增加市场占有率，不能通过假冒他人商标来非法营利。

通常情况，特定商标是针对特定类别商品或服务。不同种类商品可以使用同一名称商标。如月饼、洗衣机、服装都可以用"玉兔"作为商标，只要生产同类或类似产品的不用同一商标即可。但是，驰名商标的保护则可以扩大到其他商品领域。也就是说，如果认定服装企业的"玉兔"牌是驰名商标，其他商品就不能申请该注册商标。

3. 商标侵权行为

一段时间以来，上海市民只要以"大众搬场"为关键词在百度网上搜索，网页跳出的近10万条信息中，只有上海大众搬场物流有限公司是有注册商标的公司，其余竟全是未经工商行政管理部门注册的非法公司。百度网站上之所以出现虚假搬场信息，与其推出的"竞价排名"和"火爆地带"的企业推广项目有关。任何单位、个人只要交纳推广费，就可填写关键词及使用名称、电话、网址等，通过关键词可被用户搜索、点击。2007年5月9日，上海大众搬场物流有限公司向上海市第二中级人民法院提起诉讼，状告百度网站侵犯商标权，请求判令北京百度网讯科技有限公司、百度在线网络技术（北京）有限公司、百度在线网络技术（北京）有限公司上海软件技术分公司三名被告，要求停止侵权行为，公开赔礼道歉、消除影响，向原告赔偿损失人民币50万元。同日，上海市第二中级人民法院立案受理，案件进入法律程序。❶

4. 广告语商标权

（1）广告语商标权的取得。

从《商标法》的规定来看，商标权的产生有两种：① 因使用而知名，因知名而产生商标权。所谓知名，是指有一定影响甚至驰名。现行《商标法》第十三条第一款规定："就相同或者类似商品申请注册的商标是复制、模仿或者翻译他人未在中国注册的驰名商标，容易导致混淆的，不予注册并禁止使

---

❶ 沈文敏，肖潘潘. 出钱就给排名？百度涉嫌发布虚假广告遭起诉 [N]. 人民日报，2007-05-15.

用";第三十一条规定，申请商标注册不得以不正当手段抢先注册他人已经使用并有一定影响的商标。上述规定表明，依照《商标法》的规定，一个商标，虽然未注册，但通过使用而有了知名度，也就有了商标权。当然这种商标权的权利内容不及注册商标权的权利内容；②因注册而产生。根据《商标法》第三条的规定，经商标局核准注册的商标为注册商标，商标注册人享有商标权，受法律保护。

从法理上讲，广告语的商标权也可以因使用而取得。但未注册的广告语因使用而知名，似乎更适合依据《反不正当竞争法》加以保护。一个具有显著性的广告语，要获得更为有力的保护，不妨考虑依法申请商标注册。

从广告实践来看，广告语，一种是直接以文字形式出现在广告媒介中；另一种则以间接文字表现形式，即多以旁白式或吟唱式再现于影视广告或无线电广播中，依赖广告受众的听觉去感知。根据《商标法》第八条的规定，可以作为商标注册的，必须是能够将自然人、法人或者其他组织的商品与他人的商品区别开来的可视性标志。因此，申请商标注册的广告语应当是用文字或者文字与颜色的组合表现出来的，仅靠听觉去感知的广告语并不能作为商标申请注册。

（2）广告语注册人的权利。

获得商标注册的广告语，注册人对其注册的广告语所享有的权利即为注册商标权，从权利内容上看包括专用权、禁止权、禁止反向假冒权、许可权、转让权等。

专用权是指注册人对其注册的广告语专有使用的权利，这是广告语注册人最重要的权利。商标类广告语作为区别同类商品或者服务的不同生产者、经营者的标记，只有注册人享有专有使用权，才能达到表明自己区别他人的目的。也只有专有使用注册的广告语，才能体现广告语商标权的价值。《商标法》第五十一条规定："注册商标的专用权，以核准注册的商标和核定使用的商品为限。"这表明，注册的广告语专用权以核准注册的广告语样态为准，并在核定使用的

· 215 ·

商品或者服务上使用核准注册的广告语。

注册人在享有专有使用权的同时，还享有禁止他人未经许可使用其广告语的权利。禁止权与专用权是相互联系的两个方面的权利，专用权涉及的是注册人使用广告语的问题，禁止权涉及的是他人非法使用广告语的问题。另外，禁止权的效力范围要大于自己专用权的范围。根据《商标法》第五十二条的规定，广告语注册人有权禁止他人未经许可在同一种商品或者类似商品上使用与其注册的广告语相同或者近似的广告语。

在商品流通过程中，未经权利人的同意撤下原注册商标换上自己的，也就是将别人的商品说成是自己生产、经营的商品，这种行为在理论上称为"反向假冒"。此行为为现行法律所禁止。根据《商标法》第五十二条的规定，广告语注册人享有禁止他人未经注册人的同意，更换其广告语商标并将更换商标的商品又投入市场的权利。

许可权是指广告语注册人享有的将其对广告语商标的专用权许可他人行使的权利。许可使用注册的广告语商标，是注册人利用其广告语的一种重要方式，行使此项权利的法律形式是注册人与被许可人签订许可使用合同。当然，许可他人使用注册的广告语，注册人依法负有监督被许可人保证使用其广告语商标的商品质量的责任，以维护消费者的合法权益。

转让注册的广告语，是广告语注册人将自己注册的广告语的所有权移让给他人所有，同样是广告语注册人的权利的体现。转让的法律后果是导致广告语权利主体的变更。转让一般是有偿的，但也不排斥无偿转让。无论是有偿转让，还是无偿转让，都需要依照法定程序进行。

（二）广告语专利权

1.专利权的概念

专利权是指国家依法授予专利申请人在一定期限内对其发明创造享有的独

占权利。它往往是通过国家专利机关颁发的专利证书加以确认的。专利的所有人和持有人统称为专利权人。

专利与广告有着极为密切的联系,一方面,为产品或服务所做的广告宣传中经常会涉及专利技术和专利产权,需要遵守有关的法律规定;另一方面,某些广告宣传的新方法或新途径本身就具有专利性质,需要得到专利权制度的保护,防止受到不法侵权。

2. 专利权的特点

专利具有新颖性、创造性与实用性 3 个特点。

3. 专利权的种类

根据《专利法》有关规定,专利分为发明、实用新型、外包装设计三类。发明专利是指对一种从创造活动中产生的对现有技术问题的崭新的解决方案所授予的专利,该类专利的法定保护年限为 20 年;实用新型是指针对产品的形状、构造或者结合所提出的适于实用的新技术方案,该类专利的法定保护年限是 10 年;外观设计是指对产品的形状、图案、色彩或者其结合所作的富有美感并适于工业上应用的新设计,该类专利的法定保护年限是 10 年。

4.《广告法》涉及专利的规定

《广告法》第十二条规定:"广告中涉及专利产品或者专利方法的,应当标明专利号和专利种类。未取得专利权的,不得在广告中谎称取得专利权。禁止使用未授予专利权的专利申请和已经终止、撤销、无效的专利做广告。"对于该规定应做如下理解。

第一,广告中涉及专利产品或者专利方法的,应当标明专利号和专利种类。这样能够有利于社会公众较容易和正确判断该专利产品的新颖性和真实性,同时,可以防止某些生产者、经营者毫无根据地在广告中宣称自己的产品是专利产品,冒充取得专利权,以欺骗和误导消费者,并且妨碍其他竞争对手的正当竞争。

第二，未取得专利权的，不得在广告中冒充取得专利权，专利权是一项国家法律赋予的权利，它不是在发明创造人完成发明创造时自动取得的，而是需要向专利管理机关提出专利申请，经专利管理机关审查批准后，方可取得。

第三，禁止使用专利申请和已经终止、撤销、无效的专利做广告。专利申请并不能表明该项发明创造一定能取得专利权，不能断定该专利申请所涉及的发明创造具有新颖性、创造性、实用性，使用尚未授予专利权的专利申请做广告容易引起误导。

5. 发布专利广告的管理制度

为了加强对专利广告的管理，国家专利局（现更名为国家知识产权局）于2001年制定了《发布专利广告暂行管理办法》，该规定主要包括以下4个方面内容。

第一，涉及专利产品或专利方法、涉及有关专利活动方面的广告，由国家专利局和各省、自治区，直辖市专利管理机关对广告内容进行审查。利用国家级电视、电影、广播，报纸、期刊等向全国发布的广告，其内容由国家专利局负责审查；利用省、自治区，直辖市所属的电视、电影、广播、报纸、期刊等发布的广告，其内容由行政区划内的专利管理机关负责审查。

第二，广告主向国家专利局或省、自治区、直辖市专利管理机关提出审查申请时，提交广告所涉及的专利产品或方法的专利证书及证明专利权有效的法律文件。

第三，未经国家专利局及省、自治区、直辖市专利管理机关审查通过的、涉及专利方法与产品以及有关专利的活动的广告，广告经营者和广告发布者不得进行广告宣传。已发布的，立即停止发布，并在相同的范围内发表声明，消除影响。

第四，利用广告宣传冒充专利技术产品的行为和利用广告宣传未经批准的或欺骗他人的专利活动的行为，由广告主依照《广告法》承担民事责任；广告经营者，广告发布者知道或应当知道宣传的广告虚假，仍设计、制作、发布的，应当承担连带责任。

6.侵犯专利权的行为

广告中涉及专利权的情形有以下4种。

第一，未取得专利而在广告中谎称已取得专利。

第二，未标明是哪种专利。未标明是发明专利、实用新型专利、外观设计专利中的哪一种。由于消费者对专利知识了解不多，如果只说明取得专利，很容易使消费者把外观设计专利误认为发明专利，构成对消费者知悉真情权的侵犯。

第三，把专利申请号与专利号混淆。根据《专利法》的规定，专利申请号是专利局管理专利申请的号码，不是被批准的号码，据此不能获得批准的专利权。许多致富信息刊登专利申请号，而没有刊登专利号，使消费者误以为已经获得专利，从而购买商品或接受服务，导致上当受骗。

第四，使用未授予专利权的专利申请和已经终止、撤销、无效的专利做广告。侵犯其他专利人的合法权利，误导消费者。❶

（三）广告作品著作权

1.广告作品

（1）广告作品的概念。

为了通过广告活动促销商品、扩大服务范围，广告主往往要根据产品或服务的特点及市场、广告受众、竞争对手等情况制定广告策略，寻找一个创造性主意，并根据这个独特主意以视、听等表现形式来影响目标接受者的情感与行动。这种影响广告受众的情感与行动的具有创意的视、听表现形式，就是广告

---

❶ 河北省普法办公室，河北省工商行政管理局.中华人民共和国广告法、中华人民共和国商标法知识讲座[M].石家庄：河北人民出版社，1997：43-45.

作品。广告公司及其工作人员也应该对其广告作品享有著作权。

（2）广告作品的特征。

第一，广告作品具有独创性。独创性是受《中华人民共和国著作权法》（以下简称《著作权法》）保护的作品的基本要求。广告作品要受到《著作权法》的保护，也必须符合这一要求。只要广告作品基本上是创作者独立创作出来的，即使是同一时期、同一地区出现两部非常相似的广告作品，也均受《著作权法》的保护；即使是就同一题材创作完全相同的广告语，只要是独立完成的，也同样受到《著作权法》的保护。

第二，广告作品表现的客观性。作品表现的客观性是指作品必须以一定的客观形式表现出来或固定下来，以便使人能直接或通过辅助工具间接看到、听到或触摸到。表现的客观性是广告作品的基本特性。广告主或他人为广告主确定的广告创意，不论这种创意的创造性程度如何，都要以某种客观形式表现出来，如以广告文稿、平面广告设计稿、录音、录像等固定下来，并通过刊播、设置、张贴等使广告受众能看到、听到。

第三，广告作品具有可复制性。《著作权法》所保护的作品，是能以复制形式表现的智力创作成果。广告作品通常是采用文字、美术、录音、录像等形式表现出来的，无论何种形式都是可复制的。广告作品本身必须可复制，通过复制"广而告之"，使广告作品所传达的信息广为传播，以提高商品或服务的知晓度。广告作品如不能被复制，就无法传播，也就谈不上通过它来促销商品和扩大服务。一个不能被复制的"作品"不可能被广告主作为广告作品采用。

第四，广告作品属文学艺术领域作品范围。《著作权法》保护的作品必须属于文学、艺术或科学领域作品的范围。艺术性是广告产生魅力的源泉。广告作品的创作者总是要充分调动各种艺术手法，追求高度的创意。现代广告作品绝不仅仅是产品说明书，其高度的艺术性，能让广告受众在获得美感的同时接受商品或服务。虽然从总体上讲，广告作品的艺术价值与纯文学艺术作品的价值相比有相当的差距，但是也应该看到，伴随着广告业的发展，广告作品的艺术价值在不断增长。

（3）广告作品的分类。

按照《著作权法》从表现形式上对作品分类，常见的广告作品有文字广告作品，戏剧、曲艺广告作品，美术广告作品，摄影广告作品，电视、录像广告片，模型广告作品；此外，按作品的存在的形态可将广告作品分为平面广告作品、立体广告作品、视听（电波）广告作品；按照作品的传播形式可将广告作品分为印刷品广告作品、广播广告作品、电视广告作品、户外广告作品、售点广告作品；按照作品产生的方式可将广告作品分为广告主自行创作的广告作品、委托创作的广告作品、征集创作的广告作品。

2. 广告作品的著作权

著作权，又称版权，是基于文学、艺术和科学作品而产生的法律赋予公民、法人和其他组织等民事主体的一种特殊的民事权利。著作权与专利权、商标权及工业产品权等构成知识产权的主要组成部分。著作权是指文学、艺术、科学作品的作者依法对他的作品享有的一系列的专有权。

（1）著作权主体。

著作权的主体是指依法享有著作权的人。我国著作权的主体包括公民、法人、非法人单位、外国人和无国籍人。

广告作品的创作通常是广告经营企业工作人员的职务作品，因此，广告作品的著作权归广告公司或广告主单位所有，但相关创意、设计人员有署名权权利。

广告主委托广告公司设计制作的广告作品的著作权归属一般根据委托代理协议来约定。一般情况下，归广告主所有，有时也约定属于广告公司。如果没有约定的，归广告公司所有。

有些广告主或广告经营者面向社会征集广告语，应当在征集活动中约定清楚著作权的归属。如果在没有约定的情况下，应当依据广告主或广告经营者是否支付给创作者报酬，如支付报酬则著作权给广告主或广告经营者所有，反之则应当仍归创作者。

（2）广告作品著作权的客体。

著作权的客体即作品，是指文学、艺术和科学领域内具有独创性并能以某种有形的形式复制的智力创作成果。广告作品著作权的客体就是广告作品本身。受《著作权法》保护的作品应当具备以下条件：① 属于文学、艺术和科学领域内的智力创作成果；② 必须具有独创性，即是由创作者独立创作完成的；③ 必须是具有某种具体形式的客观表现；④ 能够被固定在载体上，并能被复制使用；⑤ 必须不属于《著作权法》明确规定不于保护和不适用《著作权法》的范围内。

因此，并不是所有广告作品都能够受到《著作权法》的保护，只有符合上述五方面条件的广告作品才有著作权。在我国广告业界，客观地存在为数不少粗制滥造、剽窃他人或毫无创意的广告作品，这些广告作品是不能受到《著作权法》保护的。

著作权客体的类型有很多种类型，就广告作品而言，客体主要包括广告文案、广告语、广告音乐、广告摄影、电影广告、电视广告，以及运用曲艺和舞蹈等艺术形式的广告作品等。

（3）著作权的内容。

著作权包括人身权和财产权两方面内容。著作人身权是指作者对自己的智力作品所享有的以人身利益为内容的权利。著作人身权是与作品的作者人身不可分离、不得转让和不可剥夺的专属权，非作品创作人不得享有。根据我国《著作权法》的规定，著作人身权具体包括：发表权、署名权、修改权、保护作品完整权。著作财产权是指作者对其作品的自行使用和被他人使用而享有的以物质利益为内容的权利。著作财产权的实现是以作品的使用为基础的。包括复制权、出租权、展览权、表演权、放映权、广播权、信息网络传播权、摄制权、改编权、翻译权、汇编权等。

（4）广告著作权的保护期限。

根据《著作权法》的规定，著作权自作品完成创作之日起产生，并受《著作权法》的保护，作者的署名权、修改权、保护作品完整权的保护期限不受限制。公民的作品，其发表权、使用权和获得报酬权的保护期为作者终生及其死亡后50年；合作作品的保护期截止于最后死亡的作者死亡后50年；法人或者非法人单位的作品及其享有著作权的职务作品，其发表权、使用权和获得报酬权的保护期，以及电影、电视、录像和摄影作品的保护期，从作品首次发表之日起算，均为50年。广告作品所有权通常属于法人或者非法人单位，因此其著作权保护年限为50年。

（5）广告作品的著作权归属。

其一，广告主自行创做广告作品的特点。

有现代市场观念的企业，往往在本企业内部设立广告部门，并将其作为企业重要的职能部门，统一负责企业的广告宣传活动，甚至有的企业还设立专门的广告公司，承担本企业的广告宣传职责。这种广告作品的创作称为广告自行创作，其特点是：①代表或体现广告主的意志。这种广告作品的创作指导思想是广告主的营销战略和广告宣传总体策略；②有组织地创作。这种广告作品的创作一般是由广告主法定代表人或有关负责人负责，由广告主的广告部门或其他有关部门具体主持，从而使这项创作成为一种有组织的活动；③创作人员与广告主有劳动关系，其创作活动是完成广告主提出的工作任务。也就是说，依劳动合同，一方面创作人员有权利从广告主那里领取劳动报酬，亨受广告主为其提供的工作条件，另一方面也要履行在合同范围内规定的义务；④利用广告主的物质技术条件进行创作。广告主为创作人员的创作提供资金、设备或者资料；⑤广告主承担责任。这是指广告作品发布后发生侵权行为时，广告主要承担法律责任。

其二，广告主自行创作的广告作品的著作权归属。

就一般情况而言，广告主自行创作的广告作品，著作权归属于广告主，广告主可视情况给予创作人员奖励。但是，任何一件广告作品都只能由实实在在的人创作，体现的是创作人员的创作表现力，创作人员可就著作权有关内容归属与广告主协商，约定部分著作权由创作人员享有。实践中，可以署名的广告作品，经协商，创作人员可就广告作品的署名行使权利。

（6）委托创作的广告作品的著作权归属。

《著作权法》第十七条规定："受委托创作的作品，著作权的归属由委托人和受托人通过合同约定。合同未作明确约定或者没有订立合同的，著作权属于受托人。"这一规定是判断委托广告作品著作权归属的重要法律依据。

2002年10月15日起施行的《最高人民法院关于审理著作权民事纠纷案件适用法律若干问题的解释》规定委托人对委托创作的作品享有使用权，为这一观点提供了法律上的根据。该解释的第十二条规定："按照著作权法第十七条规定委托作品著作权属于受托人的情形，委托人在约定的使用范围内享有使用作品的权利；双方没有约定使用作品范围的，委托人可以在委托创作的特定目的范围内免费使用该作品。"根据这一规定，广告主委托广告经营者创做广告作品，广告作品的著作权属于广告经营者时，广告主在约定的使用范围内享有使用广告作品的权利；双方没有约定使用广告作品范围的，广告主可以在委托创做广告作品的特定目的和范围内免费使用该作品。如果广告主的使用为该作品首次"公之于众"，那么广告主是在行使广告作品的发表权。

委托创作的广告作品，著作权中的署名权、修改权和保护作品完整权具有不可分割性，广告主和广告经营者只要就其中某一项权利的归属在委托创作合同中协商一致，另一项权利也就有了同样的归属。但是无论是通过合同约定上述3项权利由广告经营者享有，还是因广告主与广告经营者未订立委托合同，署名权、修改权、保护作品完整权由广告经营者享有，广告经营者在行使有关权利时都应受到一些限制：署名时，只能在可以署名的广告作品上署名。广告经营者一般只就广告作品的修改向广告主提出建议，或在广告主的要求下进行修改。否则，广告经营者修改后的广告作品将因不被广告主采用而变得失去意义，除非修改后的作品另作他用。广告主自行修改则应取得广告经营者的同意。

征集创作是指广告主通过"广而告之"（往往是通过刊播征集广告），向不特定人征集广告作品，由应征者提供广告作品。这种广告作品的创作称为征集创作。从本质上讲，征集创作属于委托创作，但与一般的委托创作相比，征集创作又有自己的特点：① 广告主不参与创作。② 主要发生在广告标语领域。③ 广告主对采用的广告作品承担责任，对征集而来的广告作品是否采用，由广告主决定。某件广告作品一旦被广告主采用，并实际加以使用，由此而产生的责任由广告主承担。

（7）征集创作的广告作品的著作权归属。

征集创作的广告作品与其他形式创作的广告作品相比，其著作权的归属要复杂得多。

第一，随着著作权保护意识的增强，一些广告主在"广而告之"的征集广告中常常声明被采用的广告作品的著作权归广告主所有。这种声明是广告主的要约，如果信息接受者参加征集活动，提供自己创作的广告作品，就视为应征者接受广告主的声明，该作品若被采用，其著作权应由广告主享有。

第二，广告主未就征集创作的广告作品著作权归属进行有关声明，事后也未就决定采用的广告作品的著作权归属与创作者达成一致的，被采用的广告作品的著作权由广告主与创作者分享：① 同委托创作一样，广告主享有广告作品的使用权；② 获得报酬权问题。在广告作品的征集中，广告主往往设立各种奖项，对积极参与的应征者给予一定的奖励，对被采用的征集作品进行最高的奖励。在这种情况下，创作者是否还有权要求广告主支付报酬呢？奖励是一种物质或精神鼓励，报酬则属于创作者应得的劳动收入，同样，广告主对征集入选的广告作品给予相应的奖励，对采用的广告作品给予一次性的最高奖励，这些奖励主要是一种物质鼓励；而且，由于广告作品的商业性特点，一件具有高度创意水平的广告作品所带来的经济效益，往往要比广告主所付的奖励高得多。所以，如没有相反约定，创作者应有权要求广告主在奖励之外再支付报酬。

第三，征集的广告作品在被采用之前，其发表权由创作者享有。尽管有些广告主在征集广告中约定采用的广告作品的著作权归属于广告主，但在决定采用之前，广告主无权将征集的广告作品刊播在媒体上公之于众。如果广告主在决定采用之前自行将征集作品发表，而该作品最后又未被采用，这就在事实上剥夺了应征者就相同或相似的创意，参加相同或相似的征集活动的机会。不过，如果广告主在征集广告中声明通过公众评选征集广告作品，由于评选的需要，广告主可在有关媒体上发表相关征集作品。

（8）广告著作权侵权行为。

根据《著作权法》第四十六条、第四十七条的规定，结合广告活动实践，当前侵犯广告作品著作权的行为突出地表现为三种。

第一种，剽窃他人广告作品的行为。剽窃是指将他人广告作品据为己有，并以作者的身份在所剽窃的作品上行使著作权的行为。这是一种最为常见，也是最严重的侵犯广告作品著作权的行为。在现实生活中，剽窃作品的行为表现多种多样，既有原封不动的照抄，也有改头换面的抄袭，尤以后者居多。这种行为不仅侵犯了著作权人的合法权益，欺骗了社会公众，而且最终也损害了自己的形象。

第二种，征集活动中侵犯广告作品发表权的行为。发表是指将作品公之于众。决定作品是否发表，在何时何地以何种方式发表，都是著作人的权利。未经著作权人的同意擅自发表其作品就侵犯了著作权人的发表权。

第三种，通过刊播使用某广告作品，未按规定向有关著作权人支付报酬的行为。

八、广告档案管理制度

广告档案管理制度属于广告企业的内部管理制度，对维护消费者权益、规范广告企业行为、完善广告自律审查制度都具有重要意义。

（一）广告档案管理制度概述

《广告法》第三十四条规定："广告经营者、广告发布者应当按照国家有关规定，建立、健全广告业务的承接登记、审核、档案管理制度。"因此，建立广告档案管理制度是法定要求。广告档案管理制度是对广告经营者、广告发布者在广告活动中必须保存各种广告证明、文件及材料的一项具体要求。

（二）广告档案管理制度的作用

广告档案管理制度是广告自律审查制度的一部分，广告审查员的一个重要任务就是负责收集、保管企业的广告业务档案。广告档案管理制度对规范广告活动，促进广告业的健康发展具有重要作用，这些作用体现在以下4个方面。

1. 促使广告活动进行规范管理，减少违法广告

建立广告档案制度可以使广告活动主体能够更加严格进行广告自律审查，特别是对广告主体资格以及各类广告证明的材料，尽到谨慎审查的义务。同时也有利于广告经营者和发布者总结广告违法案例，发现本企业广告审查存在的问题，提高企业的管理水平。

2. 行政机关处罚的依据

广告档案可以为查处违法与虚假广告案件提供原始证据。广告档案是在广告活动中直接形成的原始记录，保存了许多涉及广告主、广告内容和广告业务活动本身的原始证明材料、广告合同和有关数据等，广告档案中的文字、图案、声音、签名、日期、印章等都是确凿的证据。

3. 消费者维权的证据

广告活动中,虚假广告和违法广告时有发生,并侵犯到消费者的合法权益。司法机关在审理有关案件时就需要通过查看广告档案来判断虚假广告和违法广告的发布是广告主、广告经营者、广告发布者三者中某一主体的责任还是三者的共同责任。广告主本身不具有合法的经营资质,并且发布虚假广告,如果广告经营者和发布者在审查其主体资格时应当发现问题而没有发现问题,就应当与广告主一起承担连带责任。

4. 促进广告主体进行业务总结,提高业务水平

广告档案是该广告经营者和发布者广告业务的汇总。收集和保存各种广告档案,可以有利于广告活动主体能够从过去的广告业务中总结经验,发现不足,提炼广告企业自身的核心竞争能力,能够在日益激烈的市场竞争中占领有利位置,进而提高我国广告业的整体水平。

(三)广告档案管理制度内容

广告档案管理制度是广告企业日常管理制度的组成部分,也是工商行政管理机关对广告经营单位进行广告经营资格检查的重要内容。广告档案管理制度内容包括以下两个方面。

(1)广告档案需要保存内容。

广告经营单位在广告活动中需要保存的档案是比较广泛的,涉及广告活动的各个环节和流程。具体有:广告主出具的各种证明文件;与广告主或被代理人签订的书面合同;广告内容的修改记录;广告客户的广告稿、资料、图片等;广告主对广告发布样稿的确认记录,广告审核意见,广告经营者发布广告的清样,如报刊广告的报刊、电视广告的录像带、广播广告的录音带、户外广告的照片等;广告客户、消费者对广告发布后的反映;广告经营者自己认为应当存档备查的证件。

（2）广告档案保存年限。

根据《广告管理条例施行细则》第十六条第二款规定，广告业务档案保存的时间不得少于一年。随着民法总则的修订，诉讼时效为三年，民事法律诉讼时效为两年，广告档案保存年限在两年以上更为妥当。

第五节 广告活动中的不正当竞争

一、广告不正当竞争概述

首先，从广告不正当竞争的概念、表现形式进行介绍，进一步学习广告不正当竞争的侵权责任；然后，认识几种典型的广告不正当竞争行为。

（一）广告不正当竞争的概念

《广告法》第三十一条规定："广告主、广告经营者、广告发布者不得在广告活动中进行任何形式的不正当竞争。"所谓广告不正当竞争，是指广告活动主体在广告活动中违反《广告法》以及《反不正当竞争法》的有关规定，损害其他广告主体的合法权益，扰乱社会广告活动秩序的行为。这一现象所造成的危害将使广告制作中的实际成本投入越来越低，广告作品的质量越来越差，观众的广告观赏欲望自然会趋于下降；与此同时，随着这种不正之风的发展，不正当竞争的持续也将压缩其他广告公司市场，最终出现"劣币驱逐良币"的现象。

（二）广告不正当竞争的表现

根据《广告法》和《反不正当竞争法》作出的有关不正当竞争行为的规定，就广告主来说，禁止出现下列不正当竞争行为。

1. 混淆行为

《反不正当竞争法》第六条规定："经营者不得实施下列混淆行为，引人误认为是他人商品或者与他人存在特定联系：（一）擅自使用与他人有一定影响的商品名称、包装、装潢等相同或者近似的标志；（二）擅自使用他人有一定影响的企业名称（包括简称、字号等）、社会组织名称（包括简称等）、姓名（包括笔名、艺名、译名等）；（三）擅自使用他人有一定影响的域名主体部分、网站名称、网页等；（四）其他足以引人误认为是他人商品或者与他人存在特定联系的混淆行为。"

2. 商业贿赂行为

《反不正当竞争法》第七条规定："经营者不得采用财物或者其他手段贿赂下列单位或者个人，以牟取交易机会或者竞争优势。（一）交易相对方的工作人员；（三）受交易相对方委托办理相关事务的单位或者个人；（二）利用职权或者影响力影响交易的单位或者个人。"经营者在交易活动中，可以以明示方式向交易相对方支付折扣，或者向中间人支付佣金。经营者向交易相对方支付折扣、向中间人支付佣金的，应当如实入账。接受折扣、佣金的经营者也应当如实入账。经营者的工作人员进行贿赂的，应当认定为经营者的行为。但是，经营者有证据证明该工作人员的行为帮助其他经营者进行虚假或者引人误解的商业宣传，与为经营者牟取交易机会或者竞争优势无关的除外。

3. 引人误解的虚假宣传

《反不正当竞争法》第八条规定："经营者不得对其商品的性能、功能、质量、销售状况、用户评价、曾获荣誉等作虚假或者引人误解的商业宣传，欺骗、误导消费者。经营者不得通过组织虚假交易等方式，帮助其他经营者进行虚假或者引人误解的商业宣传。"

4. 侵犯商业秘密

《反不正当竞争法》第九条规定："经营者不得实施下列侵犯商业秘密的

行为。(一)以盗窃、贿赂、欺诈、胁迫或者其他不正当手段获取权利人的商业秘密;(二)披露、使用或者允许他人使用以前项手段获取的权利人的商业秘密;(三)违反约定或者违反权利人有关保守商业秘密的要求,披露、使用或者允许他人使用其所掌握的商业秘密。第三人明知或者应知商业秘密权利人的员工、前员工或者其他单位、个人实施前款所列违法行为,仍获取、披露、使用或者允许他人使用该商业秘密的,视为侵犯商业秘密。本法所称的商业秘密,是指不为公众所知悉、具有商业价值并经权利人采取相应保密措施的技术信息和经营信息。"

5. 违法有奖销售

《反不正当竞争法》第十条规定:"经营者进行有奖销售不得存在下列情形。(一)所设奖的种类、兑奖条件、奖金金额或者奖品等有奖销售信息不明确,影响兑奖;(二)采用谎称有奖或者故意让内定人员中奖的欺骗方式进行有奖销售;(三)抽奖式的有奖销售,最高奖的金额超过五万元。"

6. 诋毁商誉行为

《反不正当竞争法》第十一条规定:"经营者不得编造、传播虚假信息或者误导性信息,损害竞争对手的商业信誉、商品声誉。"

7. 妨碍网络服务

《反不正当竞争法》第十二条规定:"经营者利用网络从事生产经营活动,应当遵守本法的各项规定。经营者不得利用技术手段,通过影响用户选择或者其他方式,实施下列妨碍、破坏其他经营者合法提供的网络产品或者服务正常运行的行为。(一)未经其他经营者同意,在其合法提供的网络产品或者服务中,插入链接、强制进行目标跳转;(二)误导、欺骗、强迫用户修改、关闭、卸载其他经营者合法提供的网络产品或者服务;(三)恶意对其他经营者合法提供的网络产品或者服务实施不兼容;(四)其他妨碍、破坏其他经营者合法提供的网络产品或者服务正常运行的行为。"

(三)广告不正当竞争的侵权责任

竞争是市场经济的必然产物,也是推动社会经济不断向前发展的重要因素,目前,在相关的法律法规尚不健全,相关制约机制尚待完善的情况下,不正当竞争行为时有发生,由此引发的纠纷将不断诉诸法律。我国《反不正当竞争法》虽然以专门条款对广告宣传中不正当竞争行为作了规定,不过,这些规定尚未完善,很大程度上还处在原则性阶段。在司法实践中,如何认定不正当竞争广告以及如何适用法律,追究行为人的法律责任,在理论上和认识上依然存在着不少亟待解决的问题。

二、混淆行为

(一)混淆行为的概念

混淆行为是指经营者在市场经营活动中,以种种不实手法对自己的商品或服务作虚假表示、说明或承诺,或不当利用他人的智力劳动成果推销自己的商品或服务,使用户或者消费者产生误解,扰乱市场秩序、损害同业竞争者的利益或者消费者利益的行为。

(二)混淆行为的种类

在广告法领域,构成混淆行为的主要是发布攀附性广告的行为。

1. 攀附性广告的概念

攀附性广告又称寄生性比较广告,是比较广告中的一种特殊形式,是指利用他人劳动成果或他人声誉为自己做广告宣传的。也就是说,广告主对其他产品或服务的品牌持积极的赞赏态度,并在广告中使之与自己的产品相关联,期望借助对方的良好品牌来提升自己的形象。

2. 攀附性广告的特征

攀附性广告具有 4 个方面的特征：① 广告中存在对比行为，即将广告主自己的商品或服务进行联系或比较；② 对比过程中并不贬低对方的商品或商业信誉，往往采用褒扬的态度；③ 对比的对象都是著名的企业或行业内领先的企业；④ 通过攀附性的对比，表现出与被比较对象的一致性，而非区别性，从而提高自己的身价，例如，一白酒企业宣传自己的产品是"塞外茅台"，就是利用茅台酒的商业信誉提高自身产品的身价，这就是典型的攀附性广告。

3. 攀附性广告的国际立法

各国对攀附性广告一般都是采取禁止的态度，例如，德国是允许比较广告存在，但是禁止攀附性广告。德国联邦最高法院的判例和学术界占主导地位的观点认为，这种行为属于"寄生虫"式的不劳而获的"搭便车"行为，是对他人劳动成果不当利用，所以本身就违反了善良风俗。只有在例外情况下，即如公众对行为人广告中的比较信息具有特殊利益时，这种广告才不违法。

4. 对攀附性广告的规制

我国对攀附性广告没有明确的法律规定，但是在司法实践中事实上确认了攀附性广告的违法性。如在北京巴黎婚纱摄影公司诉北京米兰春天婚纱影楼一案中，以不正当竞争为依据确认被告攀附性广告的违法性。但是有些地方性法规已经明确禁止了攀附性广告。例如，湖北省武汉市人民代表大会常务委员会通过的《武汉市旅游管理条例》第三十二条规定，对超越所定星级标准进行攀附性广告宣传的广告主进行处罚。《石家庄市旅游业管理办法》第三十二条规定，旅游经营者不得发布虚假广告或攀附性广告。因此，我国广告法应当明确禁止发布攀附性广告，法定的例外情况除外。

三、引人误解的虚假宣传

（一）虚假宣传行为的概念

引人误解的宣传行为是指导致或可能导致受众对商品或服务的真实情况产生错误认识和判断的商业宣传行为。引人误解或虚假的广告宣传行为除了传统的表现方式外，在诱饵广告、荐证广告、比较广告中也有非常具体的体现。

误导广告又称为欺诈广告，是指广告主利用消费者心理的弱点或以广告语言方面模棱两可等方法，使消费者对商品的真实性产生错误联想，从而影响其购买决策的广告。欧洲议会与欧洲联盟理事会于1997年修订的《关于误导广告和比较广告的指令》规定："误导广告意指以任何形式（包括展示）欺骗或可能欺骗受众或接触过广告的消费者，并由于其欺骗性可能会影响消费者的经济行为，或因此损害或可能损害其他竞争对手的广告。"

（二）虚假宣传行为的特征

1. 主观上存在误导的故意或过失

广告主发布误导广告在主观上出于故意或过失，希望利用消费者的心理或模糊的语言达到误导消费者的目的。这实际上体现民事法律关系中过错责任原则。

2. 客观上有误导性的行为

广告主以欺诈的广告内容吸引消费者。如有些不良商家利用类似于"出血价""跳楼价""惊爆价""震撼价"或者"清仓价"等模糊的语言和字眼吸引消费者，而事实上这些商品的价格与平常价格并无多大区别。商家利用这些模棱两可的词语对消费者进行误导。

3.广告内容真伪参半

这是虚假宣传行为同虚假广告的重要区别,虚假广告的内容都是虚假的、不真实的,但是这些信息要么有歧义,要么不是商品或服务的重要特征。

(三)虚假宣传行为的表现

引人误解或虚假的广告宣传行为主要是指通过报刊、广播、电视、路牌、橱窗、印刷品、霓虹灯、电子显示牌、实物等广告媒介的形式,进行欺骗或误导用户和消费者的商品或服务的宣传行为。

根据日常生活经验、相关公众一般注意力、发生误解的事实和被宣传对象的实际情况等因素,对引人误解的虚假宣传行为进行认定。

(1)对商品或服务价格的引人误解或虚假宣传行为。这类行为主要表现为以下几点。

① 引人误解或虚假的价格比较行为,是指将实际价格与对照价格相比较,以表示降价、售价便宜等方式,具体表现为:以一般市场价作为比较价格;以虚假的进价作为比较价格;以虚假的本店以前的销售价作为比较价格等。

② 从进货方法或者进货来源方式进行价格宣传,通常表现为"进价销售""清仓销售""搬迁销售""歇业销售""厂价销售"等。

③ 其他对商品价格的引人误解或虚假宣传行为。

(2)对商品质量的引人误解或虚假宣传行为,是指违反《反不正当竞争法》第六条和第八条的规定。

(3)其他引人误解或虚假宣传行为。

(四)虚假宣传行为的认定

在"引人误解"的判断标准问题上,美国学者考曼(Callmann)的学说最引人注目并且对执法和司法实践最有影响力。广告是否引人误解的判断标准:

普通注意原则、整体观察原则、比较主要部分原则、异时异地隔离观察原则。如果是以明显的夸张方式宣传商品，不足以造成相关公众误解的，不属于引人误解的虚假宣传行为。

在欧洲议会与欧洲联盟理事会修订的《关于误导广告和比较广告的指令》中规定，确定广告是否具有错误诱导性应当综合考虑广告的各种特征，尤其要特别注意它所包含的下列信息：① 商品或服务的特性，如其性质、效用、构成成分、制造或供应的方式及日期、适合的目的、用途、数量、规格、使用的预期结果以及测试或检查的结果或实质特性等；② 价格或计价方式、供应货物或提供服务的各项条件；③ 广告商的性质、特征及相关权利等。衡量是否属于误导广告最为核心的标准就是广告内容是否让消费者产生错误判断。无论广告内容是否真实，只要导致具有正常判断能力的普通消费者对广告所宣传的商品或服务的主要方面发生误解，该广告就属于误导广告。这就要求广告主或广告经营者确保广告内容真实、准确、完整，具有科学性。

（五）虚假宣传的种类

虚假广告大体上可以分为不实广告和误导广告两大类。

1. 不实广告

（1）不实广告的概念。

不实广告是指以无中生有、编造根本不存在的事实或歪曲、隐瞒事实真相的手法发布的广告。不实广告的特点是：广告行为人主观上具有明显的故意欺骗性，并以牟取非法利益为目的，通过对商品或服务作虚伪不实的宣传，诱使消费者上当受骗，购买其商品或服务。行为手段包括编造、伪造、虚夸、说谎、省略等。

（2）不实广告的表现形式。

在实践中，不实广告具有以下七种表现形式。

第四章　广告行为规范制度

第一，宣传的商品或服务根本不存在。这类不实广告是指客观上没有任何商品、服务，主观上也没有提供任何商品、服务的打算，虚构客观上并不存在的商品、服务，从而骗取钱财的广告。比如，通过对虚假不存在的产品或服务进行介绍推销，骗取邮购预定、培训报名或中介服务等费用；以寻求"加工""接产"或转让、传授技术以及出售具有实用价值的技术资料或者致富信息为名骗取钱财。诱饵调包式广告是指以广告宣传的产品为幌子，吸引消费者前来购买，消费者想要购买时，广告主以"已经售完""产品质量不好"等理由表示不能出售，同时向消费者推荐其他产品。

第二，宣传的商品或服务的信息与实际情况明显不符。具体来说，此类不实广告中宣传的商品的性能、产地、用途、质量、制作成分、价格，生产经营者有效期限或者服务的内容、形式、质量、价格等信息与实际情况明显不符，违反了真实性的基本原则。对于这种类型的不实广告，我国《反不正当竞争法》和《消费者权益保护法》已有明文规定。《反不正当竞争法》规定：经营者不得利用广告或其他方法，对商品的质量、制作成分、性能、用途、生产者、有效期限、产地等作引人误解的虚假宣传。《消费者权益保护法》也规定：经营者应当向消费者提供有关商品或服务的真实信息，不得作引人误解的虚假宣传。

第三，谎称商品或者服务经审查批准或者认证、获得奖项或者荣誉称号，假冒或虚构知名企业名称、专利、商标、省优、部优标志、原产地等。这类不实广告通过虚构审批、奖项、荣誉称号、专利等，夸大宣传商品或者服务的某方面特质，是法律应该禁止的。比如，曾被媒体曝光的"百年欧典"虚假广告，谎称"欧典地板系德国百年品牌，总部设在德国，产品行销全球80多个国家"。实际上，广告中所谓的德国总部根本就不存在，所谓的"百年品牌"其实也只有6年历史。

第四，在广告中使用虚构、伪造或者无法验证的科研成果、统计资料、调查成果、篡改广告审批内容，违反了广告法的真实性、准确性原则。比如，

· 237 ·

被媒体曝光的"藏秘排油"虚假广告，严重篡改广告审批内容，假借"亚洲藏茶医学保健研究所"的名义，围绕着西藏的概念对普通的减肥茶大做虚假宣传。

第五，虚假广告虚构参与者使用商品或者接受服务的经历，对商品或服务进行宣传。比如，在广告活动中，广告主体可以通过虚构广告参与者的亲身使用商品或者接受服务的经历，提高商品或服务的影响力度，进而赢得消费者的认同。再比如，公众人物代言不实广告。利用普通消费者对公众人物的崇拜心理，聘请公众人物代言产品，以此刺激消费者的购买欲望，是商家经常采用的广告宣传手段之一。很多消费者都是因为看过一些明星对产品做的广告后，出于对心中偶像的崇拜与信任而购买了广告中的产品，代言行为对广告宣传具有放大效应。著名案例有"三鹿奶粉事件"。在"三鹿"奶粉的代言广告中代言人喊出"专业生产，品质有保证；名牌产品，让人放心，还实惠。三鹿婴幼儿奶粉，我信赖。"很多消费者正是在明星效应的影响下才去购买，却遭受了重大损失。

第六，宣传的商品功效超出主管部门批准范围。广告不得背离所宣传的商品或服务实际功效，不得使用一些夸大渲染或根本无法实现的措辞。对于商品功效，广告中不得使用不科学的表示功效的断言和保证，医疗类虚假广告往往属于此类。此类广告经常含有不科学的表示功效的断言或者论断，或说明治愈率或有效率，或利用医药科研单位、学术机构、医疗机构或者专家、医生、患者的名义和形象做证明。同时，关于商品的使用范围和适用人群，广告宣传用语也应当严格限制在主管部门批准范围之内，不得超出核定范围进行夸大宣传。比如，药品广告不得超出核定的说明书内容夸大其主治范围。

第七，非药品、非医疗器械或者非医疗服务广告宣传治疗作用。药品、医疗器械、医疗服务广告由于内容涉及人体生命健康，所以更应对其进行严格规制。法律明确界定，除药品广告、医疗器械广告、医疗服务广告可以在主管部门批准范围之内真实宣传其治疗作用以外,其他广告均不得宣传治疗作用。比如,保健品广告不得超出核定的保健功能宣传具有药品的治疗功效。

2. 误导广告

(1) 误导广告的概念。

误导广告指引人误解的虚假广告,即对商品或服务的情况做使购买者容易产生错误理解的宣传,诱使购买者对商品或服务产生不切实际的错误理解,从而影响消费者选择的广告。此类广告由于具有严重的误导性,也归属于虚假广告。误导广告宣传的内容也许是真实的,或者部分内容是真实的,但是由于巧妙的措辞、隐瞒的暗示、投机的省略、断章取义的引用以及采用刁钻的表现角度,使宣传内容表达不正确、不明白而藏有陷阱,具有极大的迷惑性和误导性,诱使消费者产生不切实际的期望,并影响其购买决策和其他经济行为。

(2) 误导广告的表现形式。

相对于不实广告而言,误导广告的隐蔽性更强。实践中常见的表现有以下3种形式。

第一,隐瞒或者混淆商品和服务的重要信息。该类型的误导广告,在宣传中故意隐瞒或者混淆商品或服务的重要信息,通常表现为隐瞒商品或服务本身具有法律、法规要求应予明示的瑕疵。比如,以散发说明书的形式对药品做广告宣传,但是说明书中并不说明药品禁忌证或本身具有的毒副作用;一家美国公司在广告中声称自己的产品"只需60分钟"就能使草坪变绿,而且"还能使他365天保持常青"。广告中的每字每句都属实,只是广告未提及该产品内含水溶性燃料,也未提及为保持草坪常青,需一次又一次地浇洒这种水剂,使消费者得到错误的总体印象、此广告被判为虚假广告。

第二,使用明显的歧义性表述,造成消费者错误判断。比如,广告中宣称"买一送一",却不明确标明赠送的品种、数量、价值或有效期限,消费者一般都会将"买一送一"理解为赠送与所购买产品同等的产品，即以一件产品的价格购买两件同等产品。但实际上，广告中宣称的"送一"，往往并非指同等产品，而是价格低廉，存在瑕疵或有效期将至的另类产品，有的甚至将"送"的商品价格暗中包含在"买"的商品价格之内；某房地产广告宣称"距火车站五百米"，事实上也确实是五百米左右，但这种距离却是无法直接通行的直线距离，因为由于火车沿线栅栏的阻隔，必须绕过2000米的地下道，绕道后距火车站竟达4000千米之远。这种"距火车站五百米"虽属事实，但显然是引人误解的。

第三，利用科学技术手段、艺术表达方式，误导消费者。广告本来就是一种艺术，适当的夸张是广告常用的一种方法，也是法律所允许的。适当的夸张，可以增强广告的感染力和影响力，更好地宣传产品或者服务。当然，使用夸张手法的广告也应有个限度，一旦夸张过度，就极易引起误解，极易构成误导广告。比如，某补钙口服液在电视上的广告，模特诉说："这人一上了年纪，就容易腰酸、背痛、脚抽筋，这也是病，得补钙，服用××牌补钙口服液腰不酸了，背不痛了，脚也不抽筋了。"我们知道，补钙口服液仅具有增加人体钙的功能，并没有治疗腰、背、脚的疼痛问题，但是该广告的表达方式容易误导消费者，暗示该牌口服液有治疗疼痛的作用，属于误导广告。

（3）误导广告的危害。

误导广告具有很大的社会危害性，一方面，对消费者构成误导，侵犯其合法权益；另一方面，也对其他市场主体构成不正当竞争，扰乱正常的市场，因此，必须进行法律规制，以制止误导广告出现。

（4）误导广告的国际立法。

欧盟在1984年出台规定，明令商业广告不得误导消费者。2005年5月通过，于2007年12月12日生效的《不公平商业行为指令》在成员国陆续实施，涵盖并取代了早先的《误导广告和比较广告指令》。《不公平商业行为指令》对违规广告作出详细规定，明确界定误导行为。其中包括虚假免费产品、虚假奖项和误导儿童等。这项指令不仅规定详细，而且涉及范围广泛，适用于所有欧盟成员国，将在欧盟所有成员国禁止广告误导行为。指令实施后，欧盟企业到任何成员国做广告要遵守相同的游戏规则。这是目前世界上限制广告误导行为最严格的指令之一。这一指令禁止行为包括：在广告中以低价商品引诱消费者，但该商品却没有一定规模库存；在消费者支付电话费和邮寄费后，仍征收其他费用的虚设奖项；在网络等媒体上向儿童宣传"现在就买这个"或"让妈妈给你买这个"等。其他禁止行为还包括：在不清楚是否由销售商为社论内容付款的情况下发布社论式广告；以吸纳新消费者而以非出售商品为营利手段的传销行为；虚假奖项或需要获奖者付款才能取得的奖项；某商品只在特定时段才出售的虚假宣传；在消费者未提出要求情况下，送去产品并索要钱款。指令还要求各成员国采取有效措施，让受害消费者能够通过行政或法律途径索取补偿。

根据新指令，欧盟企业到任何成员国做广告要遵守相同的游戏规则。新指令将误导广告等误导性商业做法区分为误导行为和误导性缺失。按照指令，如果广告等商业行为包含虚假信息，或即便所含信息在事实上是真实的，却以某种方式欺骗或可能欺骗普通消费者，并导致或可能导致消费者做出本来不会做出的交易决定，就构成误导行为。"误导性缺失"是指商家没有提供消费者做决定所需的"重要信息"或故意隐瞒以及模糊化处理，例如标明"本店商品打五折"，而实际仅在周日打五折。此外，《不公平商业行为指令》还对包含羞辱、强迫内容的过分商业做法做出了禁止性规定。在指令列举的此类做法中包括商家故意利用某类消费者群体的不幸人做文章，以怂恿消费者购买，如不少减肥、丰胸产品或服务的广告就属于此种行为。

第六节　外商投资广告企业的设立规定

一、中外合营广告企业的设立规定

（一）中外合营广告企业的设立程序

1. 报送审批

由中方主要合营者向其所在地有外商投资企业核准登记权的工商行政管理局呈报规定的文件。其中包括：设立中外合营广告企业的申请书；企业名称预先核准通知书；合营者股东会（董事会）决议；设立中外合营广告企业的项目建议书及合营各方共同编制的可行性研究报告；合营各方的登记注册证明；合营各方的资信证明；广告管理制度，由其提出初审意见。报国家工商行政管理总局授权的省级工商行政管理局审定，或经省、自治区、直辖市及计划单列市工商行政管理局核转，报国家工商行政管理总局审定。

国家工商行政管理总局或其授权的省级工商行政管理局自收到全部呈报文件 20 日内，做出同意或不同意的决定。

2. 颁发证书

国家工商行政管理总局或其授权的省级工商行政管理局颁发《外商投资广告企业项目审定意向书》后，由中方主办方向拟设立企业所在地省级商务主管部门提交规定的文件，经省级商务主管部门审核批准的，颁发外商投资企业批准证书，不予批准的，书面说明理由。

3. 中方主要合营者应遵守的审批程序

中方主要合营者持国家工商行政管理总局或其授权的省级工商行政管理局颁发的《外商投资广告企业项目审定意见书》、省级商务主管部门颁发的《外商投资企业批准书》及法律、法规规定的其他文件，按企业登记注册的有关规定向国家工商行政管理总局或有外商投资企业核准登记权的地方工商行政管理局办理企业登记注册手续。

（二）设立中外合营广告企业应具备的条件

设立中外合营广告企业，除符合有关法律、法规规定的条件外，还应具备以下条件：合营各方应是经营广告业务的企业；合营各方成立并运营两年以上；有广告经营业绩。

（三）申请设立中外合营广告企业向工商行政管理机关报送的文件

申请设立中外合营广告企业，由中方主要合营者向国家工商行政管理总局或其授权的省级工商行政管理局报送的文件。

申请设立中外合营广告企业、由中方主要合营者按规定的程序，向国家工商行政管理总局或其授权的省级工商行政管理局报送下列文件：设立中外合营广告企业的申请书；企业名称预先核准通知书；合营者股东会（董事会）决议设立中外合营广告企业的项目建议书及合营各方共同编制的可行性研究报告；合营各方的登记注册证明；合营各方的资信证明；广告管理制度；地方工商行政管理局的初审意见。

（四）申请设立中外合营广告企业向省级商务主管部门报送的文件

申请设立中外合营广告企业应按规定的程序，向省级商务主管部门报送下列文件：国家工商行政管理总局或其授权的省级工商行政管理局颁发的《外商投资广告企业项目审定意见书》；设立外商投资广告企业的合同；章程项目可行性研究报告；合营各方的登记注册证明；合营各方的资信证明；企业名称预先核准通知书；合营企业的董事会名单及各方董事委托书；地方商务主管部门的初审意见。

二、外资广告企业的设立规定

关于申请设立外资广告企业、申请设立分支机构的外商投资广告企业应具备以下程序和条件。

（一）设立外资广告企业办理程序

1. 外商投资者应遵守的上报程序

由外国投资者向国家工商行政管理总局或其授权的省级工商行政管理局呈报规定的文件。国家工商行政管理总局或其授权的省级工商行政管理局自收到全部呈报文件20日内，做出同意或不同意的决定。

2. 审批

国家工商行政管理总局或其授权的省级工商行政管理局颁发《外商投资广告企业项目审定意见书》后，由外国投资者间拟设立企业所在地省级商务主管部门呈报规定的文件，省级商务主管部门自收到全部呈报文件20日内，做出同意或不同意的决定。经审核批准的，颁发《外商投资企业批准证书》。

3. 登记注册

外国投资者持国家工商行政管理总局或其授权的省级工商行政管理局颁发的《外商投资广告企业项目审定意见书》和省级商务主管部门颁发的《外商投资企业批准证书》及法律、法规规定的其他文件按企业登记注册的有关规定，向国家工商行政管理总局或有外商投资企业核准登记权的地方工商行政管理局申请办理企业登记注册手续。

（二）外商投资广告企业申请设立分支机构的程序

1. 外商投资广告企业上报审批文件

由外商投资广告企业分别向其所在地省级商务主管部门、省级工商行政管理局呈报规定的文件。

2. 审批

所在地省级商务主管部门在征求同级工商行政管理局意见后，决定批准或不批准。决定批准的，同时将批准文件抄送设立地省级商务主管部门及省级工商行政管理局；不予批准的，书面说明理由。

3. 登记注册

外商投资广告企业持设立分支机构的批准文件及法律、法规规定的其他文件到其分支机构设立地有外商投资企业核准登记权的工商行政管理局办理分支机构登记注册手续。

（三）设立外资广告企业应具备的条件

设立外资广告企业、除符合有关法律、法规规定的条件外，还应具备以下条件：投资方是以经营广告业务为主的企业，投资方应成立并运营三年以上。

（四）申请设立分支机构的外商投资广告企业应具备的条件

设立分支机构的外商投资广告企业，应具备以下条件：注册资本全部缴清、年广告营业额不低于2000万元人民币。

（五）申请设立外资广告企业向工商行政管理机关报送的文件

申请设立外资广告企业，向省级工商行政管理局报送下列文件：设立外商投资广告企业的申请书；投资者股东会（董事会）决议；投资者编制的项目建议书及可行性研究报告；投资者的登记注册证明；投资者的资信证明；企业名称预先核准通知书。

（六）申请设立外资广告企业由外国投资者向省级商务主管部门报送的文件

申请设立外资广告企业，由外国投资者按规定的程序，向省级商务主管部门报送下列文件：设立外商投资广告企业的申请书；国家工商行政管理总局或其授权的省级工商行政管理局颁发的《外商投资广告企业项目审定意见书》；投资者编制的项目建议书及可行性研究报告；投资者的登记注册证明；投资者的资信证明；设立外资广告企业的章程。

（七）申请设立分支机构的外商投资广告企业向省级管理部门提交的文件

申请设立分支机构的外商投资广告企业，按规定的程序向省级商务主管部门及同级工商行政管理局提交以下文件：设立外商投资广告企业分支机构的申请书；董事会决议；广告经营年度审计报告；企业营业执照；经营场所证明；企业验资报告。

（八）设立外商投资广告企业后办理变更登记的情形

外商投资广告企业设立后，如出现下列情况之一的，应按规定的程序另行报批，并办理企业变更登记、更换合营方或转让；变更广告经营范围；变更注册资本。

（九）设立外商投资广告企业可由中介机构代理申报

外商投资设立广告企业，可以委托具有相应资格的中介服务代理机构代为办理申报手续。

三、中国香港和澳门投资广告业规定

为了促进中国香港、澳门与内地建立更紧密的经贸关系，鼓励香港服务提供者和澳门服务提供者在内地投资设立广告企业，根据国务院批准的《内地与香港关于建立更紧密经贸关系的安排》《内地与澳门关于建立更紧密经贸关系的安排》，《外商投资广告企业管理规定》附件就中国香港和澳门投资者投资广告业作出补充规定如下：① 自 2004 年 1 月 1 日起，允许香港地区服务提供者和澳门地区服务提供者在内地设立独资广告公司。② 香港地区服务提供者和澳门地区服务提供者应分别符合《内地与香港关于建立更紧密经贸关系的安排》和《内地与澳门关于建立更紧密经贸关系的安排》中关于"服务提供者"定义及其相关规定的要求。③ 香港地区服务提供者和澳门地区服务提供者应是经营（含非主营）广告业务的企业法人。④ 香港地区服务提供者和澳门地区服务提供者在内地投资广告业的其他规定，仍按照本规定执行。

第五章 广告行业自律制度

第一节 广告行业自律概述

加强广告行业自律,由广告从业者对自身的行为加以约束和管理有利于明确广告行业成员的权利和义务,规范广告行业行为和市场运行,防止不正当竞争,促进广告行业健康发展,维护消费者的合法权益和市场经济秩序。健全行业自律机制,有利于广告市场的健康发展,有利于充分发挥广告在促进市场经济建设中的作用。❶

一、广告行业自律的概念

广告行业自律,是指广告活动主体以行业普遍认可的行为规范,或者以行业组织依程序制定的广告活动规则为标准,进行自我约束和自我管理,使其行

---

❶ 刘凡. 中国广告业监管与发展研究 [M]. 北京:中国工商出版社,2007:240.

为符合国家法律法规、职业道德和社会公德的要求。❶

行业自律,从公法角度来看,是指经由政府的授权和批准,行业协会作为独立的经济主体进行的行业内部管理。行业协会自治权本来是原生于社会的权力,后来被政府纳入到国家权力之中,由政府统一行使,随着市场经济的发展和政府职能的转变,政府又将此权力回归给社会,由行业协会来行使。这说明行业协会的自治权并不是国家授予的,而是原生于社会中的,属于社会权力。而行业协会的私规则,也可能由于行业协会行使社会公共管理职能进而得到国家相关立法部门的认可,使其上升成为公法规则。❷广告行业自律就是广告业的自我教育、自我约束、自我规范,是广告业发展到一定阶段的产物,也是广告业发展成熟的表现。❸

二、广告行业自律的特征

与政府管理相比,广告行业自律具有如下特征。

(一)自发性

与强调国家监管职能的政府管理不同,自律行为的产生、依据、实施和责任承担都具有自发性。首先,广告行业自律行为的产生具有自发性,是广告行业组织、广告主、广告经营者和广告发布者的自愿行为和自主选择,而非根源于外界强制作用,自律规范也由上述自律主体自行制定;其次,这些自律主体一旦被纳入广告行业自律体系当中,都将自觉遵守自律规范,没有外力强迫其

---

❶ 刘凡.中国广告业监管与发展研究[M].北京:中国工商出版社,2007:45.

❷ 陈柳裕,唐明良.广告监管中的法与理[M].北京:社会科学文献出版社,2009:225-239.

❸ 国家工商行政管理局广告监督管理司.工商行政管理法律理解与适用丛书修订本——广告法律理解与适用:F卷[M].北京:中国工商出版社,1998:39.

遵守，公约和规范的维护主要依靠广告主体的内在信念和业界评价以及社会舆论监督，属于软性监督体制。广告行业自律是广告行业协会或者广告活动主体出于行业发展需要而主动积极开展的，而非政府的行政命令和强制。自律规则也是由广告行业协会和广告主、广告经营者、广告发布者等共同商议、自行制定的，是行业主体自我意志的体现。

（二）广泛性

无论是法律法规还是行政管理均有其无法干预的领域。广告行业自律贴近现实需要，及时反映形势变化，顺应广告业者利益诉求的优势使得它在面对各种广告行为的时候显得游刃有余，因此，广告自律涉及广告活动的方方面面，穷尽了一切广告行为。

（三）非强制性

广告业者及其组织机构本身都不属于国家机构，由它们所制定的行为规范自然也不具有国家强制力。行业自律更多属于道德领域范畴，需要通过自省行为和社会舆论加以实现，对于责任的承担也缺乏强制性的法律措施，而侧重于行业内部管理。如《中国广告协会自律规则》第十条规定："对于违犯规则的会员单位，根据情节轻重分别采取批评、内部通报和公开曝光的措施，对于影响特别恶劣，或坚持不改的，将解除其会员资格。"因此可以说，法律监管强调的是行为规范的由外而内，着眼点在于法律的威严；而行业自律强调的是行为规范的由内而外，着眼点在于广告活动者的道德信念，二者相辅相成，互相促进。

（四）灵活性

既然广告行业自律来源于广告业者及其组织的自发行为，与法律法规相比缺乏威严感和强制力，那么它就可以顺应形势的变化及时作出修正和调整，而无须达到法律规范所要求的内容的严整性和形式的规范性，不需要经过制定、修改法律的复杂程序。行业内部在产生争议纠纷时，自愿提交广告行业协会或者其他争议解决机构进行处理，对于裁决的结果也更易于被当事人各方所接受，能够有效地起到定纷止争的效果。

（五）专业性

在政府管理过程中，广告行业作为被监管对象而存在，尽管政府监管的目的在于保护广告行业从业者的合法权益，保障广告行业的健康发展，但根本目标和最终落脚点是整个社会经济的正常运转和社会秩序的维护。而行业自律规则的制定者同样都是利益相关者和广告行业的从业人员，广告行业组织相对于行政主管部门更易被广告从业人员视为"自己人"，这种自律体制更贴近现实需要，更易被接受，具有更强的专业指向性，确保自律体系内的广告行业效益。

三、广告行业自律的作用

广告行业自律具有诸多作用，它可以弥补行政监管不足，维护广告行业发展，推动行业诚信体系建设，提高广告企业国际竞争力。

（一）弥补行政监管不足

近年来，随着我国广告法治环境的改善和国家对广告违法活动管理力度的加强，广告违法在其内容和形式上较诸以往有了相当程度的变化，最初那种明目张胆的违法之举已销声匿迹，取而代之的是那种融虚假、欺骗于合法之中的不易被察觉的违法行为，其隐蔽性和欺骗性加大，在很大程度上增加了监督管理的难度。

强调广告行业的自律，并不是要走另一个极端，完全忽视政府的行政监管。政府监管和广告行业自律并不是非此即彼的关系。即便是广告行业自律发达的国家，如美国、英国，也存在着政府的监控，政府的机构管理和行业自律共同构成了的广告管理体系。而我们所需要的也只是在行业自律和政府监管间的"回转流返"，合理地调控行业自律和政府监管的关系，使两者统一起来。构建广告业与政府、与社会的长效沟通机制，发挥桥梁和纽带作用。开展广告行业调查研究，积极向政府及其部门反映行业、会员诉求，提出行业发展和立法等方面的意见和建议，积极参与相关法律法规、宏观调控和产业政策的研究、制定，参与制订修订行业标准和行业发展中长期规划、行业准入条件，协助政府部门贯彻产业政策、落实行业规划、完善行业管理。

（二）维护广告行业发展

从广告市场主体构成来分析，在市场的运行中广告的各个主体之间既存在着共同的利益追求，也有着各自的利益要求，是否能妥善处理其相互关系，对广告市场的运行起着决定性影响。其间关系处理得好，广告活动会给予各方面积极的回报；处理得不好，则往往会损害他者的利益。通过广告业的行业自律，经常性地自我监管，可以及时发现并纠正广告经营过程中的不规范行为，也便于通过信息共享平台等机制使得行政主管部门能及时查处并严厉打击广告市场中的违法行为，整顿广告市场秩序，这样，才能有效地规范广告市场主体的经营行为，树立广告业的良好形象，维护广告主、广告经营者、广告发布者和消费者的合法权益，促进广告市场健康、有序的发展。❶ 从硬件基础的层面看，广告行业发展迅速，但总体水平仍有待提高，这正是在自律机制建设方面存在"软肋"的缘故。

---

❶ 陈柳裕，唐明良.广告监管中的法与理[M].北京：社会科学文献出版社，2009：226-227.

（三）推动行业诚信体系建设

围绕规范市场秩序，健全各项自律性管理制度，制订并组织实施行业职业道德准则、自律规则，构建自律性管理约束机制，规范会员行为，加强自我监管，协助政府部门维护公平竞争的市场环境。依据法律法规和自律规则，为企业提供广告发布前的咨询服务，对广告创意和广告内容的合法性提出参考意见与建议。

（四）提高广告企业国际竞争力

帮助本土通过参股、控股、承包、兼并、收购、联盟等方式，参与国际广告服务市场的分工，积极融入国际广告产业链，在国际广告市场上占有更多的市场份额。引导和组织中小型广告企业加强联合，以其独特专长建立品牌，提高专业化服务水平，扩大国内外广告服务市场。搭建广告业国际交流合作平台，建立和完善对外交流管理制度，与不同国家和地区的广告组织、大学、广告公司等实体，建立合作关系，通过双向考察、研讨交流、参与赛事，加强中外广告业界间的沟通与学习。

四、广告行业自律的原则

广告行业自律原则是指在广告行业自律过程中必须遵守的指导思想和基本准则，它贯穿于广告行业自律活动的始终，体现了广告行业自律的宗旨与价值取向。广告行业自律规则的制定和实施都必须符合基本原则的精神。广告行业自律的基本原则主要包括以下几点。

（一）遵守法律法规原则

广告行业自律作为政府监管的重要补充，必须遵守法律法规的规定，自觉纳入到广告法制体系中来,以形成完整的广告法律环境。无论是广告的制作、经营、代理、发布还是广告的监督和管理都必须转到国家的广告法制轨道上来,顺应法制化国家的进程。广告行业自律规则必须符合法律的基本精神和根本目的,它的内容不得与法律规定相抵触,它的制定和实施必须符合法律的相应规定。

(二)维护市场主体利益原则

广告行业自律要维护市场主体特别是广告业主和消费者的合法利益,利益的维护是市场主体参与市场活动的根本动力,这有利于市场主体活动的正常开展,有利于市场经济的健康运转,也为行业自律活动争取了广泛的群众基础。在坚持这一原则的时候,要注意平衡好各方主体之间的利益,发挥和调动各方积极性,总的来说,消费者权益应当放在首位。

(三)公开公平公正和诚实信用原则

公开公平公正既是市场行为应当遵循的规则要求,又是一切监管行为应当遵循的基本原则,广告行业自律也应当以"三公"原则为行为准则,自律规则的制定和实施都应当透明化,符合正义的基本要求,坚持规则面前人人平等,不搞特殊化。诚实信用原则是社会公认的商业道德观念在法律上的体现。坚持诚实信用原则,广告市场主体法律关系的建立、变更和消灭都必须诚实、恪守信用、不欺诈、如实履行义务、不损害他人和社会利益。行业组织在履行职能的过程中也应当贯彻诚信原则,以事实为依据,如实判断各方权利,切实保护其合法利益。

(四)促进行业发展原则

广告行业自律实施的根本目的在于树立广告行业健康形象,促进行业的发展，从而推动整个经济的进步，因此广告行业自律规则的制定和措施的实施都必须能够保证促进行业和经济的发展。正如《中国广告协会自律规则》第一条所指出的："一切广告活动均应建立在为社会主义服务、为人民服务、为经济建设服务的原则基础上，力求广告的经营效益和社会效益的统一，并以此原则检验广告效果。"❶

第二节　广告行业自律组织

一、广告行业组织的含义

行业自律组织是行业的从业者为了自己的重大利益，如正常经营不致破产，也为了行业成员共同的重大利益，如全行业破产，或被国外企业占领市场，而采取让渡自己的一部分权利，委托一个自己的组织，对自己进行监督管理，这个组织就是行业协会。所谓行业组织，是指同行业的自然人、法人或者其他组织在平等、自愿的基础上，为增进共同利益、实现共同意愿、维护合法权益，依法组织起来并按照其章程开展活动的非营利性、自律性的社会组织。行业组织在性质上属于社会团体法人，由市场主体自愿组织成立，一般具有下述特点：由市场主体自愿成立；成员自愿出资形成团体财产或者基金，该财产或者基金属于团体所有；成员共同制定章程；团体以自己所有的财产承担民事责任；不以营利为目的。❷

---

❶ 蒋恩铭.广告法律制度[M].南京：南京大学出版社，2007：48.
❷ 刘双舟.新广告法精解与应用[M].北京：中国财政经济出版社，2015：75.

二、广告行业自律组织的权利

广告行业协会的权利包括言论自由、自律权、财产权、名誉权。

（一）言论自由

广告行业协会的言论自由，是广告行业协会在法律上享有的，向社会和国家反映组织成员的观点、意见、建议的权利。从某种程度上讲，广告行业协会的成立，是公民表达自由的重要方式。单个公民的声音是微弱的，要使自己的声音能够为国家所重视，可以联合自己的同阶层人士组成一定的利益群体，一定的利益群体所表达的言论必然受到国家的重视，从而国家法律规范和政策的制定能够顾及该组织成员的利益。要实现广告行业协会言论自由，有许多途径：可以通过成员成为立法机关的代表，可以通过代表协会成员向司法机关提起民事诉讼，可以支持成员向司法机关提起行政诉讼，等等。

（二）自律权

自律的权利来源于行业协会的自治权。自律权利一般不受国家机关的任意干涉，除了依照法律规定，由一定的行政机关对行业协会进行登记外，国家机关不可以干涉社会中介组织的自治权利。自律权利体现为行业协会的自我管理、自我服务。行业协会通过对内部事务进行协调、沟通、服务、管理和监督，来实现自律。根据法律面前人人平等的原则，当一定的当事人对行业协会的行为和其他成员的行为不服，在广告行业协会内部又穷尽了救济途径之后，可以向司法机关提起诉讼，要求司法机关审查广告行业协会的合法性。

（三）财产权

广告行业协会的财产权包括有形资产和无形资产两类。有形资产包含资金、办公用品、债权等，还包括其土地所有权、房屋所有权。无形资产包括著作权、专利权、商标权等内容。

（四）名誉权

广告行业协会名誉权包括名称权、荣誉权等内容。对以管理为主要职能的广告行业协会来说，其管理行为的好坏，涉及该协会在成员中的权威，涉及该协会作出的行为的执行力。

三、广告行业自律组织的义务

广告行业协会的义务主要包括维护公共利益、遵守法律、遵守内部规则等。❶

（一）维护公共利益的义务

是否以社会公共利益为目标，是区别企业与社会中介组织的基本标志。广告行业协会作为社会中介组织的一分子，应当以追求公共利益为目标。非营利性或者公益性是有关国家机关对社会中介组织监督的内容之一，当一个社会中介组织的行为明显违反其建立的宗旨、盲目追求经济利益、无视公共利益的实现、将收入的主要部分用于其工作人员或者创立者的利润分配时，就可以认定社会中介组织违反了法定的公益目的，应当依法承担相应的法律责任。

（二）遵守内部规则的义务

广告行业自律的依据是广告行业组织自订的章程、规定和广告行业共同订

---

❶ 全国人大常委会法制工作委员会经济法室.中华人民共和国广告法解读[M].北京：中国法制出版社，2015.

立的公约、准则等。广告行业自律规则是广告行业组织为了约束本行业的经营行为而制定的行业行为规范，是行业自律的主要依据。我国广告业的自律规则有《中国广告协会自律规则》《广告活动职业道德规范》《广告宣传精神文明自律规则》等。这些章程、规定、公约、准则构成了广告行业自律的体系。一般来说，行业自律规则应该比法律的规定更加严格和具体，否则就失去了行业自律的意义。广告主、广告经营者和广告发布者通过自行制定广告自律章程、公约和会员守则等方法，对自身从事的广告活动进行自我约束、自我限制、自我协调和自我管理，使其行为符合国家的法律、法规和职业道德、社会公德的要求。广告行业自律规则是广告法制体系的重要组成部分，是行业法制化的必要手段，也是广告业健康发展的基础保证。

（三）遵守法律的义务

法律是工人阶级领导的全体人民的意志，是建设社会主义市场经济体制的基本保证，广告行业协会应该模范地遵守法律。行业自律规则要把承诺遵纪守法放在第一位，在法律的指导和约束下实行行业自律。

四、我国广告行业自律组织

我国最具代表性的全国性广告业行业组织主要有：中国广告协会、中国商务广告协会、中国广告主协会。各广告行业组织服务职能侧重点有所不同，但是通过交流学习与团结协作，实现相互补充与融合，最终共同促进广告业科学发展。❶

---

❶ 蒋恩铭.广告法律制度[M].南京：南京大学出版社，2007：86.

（一）中国广告协会

中国广告协会成立于1983年，是由广告公司、广告媒体、广告主、广告调查机构、广告设备器材供应机构等经营单位、地方性广告组织、广告教学研究机构及个人自愿结成的行业性、全国性、非营利性的社会组织。中国广告协会是国家工商行政管理总局的直属单位，下设15个专业分会和专业委员会；各省广告协会及部分地市级广告协会为中国广告协会团体会员；中国广告协会代表中华人民共和国参加国际广告组织，国际广告协会中国分会设在中国广告协会。中国广告协会在国家工商行政管理总局的领导下履行"反映诉求、提供服务、规范行为"的基本职能，接受登记管理机关民政部和业务主管单位国家工商行政管理总局的业务指导和监督管理。

（二）中国商务广告协会

中国商务广告协会原为中国对外经济贸易广告协会，成立于1981年，隶属于中华人民共和国商务部，是以全国商务广告行业，包括相关的品牌和创意产业为主体的全国性行业组织。下设综合代理专业委员会、商务品牌战略委员会、创意产业委员会、文化体育委员会、创作委员会、影视广告工作委员会等分支机构，以及国际广告研究所、商务品牌战略研究所、创意产业研究所等研究机构。中国商务广告协会的职能是，围绕商务部的工作，团结引导全国商务广告界，在提高素质、加强自律的基础上，不断提升商务广告对我国内外经济贸易的服务功能，为促进我国经济社会的健康发展发挥应有的作用。加强对创意产业的研究，促进自主品牌（包括广告自主品牌的建设），以及加强对会员单位的服务，是中国商务广告协会工作的三条主线。

（三）中国广告主协会

中国广告主协会成立于2005年，业务主管单位为国务院国有资产监督管理委员会。2006年，中国广告主协会正式加入世界广告主联合会。中国广告主协会以"面向广告主、为广告主服务"为宗旨，以为广告主"维权、自律、服务"为基本职能，维护企业在营销传播中的合法权益，促进广告投资的科学化、规范化，不断提升广告主的市场竞争能力，引领和推动广告主企业走向世界。

第三节　广告行业自律规则

一、国际广告行业自律规则

广告自律，即广告行业成立自己的组织，如广告协会，制定全体遵守的准则，以树立本行业的声誉，配合政府维护行业竞争秩序。在推行广告的自律运动方面，国际商会可以说是比较积极的，早在1956年5月第15次总会时，就通过了《广告活动标准纲领》，其重点就是防止滥用广告，并加强广告主对消费者的责任，在1963年又通过了《国际商业广告从业准则》。这一广告从业准则对全世界的广告活动标准，影响力极大，世界各国和地区先后都订立了广告自律组织及规定，比较突出的如美国、日本、中国台湾地区等。下面就简单介绍一下《国际商业广告从业准则》和世界主要国家和地区的广告自律情况。

（一）国际广告从业准则

《国际商业广告从业准则》分为国际广告从业准则和国际电视广告准则两大部分。

1. 国际广告从业准则的适用范围

刊登广告的客户；负责撰拟广告稿的广告客户，广告商或广告代理人；发行广告的出版商，或承揽广告的媒体商。

2. 国际广告从业准则

（1）保护消费者利益的广告道德准则：① 应遵守所在国家之法律规定，并应不违背当地固有道德及审美观念；② 凡是以引起轻视及非议之广告，均不应刊登广告，广告之制作，也不应利用迷信，或一般人之盲从心理；③ 广告只应陈述真理，不应虚伪或利用双关语及略语之手法，以歪曲事实；④ 广告不应含有夸大之宣传，致使顾客在购买后有受骗及失望之感；⑤ 凡广告中所刊有关商号、机构，或个人之介绍，或刊载产品品质或服务周刊等，不应有虚假或不实之记载。凡捏造、过时、不实，或无法印证之词句均不应刊登。引用证词者与作证者本人，对证词应负同等之责任；⑥ 未经征得当事人之同意或许可，不得使用个人、商号或机构所作之证词。亦不得采用其相片，对已逝人物之证件或言词及其照片等，倘非依法征得其关系人同意，不得使用。

（2）广告活动的公平原则：广告业应普遍遵守商业上之公论与公平竞争之原则：① 不应采用混淆不清之广告使顾客对于产品，或提供之服务产生误信；② 广告应以本身所推销之产品及服务为基础，努力获得公众之信誉，不做侵害同业的宣传。

（3）广告商及广告媒体商守则：① 广告代理商及媒体商，不应诋毁其竞争者。② 在本国以外国家营业之广告商，应严格遵守当地有关广告业经营之法令，或同业之约定。③ 广告商为广告客户作歪曲或夸大之宣传，应予以禁止。④ 广告客户，对于刊登广告之出版物，或其他媒体有权了解其发行量，及要求提供确实发行数字之证明。广告客户得进一步了解广告对象之听众或观众的身份及人数，以及接触广告之方法，广告业者应提供忠实的报告。⑤ 各类广告之广告费率及折扣，应有明了翔实而公开之刊载，并应确实遵守。

（二）国际电视广告准则

国际电视广告业之约定，最初是由"国际广告客户联合会"于 1963 年召开的会中通过提出的。比利时、丹麦、法国、意大利、荷兰、挪威、瑞典、瑞士及联邦德国诸国曾派代表出席该会。该会对电视商业等广告，最初仅作若干原则性的规定，但为了达成前述目标，乃需进一步订立细则。

1. 基本原则

依据国际商会广告从业准则之规定，所有电视广告制作之内容除真实外，应具有高尚风格。此外，且须符合在广告发行当地国家之法令及同业之不成文法。因电视往往为电视观众一家人共同观赏，故电视广告应特别注意其是否具有高尚道德水准，不得触犯观众尊严。

2. 特殊广告方式准则

（1）儿童节目广告准则：在儿童节目中或在儿童所喜爱的节目中不应作足以伤害儿童身心及道德之广告。也不容许利用儿童轻信之天性或忠诚心，而作不正当之广告。特殊规定：① 利用儿童节目发表之广告，不应鼓励儿童进入陌生地方，或鼓励与陌生人交谈；② 广告不应以任何之方式暗示，使儿童必须出钱购买某产品或服务；③ 广告不应使儿童相信，如果他们不购买广告中之产品，则将不利其健康和身心发展，或前途将受到危害，或如不购买广告中的产品将遭受轻视或嘲笑；④ 儿童应用的产品，在习惯上，并非由儿童自行购买，但儿童仍有表示爱恶的自主权。电视广告，不应促使他们向别人或家长要求购买。

（2）虚伪或误人之广告：不论听觉或视觉广告，不应对某产品之价格，或其顾客之服务，作直接或间接的虚伪不实的报道：① 科学或技术名词和利用统计数字、科学上之说明或技术性文献等资料时，必须对观众负责；② 影射及模仿不应采用足以使顾客对所推销之产品或服务，发生错觉，借机遂行鱼目混珠之广告方式。

（3）不公平之比较及引证。

（4）滥用保证之避免。

（5）据实作证之原则：① 广告文不得具有作证性质之说明及含义；② 捏造、过时、不实之证词，均不得使用。引用证词者与作证者本人，应负同等责任；③ 未获得正式许可时，不得使用或引用个人、商号或机构所作之证词；④ 未经当事人许可，不能以其相片做证，亦不得引述其证词。对刊登已逝人物之证件或言论，或其相片，更应特别谨慎。

二、国外广告行业自律规则

（一）美国广告行业自律

除了政府管理外，美国广告业的行业管理组织也很多，如全美广告公司协会、美国广告联盟、全美广告评议委员会等，其中最有权威的是全美广告评议委员会，也称为全美广告监察委员会，隶属美国广告联合会。它是由广告主、广告公司、公众代表组成的组织。该委员会负责管理广告主对他们的竞争者所作的广告宣传提出的指控，调查普通公民的指控，并对广告实行监督。其工作程序大致为：当接到某一项指控后，首先让广告主作出说明，如不接受，就把档案交给全国广告工作局；广告工作局审查后，再提交联邦贸易委员会或联邦通讯委员会处理。

在美国，除了政府管理和行业管理外，广告公司和广告经营者都有很完善的自律守则。他们有自己的广告律师,负责处理与竞争者的广告纠纷。如美国三大电视公司,即全国广播公司、美国广播公司、哥伦比亚广播公司,都有自己的自律守则和律师机构。这样既可以尽量避免与竞争者发生纠纷,又可较好地应付那些不可避免的广告纠纷。

(二)英国广告行业自律

在英国广告管理中作用最大的是广告行业自律组织。全国性广告自律组织广告标准局,是英国广告行业自律的最高机构,该部门成立于1962年,局长是业外人士,局长指定12人(半数以上是业外人士),经费是广告版面附加费的0.1%,负责审查广告和受理申诉。还有广告人协会、广告商协会,对广播电视以外的其他媒体广告进行管理,其职责是代表公共的利益,仲裁和处理所有的广告申诉,该部门负责与政府机构和其他组织保持联系。此外,还有英国广告人联合协会、广告商协会、室外广告协会、邮购协会等20多个广告团体。这些团体负责管理非广播电视媒介的广告,对各种类型的商品广告进行事前审查。

在广告管理中作用最大的还是广告自我管理系统。该系统由两大部分组成:①对非广播媒介广告的管理系统。它由20多个广告业协会联合组成,负责制定非广播媒介的规范;受理和查处来自广告业内和所有公众的申诉;为广告主提供法律服务;联络政府部门和行业外的其他组织。该系统对包括香烟在内的各种类型的商品广告进行事前审查,在广告发布前提出意见,并对来自公众方面的申诉进行调查。②独立广播权威系统。它主要负责对电视、广播广告进行事前审查。根据该系统规则的规定,所有电视和广播所做的广告必须由"独立广播权威"进行两次审查。第一次是剧本审查,主要审查广告的内容及所用语言;第二次是制作完成后的审查,主要审查制作完成的作品与第一次审查的内容有无出入,若有较大出入或违法迹象,该系统可令其停止播放。

英国广告自律的主要法则是《英国广告职业行为准则》(British Code of

Advenising Practice，BCAP）。该法于 1962 年制定。1979 年该法的第 6 版出台，由广告标准局负责实施。制定该准则有双重目的：① 提出广告从业者共同遵守的具体准则；② 通过一系列自律措施，向外界证明广告是可以信赖的。该法的基本原则是，一切广告应合法、公正、诚恳、真实。该准则主要限于印刷广告、电影广告的管理，而不适用于广播广告、凭处方出售的药品广告以及邮购产品目录广告。该准则对酒类广告、头发产品广告、维生素和矿物质广告、广告中免费字眼的使用、广告中的王室成员、不予承认的广告权、儿童与 BCAP、毁誉广告、诱饵广告、授权发表的证书等作出了说明和规定。

英国广告自律的另一个重要规则是《英国促销职业行为准则》（the British Code of Sales Pro-Molion，BCSP）。该准则草创于 20 世纪 20 年代，1980 年、1984 年经两次修订，是《英国促销职业行为准则》的补充准则，由广告标准局和广告实务准则委员会联合负责实施。其签约组织与《英国促销职业行为准则》相似，食品制造商联盟和英国市场营销协会也加盟。该准则宗旨是确保"各种促销活动做到合法、正当、诚实与可信"，主要涉及以下方面：贴水价、减价和免费、附单和赠券的分发、个性化促销、慈善性促销、样品和奖品的宣传、刺激性促销和贸易、编辑和促销建议等。

（三）日本广告行业自律

日本广告界建立有各种各样的行业组织，每个组织都制定了各种广告伦理纲领、业务准则、条例、公约等，作为自己的行为规范。这些文件虽然不是法律，但有很强的约束力。广告业界称之为"半法"的效力。其体系构成可分为 4 个部分：① 广告业界共同的伦理纲领；② 有关媒介的伦理纲领和广告刊登标准；③ 有关广告业界的伦理纲领和规则；④ 广告主同行业之间的自主限制。

成立于 1947 年 2 月的日本广告会吸收了广告主、媒体和广告经营者为会员，把广告净化、道德化作为事业重点并开展了各种活动。1950 年 3 月，广告净化委员会成立，拟定了《广告净化纲要》。内容如下：① 广告必须以社会道德为基础，为公共福利事业做贡献；② 广告必须真实，要公正真实地向社会传达商品信息，对广告的社会反应要正确对待，并承担有关责任；③ 广告不能有诽谤内容，要回避过高评价自己的内容。对虚假、夸大的不良广告要坚决制止。

1953 年 10 月，全日本广告联盟成立，制定了《广告伦理纲领》。内容如下：① 广告应顺应既有之社会道德，并牢记大众之利益；② 广告若能本着真实的原则，避免夸大或歪曲，将得到大众对它的信任；③ 广告对商品应避免作夸大不实的陈述；④ 广告绝不能借诋毁他人而获利；⑤ 广告绝不可利用部分公众之迷信和无知；⑥ 绝对要避免剽窃或模仿别人的意念、技术、名称、包装和设计；⑦ 广告媒体以及广告主、广告代理，都必须认清他们对广告的责任。

日本广告主协会制定了《日本公正真实广告协定》。绝对不可使用：① 会引起人怀疑广告威信与尊严的措辞；② 利用法律法规漏洞的措辞；③ 欺诈夸大的措辞；④ 会引起不当投机心理的措辞；⑤借毁谤或贬抑他人以图己利的措辞；⑥ 可能会被认为是剽窃他人或是出处不明的措辞；⑦ 其正确性未经主管局认可的措辞；⑧ 会导致不当交易的措辞；⑨ 强迫人购买，或使对其产品或服务不熟悉的人导致错误认识的措辞；⑩ 对公认善良行为有害的措辞。

在销售与广告方面，日本广告主协会确定了广告界均应恪守的原则：①广告经营的责任就是要把商品的正确知识传播给消费者，以使人们获得更好的生活。②广告经营应不断研究经营方法、公正的销售方法与更经济有效的制做广告的方法，以便将更廉价的产品与服务提供给消费者。③广告经营应致力于研讨消费者问题，这样，他们的要求才能从市场里得到满足；应积极参加政府与民间组织主办的与消费者建立关系的活动。④关于广告活动，消费者所提出对产品、服务或销售的建设性意见，广告经营者表示诚意的接受。

（四）法国广告行业自律

法国广告业自律团体是广告审查协会。它是为了消费者的利益，促进广告的健康发展，1953年由法国广告联盟、消费者协会和主要的广告经营者组织而成。该机构站在消费者立场上，对除广播、电视外的所有媒介的广告进行审查。它可以在广告发布前提供咨询，并处理所有消费者和行业关于广告的申诉，并监督广告法规的实施情况。

（五）加拿大广告行业自律

加拿大的广告管理主要是依靠发达的行业自律，其广告业自身形成了专门系统的自律体系和组织网络。加拿大广告业自律组织主要是加拿大广告基金会。该基金会经费由广告主、传播媒介和广告公司3家提供，下设4个工作机构。基金会在全国各地还设有6个地方理事会，由工业界和公众自愿组成，有时借助官方的帮助。地方理事会的主要职责是处理地方性的广告纠纷，特别还负有对两种特殊广告——以12岁以下儿童为对象的广告和妇女卫生用品的电视广告进行监督的责任。地方广告标准理事会接到对广告的书面控告以后，对合理的控告予以调查，由理事会职员作出裁决，可以向全体理事会上诉。全体理事会经复审后作出支持或撤销原裁决的决定。对于广告主拒绝服从裁决，理事会便通知传播媒介停止接受其广告。在实践中，广告主不服从理事会裁决的情况很少，大约有90%的事件在理事会职员这一级就解决了。对儿童广告和妇女用品广告，由理事会审查委员会负责，审查委员会由广告人、传播媒介、广告公司和公众组成，通过审查的广告被编成号码，准予登（播）出，号码有效期一年。

加拿大政府对广告的管理主要是从制止不正当竞争、保护消费者利益的角度，制定和实施约束广告活动的法律。对一些特殊商品的广告、具有特殊诉求对象的广告实施具体管理。如加拿大政府规定，食品、药品和化妆品广告必须经过政府审查通过，才可以在电视台、电台播放，电视、电台不准做烟酒广告，电视台、电台播放广告的时间量不得越过政府规定的限度等。

（六）澳大利亚广告行业自律

澳大利亚的广告行业自律比较严密、健全，以行业协会为管理的组织形式，建立起立法、审查、仲裁等一整套管理体系。其广告业的自我管理机构主要有澳大利亚广告主协会、澳大利亚广告公司联合委员会、澳大利亚媒介委员会，以及由这3个组织发起成立的澳大利亚委员会和广告标准局。澳大利亚广告业委员会的主要职责是对内协调广告主、广告公司、广告媒介三方的关系，对外向公众宣传广告的作用。广告标准局的主要职责是处理广告纠纷案件，并对广告纠纷进行仲裁。为了保证仲裁的公正，广告标准局的11名成员中，有5名是广告业之外的社会知名人士，使标准局相对独立于广告界。

澳大利亚广告媒介委员会是澳大利亚广告业自我管理体系的核心组织，澳大利亚所有民办商业媒介都是媒介委员会的委员。媒介委员会内设有媒介认许处、广告行业和标准处、香烟广告处、酒类饮料广告处、医药广告处、贬低广告管理处等机构。

媒介委员会的主要职责是制定广告标准，向广告公司颁发允许其与媒介发生业务关系的许可证，并按不同媒介、不同广告内容建立不同层次的广告发布前的审查制度，这样可以有效地把虚假广告阻止在发布之前，避免由此而引起的纠纷。凡利用电视、广播媒介发布药品、香烟、酒、减肥、农药等内容的广告，必须事先由电视、广播专业媒介协会审查，未经审批，媒介无权发布。印刷出版物广告包括报纸、杂志和各种印刷品广告，由于印刷品媒介零散、广告量大，由各个媒介自行负责审查。其他媒介发布的广告，由于影响面小，广告内容不易出现问题，所以由广告主或广告公司分别负责审查。媒介委员会还通过仲裁机构——广告标准局,专门处理违法广告的行业纠纷案件。广告标准局接受公众或企业的控告信,分别交给广告主、广告公司、媒介单位进行讨论,并听取有关专业媒介委员会的意见,最后对案件进行仲裁。媒介委员会内部无法调解的案件,上报政府,借助政府管理的强制性来解决。一般来说,在案件的处理上,大案归政府处理,一般案件归行业组织处理,充分发挥行业组织自我调解的机能作用。

媒介委员会内设的媒介认许处的主要职责是向广告公司颁发媒介许可证,广告公司保证稳定的财政状况,遵守媒介委员会的各项规定,才能得到许可证。建立媒介许可证制度,目的是为了保护媒介制度,同时也为了把广告公司和广告主纳入广告业的自我管理体系,使广告公司和广告主必须遵守媒介的统一政策和规定,通过媒介的行业管理达到整个广告业的自我管理。广告行规和标准处、香烟广告处、酒类饮料广告处、医药广告处的主要职责是研究行业自我管理中的问题,提出各项行规、标准的修订、补充意见,并监督各项行规的实施。这些机构实际上相当于广告自我管理体系中的立法机构。贬低广告管理处的主要职责是确定"贬低"界限,对有关"贬低"广告的纠纷进行解决。由于澳大利亚允许比较广告的存在,所以竞争对手之间在广告创意设计中也较多地采用比较广告的手法,进行广告宣传,因此也会带来利用广告相互贬低,进行不正当竞争的现象。贬低广告管理处就是为此而设置的专门处理贬低广告的机构。

三、我国广告行业自律规则

广告行业自律规则是广告行业组织为了约束本行业的经营行为而制定的行业行为规范,是行业自律的主要依据。我国广告业的自律规则有《中国广告协会自律规则》《广告活动职业道德规范》《广告宣传精神文明自律规则》等。❶下面重点介绍《中国广告协会自律规则》。

---

❶ 梁绪敏,高寺东.广告法规管理与道德自律[M].北京:群众出版社,2006:272-279.

为了进一步建立良好的广告经营秩序，提高广告业道德水准和整体服务水平，1994年12月7日，中国广告协会第四次会员代表大会审议通过了《中国广告协会自律规则》（以下简称《规则》，共计12条）。

1. 对自律范围作出了规定

中国广告协会的全体会员在广告经营活动中必须共同遵守本《规则》。中国广告协会通过开展"重信誉、创优质服务"等活动促进广告行业自律的实施和逐步深化。❶

2. 对广告活动作出了自律要求

《规则》要求一切广告活动均应建立在为社会主义服务、为人民服务、为经济建设服务的原则基础上，力求广告的经营效益和社会效益的统一，并以此原则检验广告效果。

（1）广告经营单位要建立严格的广告承接、验证、内容审查、合同、财务等各项管理制度，特别是应当认真查验证明、审查广告内容，以保证广告内容的真实性，提高工作效率。

（2）实施广告，应进行市场调查、消费者研究及相关法规许可范围的研究，以保证广告的科学性和合法性，避免盲目性。

（3）广告创作要坚持创新、尊重版权，不得抄袭他人的创意，不得侵犯公民的肖像权。

（4）广告经营单位的竞争应体现在优质服务方面，不得采取贿赂或竞相压价等不正当手段拉广告。

（5）广告发布价格标准应根据媒介的收视率、收听率、读者范围、媒介权威性以及服务水平来制定。各经营单位需按媒介价格标准统一、公开报价，不得随意抬高或压低广告价格。

---

❶ 何修猛. 现代广告学[M]. 5版. 上海：复旦大学出版社，2003：337.

（6）广告经营单位之间应友好合作，密切配合。对于广告公司经过认真策划、设计创作的广告，各媒介单位应予以支持。

（7）会员单位以广告协会及其成员名义组织的有关广告涉外活动应报中国广告协会备案，接受中国广告协会的协调和指导。

3. 对违反《规则》的行为的处理方式作出了规定

对于违反本《规则》的会员单位，中国广告协会将根据情节轻重给予批评、内部通报和公开曝光等处罚，对于影响特别恶劣或坚持不改的，将解除其中国广告协会会员资格。另外，各专业委员会，各团体会员单位还要分别按照专业和层次对违反《规则》的会员形成舆论压力，对其不正当行为进行公开抵制。对于同时违反广告管理法律法规者，广告监督管理机关按照有关法律法规进行行政处罚。

四、广告行业公平竞争自律规则

为促进广告市场健康发展，鼓励和保护公平竞争，防止不正当竞争行为，中国广告协会第四届理事会第四次会议通过了《广告行业公平竞争自律原则》，倡导在广告活动中应当遵循自愿、平等、公平、诚实信用的原则，遵守公认的商业道德。广告行业公平竞争自律守则包括以下3方面的内容。

（一）广告主竞争守则

广告主应当认真履行广告业务合同，按合同规定的时间和数额支付广告费，不得拖欠；尊重广告公司及其他广告服务机构的劳动，按合同规定付给广告公司服务费用；采用比稿的形式选择广告公司时，应对广告公司提供的策划、创意方案等支付费用。采用比稿者的任何文件，事先应征得文件所有者的同意，不得无偿占有广告经营者的劳动成果；不得以任何方式向广告经营者、广告发布者及广告服务机构索取个人回扣。

（二）广告经营者竞争守则

广告经营者应当坚持公平竞争，以服务质量取胜。必须坚持政府规定的广告代理费标准，不得以给个人回扣等不正当手段争夺客户；与媒体建立正常合作关系；不得采用财物或其他手段进行贿赂，以从媒体争取有利或紧俏的时间和版面；不准垄断媒体购买，不得以高出媒体的公开报价转卖广告刊播时间和版面；应公开媒体刊播实际收费和次数，不得有减少发布次数欺骗客户的行为；不得以盗窃、利诱、胁迫等不正当手段获取其他广告经营者的商业秘密；不得以不正当手段从其他广告公司延揽高级管理人才，正常调换公司的人员，一年之内不准与原公司的客户建立合作关系。

（三）广告发布者竞争守则

广告发布者必须真实地公布发行量、覆盖面、收视、收听和阅读率等资料；广告价格及优惠办法必须遵循"统一、公开、公平"的原则；广告价格应根据收视率、收听率、阅读率、影响面、服务质量等因素制定，并按照市场供求关系进行调整；严格履行合同，不漏播、漏发广告，如发生漏播、漏发现象应向广告主、广告经营者赔偿；不得强制广告主、广告经营者通过媒体指定的代理公司进行代理，不得强制搭售时间、版面或附加其他不合理的交易条件。

对于上述行业公平竞争自律守则，各地广告协会应当采取有效措施，教育会员单位自觉遵守和维护，为广告市场公平竞争创造良好的环境和条件。广告主、广告经营者、广告发布者应互相尊重、互相监督，发现违反自律守则的单位和个人，应及时向所在地方广告协会或中国广告协会举报。

违反上述自律守则，情节轻微的，由所在地方广告协会或中国广告协会提出批评；情节严重或坚持不改的，由中国广告协会在公开出版物上曝光，是中国广告协会会员单位的，取消其会员资格，是中国广告协会命名的"全国广告行业文明单位"和"全国广告宣传文明单位"的，取消其荣誉。必要时向政府广告监督管理部门建议，重新审查其经营资格，或予以必要的处罚。

五、广告宣传精神文明自律规则

为了加强广告行业的精神文明建设，提高各类广告的精神文明标准，中国广告协会制订了《广告宣传精神文明自律规则》，倡导自觉遵守。具体来说，主要包括下面的内容。

第一，广告作品应当体现社会主义思想道德风貌，积极倡导和反映爱祖国、爱人民、爱劳动、爱科学、爱社会主义的好风尚。广告创作应当体现下列原则：有利于引导消费者健康消费，反对奢靡；有利于弘扬中华民族精神和民族文化，增强民族自信心和自豪感；有利于普及推广科学知识、破除和反对封建迷信和伪科学；有利于促进国家各项建设事业的健康发展；有利于国家统一和各民族的团结和睦。

第二，广告应维护国家尊严和利益，不得出现下列内容：危害国家统一、主权和领土完整；丑化、影射、诽谤、侮辱我国国家领导人和著名人物；使用禁止演唱的歌曲作为背景音乐；煽动民族分裂、破坏民族团结、伤害民族感情。

第三，广告应当体现科学、真诚、善良，不得夸大、欺骗、宣传伪科学，不得出现带有封建迷信、鬼神、算命、相面、看风水及恐怖、暴力、丑恶的内容。

第四，广告应当有利于维护社会公共秩序和树立新的社会风尚，在广告中不得出现破坏公共设施、公共环境秩序的行为，以及吸烟、酗酒、虐待老人和儿童，纵容犯罪、恃强凌弱等不文明举止以至违法的行为。

第五，广告应当体现尊重妇女，男女平等。凡涉及妇女形象的，应当展示社会主义国家女性公民的独立地位和庄重形象，不得出现下列内容：歧视、侮辱妇女；宣扬男尊女卑；伤害、排斥女性；性行为、性挑逗的描述和过分地展现性特征；具体描写、形容与性行为有关的用品、药品、滋补品的特征、功能。

第六，广告应有利于儿童身心健康。儿童使用的产品或者儿童参加演示的公告，必须注意儿童优秀思想品德的树立和培养；广告中出现的儿童和家长形象，应表现出良好的思想道德修养，不得出现下列内容：利用儿童给家长施加压力；儿童对长辈和他人不尊重、不友善或有不文明举止；以是否拥有某种商品而使儿童产生优越感或自卑感；利用超出儿童判断力的描述，使儿童误解或变相欺骗儿童或其他消费者；表现不应由儿童单独从事的某种活动；画面出现青少年及儿童吸烟、饮酒形象。

第七，广告要正确引导大众消费，不得出现下列内容：直接或间接宣扬享乐主义、奢靡颓废的生活方式；使用封建帝王、贵族的名称、形象以衬托产品高贵特征；诱导人们在消费中可能采取不良行为。

第八，广告内容要体现尊重和弘扬祖国优秀传统文化，要正确使用祖国的语言文字，大力推广普通话，不得出现下列内容：广告道白用地方语言代替普通话（地区性媒介除外）；贬低、丑化、否定祖国优秀传统文化；不恰当地编造谐音成语或使用文理不通的语句，引起误导；使用已被简化了的繁体字和不符合规定的各种简体字、异体字；单独使用汉语拼音而无汉字并用。不符合规范标准的广告用字，有下列情况之一的应被允许使用：中华人民共和国成立前书写并沿用至今的老字牌匾用字；文物古迹中原有的文字；已注册商标定型字。

第九，广告要客观公正地宣传国内外商品，不得诱导消费者对外国商品盲目崇拜，对民族工业产品盲目贬低。

第十，会员单位在广告制作、设计制作过程中应自觉遵守自律规则规定，在发布广告前应当按照广告管理法律、法规的规定，并参照自律规则严格审查广告内容。

中国广告协会各专业委员会应根据本专业实际情况，增补自律条款，并切实加强本专业的自律。对违反上述自律规则的会员单位，中国广告协会将视情节轻重给予批评、通报批评、除名等处分。

六、出口广告自律规则

为了保障出口广告业务和经营活动的正常开展，促进出口广告工作健康科学地发展，中国对外贸易广告协会制定了《中国对外贸易广告协会会员关于出口广告工作的自律守则》，主要包括以下内容。

第一，坚持广告为出口贸易服务的宗旨。增强广告意识，自觉地把出口广告作为出口贸易的重要组成和有效投资。不断提高出口广告的有效性，为我国商品开拓国际市场、增加出口创汇守职尽责。

第二，遵守社会主义广告的经营道德。坚持出口广告的真实性、科学性和计划性。建立广告主、广告公司、广告媒介之间的良好伙伴关系，自觉遵守广告工作者的职业道德，努力提高中国出口商品广告的整体水平。

第三，维护出口广告经营者的合法性。经营出口广告应在国内依法取得营业执照或经营许可证。经营者都应严格按照批准的经营范围从事经营，未经批准的单位或未经批准的经营范围，保证不从事经营活动。

第四，坚持出口广告经营的代理制。出口广告业务应委托境内取得出口广告经营权的单位代理进行。无出口广告经营权的单位不对境外媒介自行发布出口广告；兼营出口广告的单位，不为自办媒介以外的其他媒介代理广告业务。

第五，反对以不正当竞争手段从事经营。广告经营单位之间，团结协作，相互支持，以向广告主提供优质服务为条件，开展广告经营活动。任何单位都不得以垄断、给回扣、压低佣金或其他不正当方式在同业之间进行竞争。

第六，自觉抵制"人情""关系"广告。广告主和广告经营单位均应自觉抵制"人情广告""关系广告"，严格执行广告计划和广告预算，杜绝广告经费的流失，确保出口广告的促销效果和广告经费的有效使用。

第七，严格履行广告业务合同。在出口广告业务活动中，广告主、广告代理、广告媒介之间，均应签订书面广告合同。广告合同一经签订，合同双方均应严格执行合同条款，按期、按质、按量发稿、刊播、发行，并做到及时付款。坚持重合同守信用。

第八，严禁在广告业务活动中谋取私利。在广告业务活动中应廉洁奉公，自觉维护国家和集体的利益，抵制不正之风。对在广告业务活动中，弄虚作假提出非分要求，从境内或境外获取私利的单位和个人，应依据行政、法律的规定，予以查处。会员违反规则，协会有权依据协会章程，视其情节作出处理。

第六章　广告监管制度

第一节　广告监管概述

广告监管是工商行政管理部门依照法定职责对广告活动和广告内容进行行政管理的活动。市场经济是法制经济,政府在监管市场主体活动时必须依法行政,不能滥用行政权力。行政管理机关对广告市场的监管同样需要尊重市场经济规律,进行适度且有效的监管,努力实现"公平、效率、秩序、自由"等市场经济的基本价值。

一、广告监管的概念

广告监督管理简称广告监管,是政府广告监督管理机关依据法律、法规,行使国家授予的职权,对广告活动全过程进行监督、检查、控制和指导的工作。它是国家宏观调控经济的行为之一,属于上层建筑的范畴。❶ 本书所论述的广

---

❶ 刘林清,等.广告监管管理[M].北京:高等教育出版社,2004:156.

告监督管理，是国家对广告的监督管理，是狭义的广告监督管理概念。这个概念有以下6个方面的理解。

（1）政府广告监督管理机关是指各级工商行政管理机关。对此，《广告法》有明确的规定：县级以上人民政府工商行政管理部门是广告监督管理机关。

（2）广告监督管理的范围是广告活动的全过程。包括：对广告市场准入资格的确认，对广告设计、制作、发布的控制和监督，对广告活动涉及的各种社会关系的维护和调整。

（3）监督是指工商行政管理部门对在广告市场中从事广告活动的组织或个人进行监审和督察，使其广告经营、发布活动在国家法律和法规允许的范围内进行。

（4）检查是指工商行政管理部门对在广告市场中从事广告活动的组织或个人的经营行为进行检查，以规范市场行为，保护合法经营，取缔非法经营，查处违法广告。

（5）控制是指工商行政管理部门通过核发营业执照，审查广告收费标准，调查统计广告经营状况等活动，实施广告企业监督管理，促进广告业有计划、有步骤地发展，将广告业的发展方向和发展规模纳入政府对第三产业发展计划之中。

（6）指导是指广告监督管理机关指导广告行业协会及广告主、广告经营者、广告发布者等广告经营组织之间交流经验，使广告业的发展符合经济规律的要求，提高业务水平，遵守广告监督管理的法律、法规和行政规章，建立健全行业自律的制度等。

二、广告监管的作用

广告监督管理对于维护广告市场秩序，保护消费者、经营者合法权益，促进社会和谐等方面具有重要意义。

1.广告监督管理是促进广告市场发展和维护广告市场良好秩序的必然需要

广告发布媒体、广告主、广告代理公司等广告市场主体追求利益最大的本能和广告市场自发调节固有的缺陷，往往容易发生虚假宣传、不正当竞争、侵害他人权益等问题。为保证广告市场有序运行，客观需要广告监管机关不断健全广告市场行为规则，加强对广告市场行为的监督，规范各类广告市场主体的经营行为，保证广告市场有序运行。

2.广告监督管理是维护公共利益和消费者、经营者合法权益的有效保障

广告监管是基于公共利益的监管活动，维护公共利益是广告监管的重要职责和价值取向。广告监督管理机关承担着保护消费者、经营者合法权益的职责，依据法律、法规、规章的规定，通过采用法律和行政手段，对全社会的广告活动实施干预和监督，打击虚假违法广告活动，制止广告活动中的不正当竞争行为，从而维护广告市场主体的合法权益。

3.广告监督管理是促进社会和谐发展的重要手段

广告既有经济属性又具有意识形态属性，对社会思想、社会文化和社会风气会产生不容忽视的影响。广告监督管理机关对广告活动的规范与调整，也是对广告活动参与者以及社会的管理。广告监督管理的过程，就是服务经济、服务社会的过程。

三、广告监管的特征

广告监督管理的目的是维护国家利益、社会公共利益和消费者合法权益，维护市场公平竞争秩序，促进广告业又好又快发展。❶

---

❶ 国家工商行政管理总局.广告业发展与监管[M].北京：中国工商出版社，2012：147.

（一）监管对象的确定性和不确定性

一方面，广告行政管理机关所监管的对象是特定的，即广告活动的广告主、广告经营者、广告发布者及其广告活动，其他主体之间的法律关系不成为广告行政管理的对象；另一方面，广告监管的对象又是不确定的，新的广告媒介、广告传播方式的出现，对广告行政管理造成极大的冲击。

（二）监管内容的广泛性和复杂性

网络广告以及流媒体广告的出现则打破了时空的局限，中国网站的广告在世界各地都可以看到，同样，世界各地的网络广告我们也可以看到。有手机信号的地方可以向世界各地发布短信广告，而各地出现的手机短信诈骗层出不穷正是在这一背景下出现的。这种时空平衡的打破，客观上增加了广告监管的复杂性。

（三）监管工作的实时性和动态性

现代广告的发布手段越来越发达，电视广告、网络广告、短信广告等可24小时动态发布，违法广告随时可能出现。因此，静态监管已经不适应广告监管的要求，广告业的发展现状要求广告行政管理具有实时性和动态性的特点。

（四）监管工作的强制性和多样性

广告行政管理是代表国家权力实现对广告业的规范和管理，具有强制性，一般以行政许可和行政处罚的方式出现。但是，实现政府的职能，光有强制性的处罚是不够的，需要辅助以教育、引导、服务、咨询等措施，只有这样才能落实国家产业政策，使广告业健康有序发展。

四、广告监管的范围

广义上的广告行政管理包括广告活动主体的内部管理以及执法机关、社会舆论对广告活动主体市场行为进行监督管理两个方面。具体内容有以下 4 个方面。

（一）广告主的广告活动管理

广告主根据其企业发展战略、品牌发展战略所制定广告发展计划，并进行具体实施的过程。即广告主自我管理的过程。

（二）广告经营者对广告活动的管理

取得广告从业资格的广告经营者在其经营范围内，从事广告设计、制作以及广告代理等活动，为确保这些广告活动的有序进行，要对整个广告活动监控和管理，以实现盈利。即广告经营者自我管理的过程。

（三）广告发布者对广告活动的管理

广告发布者在其控制的媒体上发布广告，对发布的广告进行程序性审查，保证广告发布的合法性。是广告发布者自我管理的过程。

（四）国家对广告活动的监督管理

国家权力包括立法权、司法权和行政权 3 个方面：① 从立法的角度看，是国家权力机关针对广告活动进行立法，规范各种广告主体之间的关系，明确各自的权利和义务，确定市场规则；② 从司法的角度看，司法机关按照法律的有关规定，接受广告当事人的诉讼请求，保护各方当事人的合法权利，惩罚广告违法犯罪；③ 从行政的角度看，国家执法机关对广告主、广告经营者、广告发布者等市场主体进行监督、检查、控制和指导，对违法广告进行查处，保障广告业健康有序发展。

五、广告监管的原则

广告监管本质上是行政执法行为。广告市场作为市场经济中最为活跃的组成部分之一，按照何种原则进行监管非常重要。根据行政法的基本要求以及广告业的实际状况，广告行政管理应当包括以下4个原则。

（一）依法行政原则

依法行政原则是现代法治国家政府行使权力所普遍奉行的基本准则。广告行政管理机关在行使职权时必须依据法律、符合法律，不能随意违反或变更法律依据。依法行政的基本要求包括：① 广告行政管理机关实施行政行为必须严格按照法律所规定的方式、步骤和程序进行；② 广告行政管理机关行使职权所选择的程序必须有利于保护相对人的合法权益，促进整个广告业的发展；③ 广告行政管理机关违反法定程序的行为，应予以撤销；④ 违反法定程序的行政机关应承担相应的法律责任。

（二）公正、公开原则

公正原则具体包括以下要求：① 广告行政管理机关对所有广告活动主体都要一视同仁，为他们公正地提供各种机会；② 广告行政管理机关在行政处罚时，要了解必要的事实真相，查明事实并收集有关的证据；③ 广告行政管理机关在做出行政许可或行政处罚时，要排除偏见，如实行回避、审裁分离、禁止单方面接触制度等，保障公正原则得以实现。

公开原则具体包括以下要求：① 广告行政管理机关行使行政管理权的法律

依据必须公开，我国政府职能的转变，《行政许可法》以及《中华人民共和国行政处罚法》（以下简称《行政处罚法》）等法律的实施，要求行政机关的职权是确定的，不能随意增加；② 广告行政管理机关的行政信息公开。除非法律有不得公开的禁止性规定，其他诸如广告行政管理机关制定的规章、政策性文件以及工作流程等都应当向社会各界公开；③ 广告行政管理机关的行政过程公开。使广告活动主体能够清楚行政过程，从而维护自身权利；④ 广告行政管理机关的行政决定公开。广告行政管理机关对广告活动主体的合法权益做出有影响的决定，必须向广告活动主体公开，使其获得行政救济的机会。

（三）行政监督与社会监督、行业自律相结合原则

面对复杂的广告市场状况，有效的行政监管必须与社会监督有效结合起来。一方面，鼓励广大消费者以及消费者权益组织，抵制和检举违法广告，解决行政执法力量不足的问题；另一方面，发挥新闻媒体的监督作用，曝光重大的违法广告，特别是虚假广告，及时警示广大消费者。市场经济本质上是诚信经济，要求每个广告活动主体在从业过程中遵守法律法规、遵守社会道德规范和行业基本规范，由于法律的不完善，广告从业者的自律最为重要，因此，广告监管必须与行业自律结合。广告行政管理机关应积极倡导建立行业规范、规章，充分发挥行业性组织在规范广告业中的作用。

（四）管理、协调与服务相结合原则

行政监管机关的职能包括管理、协调、服务3个方面。管理就是一方面制定有关的法律规范，确定市场主体的权利和义务，确保市场主体守法经营，另一方面对市场主体的行为进行许可或处罚，维护市场的正常秩序；协调就是调和市场主体的利益冲突，构建良性竞争的秩序；服务就是对整个网络广告行业的发展进行引导，协调解决市场主体发展过程中的难题，提供各种政策性咨询，

为整个网络广告业的健康发展营造良好的氛围。因此,广告行政管理机关应将规范、协调、服务三者有机结合起来,以此很好地行使监管职能,得到广告活动主体的积极配合和支持,中国广告业也会迅速发展。

第二节　广告监管模式

一、广告监管模式的类型

广告监管的模式,分为自律主导型和国家主导型两大类型。

(一)自律主导型

自律主导型,是指以行业自律为主,国家监管、社会监管为辅的广告监管模式。在美国,广告业建立了广告联合俱乐部、广告代理商协会、美国广告联盟、美国广播事业协会等自律组织,对广告实行严格的自我管理;与此同时,将严密的法律制度、国家监管、社会监管作为外部保障,有效地对广告进行监管。❶ 美国全美广告协会制定了电视守则,英国广告实践委员会制定了广播广告行为标准准则、电视广告行为标准准则、短信服务规则等;日本报纸协会制定了报纸广告伦理纲领报纸广告发布标准等,民间播放联盟制定了播放标准等。不同形式的大众传播媒介传播特点不同、受众不同、主管部门不同,具体的发布行为规范也属于比较具体的内容,广告法中对此难以作出规定。❷ 很多国家通过包括自律规范在内的多种形式对利用大众传播媒介发布广告作了行为规范。

---

❶ 邓国取.广告学[M].上海:立信会计出版社,2008.:269-271.
❷ 全国人大常委会法制工作委员会.中华人民共和国广告法释义[M].北京:法律出版社,2016.

（二）国家主导型

国家主导型，是指政府监管为主，行业自律和社会监管为辅的广告监管模式。如法国通过制定严格的广告法律法规、依法实行发布前审查制度、由特定机构进行严密监督、查处和严厉惩罚违法广告行为等一系列手段，形成了以政府为主的广告监管模式。尽管法国也有行业自律和社会监督，如法国消费者联盟，但只起辅助作用，促使广告主体遵守法律法规。

二、我国广告监管模式

从国情出发，我国的广告监管模式是以政府（有关行政主管部门）监管为主，行业自律和社会监督为辅的模式。与自律主导型广告监管模式不同，我国广告监管要求有关行政主管部门担负更艰巨的监管职责，发挥更重要的经济管理职能。主要体现在事前预防、事中监管和事后救济3个方面。

第三节　广告监管机关

一、广告监管机关的概念

《广告法》第六条规定："县级以上人民政府工商行政管理部门是广告行政管理机关。"这就通过立法确定了各地工商管理机关为广告行政管理机关。各地工商行政管理机关按照属地管辖的原则指导本地区所有广告活动。

由于广告涉及市场经济的每一个行业，在我国，每一个行业一般都有行政主管部门，但这些部门只能在法律或法规规定的权限内行使监管职能，应当积极配合工商行政机关做好广告活动的监管工作。《广告法》第四十一条规定，县级以上地方人民政府应当组织有关部门加强对利用户外场所、空间、设施等发布户外广告的监督管理，制定户外广告设置规划和安全要求。户外广告的管理办法，由地方性法规、地方政府规章规定。一般来说，城建规划部门负责户外广告标牌的规划审批，市容管理部门负责违法户外广告的取缔等，但整体管理的部门仍是工商行政管理部门。

二、广告监管机关的范围

我国广告监管机关的范围较大，不仅包括全国各级工商行政管理机关（市场监管机关），还包括其他相关政府部门。

（一）工商行政管理机关

《广告法》第六条规定："国务院工商行政管理部门主管全国的广告监督管理工作，国务院有关部门在各自的职责范围内负责广告管理相关工作。县级以上地方工商行政管理部门主管本行政区域的广告监督管理工作，县级以上地方人民政府有关部门在各自的职责范围内负责广告管理相关工作。"根据《国务院办公厅关于印发国家工商行政管理总局职能配置内设机构和人员编制规定的通知》（国办发〔2001〕57号），广告监管司的主要职能是：研究拟定广告监督管理的规章制度及具体措施、办法；组织实施对广告活动的监督管理，依法查处虚假广告等违法行为；指导广告审查机构和广告协会的工作。根据2002年8月28日中央编办发〔2002〕54号文件《关于广告业管理职能调整的通知》，经研究并报经国务院和中央编委领导同志同意，原由国家经济贸易委员会承担的指导广告业发展的职能，交由国家工商总局承担。

（二）其他政府部门

《广告法》第五十条规定："国务院工商行政管理部门会同国务院有关部门，制定利用大众传播媒介广告发布行为规范。"大众传播媒介主要是指广播、电影电视报纸、期刊、移动通信网络互联网等。制定利用大众传播媒介发布广告的行为规范，从发布环节对广告活动进行把关，是必要的。在具体的监管过程中，还涉及相关的职能部门，包括党委宣传、广播电视、新闻出版、卫生、食品药品监管、专利、城市建设、环境保护、公安交通、旅游、农业、教育、计生委等诸多行政管理部门和有关职能部门。我国的广告监管模式，是以部门职能分工为基础，有关部门各司其职、各负其责、齐抓共管的广告管理模式。如对药品、保健食品广告的监管，主要涉及药品监督部门对药品、保健食品广告的行政审查；对广告发布者的监管，涉及党委宣传、新闻出版、广播影视管理部门对广告导向的行业管理，广播影视部门对广播电视媒体的播出许可证发放以及广告播出量的控制和管理，新闻出版部门对报纸媒体出版发行许可证的发放以及广告版面扩版的管理；对医疗服务广告的监管主要涉及卫生行政部门、中医药管理部门对医疗专业技术内容审查出证以及对医疗机构的行业管理；对农药、兽药、转基因生物广告的监管，涉及农业行政部门对农药、兽药、转基因生物广告的发布前行政审查；对互联网、短信、声讯服务广告的监管，涉及电信管理机构，等等。❶

三、广告监管机关的监管对象

（一）广告主

本法所称广告主，是指为推销商品或者服务，自行或者委托他人设计、制作、

---

❶ 最高人民法院民事审判第一庭. 最高人民法院关于食品药品纠纷司法解释理解与适用 [M]. 北京：人民法院出版社，2015：152.

发布广告的自然人、法人或者其他组织。

（二）广告经营者

本法所称广告经营者，是指接受委托提供广告设计、制作、代理服务的自然人、法人或者其他组织。

（三）广告发布者

本法所称广告发布者，是指为广告主或者广告主委托的广告经营者发布广告的自然人、法人或者其他组织。

对广告发布者的监管，又叫广告媒介物管理或者广告媒介管理。是指广告监管机关依照国家广告管理法律、法规的有关规定，对以广告发布者为主体的广告发布活动的全过程实施的监督管理行为。换言之，广告发布者监管是广告监管机关依法对发布广告的报纸、期刊、广播电台、电视台、出版社等事业单位和户外广告物的规划、设置、维护等的监管。

（四）广告代言人

广告代言人，是指广告主以外的，在广告中以自己的名义或形象对商品、服务做推荐、证明的自然人、法人或者其他组织。

四、广告监管机关的职责

广告的政府监管主要职能是对广告市场经济活动主体的产权界定和保护，从而形成广告业发展的长期内在激励机制，促进广告市场经营行为规范化、法制化。政府的监管是在市场协调失灵的情况下，对市场行为的"纠偏"，调整市场主体非理性行为,保护市场主体的利益,促进市场有序发展。根据《广告法》和有关职责分工,工商行政管理机关主要行使以下广告监督管理职能。

(一)制定广告活动规范和广告发布标准

国家工商行政管理总局是全国广告监督管理工作的决策、指导机关,受国家立法机关和国务院委托起草广告法律、法规,单独或会同有关部门制定广告管理行政规章,制订各广告发布标准。地方工商行政管理部门可以依照立法程序和权限的有关规定,受地方立法机关和地方政府委托起草地方性广告管理法规或规章。监管机关要认真调查研究我国广告发展的实际情况,在职权范围内制定广告管理的行政规章,或向有关机关部门提出立法建议案;制定行业发展规划等政策性文件,指导广告行业健康发展。

(二)广告经营许可

广告经营许可制度通过设置准入门槛提高了广告经营主体(特别是大众传播媒介)的经营资质水平,从而在整体上尽可能预防虚假违法广告,保护消费者利益。目前,该项监管方式为《广告经营许可证管理办法》所确认和规范。广告行政管理机关负责实施广告经营审批,对要求进入广告市场的经营者进行资质审核登记,并对符合条件者颁发经营许可证。包括对广播电台、电视台、报刊出版单位从事广告经营活动资格,固定形式印刷品广告经营资格,户外广告、烟草广告进行审批登记,对外商投资广告企业进行项目审批和对外商投资广告企业设立分支机构进行审批等。

(三)日常监督检查

广告行政管理机关负责广告市场秩序的维护,广告违法案件的查处,对广告发布的全过程进行监管，建立广告的监测网络，接受消费者的投诉和举报，查处违法广告。包括：对广告经营主体和广告发布行为的日常监督检查，主要是监测各类媒体发布的广告，及时发现违法广告，建立预警机制；监督指导广告经营单位建立健全广告管理制度，落实广告发布审查责任；检查各类广告经营单位的广告经营资格以及各类广告活动中的广告经营、发布行为。

（四）查处广告违法案件

对上级交办、有关部门移送、监测发现、群众投诉举报的涉嫌违法广告进行调查处理。对广告违法案件，进行立案查处和行政处罚。对情节严重，构成犯罪的，移送司法机关依法处理。

（五）指导广告业发展

根据国务院有关规定，工商行政管理部门还担负着研究制订广告业方针、政策和发展规划，并组织实施的职能。此外还负责指导广告行业组织的工作。指导行业协会开展工作，扶持第三方中介组织从事广告的监测活动，推动广告行业自律规范的形成和发展，形成市场主体自我管理、自我约束、自我教育的良性发展态势。

五、广告监管机关的职权

《广告法》第四十九条规定，工商行政管理部门履行广告监督管理职责，可行使下列职权：对涉嫌从事违法广告活动的场所实施现场检查；询问涉嫌违法当事人或者其法定代表人、负责人和其他有关人员，对有关单位或者个人进行调查；要求涉嫌违法当事人限期提供有关证明文件；查阅、复制与涉嫌违法广告有关的合同、票据、账簿、广告作品和其他有关资料；查封、扣押与涉嫌违法广告直接相关的广告物品、经营工具、设备等财物；责令暂停发布可能造成严重后果的涉嫌违法广告；法律、行政法规规定的其他职权。《广告法》第五十一条规定，工商行政管理部门依照本法规定行使职权，当事人应当协助、配合，不得拒绝、阻挠。❶

广告监管机关的职权，包括：行政许可权、行政确认、行政强制执行、行政告诫、行政征收、行政合同、行政指导、行政处罚，等等。

（一）广告行政许可

广告活动中的行政许可，是指行政机关根据公民、法人或者其他组织的申请，经依法审查，准予其从事特定广告活动的行为。根据广告活动行政许可实施机关的不同，可将广告活动中所设定的行政许可分为两类：① 工商行政管理部门的行政许可。这类行政许可共有广告经营资格审批、户外广告登记、固定形式印刷品广告登记、烟草广告审批、外商投资广告企业项目审批和外商投资广告企业设立分支机构审批六项。其中，外商投资广告企业项目审批和外商投资广告企业设立分支机构审批由工商行政管理部门和商务管理部门共同实施。② 行业管理部门实施的行政许可。包括针对药品、医疗器械、医疗服务、保健食品、农药、兽药广告所设置的行政许可。

本节内容主要介绍工商行政管理部门实施的广告活动行政许可。广告活动中的行政许可，主要包括广告经营资格审批、广告发布者经营许可证制度。

1.广告经营资格审批

（1）广告经营资格审批及法律依据。广告经营资格审批，是广播电台、电视台、报刊出版单位取得广告经营资格的依据，对监管部门加强广告发布环节管理有重要意义。首先，媒体广告经营资格审批制度是我国广告管理立法从我

---

❶ 陈柳裕，唐明良.广告监管中的法与理[M].北京：社会科学文献出版社，2009：198-202.

国媒体管理实际情况出发设置的一项重要的广告管理制度；其次，对媒体进行广告经营资格审批是加强广告发布环节管理的重要措施。

（2）广告经营资格凭证的发放范围、效力。广告经营资格凭证是《广告经营许可证》。关于《广告经营许可证》发放范围，《广告经营许可证管理办法》第二条规定，可以申领《广告经营许可证》从事相应的广告经营活动的单位有三类：① 广播电台、电视台、报刊出版单位；② 事业单位；③ 法律、行政法规规定应进行广告经营审批登记的单位。关于《广告经营许可证》效力，《广告经营许可证》是媒体单位从事广告经营活动的合法凭证。

（3）广告经营资格凭证的申领和变更。

第一，关于申领条件。按照有关法律法规规定，申请广告经营许可证的单位，首先，应当是一个能够以其名义开展经营活动并承担相应责任的单位，包括事业法人单位、企业法人或者领取《营业执照》的经营机构。其次，按照《广告经营许可证管理办法》第七条规定，媒体单位申请领取《广告经营许可证》，还应当具备以下条件：具有直接发布广告的媒介或手段；设有专门的广告经营机构；有广告经营设备和经营场所；有广告专业人员和熟悉广告法规的广告审查员。其中，具有直接发布广告的媒介或手段是基本条件，因为只有在掌握某种信息传播渠道时，这些单位才可称其为媒体单位。

第二，关于申请程序。《广告经营许可证管理办法》第八条、第九条规定，由申请者向所在地有管辖权的县级以上工商行政管理部门呈报申请材料。申请材料包括：《广告经营登记申请表》；广告媒介证明（广播电台、电视台、报纸、期刊等法律法规规定经批准方可经营的媒介，应当提交有关批准文件）；广告经营设备清单、经营场所证明；广告经营机构负责人及广告审查员证明文件以及单位法人登记证明。工商行政管理部门自受理之日起 20 日内，作出是否予以批准的决定。若不予批准，书面说明理由。

第三，关于许可项目的变更。《广告经营许可证管理办法》第十条、第

第六章　广告监管制度

十一条、第十二条规定，取得《广告经营许可证》的广告经营单位，未经核准不得改变广告经营范围，单位名称、法定代表人（负责人）、经营场所发生变化应当自该事项发生变化之日起1个月内申请变更。申请变更《广告经营许可证》应当向工商行政管理部门提交《广告经营变更登记申请表》，原《广告经营许可证》正本、副本，与变更广告经营范围、单位名称、法定代表人（负责人）、经营场所事项相关的证明文件。工商行政管理部门自受理变更《广告经营许可证》申请之日起，10日内作出是否准予变更的决定。经审查批准的，颁发新的《广告经营许可证》；不予批准的，书面说明理由。

（4）广告经营资格审批和管理。按照《广告管理条例施行细则》第七条和《广告经营许可证管理办法》第六条规定，国家工商行政管理总局主管《广告经营许可证》的监督管理工作，《广告经营许可证》审批登记由省、自治区、直辖市、计划单列市或其授权的县级以上工商行政管理机关负责，监督管理由各级工商行政管理机关分级负责。

2.广告发布者经营许可证制度

广告发布是广告服务中的最关键环节，直接关系公共利益安全和社会主义精神文明建设。不良广告一旦发布，仅通过事后查处或补救，难以消除对社会、消费者造成的恶劣影响。

（1）广告经营许可证概述。广播电台、电视台、报刊出版单位等广告发布者也属于广告经营者的范畴，但这些发布单位在法律地位上多属事业单位，因此，对广告发布者的资质审批无法体现于其"营业执照"，只能通过《广告经营许可证》实现。

根据《广告管理条例施行细则》第四条规定，广播电台、电视台、报刊出版单位、事业单位以及法律、行政法规规定的其他单位办理广告经营许可登记，应当具备下列条件：具有直接发布广告的媒介或手段；设有专门的广告经营机构；有广告经营设备和经营场所；有广告专业人员和熟悉广告法规的广告审查员。

上述单位在满足这些条件之后，根据该细则第六条第二项的规定，向省、自治区、直辖市、计划单列市或其授权的县级以上工商行政管理局申请登记，由工商行政管理机关颁发专门的《广告经营许可证》。

《广告经营许可证》是广告经营单位从事广告经营活动的合法凭证，《广告经营许可证》载明有证号、广告经营单位（机构）名称、经营场所、法定代表人（负责人）、广告经营范围、发证机关、发证日期等项目。其中，在广告经营范围这一项目中，根据许可对象分别以如下用语予以表述：①广播电台：设计、制作广播广告，利用自有广播电台发布国内外广告；②电视台：设计、制作电视广告，利用自有电视台发布国内外广告；③报社：设计、制作印刷品广告，利用自有报纸发布国内外广告；④期刊杂志社：设计和制作印刷品广告，利用自有杂志发布广告；⑤兼营广告经营的其他单位：利用自有杂志发布广告，设计、制作、发布广告。

（2）广告经营许可证的申领与颁发。广告发布者申请《广告经营许可证》，须由申请者向所在地有管辖权的县级以上广告监督管理机关呈报相关申请材料。申请者在申领广告经营许可证时，必须提交的材料包括《广告经营登记申请表》和广告媒介证明。广播电台、电视台、报纸、期刊等法律、法规规定批准方可经营的媒介，应当提交有关批准文件、广告经营设备清单及经营场所证明、广告经营机构负责人及广告审查员证明文件、单位法人登记证明。工商行政管理机关在审查这些材料的基础上，应自受理之日起 20 日内作出是否予以批准的决定。批准的，颁发《广告经营许可证》；不予批准的，书面说明理由。

（3）广告经营许可证的变更与注销。广告发布单位在领取《广告经营许可证》后，开展广告业务的过程中，有可能在单位名称、法定代理人（负责人）、经营场所、经营范围等这些许可证所确定的要素上发生变化，面对这种变化，广告经营单位应当自该事项发生变化之日起 1 个月内向原发证单位申请变更《广告经营许可证》。广告监督管理机关自受理变更《广告经营许可证》申请之日

第六章 广告监管制度

起,应当在 10 日内作出是否准予变更的决定。经审查批准的,颁发新的《广告经营许可证》;不予批准的,书面说明理由。

(二)广告行政确认

广告行政确认的内容较多,主要包括广告经营者登记、广告经营者的审批登记、户外广告登记、固定形式印刷品广告登记、烟草广告审批,以及外商投资广告企业项目审批和分支机构审批。

1. 广告经营者登记

广告企业还可以进一步细分为综合性广告公司和广告公司设计、制作企业等。它们除了应具备《中华人民共和国企业法人登记管理条例》《中华人民共和国私营企业暂行条例》《城乡个体工商户管理暂行条例》等法规所明确规定的登记条件之外,还应当满足有关广告法律、法规、规章和规范性文件的资质标准。

(1)经营广告业务的企业所应具备的资质条件。《广告管理条例施行细则》第三条规定,对经营广告业务的企业设定了总体上的资质规范要求,即申请经营广告业务的企业,除符合企业登记等条件外,还应具备以下条件:有负责市场调查的机构和专业人员;有熟悉广告管理规范的管理人员及广告设计、制作、编审人员;有专职的财会人员;申请承接或代理外商来华广告的,应当具备经营外商来华广告的能力。然而这只是对所有广告经营企业的一般要求或者说最低要求,对于每一类广告经营企业,法律还设定了具体的资质标准。

(2)综合性广告企业的资质标准。综合性广告企业是指具有提供设计制作和全面代理服务能力的广告企业,根据《广告经营者、广告发布者资质标准及广告经营范围核定用语规范》的规定,综合性广告企业的资质标准包括:① 有与广告经营范围相适应的经营管理人员、策划设计人员、制作人员、市场调查人员、财会人员,其中专业人员具有大专以上学历的,不少于从业人员的 2/3;② 有与广告设计、制作、代理业务相适应的资金、设备和经营场所,注册资本

· 295 ·

不少于 50 万元人民币，经营场所不小于 100 平方米；③ 有与广告经营范围相适应的经营机构及广告经营管理制度；④ 有专职广告审查人员。

（3）广告设计、制作企业的经营资质要求。广告设计、制作企业是指从事影视、广播、霓虹灯、路牌、印刷品、礼品、灯箱、布展等广告设计和制作的企业。该类企业的资质要求包括：① 有与广告经营范围相适应的经营管理人员、设计人员、制作人员、财会人员，其中专业人员具有大专以上学历的，不少于从业人员的 1/2；② 有与广告经营范围相适应的资金、设备、器材和场地，经营场所不小于 40 平方米，制作场所因广告制作项目而定；③ 有与广告经营范围相适应的经营机构及广告经营管理制度；④ 有专职广告审查人员。另外，兼营广告设计、制作业务的企业比照上述资质标准执行。

（4）经营广告业务的个体工商户所应具备的资质条件。从事影视、广播、路牌、印刷品、礼品、灯箱、布展等广告设计和制作的个体工商户，除应具备《城乡个体工商户管理暂行条例》规定条件外，本人还应具有广告专业技能，熟悉广告管理法律法规。

（5）中外合资、合作的广告公司应具备的资质条件。根据国家工商行政管理总局、商务部 2004 年 3 月 2 日公布的《关于设立外商投资广告企业的若干规定》，设立外商投资广告企业，除符合有关法律、法规以及内资广告公司一般资质条件外，还应具备以下条件：① 合营各方必须是具有一定规模的以经营广告业务为主的企业法人；② 广告企业一般应成立 1 年以上；③ 能够引进国际先进的广告制作技术和设备，且有市场调查、广告策划和广告效果测定等能力；④ 能够在广告策划、创意、设计、制作和经营管理等方面培训中国职员；⑤ 注册资本不低于 30 万美元，且外方投资比例不高于中方。另外，申请设立分支机构的外商投资广告企业应具备以下基本条件：注册资本全部缴清；年广告营业额不低于 2000 万元人民币；分支机构所在地必须有 3 个以上相对固定的广告客户。

根据《广告管理条例施行细则》规定，广告经营者在具备上述准入资质之后，设立经营广告业务的企业，向具有管辖权的工商行政管理机关申请办理企业登记，经核准发给营业执照；经营广告业务的个体工商户，向所在地工商行政管理机关申请，经所在地工商行政管理机关依法登记，发给营业执照。

2.广告经营者的审批登记

（1）基本要求。根据《广告管理条例施行细则》的有关规定，申请广告业务的广告经营者，还要符合以下基本要求。

第一，申请经营广告业务的企业，除符合企业登记等条件外，还应具备下列条件：有负责市场调查的机构和专业人员；有熟悉广告管理法规的管理人员及广告设计、制作、编审人员；有专职的财会人员；申请承接或代理外商来华广告，应当具备经营外商来华广告的能力。

第二，兼营广告业务的事业单位，应当具备下列条件：有直接发布广告的手段以及设计、制作广告的技术、设备；有熟悉广告管理法规的管理人员和编审人员；单独立账；有专职或兼职的财会人员。兼营广告业务的事业单位，经过核准，可以代理同类媒介的广告业务。

第三，中外合资经营企业、中外合作经营企业申请经营广告业务，参照《广告管理条例》及其施行细则和有关规定办理。

第四，申请经营广告业务的个体工商户，除应具备《城乡个体工商户管理暂行条例》规定的条件外，本人还应具有广告专业技能，熟悉广告管理法规，并经考试审查合格。

（2）资质标准。根据《广告经营者、广告发布者资质标准及广告经营范围核定用语规范》的有关规定，广告经营者在审批登记时必须具备的资质标准主要包括以下3个方面的种类和内容。

第一，综合型广告企业的资质标准。指具有提供设计制作和全面代理服务能力的广告企业，包括有限责任公司、股份有限公司、中外合资经营、中外合作经营等经济形式。应当具备的资质标准：① 有与广告经营范围相适应的经营管理人员、策划设计人员、制作人员、市场调查人员（以上人员均须取得广告专业技术岗位资格证书）、财会人员，其中专业人员具有大专以上学历的不少于从业人数的2/3；②有与广告设计、制作、代理业务相适应的资金、设备和经营场所，注册资本不少于50万元人民币，经营场所不小于100平方米；③有与广告经营范围相适应的经营机构及广告经营管理制度；④有专职广告审查人员，其核定广告经营范围用语规范，例如：设计、制作、发布、代理国内外各类广告。

第二，广告设计、制作企业的资质标准。指从事影视、广播、霓虹灯、路牌、印刷品、礼品、灯箱、布展等广告设计和制作的企业。另外，兼营广告设计、制作业务的企业比照此标准执行。应当具备的资质标准是：①有与广告经营范围相适应的经营管理人员、设计人员、制作人员（以上人员均须取得广告专业技术岗位资格证书）、财会人员，其中专业人员具有大专以上学历的不少于从业人数的1/2；②有与广告经营范围相适应的资金、设备、器材和场地，经营场所不小于40平方米，制作场所因广告制作项目而定；③有与广告经营范围相适应的经营机构及广告经营管理制度；④有专职广告审查人员，其核定广告经营范围用语规范，例如：设计和制作印刷品、影视广告。

第三，个体工商户的资质标准。从事影视、广播、路牌、印刷品、礼品、灯箱、布展等广告设计和制作的个体工商户应当具备的资质标准是：①户主应当取得广告专业技术岗位资格证书，具有与其经营范围相适应的学历或从业经历，应当接受过广告法律、法规培训；②有与广告经营范围相适应的资金、设备、器材和场地，经营场所不小于20平方米，制作场所因广告制作项目而定。其核定广告经营范围用语规范，例如设计和制作影视、广播、路牌、印刷品广告。

（3）审批程序。

根据《广告管理条例》《广告管理条例施行细则》的有关规定以及相关的法律、法规，根据不同情况分别按照下列程序办理广告经营者的审批登记。

第一，全国性的广告企业，中外合资、中外合作经营广告业务的企业，向国家工商行政管理局申请，经核准，发给《中华人民共和国营业执照》。地方性的广告企业，向所在市、县工商行政管理局申请，报省、自治区、直辖市工商行政管理局或其授权的省辖市工商行政管理局核准，由所在市、县工商行政管理局发给《企业法人营业执照》。

第二，兼营广告业务的事业单位，向所在市、县工商行政管理局申请，报省、自治区、直辖市工商行政管理局或其授权的省辖市工商行政管理局核准，由所在市、县工商行政管理局发给《企业法人营业执照》。兼营广告业务的单位申请直接承揽外商来华广告，向省、自治区、直辖市工商行政管理局申请，经审查转报工商行政管理局核准后，由省、自治区、直辖市工商行政管理局发给《中华人民共和国广告经营许可证》。

第三，经营广告业务的个体工商户，向所在市、县工商行政管理局申请，报省、自治区、直辖市工商行政管理局或其授权的省辖市工商行政管理局核准，由所在市、县工商行政管理局发给《营业执照》。

第四，举办地方性的临时广告经营活动，举办单位向省、自治区、直辖市工商行政管理局或其授权的省辖市工商行政管理局申请，经核准，发给《临时性广告经营许可证》；举办全国性的临时广告经营活动，举办单位向所在省、自治区、直辖市工商行政管理局申请，报国家工商行政管理局批准，由举办单位所在省、自治区、直辖市工商行政管理局发给《临时性广告经营许可证》。

3. 户外广告登记

（1）户外广告登记及法律依据。按照职能分工，户外广告设施的设置或者设施的使用环节的行政许可及管理由其他相关的城建、城管、市政、公安、交通等部门负责，工商行政管理部门主要负责发布环节的许可及广告内容监管。这里所称的户外广告登记，仅指工商登记。

户外广告登记是《国务院对确需保留的行政审批项目设定行政许可的决定》（国务院令第412号）公布保留的行政许可项目。

（2）户外广告及户外广告登记范围。《户外广告登记管理规定》第二条规定，户外广告是指利用户外场所、空间、设施等发布的广告。所说的户外场所、空间、设施为广义含义，《户外广告登记管理规定》所称户外广告既包括了在室外发布的广告，也包括广告业内所称的"室内户外广告"。如在地下铁道设施、城市轨道交通设施、地下通道，以及车站、码头、机场候机楼内设置的广告等。

《户外广告登记管理规定》第五条规定，以下四类户外广告应当经工商行政管理机关登记后方可发布：

第一，利用户外场所、空间、设施发布的，以展示牌、电子显示装置、灯箱、霓虹灯为载体的广告。第二，利用交通工具、水上漂浮物、升空器具、充气物、模型表面绘制、张贴、悬挂的广告。第三，在地下铁道设施、城市轨道交通设施、地下通道，以及车站、码头、机场候机楼内外设置的广告。第四，法律法规和国家工商行政管理总局规定应当登记的其他形式的户外广告。

除上列4类以外，其他形式的户外广告，其广告设施的设置环节可能仍需要行政许可，但广告发布环节无须再行登记，而由工商行政管理机关采用事后监管方式进行管理。另外，除地方法规、规章另有规定外，相关户外广告的发布单位在本单位的登记注册地址及合法经营场所的法定控制地带设置的，仅出现本单位的名称、标志、经营范围、法定代表人或负责人、联系方式的自设性户外广告，不需要向工商行政管理机关申请户外广告登记。

（3）户外广告登记的基本条件。户外广告发布地点、形式应当在法律允许的范围内，符合当地人民政府户外广告设置规划的要求。根据《广告法》第四十二条规定，有下列情形之一的，不得设置户外广告：利用交通安全设施、交通标志的；影响市政公共设施、交通安全设施、交通标志、消防设施、消防安全标志使用的；妨碍生产或者公民生活，损害市容市貌的；在国家机关、文物保护单位、风景名胜区等的建筑控制地带，或者县级以上地方人民政府禁止设置户外广告的区域设置的。

（4）户外广告登记时应当提交的申请材料。根据《户外广告登记管理规定》规定，户外广告登记申请，由户外广告发布单位在依法查验证明文件、核实广告内容、确认符合户外广告登记条件后，向户外广告发布地的工商行政管理机关提出。申请登记户外广告时，应当提交下列申请材料。

第一，《户外广告登记申请表》。申请人可向登记机关领取并按要求填写。

第二，户外广告发布单位和广告主的营业执照或者具有同等法律效力的经营资格证明文件。受委托发布户外广告的，应当提交与委托方签订的发布户外广告的委托合同。

第三，发布户外广告的场地或者设施的使用权证明，包括场地或设施的产权证明、使用协议等。广告形式、场所、设施等用于发布户外广告，根据国家或地方规定需要经过政府相关部门批准的，还应当提供相关政府部门同意设置或使用该设施进行户外广告发布活动的审批文件。如以自备飞行物作为广告载体，需要经过空中管理部门批准。

第四，户外广告样件。拟发布的户外广告的广告内容应当作为申请材料一并提供给广告登记机关进行内容审查。发布法律法规和规章规定应当审批的药品、医疗器械、农药、兽药、保健食品、中医医疗、涉及计划生育技术的广告，应当提交有关广告内容的批准文件。

第五，法律法规和国家工商行政管理总局规定需要提交的其他文件。

（5）户外广告登记管理部门和登记程序。《户外广告登记管理规定》规定，县级以上人民政府工商行政管理机关是户外广告的登记管理部门。国家工商行政管理总局负责指导和协调全国户外广告的登记管理。省级工商行政管理机关负责指导和协调辖区内户外广告的登记管理。地级以上市（含直辖市）工商行政管理机关对于辖区内户外广告，认为有必要直接登记管理的，可以直接进行登记管理。县级工商行政管理机关对辖区内户外广告进行登记管理。通常情况下由各县、县级市、县级区工商行政管理机关负责对辖区户外广告进行登记。利用交通工具等流动载体跨区域发布户外广告，由该流动载体使用单位所在地工商行政管理机关进行登记。利用交通工具等运动物体跨省发布烟草广告，必须经该流动载体使用单位所在地省级以上工商行政管理机关或其授权的省辖市工商行政管理机关批准。

4. 固定形式印刷品广告登记

（1）固定形式印刷品广告登记的法律依据。印刷品广告是一种常见的媒介广告，不过对该定义不能只作简单和狭义的字面理解。利用印刷品为载体发布广告，虽然也是印刷品形式的广告但不属于法律意义上的印刷品广告。印刷品广告有三种类型，即一般形式印刷品广告、固定形式印刷品广告以及含有广告内容的票据、包装、装潢以及产品说明书等。固定形式印刷品广告，是指广告经营者利用有固定名称、规格、样式的广告专集，发布介绍他人所推销的商品或者服务的固定形式印刷品广告。广告主自行或者委托广告经营者利用单页、招贴、宣传册等形式发布介绍自己所推销的商品或者服务印刷品广告称为一般形式印刷品广告。另外，票据、包装、装潢以及产品说明书等含有广告内容的，参照一般形式印刷品广告管理规定。

固定形式印刷品广告登记是《国务院对确需保留的行政审批项目设定行政许可的决定》（国务院令第412号）公布保留的行政许可项目。根据规定，固定形式印刷品广告登记采用资格登记方式。国家对经营固定形式印刷品广告的广告发布者资格进行许可，经过工商行政管理部门批准并获得《固定形式印刷品广告登记证》的广告经营者，即取得开展固定形式印刷品广告发布活动的主体资格，在法律法规无特殊规定情况下无须对固定形式印刷品广告所发布的每一则广告逐一登记。

（2）固定形式印刷品广告的登记事项及审批程序。按照国家工商行政管理

第六章 广告监管制度

总局规定，固定形式印刷品广告登记事项应当包括：固定形式印刷品广告名称、发布单位名称、发布单位地址和有效期限。省、自治区、直辖市及计划单列市工商行政管理部门对申请材料不齐全或者不符合法定形式的，应当在5日内一次性告知广告经营者需补正的全部内容；对申请材料齐全、符合法定形式的，应当出具受理通知书，并在受理之日起20日内作出决定。予以核准的，核发《固定形式印刷品广告登记证》；不予核准的，书面说明理由。《固定形式印刷品广告登记证》有效期限为2年。广告经营者在有效期届满30日前，可以向原登记机关提出延续申请。固定形式印刷品广告经营者情况发生变化而不具备经营条件的，由原登记机关撤回《固定形式印刷品广告登记证》。

（3）固定形式印刷品广告的经营规范和行政处罚。根据《印刷品广告管理办法》第十二条、第十三条、第十四条、第十五条、第十六条规定，国家工商行政管理总局和新闻出版总署联合下发的《关于加强固定形式印刷品广告监督管理工作的通知》以及国家工商行政管理总局《关于进一步规范固定形式印刷品广告经营发布行为的通知》的要求，广告经营者在经营过程中需要遵守以下规定。

第一，广告经营者应当按照核准的名称、规格、样式发布固定形式印刷品广告。

第二，固定形式印刷品广告的经营者应当在每期固定形式印刷品广告首页顶部位置标明以下内容：① 固定形式印刷品广告名称。固定形式印刷品广告名称应当由以下三部分依次组成：广告经营者企业名称中的行政区划+企业字号+"广告"字样。固定形式印刷品广告名称字样应显著，各组成部分大小统一，字体一致，所占面积不得小于首页页面的10%；② 固定形式印刷品广告的广告经营者名称和地址；③ 固定形式印刷品广告获得的《固定形式印刷品广告登记证》登记证号、期数、发布时间、统一标志"DM"。

第三，固定形式印刷品广告不得具有图书、期刊、报纸等出版物特征。固定形式印刷品广告的首页和底页必须为广告版面；不得将广告标题、目录印制在首页上；不得使用主办、协办、出品人、编辑部、编辑、出版、本刊、杂志、专刊等容易与报纸、期刊相混淆的用语等。

第四，固定形式印刷品广告中的广告目录或索引应当为商品（商标）或广告主的名称，其所对应的广告内容必须能够具体和明确地表明广告主及其所推销的商品或者服务；每页的外侧上角逐页标注"广告"字样，"广告"字样应当清晰易于辨认。

第五，固定形式印刷品广告不得含有新闻报道、新闻评论、社会批评、散文、小说、报告文学等内容，不得以新闻报道形式发布广告。

第六，广告经营者针对特殊群体需要发布中外文对照的固定形式印刷品广告，不得违反国家语言文字的有关规定。

第七，广告经营者不得涂改、倒卖、出租、出借《固定形式印刷品广告登记证》，不得将固定形式印刷品广告以委托代理等各种名义转让他人发布经营。

第八，固定形式印刷品广告经营者应当接受工商行政管理部门的监督检查，按要求报送固定形式印刷品广告样本及其他有关材料，不得隐瞒真实情况、提供虚假材料。

5.烟草广告审批

（1）烟草广告审批依据。国家禁止在广播、电影、电视、报纸、期刊以及各类等候室、影剧院、会议厅堂、体育比赛场馆等公共场所发布烟草广告。对于允许发布的烟草广告，国家工商行政管理局1995年12月发布实施的《烟草广告管理暂行办法》设立了审批制度，《国务院对确需保留的行政审批项目设定行政许可的决定》国务院令第412号，继续保留了烟草广告审批内容。

（2）烟草广告审批的范围。烟草广告是指由烟草生产者和经营者通过各种媒介和形式发布的，直接或间接地宣传烟草企业名称、标志，烟草制品名称、商标、包装、装潢等内容，以提高烟草企业或商标的知名度，促进产品销售的广告。它主要包括以下形式：①直接或间接宣传推荐烟草制品包括卷烟、雪茄、烟丝、复制烟叶的广告；②直接或间接宣传烟草生产者和经营者的企业的广告，包括烟草企业的各种企业形象、祝贺、志庆广告。烟草经营者一般指专业的烟草经营者或以烟草为主营业务的经营者，不包括百货、超市等具备烟草经营范围但不以烟草为主营业务的综合性经营企业；③直接或间接宣传烟草商标、包装、装潢等内容的广告。

《广告法》第二十二条规定："禁止在大众传播媒介或者公共场所、公共交通工具、户外发布烟草广告。禁止向未成年人发送任何形式的烟草广告。禁止利用其他商品或者服务的广告、公益广告，宣传烟草制品名称、商标、包装、装潢以及类似内容。烟草制品生产者或者销售者发布的迁址、更名、招聘等启事中，不得含有烟草制品名称、商标、包装、装潢以及类似内容。"

（3）烟草广告审批管理部门及其分工。按照《烟草广告管理暂行办法》第五条规定，在国家禁止范围以外的媒介或者场所发布烟草广告，必须经省级以上工商行政管理部门或者其授权的省辖市工商行政管理部门批准。烟草经营者或者其被委托人直接向商业、服务业的销售点和居民住所发送广告品，须经所在地县级以上工商行政管理部门批准。

（4）对未经审批擅自发布烟草广告的行政处罚。按照《烟草广告管理暂行办法》第十一条规定，对利用广播、电影、电视、报纸、期刊发布、变相发布烟草广告，或者违禁在公共场所设置烟草广告的行为，由工商行政管理部门责令负有责任的广告主、广告经营者、广告发布者停止发布，没收广告费用，可以并处广告费用1倍以上5倍以下的罚款。对未经审批就发布烟草广告、烟草广告含有违反《烟草广告管理暂行办法》禁止出现的内容或者未标明"吸烟有害健康"的忠告语的，由工商行政管理部门责令停止发布，对于负有责任的广告主、广告经营者、广告发布者，可以并处1万元以下罚款。

6.外商投资广告企业项目审批和分支机构审批

（1）外商投资广告企业项目审批和分支机构审批及法律依据。

外商投资广告企业是指依法经营广告业务的中外合资经营企业、中外合作经营企业、外商独资广告企业。经营广告业务的外商投资企业包括主营广告业务的外商投资企业和兼营广告业务的外商投资企业。按规定，外国投资者设立外商投资广告企业在进行企业注册登记前，需要经工商行政管理部门和商务部门进行项目审批；外商投资广告企业设立分支机构在向企业登记机关申请登记注册前，需要经商务部门和工商行政管理部门审批。

（2）外商投资广告企业项目审批。

第一，外商投资广告企业项目审批的管辖。《外商投资广告企业管理规定》第四条规定，外商投资企业的项目建议书及可行性研究报告由国家工商行政管理总局或其授权的省级工商行政管理局审定。外商投资广告的合同和章程，由省级商务主管部门审查批准。

第二，外商投资广告企业项目审批条件。关于设立中外合资广告经营企业和中外合做广告经营企业应当具备的条件，按照《外商投资广告企业管理规定》第九条规定：① 合营各方应是经营广告业务的企业；② 合营各方需成立并运营2年以上；③ 有广告经营业绩。

设立外资广告企业的条件，按照《外商投资广告企业管理规定》第十条规定，一是投资方应是以经营广告业务为主的企业；二是应当成立并运营3年以上。

第三，外商投资广告企业项目审批程序。《外商投资广告企业管理规定》第五条规定，外商投资企业经批准可以经营设计、制作、发布、代理国内外各类广告业务，其经营范围由国家工商行政管理总局及其授权的省级工商行政管理部门核定。

关于中外合资广告经营企业和中外合做广告经营企业审批程序，按照《外商投资广告企业管理规定》第六条、第十二条、第十三条规定，申请设立中外合资广告经营企业和中外合做广告经营企业，按下列程序办理。

第六章 广告监管制度

A. 中方主要合营者，持下列材料向其所在地有外商投资企业核准登记权的工商行政管理部门申请：①设立中外合营广告企业的申请书；②企业名称预先核准通知书；③合营者股东会或董事会决议；④设立中外合营广告企业的项目建议书及合营各方共同编制的可行性研究报告；⑤合营各方的登记注册证明；⑥合营各方的资信证明；⑦广告管理制度；⑧地方工商行政管理部门的初审意见。

B. 所在地有外商投资企业核准登记权的工商行政管理部门提出初审意见，报国家工商行政管理总局授权的省级工商行政管理部门审定，或经省、自治区、直辖市及计划单列市工商行政管理部门核准，报国家工商行政管理总局审定。

C. 国家工商行政管理总局及其授权的省级工商行政管理部门自收到全部呈报文件 20 日内，作出同意或不同意的决定。

D. 在国家工商行政管理总局或其授权的省级工商行政管理部门作出同意意见后，由国家工商行政管理总局或其授权的省级工商行政管理部门颁发《外商投资广告企业项目审定意见书》。

E. 中方主要合营者向拟设立企业所在地省级商务管理部门呈报下列文件：①国家工商行政管理总局或其授权的省级工商行政管理部门颁发的《外商投资广告企业项目审定意见书》；②设立外商投资广告企业的合同、章程；③项目可行性研究报告；④合营各方的登记注册证明；⑤合营各方的资信证明；⑥企业名称预先核准通知书；⑦合营企业的董事会名单及各方董事委派书，以及地方商务管理部门的初审意见。

F. 经省级商务管理部门审查批准的，颁发《外商投资企业批准证书》。

G. 由中方主要合营者持国家工商行政管理总局或其授权的省级工商行政管理部门颁发的《外商投资广告企业项目审定意见书》、省级商务管理部门颁发的《外商投资企业批准证书》及法律、法规规定的其他文件，按企业登记注册的有

关规定，向国家工商行政管理总局或有外商投资企业核准登记权的地方工商行政管理部门办理企业登记注册手续。❶

（三）行政强制执行

强制执行，是指由执行权力的国家机关，根据当事人的申请依法采取强制措施，迫使当事人或者行政机关执行已经发生效力的行政处理决定和人民法院的裁决。申请强制执行的条件：① 当事人在法定的期限内没有申请行政复议，也没有向人民法院提起行政诉讼；② 当事人没有依法履行处罚决定。这样，作出处罚决定的机关就可以申请人民法院强制执行。❷ 申请强制执行应具备的条件是：① 当事人逾期不申请复议，也不向人民法院起诉，又不履行行政处罚决定；② 强制执行的内容，必须是《广告法》规定的行政处罚，如责令停止发布违法广告、没收广告费用、罚款处罚等。行政机关申请人民法院强制执行行政处罚决定，以及人民法院根据行政机关的申请对行政处罚决定采取强制执行措施，都应当依照行政诉讼法的规定进行。

当事人如拒绝执行人民法院已经生效的判决、裁定，人民法院可以采取如下强制执行措施：① 对应当归还的罚款，通知银行从行政机关的账户中划拨；② 在规定的期限内不履行判决的，从期满之日起，对该行政机关按日处 50 元至 100 元的罚款；③ 向该机关的上一级机关或者监察、人事部门提出司法建议，对管理人员和直接责任人员予以批评教育、警告、记过等行政处分；④ 拒不履行判决、裁定，情节严重构成犯罪的，依法追究主管人员和直接责任人员的刑事责任，依据《中华人民共和国刑法》（以下简称《刑法》）第一百五十七条的规定，拒不执行人民法院已经发生效力的裁判，处 3 年以下有期徒刑、拘役、罚金或者剥夺政治权利。

---

❶ 蒋恩铭. 广告法律制度[M]. 南京：南京大学出版社，2009：94-100.

❷ 唐见林，等. 中华人民共和国广告法100问[M]. 武汉：武汉大学出版社，1995.

第六章 广告监管制度

许多发达国家采用的"冻结广告发布者的资金"这一强制措施，既能威慑违法广告发布者，也能为后续的消费者权益保障提供基础，在今后的立法中也可以考虑予以部分移植。[1]

1. 行政罚款

行政罚款是指广告监管者对违法进行广告活动的广告主、广告发布者、广告经营者课以一定的金钱义务，并强制其在一定期限内向国家缴纳的制裁手段。在广告监管中，罚款一般与其他处罚手段合并使用，罚款数额的计算多以广告费用为基础，在学理上常谓之"比例罚"。《广告法》第五十八条规定，有下列行为之一的，由工商行政管理部门责令停止发布广告，责令广告主在相应范围内消除影响，处广告费用1倍以上3倍以下的罚款，广告费用无法计算或者明显偏低的，处10万元以上20万元以下的罚款。《广告法》在其法律责任部分设有大量此种比例罚机制、当然，除比例罚之外，我们也可从广告立法中发现少量"定额罚"机制。《广告法》第六十六条，违反本法规定，伪造、变造或者转让广告审查批准文件的，由工商行政管理部门没收违法所得，并处1万元以上10万元以下的罚款。

2. 没收违法所得/非法所得/没收广告费用

违法所得与非法所得只是立法语言上的不同（在《广告法》上使用的是"违法所得"，而在《广告管理条例》及其施行细则中则使用了"非法所得"的说法），其实质内涵并无二致：均指广告监管者依法没收因违法广告活动所取得的违法收入。例如，《广告法》第四十四条第二款规定："伪造、变造或者转让广告审查决定文件的，由广告监督管理机关没收违法所得"；《广告管理条例施行细则》第二十条则规定：新闻单位以新闻形式刊播广告，收取费用的，没收其非法所得。没收广告费用是指广告监管者对广告经营者、广告发布者从

---

[1] 陈柳裕，唐明良. 广告监管中的法与理 [M]. 北京：社会科学文献出版社，2009.

事违法广告活动收取的广告费用依法予以没收。此项行政处罚为《广告法》第三十七条、第四十条至四十三条,以及国家工商行政管理总局所发布的《烟草广告管理暂行办法》第十一条所设定。

3. 责令停止发布广告

责令停止发布广告处罚属于《行政处罚法》上所设定的"责令停产停业"。"责令停止发布广告"主要由《广告法》第五十五条、第五十七条、第五十八条、第五十九条、第六十四条所设定,其适用的前提均为"情节严重"。"责令停业整顿"由《广告管理条例》第十八条所概括设定,但该条例并未明确具体适用情形,而在其后出台的《广告法》也未设定此种处罚种类。《广告管理条例施行细则》弥补了这一不足,具体规定了"责令停业整顿"所适用的违法情形。实践中需要区分"停止广告业务"和"停止发布广告"这两个不同的概念。前者是对广告业务运营资格的停止,是一种行政处罚;后者则只是停止发布某则违法的广告,是违法状态的停止。

4. 吊销营业执照或者广告经营许可证

这两种处罚手段均是"资格罚",即对违反广告法律法规的广告活动主体(主要是广告经营者和广告发布者,资格罚一般不涉及广告主)施以广告活动资格的限制甚至剥夺。

5. 通报批评

"通报批评"虽不属于《行政处罚法》第十八条所设定的法定处罚种类之列,但因其在《广告管理条例》中被设定,故属于《行政处罚法》第八条第七项的"法律、行政法规规定的其他行政处罚"。从制裁的机理上说,"通报批评"并不对相对人进行财产、人身抑或资格上的制裁,而主要通过对当事人形成心理压力和不利的社会舆论环境而实现"软性"制裁。❶

---

❶ 陈柳裕,唐明良. 广告监管中的法与理[M]. 北京:社会科学文献出版社,2009:204-206.

（四）广告行政告诫

行政告诫制度是广告监管部门对广告活动主体法律执行情况所采取的纠偏措施，是广告监管的行政措施，不是行政处罚。

行政告诫的适用范围：①件对发布违法广告情节轻微，对市场秩序和消费者危害不大并及时消除，主动配合广告监管部门执法的违法当事人进行告诫。目前，各地工商行政管理机关对于广告监测和日常监管中发现的一般违法和轻微违法广告，通常是直接采用行政告诫措施，即监测发现后立即将违法广告通知广告发布媒体，指导、督促媒体及时纠正违法广告内容；② 对屡次发布严重违法广告的广告发布者，在停止其广告业务之前，对其进行的告诫。例如，2010年8月，国家工商行政管理总局联合中宣部、新闻出版总署、卫生部、药监局、中医药局召开媒体广告行政告诫会，对一段时间以来广告违法率居高不下、发布医药广告问题严重的9家报纸媒体单位予以告诫。由于广告中一般违法和轻微违法现象大量存在，行政告诫制度运用较为普遍。

（五）行政合同

1. 行政合同的概念

行政合同也叫行政契约，指行政机关为达到维护与增进公共利益，实现行政管理目标之目的，与相对人之间经过协商一致达成的协议。

2. 行政合同的特征

在行政合同之中，行政主体并非以民事法人的身份而是以行政主体的身份与行政相对人订立关于民事权利义务的协议，以合同的方式来达到维护与增进公共利益的目的。在其间行政主体享有行政优益权。

（1）行政合同的当事人必有一方是行政主体，享有行政权力。行政合同必须有行政机关参加但并不意味着凡有行政机关的合同都是行政合同。行政机关具有双重身份：行政主体和民事主体。当行政机关以民事主体身份签订的合同，如与家具厂签订的购买办公设备合同，该合同是民事合同；只有当行政机关以行政主体身份签订合同时，该合同才是行政合同。

（2）行政合同的目的是实施行政管理。行政主体签订行政合同的目的是实现行政管理职能，维护公共利益，而不是为了自身的经济利益。如为了修建道路、桥梁、机场等公共设施，行政主体与企业签订的共同投资建设合同等。

（3）行政主体对于行政合同的履行享有行政优益权。民事合同主体签订合同是为了自身利益，行政主体签订行政合同是为了维护公共利益。因此，行政主体对行政合同的履行享有民事合同主体不享有的行政优益权。具体体现为对合同履行的监督权、指挥权、单方变更权和解除权。当然，行政主体只有在合同订立后出现了由于公共利益的需要或法律政策的重大调整，必须变更或解除时，才能行使单方变更、解除权。造成相对人合法权益损害的，要予以补偿。

（4）行政合同双方当事人若因履行行政合同发生争议，受行政法调整，根据行政法的相关原则，通过行政救济方式解决。

3.行政合同的原则

（1）公开竞争原则。公开竞争原则，是指行政合同一般应当公开招标、投标，公开竞争后订立。行政合同的行政性使该原则对达成合法的行政合同至关重要。如国有土地有偿使用合同的签订。公开竞争原则的运用，使得政府行为透明度大为增加，使经济管理行为处于监督之下，而不公开的协议方式则方便了权钱交易。

（2）全面履行原则。全面履行原则是指行政合同依法成立之后，行政主体和行政相对人双方必须根据行政合同规定的权利和义务全面履行合同条款。行政合同的全面履行是行政合同依法成立的必然结果，也是行政合同法律效力的核心内容和行政合同消灭的主要原因。

（六）行政指导

下面从行政指导的概念、原则、方法，对行政指导进行介绍。

1. 行政指导的概念

行政指导是行政机关在其职能、职责或管辖事务范围内，为适应复杂多样化的经济和社会管理需要，基于国家的法律精神、原则、规则或政策，适时灵活地采取指导、劝告、建议等非强制性方法，谋求相对人同意或协助，以有效地实现一定行政目的之行为。

2. 行政指导的原则

（1）正当性原则。正当性原则是指行政指导行为必须最大限度地保障行政相对人对行政指导的可接受性。表现为行政相对人主观上认为如果其接受行政指导，将会产生有利于其的法律结果。基于利己这一人性本能，行政相对人对于可选择的行政指导，必然会将自己的利益在限定范围内最大化。

（2）自愿性原则。自愿性原则是指行政指导行为应被行政相对人认同和自愿接受，自愿即人在没有外在强迫下做自己想做的事。法律上的"自愿"还应加上在不损害他人合法权益的前提下的条件。行政指导不是行政机关的权力性行为，不以国家强制力为后盾，若行政相对人不愿意接受，行政机关也不能借助国家强制力驱使行政相对人违心接受。

（3）必要性原则。必要性原则是指政主体采取行政指导行为比实施行政行为可能会产生更好的客观效果的一种主观认识。若通过非行政行为也能达到这一目的，或可降低行政成本，行政主体完全可以采用非行政行为实现行政目的。因此，在行政指导中确立必要性原则是基于行政效益理论。在现代社会中，行政管埋的资源是有限的，有些甚至是稀缺的。为减轻社会负担，行政机关应当通过主观努力，将有限的行政管理资源最大化。

3. 行政指导的方法

（1）说服。说服是行政机关通过陈述情理希望行政相对人接受行政指导的一种方式。说服以行政机关说理为前提，虽然行政行为也要求行政机关说理，但它总是与强制连在一起的。由于行政指导没有国家强制力作后盾，因此，要使行政相对人接受行政指导的重要方式之一就是行政机关以理服人。

（2）建议。建议是行政机关根据行政管理目的的需要，将自己对实现行政管理目的方法、途径等形成的看法告诉行政相对人，希望行政相对人在政治、经济和文化活动中响应其建议，从而使行政机关达成行政管理的目的。建议一般有具体的内容，行政相对人接受后具有可操作性。

（3）协商。协商是行政机关为取得行政相对人的支持其实现某一行政管理目标，而与行政相对人就某一行政管理事项进行商讨，增进互相了解与沟通，谋求与行政相对人达成共识的行为。

（4）奖励。奖励是行政机关通过给予行政相对人一定的物质和精神鼓励，引导行政相对人从事有助于行政机关达成行政管理目标的行为。通过物质或精神的刺激满足人的需要，可以使人从事某种特定的活动。

（5）帮助。帮助是行政机关通过为行政相对人提供某种便利的条件，引导行政相对人实施符合行政机关达成行政管理目标的活动。

（七）行政处罚

根据《广告法》的规定，广告违法行为的行政处罚形式主要有以下6种。[1]

1. 责令停止发布广告

责令停止发布广告是指广告监督处理机关对违反广告法律、法规的广告，采取行政措施，强制广告活动主体取消违法广告的发布。责令停止发布广告，

---

[1] 王桂霞. 广告法律法规 [M]. 北京：清华大学出版社，2016：220-221.

是给予违法行为人最轻的一种行政处罚，是大多数国家的通常做法，也是保护消费者利益和竞争者权益的首要手段。这样做主要是为了防止广告违法活动继续进行，扩大违法广告的危害。

2. 责令公开更正

责令公开更正是指广告监督处理机关对违反广告法律、法规的广告，强制违法当事人承担者用以同样的传播方式在该广告影响涉及的范围内，向社会公众和消费者作公开澄清，说明该广告的违法之处，消除该广告的消极影响。

3. 罚款

罚款是指广告监督管理机关对违反广告法律、法规的广告主、广告经营者或广告发布者，强制其在一定期限内向国家缴纳一定数量货币的制裁方法。我国《广告法》对罚款标准采取浮动限额，即罚款数额可在一定范围内浮动。

4. 没收广告费用

广告费是广告经营者、广告发布者设计、制作、代理、发布广告而收取的费用。没收广告费用是指广告监督管理机关将广告经营者、发布者从事违法广告活动收取的广告费用无偿收归国有、上缴国库的处罚措施，但此方式不适用于广告主。

5. 没收违法所得

没收违法所得是指广告监督管理机关依法没收违法广告活动取得的违法收入。如对伪造、变造或者转让广告审查决定文件所得的违法收入予以没收，此方式同样不适用于广告主。

6. 停止广告业务

停止广告业务是指广告监督管理机关对违反广告法律、法规情节严重的广告经营者、发布者停止其广告业务活动，暂扣或者吊销广告经营许可证，取消其广告经营资格的行政处罚方式。停止广告业务剥夺了违法广告经营者，广告发布者的经营资格，是针对广告经营者、广告发布者最为严厉的一种行政处罚。

但是，此方式不适用于广告主。

《广告法》第五十一条规定："工商行政管理部门依照本法规定行使职权，当事人应当协助、配合，不得拒绝、阻挠。"工商行政管理部门依法行使职权受法律保护，有关当事人应当予以协助配合。本法对工商行政管理部门履行广告监督管理职责时可以行使的职权作了明确规定，当事人应当配合工商行政管理部门检查有关场所、接受询问调查，按期提交有关证明文件配合工商行政管理部门查阅、复制与涉嫌违法广告有关的合同、票据、账簿、广告作品和其他有关资料，不得以任何理由拒绝，甚至以暴力、威胁或者其他手段阻挠工商行政管理部门依法行使职权。违者，根据《治安管理处罚法》的规定予以处罚。

六、广告监管机关的义务

（一）严格履行职责的义务

在赋予工商行政管理部门行使职权的同时，本法也对其应当履行的广告监管职责予以强化，规定工商行政管理部门应当建立、健全监测制度，完善监测措施，及时发现和依法查处违法广告行为。如工商行政管理部门对在履行广告监测职责中发现的违法广告，不依法予以查处的，根据本法第七十三条的规定，其负有责任的主管人员和直接责任人员，将依法受到处分。

工商行政管理部门和有关部门不依法履行职责的，可以向其上级机关或者监察机关举报。在征求意见过程中，有意见提出，实践中工商行政管理部门和有关部门存在对违法广告行为不及时查处的情况，没有完全依法履行职责。尽管工商行政管理部门和有关部门可能出于种种原因而履行职责不到位，但对此现象不能放任，应予扭转。为了进一步规范广告活动，保护消费者权益，应当加强广告监管、强化广告监管部门的责任，对不作为、乱作为的实行问责。因此，本法规定，工商行政管理部门和有关部门不依法履行职责的，任何单位或者个人有权向其上级机关或者监察机关举报。接到举报的机关应当依法作出处理，并将处理结果及时告知举报人。

（二）为投诉、举报人保密的义务

《广告法》第五十三条规定："任何单位或者个人有权向工商行政管理部门和有关部门投诉、举报违反本法的行为。工商行政管理部门和有关部门应当向社会公开受理投诉、举报的电话、信箱或者电子邮件地址，接到投诉、举报的部门应当自收到投诉之日起7个工作日内，予以处理并告知投诉、举报人。工商行政管理部门和有关部门不依法履行职责的，任何单位或者个人有权向其上级机关或者监察机关举报。接到举报的机关应当依法作出处理，并将处理结果及时告知举报人。有关部门应当为投诉、举报人保密。"为方便举报，本法规定，工商行政管理部门和有关部门均应向社会公开受理投诉、举报的渠道即无论是广告监督管理机关，还是有关主管部门，均应公开受理投诉、举报的渠道，受理投诉、举报的渠道除传统的电话、信箱外还可以包括电子邮件地址，以进一步方便投诉举报。对于如何处理投诉、举报，本法考虑到涉及部门较多，投诉、举报的具体情况也较为复杂，在本法中对具体程序作出规定较为困难，因此对如何处理投诉、举报作了原则性规定，即接到投诉、举报的部门，应当自收到投诉之日起7个工作日内，予以处理并告知投诉举报人。这里所说的处理，包括多种方式，应当根据投诉、举报的具体情况处理。例如若投诉、举报的问题较为简单，事实清楚，受理部门应当按照有关规定及时调查核实，予以解决；若问题较为复杂，不能立即解决的，可以先受理立案；若投诉、举报不符合有关规定的，不予受理；若投诉、举报问题属于其他部门管辖范围，可以依法移交有权部门处理。但无论采取何种处理方式，在处理后均应当告知投诉、举报人。

为了保护投诉人、举报人，鼓励社会监督，本法规定有关部门应当为投诉、举报人保密。无论是对违反本法行为向工商行政管理部门和有关部门投诉、举报，还是对工商行政管理部门和有关部门不依法履行职责，向其上级机关或者监察机关举报，投诉、举报人的信息和有关情况，有关部门均应当为其保密。

（三）保守商业秘密的义务

《广告法》第五十二条规定："工商行政管理部门和有关部门及其工作人员对其在广告监督管理活动中知悉的商业秘密负有保密义务。"

根据我国《反不正当竞争法》第十条的规定，商业秘密是指不为公众所知悉、能为权利人带来经济利益、具有实用性并经权利人采取保密措施的技术信息和经营信息。在广告管理中，管理机关及其工作人员有机会接触或获取广告活动当事人的一些商业秘密。如在广告审查时广告主申请广告审查，需要依照法律、行政法规向广告审查机关提交有关证明文件；工商行政管理部门在履行广告监督管理职责时，可以对涉嫌从事违法广告活动的场所实施现场检查；查阅、复制与涉嫌违法广告有关的合同、票据、账簿、广告作品和其他有关资料。这期间，企业的商业秘密很可能被执法部门及其工作人员获得或者获知。如果不明确执法部门及其工作人员的保密义务，商业秘密一旦泄露，将会给商业秘密的权利人造成无法挽回的损失。为此，本条明确要求，工商行政管理部门和有关部门及其工作人员对其在广告监督管理活动中知悉的商业秘密负有保密义务。

保密义务包含三层含义：① 本条规定的保密义务人，既包括工商行政管理部门，也包括"负责广告管理相关工作"的其他部门，还包括这些部门的工作人员。这里的工作人员应作广义理解，即不限于在执法中直接接触商业秘密的工作人员，也应包括任何能够获悉商业秘密的工作人员；② 工商行政管理和有关部门及其工作人员对于知悉的商业秘密不得披露、使用或者允许他人使用；③ 应当采取相应的保密措施，以防止知悉的商业秘密被他人窃取或者非法获取。

七、广告监管方式的分类

工商行政管理机关的广告监督管理工作涉及广告经营、发布的各个环节,通过事前规范指导、事中动态监控、事后及时查处等措施,规范广告活动,维护公平竞争、诚实信用的广告市场环境。❶❷❸

(一)广告发布前的监督管理

在广告发布前,工商行政管理机关广告监督管理的主要措施是通过指导建立健全广告审查制度、开展广告法律法规培训等方式,在事前规范广告发布活动。

1. 指导广告经营单位建立健全广告发布审查制度

广告发布前的审查是广告经营单位的法定责任,是保证广告真实、合法,符合社会主义精神文明建设要求的重要措施。工商行政管理机关通过指导、督促广告经营单位建立广告审查制度,落实广告审查责任,把好广告发布关,预防和减少违法广告的发生。

行政指导是工商行政管理机关在职权范围内,运用非强制性手段,引导行政相对人做出或者不做出某种行为,以实现一定行政目的的行为。可以就广告发布前审查、广告经营管理、轻微广告违法行为等情况向行政相对人提出引导性、倾向性意见供其参考;也可以就行政相对人容易疏忽的广告发布程序规定、广告发布涉嫌违法等相关事项进行提示、规劝;还可以根据违法广告发布趋势与广告主体约谈,就容易发生或者可能发生的违法行为对行政相对人进行预警。

2. 开展广告法律法规培训,提高广告经营单位守法意识

在督促、指导广告经营单位建立健全广告审查制度的过程中,工商行政管

---

❶ 刘凡.中国广告业监管与发展研究[M].北京:中国工商出版社,2007:234-240.
❷ 陈柳裕,唐明良.广告监管中的法与理[M].北京:社会科学文献出版社,2009:191-194.
❸ 国家工商行政管理总局.广告业发展与监管[M].北京:中国工商出版社,2012:101-122.

理机关还通过开展对广告经营单位负责人和广告审查员的法律法规知识培训辅导，使广告活动的主体理解掌握广告法律法规的具体规定，提高其依法自行审查广告的能力，构建抵制虚假违法广告的防线。

（二）广告发布中的监督管理

在广告发布中，工商行政管理机关主要采用广告日常监测、广告巡查等方法进行监督管理，及时发现违法广告并采取相应行政措施予以处置。

1. 广告日常监测

广告监测作为一种监管手段，借助先进的数字化技术和监测软件，通过自动采集、自动识别、智能搜索等功能，实时监测各类媒体发布的海量广告，辅助一定的人工处理，及时发现和制止虚假违法广告。广告监测工作是广告监管的基础性工作，工商行政管理机关通过对广告监测数据分析，及时掌握广告发布动态，建立监测预警和快速处置机制，为事后查处违法广告提供有效的证据和线索。

2. 广告日常巡查

近年来，为落实属地监管责任，消除监管"盲区"，基层工商行政管理机关实施"网格化"的广告巡查，即把辖区分成若干区域，配备相应的监督管理人员，定期或不定期开展户外广告、印刷品广告、店堂广告等广告类别的巡回检查，及时发现、处置违法广告，消除违法广告的社会影响。

3. 广告信用分类监管

广告信用分类监管的基本思路是，通过广告市场主体对广告信用的评价，实施广告信用分类管理，把有限的监管资源主要投入到失信及严重失信企业的监管、监控上。具体实施过程中，可以根据违法广告次数、违法严重程度等指标将广告市场主体的广告信用相应地分为A、B、C、D四级。A级为守信单位，B级为警示单位，C级为失信单位，D级为严重失信单位。对B级警示单位，予以行政告诫，对其内部广告审查制度予以规范和指导，跟踪监管，监督其依法经营发布广告。对 C 级失信单位，将依法暂停其违法广告集中或严重的某类产品或服务的广告业务，并纳入重点监管范围。对 D 级严重失信单位，责令停止广告发布业务，情节特别严重的，责令退出广告市场。实施信用分类监管要求工商行政管理机关在抓好广告日常监测监管、违法广告案件查处等基础工作的同时，加强广告监管信息化建设，及时登记录入相关信息数据，提高信息收集利用的效能，提供完备的基础数据服务，为建立广告信用评价体系提供支持和保障。

（三）广告发布后的监督管理

工商行政管理机关在广告发布后的监督管理，主要是对发布违法广告的行为予以行政制裁，包括曝光公告违法广告、查处违法广告。对构成犯罪的，移送司法机关追究刑事责任。

1. 违法广告公告

工商行政管理机关将广告监测和日常监管中发现的情节严重、性质恶劣的违法广告向社会公众曝光，目的是充分发挥社会舆论对违法广告的警示、震慑作用。

2. 查处违法广告

工商行政管理机关是行政执法部门，依法行使行政处罚权是有效维护广告市场秩序、维护法律法规尊严的重要手段。工商行政管理机关通过查处违法广告，对发布违法广告的当事人予以必要的惩戒，以维护公平竞争的市场环境，保护消费者合法权益。

八、广告监管方式的种类

广告监管具体方式，主要有联席会议制度、停止广告业务制度、违法广告公告制度。

（一）联席会议制度

1. 联席会议的组成

联席会议由工商行政管理、宣传、新闻办、公安、监察、纠风、通信管理、卫生、广播电影电视、新闻出版、食品药品监督管理、中医药管理12个部门组成。联席会议由工商行政管理部门负责召集，各成员单位主管领导及相关部门负责人参加。各成员单位指定一名联络员。

2. 联席会议的职能

根据整治工作进展情况，提出阶段性整治工作重点；协调查处重大虚假违法广告案件；通报、沟通各部门专项整治工作进展情况；对整治工作中发现的薄弱环节和突出问题，提出具体措施；分析广告业发展与监管形势，结合整治工作，提出治理虚假违法广告的对策以及有关政策、法规建议。各部门按照虚假违法广告专项整治方案的职责分工，做好各项工作。

3. 联席会议的工作方式

联席会议由成员单位职能部门负责人参加，一般每季度召开一次。必要时，邀请成员单位负责人参加。对联席会议确定的具体工作任务，需要协调解决的，可由联络办公室召开联络员会议。遇有重大问题，应成员单位提议，随时召开。联席会议的联络办公室设在工商行政管理局。联络办公室的职责是：根据各成员单位的提议确定会议时间、议题，并在会议召开前10日内通知各成员单位；整理会议纪要，并报送有关领导和各成员单位；负责联席会议的其他事务性工作。

4. 联席会议制度的意义

广告活动主体多，涉及面广，广告专项整治是系统工程，任何一个部门都不可能独自承担，需要政府相关职能部门的齐抓共管、综合管理。成立整治虚假违法广告联席会议制度是我国整治虚假违法广告措施的一大突破，充分发挥联席会议各成员单位的职能作用，对于从根本上规范广告市场秩序具有重要意义。

5.联席会议制度的分工

工商行政管理部门应当切实履行牵头职责，及时研究解决工作中遇到的突出问题，积极协调、推动广告专项整治各项措施的落实。党委宣传部门应当加强新闻媒体广告内容导向管理。新闻办协调有关部门及时删除和关闭网上非法"性药品"广告、性病治疗广告和低俗不良广告以及非法网站。公安机关应当严厉打击发布虚假广告的犯罪行为。监察机关和纠风部门应当将虚假违法广告列为治理行业不正之风的重要内容，加强对有关行政机关依法行政、履行监管职责情况的监督检查。通信管理部门应当配合工商行政管理等部门规范互联网、手机短信广告。广播影视行政部门应当加强广播、电视广告播放管理，监督播出机构切实履行广播、电视广告发布审查的法定职责。新闻出版行政部门应当监督报刊单位切实履行报刊广告审查的法定职责，加强报刊广告审查工作。卫生行政、中医药管理部门应当加强对医疗机构发布广告的监测，以违法违规医疗广告为线索，加大对医疗机构的综合执行检查力度。食品药品监管部门应当加大对发布药品、医疗器械、保健食品广告企业的监督检查力度，加强药品、医疗器械、保健食品广告的跟踪监测，强化对严重违法广告涉及企业和产品的监管。❶

（二）停止广告业务制度

1.停止广告业务制度的法律依据

2006年11月，为加强对广告活动主体的监督管理，依法规范广告主、广告经营者、广告发布者的行为，建立健全广告市场退出机制，国家工商行政管

---

❶ 国家工商总局广告监督管理司.中华人民共和国广告法释义[M].北京：中国法制出版社，2016：23-24.

理总局印发了《停止广告主、广告经营者、广告发布者广告业务实施意见》，进一步强化停止广告业务制度的执行，提高了停止广告业务制度的可操作性。

2. 停止广告业务的种类

（1）暂停广告主部分商品、服务的广告发布。

（2）暂停广告经营者部分或者全部商品、服务的广告设计、制作、代理业务；取消广告经营者的广告经营资格。

（3）暂停广告发布者部分或者全部商品、服务的广告发布业务；取消广告发布者的广告发布资格。

其中，"商品、服务的广告"包括直接或者间接推销商品、服务的广告；"部分商品、服务"既可以是违法广告推介的具体商品、服务，也可以是违法广告推介的商品、服务的类别。

3. 实施停止广告业务处罚的行政机关

（1）暂停广告主部分商品、服务广告发布的处罚决定，可以由广告发布地县级以上工商行政管理机关作出，也可以由有管辖权的上级机关交由下级机关（包括广告违法行为发生地工商行政管理机关和广告主所在地工商行政管理机关）作出。广告发布地工商行政管理机关可以在其辖区内暂停广告主部分商品、服务的广告发布。对上级机关交办的案件，办案机关可以在交办机关的管辖区域内暂停广告主的广告发布。办案机关在作出暂停广告主广告发布的处罚决定后，应当将案件材料报送上级机关备案。

（2）停止广播电台、电视台、报刊出版单位及事业单位的广告业务，停止固定形式印刷品广告业务的处罚决定，分别由核发《广告经营许可证》《固定形式印刷品广告登记证》的工商行政管理机关作出。停止其他广告经营者、广告发布者广告业务的处罚决定，由核发企业《营业执照》的工商行政管理机关作出。办案机关与上述机关不是同一机关的，处罚决定按有关规定作出。工商行政管理机关应当告知被取消广告经营、发布资格的广播电台、电视台、报刊出版单位及事业单位,固定形式印刷品广告发布单位,依法缴销《广告经营许可证》《固定形式印刷品广告登记证》或者办理《广告经营许可证》变更手续;告知被取消广告经营、发布资格的企业,应当依法办理企业经营范围变更登记或者企业注销登记。

4.停止广告业务处罚的法律程序

作出停止广告业务处罚之前,处罚机关应当依法告知当事人有要求听证的权利,当事人要求听证的,处罚机关应当依法组织听证。暂停广告业务期限不超过6个月。停止广告业务的具体起止时间应当在处罚决定书中载明。对已经送达当事人的停止广告业务的处罚决定,工商行政管理机关应当予以公告。被取消广告经营、发布资格后,广告经营者、广告发布者仍从事广告经营、发布活动的,由工商行政管理机关依法查处。

(三)违法广告公告制度

违法广告公告是广告监管机关将广告监测和日常监管中发现的情节严重、性质恶劣的违法广告向社会公众曝光。公告内容通常包括广告名称、广告的违法情节和严重违法广告的发布单位等。

1.违法广告公告制度的形成

2001年以前,工商行政管理部门根据日常监管中发现的典型严重违法广告,不定期地发布违法广告公告。2001年,国家工商行政管理总局下发了《关于定期统一发布广告监测信息的通知》(工商广字〔2001〕第112号),明确规定了自2001年第二季度开展,每季度向社会统一发布广告监测信息。自此,定期化、制度化的违法广告公告由此形成。2006年11月,为进一步加大对严重虚假违法广告的曝光力度,充分发挥社会舆论对广告违法者的监督作用,建立广告监管长效机制,国家工商行政管理总局、中央宣传部、公安部、监察部、国务院纠风办、信息产业部、卫生部、国家广播电影电视总局、新闻出版总署、国家食品药品监督管理局、国家中医药管理局等部门依据有关法律法规制定了违法广告公告制度。

2.违法广告公告制度的主要内容

（1）违法广告公告的种类。按照发布部门的不同，可以将违法广告公告分为：部门联合公告、广告监督管理机关公告和广告审查机关公告。部门联合公告，由工商行政管理、宣传、新闻办、公安、监察、纠风、通信管理、卫生、广播电影电视、新闻出版、食品药品监督管理、中医药管理等部门联合发布，或者由工商行政管理部门会同有关部门向社会发布。广告监督管理机关公告，由工商行政管理部门向社会发布。广告审查机关公告由广告审查机关向社会发布。

（2）按照公告内容，可以将违法广告公告分为：典型虚假违法广告案例曝光、违法广告提示、违法广告案例点评、涉嫌严重违法广告监测公告等。

（3）违法广告公告的刊登。违法广告公告应在新闻媒体上广泛刊播，部门联合公告有关宣传报道的内容和口径经整治虚假违法广告部际联席会议确定后，可由工商行政管理部门向有关新闻媒体提供。媒体刊播违法广告公告相关信息应当及时、全面、客观、准确。对于公告中涉及的违法广告活动主体应如实刊登。整治虚假违法广告联席会议各成员单位可根据具体情况，在其主管的报刊和主办网站上发布公告内容。

（四）广告审查制度

《广告法》第四十六条规定：发布医疗、药品、医疗器械、农药、兽药和保健食品广告，以及法律、行政法规规定应当进行审查的其他广告，应当在发布前由有关部门（以下称广告审查机关）对广告内容进行审查；未经审查，不得发布。第四十七条规定，广告主申请广告审查，应当依照法律、行政法规向广告审查机关提交有关证明文件。广告审查机关应当依照法律、行政法规规定作出审查决定,并应当将审查批准文件抄送同级工商行政管理部门。广告审查机关应当及时向社会公布批准的广告。该法第四十八条规定,任何单位或者个人不得伪造、变造或者转让广告审查批准文件。

1. 广告行政审查制度及其意义

在广告发布前对广告的内容依照法律、行政法规的规定进行审核的活动,称为广告审查。根据审查主体的不同,可分为广告行政审查和广告自律审查两类。广告行政审查是指在广告发布前,由行政主管机关对广告内容真实性和合法性进行前置审查的一项行政审批制度。

2. 广告行政审查机关

广告审查机关并不是指一个专门行使广告审查权的机关,而是与法律、行政法规规定的需要进行广告审查的商品或服务有关的部门,通常是对这些特殊商品或服务实施行政管理的主管部门,比如负责药品、食品卫生管理的卫生行政主管部门,负责医疗、医疗器械管理的医药行政管理部门,负责农药、兽药管理的农业行政主管部门等。

3. 广告行政审查制度的意义

广告行政审查是遏制虚假广告产生的第一道防线,行政审查机关依法开展广告行政审查,不仅可以有效预防虚假违法广告的发生,广告行政审查制度还是维护消费者合法利益的重要保障。

4. 广告行政审查的范围

需要进行行政审查的广告,主要是一些与人民生命健康和财产安全密切相关的商品或服务的广告。由于这些商品和服务的特殊性,法律、行政法规对其广告的内容作了一些必要的限制,以防止由于广告宣传的局限性误导消费者、造成人身或财产的损害。特殊商品和服务的范围,本条作了两个方面的规定:① 明确列举的药品、医疗器械、农药、兽药、保健食品和医疗广告;② 法律、行政法规规定应当进行审查的其他广告。这样规定主要是为了适应未来广告市场的发展变化,为今后对一些特殊的商品和服务广告进行审查提供相应的法律依据。

5. 我国的广告行政审查制度

1993年,国家工商行政管理局发布《关于在部分城市进行广告代理制和广告发布前审查试点工作的意见》(工商广字〔1993〕第214号)。将目前广告发布前由广告经营单位分散审查广告内容,广告发布后由广告管理机关依法监督检查的管理方式,改变为在广告管理机关的监督、指导下,设立广告审查机构,依照统一制定的标准,在广告发布前对广告内容进行审查。

第四节 广告监测制度

广告监测是世界各国政府规范广告业的重要措施,如在美国,第三方广告监测就是实行广告行业自律的重要渠道。1996年,国家工商行政管理总局发布了《关于规范广告监测工作的通知》,对建立全国性的广告监测体系做出了具体要求。国家工商行政管理总局在2004年下发了《关于规范和加强广告监测工作的指导意见(试行)》,进一步明确了广告监测制度的内涵和外延。《广告法》第四十九条规定:"工商行政管理部门应当建立健全广告监测制度,完善监测措施,及时发现和依法查处违法广告行为。"

一、广告监测的概念

广告监测就是通过人工或技术的手段统计分析广告发布的实际状况,并将监测结果作为广告效果测定以及违法广告处理的依据之一。广告监测包括行政监测以及社会监测。行政监测是指政府行政管理机关所领导和进行的广告监测工作，包括监测数据的采集汇总、分析整理、监测信息发布等方面工作，一般以违法广告监测为主。广告的社会监测又称第三方监测，主要以广告效果测定为主。❶❷

二、广告监测的特点

（一）规范性

我国广告行政监测是政府行为，是各地广告行政管理机关的日常工作内容之一。广告行政监测制度的建立本身就有规范性要求。而社会主体的广告监测活动是以广告效果测定为主，有盈利的要求。

（二）科学性

广告监测是对个案广告、类别广告、全部广告法律执行状况进行的跟踪检查，涉及面极为广泛。通过建立全国性的监测网络，制定统一的监测要求，保证监测结果的科学性。

（三）统一性

广告行政监测依据和标准都是由法律法规确定的，监测指标体系统一，监测数据处理加工手段方法科学，实现监测结果的准确和共享。

---

❶ 杨紫烜.经济法[M].4版.北京：北京大学出版社，高等教育出版社，2011：301.
❷ 国家工商行政管理总局.广告业发展与监管[M].北京：中国工商出版社，2012：155-161.

三、广告监测的功用

（一）广告监测的功能

1. 广告监测的广告发现功能

广告发现功能分为两个层面：首先是发现广告，其次才是依法甄别和发现违法广告。广告监管的对象是违法广告，但广告监测对象除违法广告外，还应当包含合法广告在内。新闻媒体发布的广告，由于和新闻等非广告内容交集混杂，广告监测的发现功能还要求将广告与其他信息进行区别，确定监测对象。

2. 广告监测的证据固定功能

证据固定不仅是广告监测结果运用于行政执法的重要环节，也是广告监测结果深度开发运用的前提条件。鉴于行政处罚的时效期限为两年，通常要求对违法广告的视频、音频、图片和报样进行为期两年以上的保存。同时，为实现对广告发布环节全方位的监管，应当对合法广告发布情况进行分类和记录保存，以便统计违法率等广告管理重要指标。

3. 广告监测的数据分析功能

广告监测的分析功能可以实现对各类媒体的所有产品和服务违法广告的定量分析和定性分析，并为使广告监测结果更接近于事实和公众的感受，部分省市的广告违法量和违法率分析已经引入了广告时间违法量、广告面积违法量、广告金额违法量，以及相应的广告违法率，将广告发布次数的违法量、违法率一起，构成较为完整的违法广告分析体系。

4. 广告监测的信息通报功能

广告监测的信息通报功能，包括广告监管制度中的违法广告公告制度和日常广告监测中向被监测媒体的即时通知。违法广告公告制度是广告监督管理机关向社会发布阶段性的广告违法情况，其中包括广告监测结果和案件查处情况。

违法广告公告的内容是典型虚假违法广告的曝光、违法广告提示、违法广告案例点评等,特点是面向社会,目的是发挥社会舆论的监督作用。被监测媒体收到通报后,通常对违法广告采取修改内容、停止发布等措施。

(二)广告监测的作用

1. 广告监测制度推动监管

广告监测制度推动监管工作由点及面、由被动到主动、由运动式整治到长效监管的转变。除固定违法广告证据,方便案件查证和办理外,广告监测不仅成为各类广告监管手段启动和选择的重要依据,也成为评估广告管理效果的主要标准。

2. 广告监测制度推动监管工作

广告监测制度推动监管工作从刚性执法向刚柔并济转变,通过广告监测制度的实施以及监测结果的综合运用,广告监管机关能够及时发现、制止和查处违法广告,并营造对广告违法者不利的舆论环境。实践证明,广告监测产生了威慑、谴责、约束、警示、教育作用。

3. 广告监测制度推动广告监管从单部门监管向多部门联合管理转变

广告监测机构将监测结果向相关行业主管部门通报,为相关部门在职权范围内规范商品或服务经营行为提供了依据。这种经营行为是广告的源头,它的管理部门涉及卫生、药监、中医药等行政部门监管,如药品销售、医疗器械销售、医疗服务,等等。

4. 广告监测制度推动广告公平执法环境的形成,是促进广告市场健康发展的重要手段

全面和统一的广告监测将在全国范围内营造广告经营的公平竞争环境,广告违法情况的媒介差异、层级差异和地区差异逐渐被打破,媒体自律性得到有效强化。

四、广告监测的原则

（一）依法原则

广告监测的依据是国家制定的广告法律体系中有关广告发布内容的标准要求。广告监测应当依据广告法律法规作出正确的判断。

（二）公正原则

广告监测的公正性原则，要求广告监测工作在监测结论的得出和监测结果的运用过程中，合理区分违法广告的违法性质，并按照不同违法性质予以不同的处置方式。如在广告监测中，将轻微的、没有明显社会危害的违法广告作为违法广告公告的主要内容，而忽略严重违法广告。

（三）及时原则

及时性原则要求在广告监测工作中保持工作的常态化，按照广告发布情况，掌握广告发布动态，快速得出广告监测结论，并采取相应行政措施。同时，广告监测的及时性还体现在广告监测结果的传递和运用中，缩短传递和运用的过程，是广告监测及时性得以实现的重要条件。

五、广告监测技术

广告监测工作面对的是海量信息，将广告信息从其他信息中分离出来并进行审核，其工作量之大，单纯依靠人工将无法完成。计算机技术和互联网技术在广告监测中的运用则成为必然选择。伴随科技进步和广告监督管理部门研发投入的增加，广告监测技术已取得了长足发展。监测技术不断革新，为监测工作提供了技术保障。

目前,以自动比对技术、远程监测技术、报纸无纸化监测技术、互联网广告监测技术为主要监测技术体系,目标是实现广告信息获取的自动化,而将人工投入在违法广告的判别环节,以提高监测工作效能。自动比对技术是针对电视、广播媒体的监测,其技术要点是根据相同广告具有相同声纹的特点,通过电脑软件进行声纹比对,寻找相同广告并自动记录。远程监测技术依托互联网的信息传输功能,将异地播出的电视、电台节目自动进行录制并通过互联网传输给广告监测人员进行异地监测的广告监测技术。报纸无纸化监测技术是通过采集报纸网络版的方式进行报纸广告监测,消除了报纸信息接收和监测的空间障碍。

六、广告监测流程

根据属地管辖的原则,确定行政监测的责任划分。省及省以下广告监管机关对在本辖区发布的广告进行监测。国家及省广告监管机关根据工作需要可以进行指定监测。

广告监测流程中的第一环节是资料采集,根据被监测媒体的不同,具体包括广电资料采集、报纸资料采集、互联网资料采集,并根据资料的来源分为远程采集和本地采集。该环节的要求是获取广告媒体的原始资料,而非广告资料。[1]

第二环节是发现原始资料中的广告,将广告与非广告信息进行分离,并根据广告所宣传的商品、服务将广告进行分类和记录。记录的内容通常包括广告主、广告发布者、商品服务名称、商品服务类别、广告规格、发布日期和时段等,根据统计的需要,还可以增加记录项目。

---

[1] 陈柳裕,唐明良.广告监管中的法与理[M].北京:社会科学文献出版社,2009:125.

第三环节是违法广告判定和资料核对，对广告的内容进行审核，发现并记录违法广告内容、违法性质、法律依据，同时对上一环节的记录内容进行检查，纠正可能出现的错误记录。

第四环节是监测复审，对监测发现的违法广告再次进行审核，并出具监测结论。在运用自动比对技术的广告监测中，通常还会对电视、电台首次出现的新广告进行再次审核。

第五环节是监测即时通报，广告监督管理机关通过网络、短信、书面传真等方式，在复审环节结束后即时通知被监测媒体，作为提示并提供核对。但在这一环节，广告监测结果不对外发布，只是通报被监测的媒体。在上级广告监督管理机关对下级所辖媒体进行的广告监测中，广告监测结果还将同时通报下级广告监督管理部门。

第六环节是违法广告的筛选。筛选严重虚假违法广告或其他重点违法问题，形成广告案件进入行政处罚程序。部分违法广告进入违法广告公告程序。对于轻微违法广告则予以责令改正。

第七环节是形成监测报告或数据分析资料，供广告监管部门在进行广告监管决策和效益评价时使用，并可以提供给各行业主管部门在对本行业的行政管理中使用。

七、广告监测的要求

根据《关于加强和规范广告监测工作的指导意见（试行）》，国家工商行政管理总局对广告行政监测提出基本要求，这些要求包括以下5个方面。

第一，广告行政管理机关需要制定广告监测工作，建立、健全专门的数据采集、监测报告、监测档案、监测信息发布、监测对象法规培训、违法广告查处等工作制度。

第二,广告行政监测所用原始资料是监测数据采集的基础,应当准确。监测原始资料是由被监测单位提供的,应当有被监测单位经办人的签字。广告监测数据采集的原始资料可以委托广告监测中介机构提供,但对于监测涉及公告和通报的个案广告,应当留案备查。

第三,广告行政监测应坚持监测报告制度。广告日常监测可根据需要形成日报、周报、月报、季报或年报等监测报告。集中监测后应形成监测报告。

第四,广告监管机关根据监测报告分别形成面向上级机关和有关部门的《广告发市情况专报》、面向监管系统的《广告监测通报》、面向社会的《广告违法警示公告》。《广告监测通报》应当包括监测对象的违法率、违法量、主要违法表现、发布违法广告较多的广告主、广告发布者及相关监管工作等。《广告违法警示公告》包括主要违法表现和典型违法广告,提醒公众注意识别。

第五,广告监测工作应建立监测档案制度。并将广告监测与企业信用体系制度相结合,发布违法广告是广告活动主体信用的重要内容。对于发布违法广告严重的广告活动主体应当给予一定的信用警示和惩戒。

八、广告监测结果运用

广告监测结果的运用,体现在以下 7 个方面。

1. 提供广告证据资料

根据广告监督管理工作的需要提供各类广告违法证据资料。广告监测工作中采集的广告资料,尤其是原始资料,除供广告监测使用外,还有广告监管,尤其是广告案件办理的重要证据资料。

2. 揭露广告违法行为

通过执行违法广告公告制度,编制监测日报、月报,分别向广告管理部门、媒介主管部门、行业主管部门、消费者通报广告违法情况，增加广告违法成本。

3. 广告行政指导

将所有监测发现的违法广告，在监测发现的第一时间通知相关媒体，指导媒体纠正违法行为，防止违法广告危害结果的扩大和蔓延。通过广告监测及时制止违法广告，是广告监测成果的重要运用方式。

4. 广告案件确定

根据广告监测结果，确定管理重点，筛选严重的虚假违法广告、屡禁不止的违法广告形成广告案件，重点查处虚假广告和严重违法广告。

5. 媒体广告信用评价

将广告监测结果作为媒体信用监管的依据，以监测数据为基础制定媒体广告自律情况考评体系，统一对媒体进行信用评价。

6. 违法广告监测预警

通过以往监测数据分析，研究违法广告发布规律，及时向广大媒体发布违法广告警示，敦促媒体加强广告自律，主动拒绝违法广告的制作和发布。

7. 广告管理效益评估

上级广告监督管理部门将下级部门所辖媒体的广告监测结果作为评估下级广告行政管理效果的标准。深化行政执法绩效考核，推动行政执法的平衡和公正。

第五节　广告经营资格检查制度

广告经营资格检查制度是指广告监督管理机关依法定期对广告经营单位进行检查，确认其继续经营广告业务资格的管理制度。1997年7月，国家工商行政管理总局制定了《广告经营资格检查办法》，对广告经营资格检查制度作了详细规定。

一、广告经营资格检查的意义

第一，进行广告经营资格检查可以规范广告市场秩序，淘汰已不具有广告经营资格的市场主体，构建一个健康、安全、有竞争力的广告市场秩序。

第二，通过广告经营资格检查可以促使广告经营单位能够按照广告法律法规的要求规范进行，自觉建立、健全企业经营管理制度，提高行业整体规范水平。

第三，通过广告经营资格检查可以了解广告市场主体状况，及时发现广告经营单位在广告经营过程中存在的问题并予以解决。

二、广告经营资格检查的管辖

各地广告行政管理机关按照属地管理的原则负责本辖区的广告经营资格检查工作。

国家工商行政管理总局负责在国家工商行政管理总局登记的广告经营单位的广告经营资格检查。省、自治区、直辖市及计划单列市工商行政管理局，负责在本局登记和上级工商行政管理局授权管辖的广告经营单位的广告经营资格检查。市、县（区）工商行政管理局，负责在本局登记和上级工商行政管理局授权管辖的广告经营单位的广告经营资格检查。

三、广告经营资格检查的内容

根据《广告经营资格检查办法》的要求，广告经营资格检查的主要内容

·337·

包括：① 广告经营资质条件是否符合广告经营资质标准规定的要求；② 广告经营单位是否按照合法程序取得广告经营资格；③ 是否按照审批登记的事项从事广告经营活动；④ 广告业务承接登记、审核、档案、合同等基本管理制度建立和执行情况；⑤ 执行广告审查员管理制度和广告专业技术岗位资格培训制度情况；⑥ 执行广告服务收费标准规定和广告收费备案制度、广告财务制度的情况；⑦ 户外广告、广告显示屏、印刷品广告、临时性广告等经营资格情况；⑧ 设计、制作、代理、发布的广告是否符合国家法律、法规的规定；⑨ 是否按照规定报送《广告经营单位基本情况统计表》；⑩ 其他遵守国家法律、法规、政策的情况。

四、广告经营资格检查的程序

第一，广告监督管理机关通知广告经营单位提交《广告经营许可证》副本和自检材料，按照规定时间参加广告经营资格检查。广告经营单位的自检材料包括《广告经营单位广告经营资格检查表》以及广告行政管理机关要求提交的其他材料。

第二，广告监督管理机关受理、审核自检材料，对广告经营单位进行实地抽查，了解实际状况。

第三，广告监督管理机关对通过广告经营资格检查的广告经营单位，签署通过广告经营资格检查意见，并在其《广告经营许可证》副本上加盖广告经营资格检查标志后，广告经营单位取得继续经营广告业务的资格。

第四，广告监督管理机关发还《广告经营许可证》副本，并可以对通过广告经营资格检查的广告经营单位，采取不同的形式向社会公告。

第六节　广告信用档案制度

一、广告信用档案制度的概念

信用档案是一项征信制度，包括企业信用档案和个人信用档案，是对企业或个人的信用信息进行采集、整理保存、加工，并向信息使用者提供的制度。本条中的"信用档案"实际上是不良信用档案，即关于违反法律的违法行为信息的记录。国务院工商行政管理部门主管全国的广告监督管理工作，县级以上地方工商行政管理部门主管本行政区域的广告监督管理工作。有关违反本法的违法行为的信用档案管理由工商行政管理部门负责，并依照有关法律、行政法规规定予以公示。信用档案制度是这次修订中新增的内容，该制度的建立既有利于提高广告活动当事人的守法意识，也有助于执法部门对广告的监督管理。[1]

二、广告信用档案制度的立法

国家高度重视社会信用体系建设。2014年6月，国务院印发了《国务院关于印发社会信用体系建设规划纲要（2014—2020年）的通知》（国发〔2014〕21号），明确提出要以推进政务诚信、商务诚信、社会诚信和司法公信建设为主要内容，提高全社会诚信意识和信用水平、改善经济社会运行环境，使诚实守信成为全民的自觉行为规范。其中，专门把会展、广告领域信用建设作为一项重

---

[1] 刘双舟. 中华人民共和国广告法释义 [M]. 北京：中国工商出版社，2016：244.

要内容。2014年7月23日国务院第57次常务会议通过《企业信息公示暂行条例》(国务院令第654号),于2014年10月1日起正式施行,针对企业的登记注册基本信息和行政处罚信息,将予以公示。❶《广告法》第六十七条规定:"有本法规定的违法行为的,由工商行政管理部门记入信用档案,并依照有关法律、行政法规规定予以公示。"

三、广告信用档案制度的内容

广告违法行为公示,是社会信用体系建设的重要组成部分。公示广告违法行为,既是向消费者警示违法广告,防止被误导或者欺骗,也是强化对广告活动主体的社会监督和自律约束。针对广告违法行为,目前普遍采用的公示方式包括:通过工商行政管理部门的企业信用信息公示平台公示、工商行政管理部门发布的违法广告公告、广告审查机关发布的违法广告公告等。如果有《广告法》第六十七条规定的违法行为的,工商行政管理部门应当及时记入信用档案,并依照有关法律、法规的规定予以公示。❷

第七节 广告语言文字管理规定

广告作为信息传播手段,不仅是宣传商品或服务的重要途径,而且已经成为大众文化的组成部分,具有重要的社会功能。广告语言的用字不仅影响到消

---

❶ 国家工商总局广告监督管理司.中华人民共和国广告法释义[M].北京:中国法制出版社,2016:196-197.

❷ 广告违法行为公示方面的相关规定主要有《企业信息公示暂行条例》第六条、第七条;《国务院关于印发社会信用体系建设规划纲要(2014—2020年)的通知》。

费者的理解和接受，而且对社会各界，特别是未成年人有着极大的影响。为了规范广告用字，国家工商行政管理局于 1996 年发布了《关于规范企业名称和商标、广告用字的通知》，于 1998 年 12 月制定了《广告语言文字管理暂行规定》，这些规定与 2000 年 10 月颁布的《国家通用语言文字法》一起构成广告语言文字管理规定的主要内容。

一、广告语言文字管理规定的意义

语言文字是人们表达思想、传达信息的重要交流工具，语言文字的使用在一定程度上关系到国家的统一、民族的团结以及历史文化的传承。广告语言文字管理规定的重要意义体现在 3 个方面：① 有利于维护祖国语言文字的纯洁性和尊严，引导人们正确使用语言文字，杜绝不规范的广告用语对人们的用语造成错误影响；② 有利于语言文字规范化、标准化工作的推广，加强对广告语言文字的管理，防止广告中使用语言混乱现象的出现；③ 有利于广告活动的规范化，能够使广大消费者正确理解广告内容，准确接收广告所传达的商品或服务的信息。

二、广告语言文字管理规定适用范围

在中华人民共和国境内发布的广告中使用的语言文字都应当遵守广告语言文字管理规定。广告中的语言文字包括普通话和规范汉字、国家批准通用的少数民族语言文字，以及在中华人民共和国境内使用的外国语言文字。

三、广告语言文字管理规定的主要内容

广告语言文字管理规定的主要内容包括以下 6 个方面。

第一，广告使用的语言文字，用语应当清晰、准确，用字应当规范、标准，不能造成歧义或者容易引起误解。广告使用的语言文字还应当符合社会主义精神文明建设的要求，不得含有不良文化、殖民文化、封建文化等内容。

第二，广告用语用字应当使用普通话、规范汉字、国家批准通用的少数民族语言文字，以及一些正规的外国语言文字。规范汉字的标准：① 繁简字以 1986 年国务院重新发布的《简化字总表》为标准；② 印刷用字以国家语言文字工作委员会和新闻出版署 1988 年联合发布的《现代汉语通用字表》为准；③ 汉语拼音以教育部（原国家教委）和国家语言文字工作委员会 1988 年联合发布的《汉语拼音正词法基本规则》为准。

根据国家规定，广播电台、电视台可以使用方言播音的节目，其广告中可以使用方言；广播电台、电视台使用少数民族语言播音的节目，其广告应当使用少数民族语言文字。在民族自治地方，广告用语用字可参照《民族自治地方语言文字单行条例》执行。

第三，广告中不得单独使用汉语拼音。广告中如需使用汉语拼音时，应当正确、规范，并与规范汉字同时使用。广告中数字、标点符号的用法和计量单位等，应当符合国家标准和有关规定。

第四，广告中不得单独使用外国语言文字。广告中如因特殊需要使用外国语言文字时，应当采用以普通话和规范汉字为主、外国语言文字为辅的形式，不得在同一广告语句中夹杂使用外国语言文字。广告中的外国语言文字所表达的意思，与中文意思不一致的，以中文意思为准。随着对外交流合作的日益深化，有些外来词已经融入汉语中，在这些情况下可以作为例外处理，这些情况包括：① 服务通用名称，已注册的商标，经国家有关部门认可的国际通用标志、

专业技术标准等；② 经国家有关部门批准，以外国语言文字为主的媒介中的广告所使用的外国语言文字。

第五，广告中成语的使用必须符合国家有关规定，不得引起误导，更不能篡改或编造成语，影响青少年正常汉语学习，造成恶劣的社会影响。

第六，广告中出现（使用）的注册商标定型字、文物古迹中原有的文字以及经国家有关部门认可的企业字号用字等，可以在广告中使用，但应当与原形一致，不得引起误导。广告中因创意等需要使用的手书体字、美术字、变体字、古文字，应当易于辨认，不得引起误导。

四、广告语言文字使用中的禁止性规定

《国家通用语言文字法》第十四条规定，招牌、广告用字应当以国家通用语言文字为基本的用语用字。因此，广告用语用字应当使用国家通用语言文字，不得出现下列情形：①使用错别字；②违反国家法律、法规规定使用繁体字；③使用国家已废止的异体字和简化字；④使用国家已废止的印刷字形；⑤其他不规范使用的语言文字。

第七章　广告业发展制度

经济法律制度体现国家对市场经济的干预,防止"市场失灵"的出现,一方面,要体现国家对市场的干预,制止垄断和不正当竞争;另一方面,要尊重市场经济规律,防止政府干预过度而导致"政府失灵"。[1]广告法是国家规范广告业发展而制定的法律规范,是经济法体系的组成部分。

第一节　广告业发展概述

广告业科学发展是指发挥市场机制在广告业资源配置中的决定性作用,促进和保障广告业的健康、持续和稳定发展。广告业科学发展有以下 3 个方面的含义:① 遵循广告业发展规律,借鉴发达国家先进广告理念和经营方式,充分发挥市场配置资源的基础性作用;② 发挥市场机制在广告业资源配置中的决定性作用,运用国家宏观调控政策,促进广告业的持续发展;③ 进行"微观经济自发调节,宏观经济政府控制",实施提供社会保障、社会公正和社会进步的社

---

[1] 蒋恩铭. 广告法律制度 [M]. 南京:南京大学出版社,2007:1.

会福利政策，但它们都不能妨碍市场机制作用的发展，应该使市场带来的效率和政府提供的社会保障结合起来。

一、广告业发展概况

广告业常常被称为一个国家国民经济发展状况的"晴雨表"，世界上最发达的广告业，存在于经济发达国家。广告业属于创意经济中的创意产业，是现代服务业和文化产业的重要组成部分。经济文化的全球化、国内经济的持续增长、市场竞争日益扩张等宏观因素，推动了我国广告业的迅速发展。2011年我国成为全球第二大广告市场。然而，由于过分强调计划的作用、忽视市场的决定性作用，导致政府对微观经济管理过度，经济权力不恰当地限制市场主体权利的情况，阻碍了广告业的科学发展。

二、我国广告业发展现状及趋势

在全球经济一体化进程中，跨国公司的国际品牌进入其他国家的市场，往往是由跨国广告公司充当先导。在中国加入世界贸易组织之前，就已经有外国资本进入中国的广告业，由于这些有外资背景的广告公司主要代理国际大品牌的广告，所以营业量都非常大。据统计，在中国广告公司的排名中，前十名中就有八名具有外资背景。随着后广告业的对外开放，中国本土广告与外国广告公司的竞争必将更加激烈。

（一）广告业发展的成绩

广告业的晴雨表也真实地反映出中国经济的发展状况。20世纪80年代以来，中国广告产业伴随中国改革开放和市场经济的进程而发展起来，中国经济的快速增长促使了中国广告产业的高速发展。20多年来，中国广告业以年均超过宏观经济增长速度的较高速度增长。特别是进入21世纪以来，中国广告业正以一种前所未有的速度发展。广告快速发展的驱动力是智能手机用户数量的激增，他们往往花费更多的时间使用应用而不是浏览移动网页。

（二）广告业发展的问题

1. 具有较强综合实力和国际竞争力的本土广告企业不多

广告业是市场化程度较高的行业，随着我国广告市场的全面对外开放，国际广告集团大量涌入我国广告市场，我国广告业承受着巨大的压力与挑战。在过去30多年的发展中，广告公司数量大规模扩张，极大地推动了广告业的发展，但值得注意的是，广告业的增长在相当长一段时期是依靠量的扩张，而不是质的突破。由于长期忽视自身核心竞争力的培育和提升，使得我国本土广告公司在广告策划水平、广告制作水平、资金规模、内部管理水平、媒介管理水平、经营理念、人力资源、品牌知名度等方面相对于国际公司都存在着一定程度的差距。

2. 市场低集中度问题依然比较突出

目前，发达国家广告市场的集中度大体都在40%~70%之间，基本属于中等以上集中寡占型。1992年，我国广告市场的集中度为9.53%，发展到2006年为15.68%，总体呈现上升趋势。数据显示，广告产业目前正处在由高度分散、高度弱小原子型的市场结构向低集中寡占型市场结构过渡的时期，这类市场的特点是市场上广告公司仍然较多，竞争力水平较低，利润率水平也相应较低。❶

3. 地区发展不均衡现象仍然比较明显

从我国目前广告产业发展的现状来看，区域发展不均衡的状况仍然十分明

---

❶ 国家工商行政管理总局.广告业发展与监管[M].北京：中国工商出版社，2012：32-34.

显。东部沿海地区的广告业发展水平远高于中西部地区；北京、上海、广东依然位居区域广告经营额的前三名，三地广告经营额之和占到全国广告经营总额的48.05%。

4.广告从业人员素质良莠不齐、流动性大，高端人才匮乏

广告从业人员的素质和能力水平直接影响着广告行业的整体发展水平。由于我国广告公司设立的门槛较低，行业和企业对从业人员的准入资质也没有严格的规定，从业人员收入大多较低等诸多原因，导致广告从业人员的素质参差不齐。行业缺乏完善的专业人才考核、晋升制度，也影响了广告专业人才从业的稳定性。

5.行业经营秩序有待规范，行业诚信度和公信力有待提升

广告经营者之间无序竞争，为承揽业务竞相压价，争夺广告主。这一现象同样表现在广告媒体单位之间的竞争上。一些媒介单位特别是都市和生活类媒介单位受利益驱使，放松广告管理，对广告审查把关不严，致使违法广告轻易出笼。有些广告公司为了争取更多的广告客户，相互竞争压低价格，导致利润极低甚至无利可图。

6.公益广告事业发展缓慢，发展机制有待整合创新

我国公益广告的策划和制作在很大程度上依靠政府部门的支持和行政手段的规定，企业还远未成为支持公益广告事业发展的主体，媒体公益广告的制作、播发存在随意、分散现象。缺乏长效的公益广告运行机制，是制约我国公益广告发展的主要问题。

(三) 广告业发展趋势

广告业发展呈现以下三种趋势：① 服务内容向纵深延展，广告与营销界限模糊，广告公司向顾问咨询型公司转变。部分广告公司开始更多地介入企业的营销和管理领域；或者在继续提供传统广告业务的同时，开始介入企业的产品

研发、通路设计、品牌管理等领域；或直接选择营销及广告运作的前端（咨询、策划等），基本上不再介入末端具体的执行（制作、发布等）；② 专注于某一领域。与部分广告公司扩展业务领域相对，另一部分广告公司逐渐放弃原有的一些服务内容；③ 积极开发、整合广告资源。为满足广告主创新使用媒体以及开发使用新式媒体的需求，广告公司拉开了广告资源整合的序幕，尤以户外广告为典型。总之，广告公司正在经历一个重新定位的过程，在这个过程中，出现了一些问题与困惑。

三、广告监管与广告业发展的关系

（一）监管与发展是矛盾的对立统一体

从实践和辩证逻辑上分析，监管与发展是辩证统一的关系，是科学的广告监管与和谐发展迫切需要解决的核心问题。我国工商行政管理机关承担着指导广告行业发展与广告监管的双重职能，因此，必须研究广告业监管与发展的关系，努力认识其本质，掌握其发展的规律。在广告监管实践中，应该坚持发展是监管的目标、监管是发展的保证这一辩证统一的观点。❶

（二）发展是监管的目标

从广告业的性质定位来看，广告监管对于产业发展至少承担如下三种责任：① 广告监管保证广告行业规范履行市场营销服务功能；② 广告监管促进广告行业按照创意产业的要求积极发展；③ 广告监管承担着维护国家经济、市场和社会文化安全的重要责任。

从广告业对于国民经济和社会发展的贡献度来看，广告业的发展对于国民

---

❶ 刘凡. 中国广告业监管与发展研究 [M]. 北京：中国工商出版社，2007：276-282.

经济和社会发展承担责任，广告业的监管同样对国民经济和社会发展承担责任。我国广告产业对于国民经济贡献度的不足，内因是三大广告活动主体的发展不平衡，外因是外部管理环境相对不成熟。在广告产业发展中，广告监管的外部保障作用不可缺失。

从广告产业竞争力培育和产业保护的角度来看，一个具有竞争力的本土广告产业，一定是在规范的、开放的市场竞争环境下产生的。而规范的、开放的市场竞争环境，是离不开监管的。也就是说，政府监管是为培育广告产业竞争力服务的。另外，构建一种公平的市场竞争环境、一种健康的产业发展环境，也是一种更高层次的产业保护。

从目前我国广告公司和从业人员的结构来看，广告监管所承担的责任就是优化广告产业结构、促进产业发展。

（三）监管是发展的保证

广告监管不仅促进了广告产业的发展，推动了国民经济的发展，而且还有力地促进了广大人民群众的社会消费水平。广告监管通过规范行业市场，提高行业诚信度，促进该行业的发展。

从广告产业面临的发展环境来看，广告产业发展离不开监管。我国广告产业发展面临着市场经济环境的不成熟，广告媒体环境的发展不成熟，广告受众心理不成熟，产业发展速度的不成熟，产业对于国民经济的贡献率的不成熟。在此情况下，广告监管实际是发挥政府在不成熟市场环境下的"有形的手"的作用，保护消费者的利益，促进广告产业经济健康发展，这与广告监管的公众利益基础也是一脉相承的。

从广告产业内部结构来看，我国广告业行业平均利润下降，市场竞争秩序不规范，与目前产业发展初期不合理的市场结构有直接的关系。在此情况下，如果简单地依靠市场"无形的手"来调节行业发展，是很难奏效的。因此，在我国特殊的国情下，必须由政府出面进行监管干预。所以，广告监管在我国特殊的历史环境下又发挥着调整产业结构的"有形的手"的作用。

（四）树立科学的广告监管观

正确处理广告监管与发展的关系，需要解决3个层面的问题：① 科学监管与广告业的发展；② 科学监管与广告业的服务；③ 科学监管与依法行政。广告监管有3个层次的目的：① 保证广告内容真实合法，切实维护消费者的合法利益；② 维护广告市场经济秩序，营造公正、公平的广告市场竞争环境；③ 引导、促进广告业的持续健康发展，与社会主义市场经济发展形成良性互动关系，并进而促进社会主义市场经济的发展。

第二节　广告业发展促进制度

《广告法》第一条规定，为了规范广告活动，保护消费者的合法权益，促进广告业的健康发展，维护社会经济秩序，制定本法。可见，促进广告业的健康发展，是广告法的基本任务之一。

广告业对经济社会的贡献度进一步提升。广告业拉动消费、提振内需、促进相关行业发展的作用明显提升，弘扬社会主义核心价值体系、传播社会主义先进文化、推动和谐社会建设的作用进一步彰显，提升国家文化软实力的作用得到进一步增强，广告的功能作用和产业价值得到社会普遍认同。

广告业影响社会主义的精神文明，社会主义的最终目的就是解放统一控制转换提升发展持续满足思想的创造者，最终的目的是为了人民意识从物质回到精神文明的提升，是全人类共同的事业。

第七章 广告业发展制度

一、促进广告业发展的理论

广告业科学发展离不开经济法理论的指导。我国著名经济法学家刘文华教授认为:"从人类发展史看,社会整体利益和社会个体(组织和个人)利益的矛盾是人类社会的基本矛盾,支配着人类社会的始终。这一矛盾又表现为国与民、国家和企业、宏观和微观、统和分、管理和自主、经济集中与经济民主、纵向关系和横向关系、计划与市场、国家调节和市场调节、秩序和自由、公平与效率,以及公法与私法,等等。"❶

在广告业发展方面,社会整体利益与社会个体利益的矛盾主要表现为计划机制与市场机制的矛盾、宏观经济与微观经济的矛盾、经济权力与经济权利的矛盾、公有经济与非公经济的矛盾。计划机制、宏观经济、经济权力、公有经济是社会整体利益的表现形式,而市场机制、微观经济、经济权利、非公经济是社会个体利益的表现形式。"两大系列矛盾都是既对立又统一的关系,它们相互联系、相互制约、相互转化,相辅相成,相反相成。""协调是科学发展观的基本精神,也是经济法的基本理念。""经济法的本质是平衡协调法,它是市民社会与政治国家两个领域的利益相互融合的表现,它是平衡协调运用'市场之手'和'国家之手'的结果,是协调国家、社会、团体、个人之间利益的产物。"根据这一原理,实现广告业科学发展的主要途径,包括协调政府调节与市场调节的关系,协调宏观经济与微观经济的关系,协调经济权力与经济权利的关系,协调公有经济与非公经济的关系。

(一)协调政府调节与市场调节的关系

十八届三中全会公报指出:"经济体制改革是全面深化改革的重点,核心问

---

❶ 张忠军,朱大旗,宋彪.擎社会责任之光[M].北京:法律出版社,2012.

题是处理好政府和市场的关系，使市场在资源配置中起决定性作用和更好发挥政府作用。"既要重视国家调控机制的作用，又不能忽视市场机制的基础作用。经济法的价值在于平衡市场与政府之间的关系。市场调节与国家干预都是必需的调节主体。如果没有市场主体的自治就不是市场，而如果没有国家干预，就不存在经济法。然而，在市场与国家之间的选择之间却经常会出现偏向。如果政府干预过多，经济法理论工作者就会强调放松管制；而在市场秩序混乱时，理论工作者则强调更多的政府管制。国家干预可以减少，市场调节可以增多，但不能只要市场调节，不要国家干预。国家退出不该涉足的领域，而不是彻底弃权，更不是将政府承担的经济管理职能推给市场。

如何发挥市场在资源配置中的决定性作用呢？积极推进广告代理制。在法律中规定广告代理制，完善科学的广告经营机制。另外，保护广告作品的知识产权是有效方法。如果在广告中使用他人的广告作品，应当取得广告作品权利人的授权。加强对知名广告企业商标的法律保护，加强对广告原创作品的版权保护，加强对广告创新技术的专利保护，加大对侵犯广告业知识产权行为的打击力度。

（二）协调宏观经济与微观经济的关系

徐孟洲教授认为："经济法的功能主要在于直接解决社会化大生产本身的经济问题，调整手段主要在于运用宏观调控和市场规制等方法，实现竞争的整体秩序，促进整个社会增量利益的生产。"1997年《世界发展报告》指出："政府的第一项职责：做好基础性工作。"基础性工作包括建立法律基础、保持非扭曲性的政策环境、宏观经济的稳定、投资于基本的社会服务与基础设施、保护承受力差的社会阶层、保护环境。科学的宏观调控是发挥社会主义市场经济体制优势的内在要求。发挥市场机制的"决定性作用"是指政府干预经济要适当，不再过度干预微观经济活动。不能理解为发挥市场机制的决定性作用，可以取消政府干预微观经济活动，弱化政府的监管力度，这样会从"干预过度"滑向另一个极端"干预缺位"。对市场主体的垄断行为、不正当竞争行为，政府还是应该履行市场监管职责，进行干预。对于社会组织可以处理好的事项，授权社会组织来做，政府只抓市场主体和社会组织都不能做好的事项，进行市场监管。社会组织代表一部分团体利益，虽然执行一部分管理职能，但其本质上仍然属于监管对象，对于其违法行为，政府可以依法监管。在宏观经济管理方面，广告创意产业园区的建设，就是一项有力之举，应当坚持做好。

（三）协调公有经济与非公经济的关系

在计划经济情况下，企业靠政府的计划部门的主观判断来配置资源。非公经济依靠自己对市场信号的理解来调节生产，通过对资源的有效配置，为市场经济注入活力。公有经济更有利于维护经济秩序，非公经济更有利于为经济注入活力。公有经济与非公经济各有优点，互相补充，两种类型的经济是不同社会制度的国家都应当具备的经济模式。十八届三中全会公报进一步明确了"公有制经济和非公有制经济都是社会主义市场经济的重要组成部分，都是我国经济社会发展的重要基础"，提出"完善产权保护制度，积极发展混合所有制经济，推动国有企业完善现代企业制度，支持非公有制经济健康发展"。通过协调公有广告企业与非公广告企业的关系，促进广告业的科学发展。国有广告企业在稳定社会秩序，参加国际竞争方面具有优势。民营广告企业在提高经济效益方面，促进充分就业方面具有优势。应当适时调整两类企业在本国经济中所比占例，促进我国广告业快速、稳定发展。

（四）协调经济法权力与经济法权利的关系

政府与市场的科学分工，政府干预与市场机制的密切配合，是经济发展水平不断提高的制度性保障。无论是商品价格、服务价格，还是资源要素价格，主要应当由市场决定,而不是主要由政府管制。企业的经营活动由市场决定成败,即在市场平等竞争中获得生产要素和实现优胜劣汰。政府不应当滥用经济管理权力,干预企业行为。如果政府在微观的经济管理方面管得太多了,则应当减少对经济的限制,为企业松绑,为经营者营造宽松的发展环境。在广告业发展的制度设计中,应当合理收缩经济管理主体的经济权力,扩大广告活动主体的市场权利。

在政府购买公共服务的改革中,可以把一部分职权授予社会中间层主体,如把广告组织登记改为在广告行业协会备案,广告行政审查改为行业协会审查。通过政府购买广告行业组织公共服务的方式,充分发挥广告行业组织的行业管理职能,使广告行业组织更好地为社会服务,做到经济权力与经济权利有机统一。完善我国广告业宏观调控法律制度,体现民主调控与科学调控,即在尊重广告行业的市场规律、尊重广告市场主体权利的前提下,对广告业进行宏观调控。通过优化广告产业结构,健全广告市场规则,保护消费者和广告活动主体的合法权益,完善广告业发展的保障机制,促进我国广告业科学发展。

二、促进广告业发展的原则

推动广告业创新发展要把握以下原则。

(一)市场运作和产业政策相结合

尊重和发挥市场在资源配置中的决定性作用,以竞争促发展。同时发挥政府在产业规划、产业引导和政策扶持等方面的作用,利用国家和地方促进发展现代服务业和文化产业相关政策,形成推动广告业发展的合力。

（二）创新引领和融合发展相结合

把创新放在广告业发展的首要位置，以创新驱动为引领，促进广告业内部要素之间、广告业与关联产业之间，以及广告业与其他相关产业之间的融合发展，丰富产业形态，延伸产业链条，拓展产业发展空间。

（三）全面发展和重点突破相结合

推进广告业发达与欠发达地区、新兴广告产业与传统产业，广告骨干企业和小微企业等协调发展。支持在有基础、有创新的重点区域、领域、环节等加快改革，带动广告产业全面发展。

（四）监管监督和行业自律相结合

进一步转变政府职能，深化放管结合，完善广告业的监管体制与社会监督机制，推进广告市场秩序的社会共治，发挥各类行业组织自律与自我管理的功能作用，创建与中国国情相适应的广告业发展社会管理和服务模式。

三、完善促进广告业发展的主体制度

（一）促进广告业发展的主体

1. 工商和市场监管部门

工商和市场监管部门作为指导广告业发展的主管部门，要积极主动向地方党委、政府报告规划实施进展情况，宣传规划内容和实施成效。与工商总局签署共同推进广告业发展战略合作协议的省市，要切实推动协议的有效实施。要主动加强与相关部门的协作，建立和完善工作协调机制，推进解决广告业发展和改革中遇到的问题，加强宏观调控和政策引导，落实产业政策，提供优质公共服务，营造良好发展环境。组织开展对从事指导广告业发展工作人员的培训，建立规划实施评估机制和规划实施专家智库，交流规划实施信息，研讨解决规划实施中的问题。

2. 广告行业组织

广告行业组织是广告业发展的重要力量，也是协助政府有关部门和组织广告市场主体落实规划的重要力量。要当好政府与广告业间的桥梁和纽带，积极收集、整理、反映广告业内外对于规划实施的意见，提出规划实施建议。要加强对规划实施的学习研究，加深成员单位对规划内容的理解，搭建拓展落实规划的平台和渠道，在规划实施中发挥应有作用。

3. 各级政府部门

各地要贯彻落实国家支持、促进广告业发展的产业政策，充分认识广告业在经济社会发展中的积极作用，切实加强对促进广告业发展工作的组织领导，重视在规划实施中与现代服务业、文化产业等国家专项规划以及与相关行业、领域规划的衔接和协调，结合实际制订本地广告业发展规划或者实施意见，把规划落到实处。

（二）突出市场监管部门指导地位

监管促进发展，发展促进监管。监管与发展的理解辩证关系既是个理论问题，也是个实践问题。我国近年来开展的整顿和规范广告市场秩序的活动，并没有导致广告业的萎缩，而是每年仍在以两位数增长，这也说明"监管阻碍发展"的观点是站不住脚的。近年来，有的地方为了促进经济发展，提出一些突破法律规定的政策和措施，有的甚至提出"先上车后买票"等口号，其根源是在促进发展与整顿的关系上认识不清。发展是硬道理，是执政兴国的第一要务。发展有赖于一个公平竞争的市场环境和良好的市场秩序，可以说，离开了公平竞争和规范有序的市场环境，就谈不上全面协调可持续的发展，甚至可能是有增长而无发展。因为只有在公平竞争的、有序的市场环境下，才能形成正确反映市场供求的价格机制，这种机制引导之下才能最经济、最科学地进行生产，市场在资源配置方面的基础性作用才能得到充分发挥。

（三）推进行业组织改革发展

在市场经济条件下，市场的健康发展、有序运行，离不开政府的监督管理。同时，行业组织对于及时发现问题、解决问题、进行自我约束、有效规范、加强会员间的沟通与交流、及时向政府反映市场发展的意见和建议、会员面临的困难与问题、维护会员的合法权益、提升行业信誉、促进行业发展，具有政府监督管理不可替代的作用。❶

广告行业组织要充分发挥其在加强行业自律、促进行业发展方面的作用，依照法律、法规和章程的规定，制定行业规范，引导会员依法从事广告活动，推动广告行业诚信建设。开展广告发布前咨询工作，为广告主、广告公司、媒介广告部提供法律援助；开发信息资源，建立信息网络，为行业提供信息服务；积极参与广告业的立法立规工作，向政府有关部门反映会员单位的意见和要求，提出合理建议；及时传递行业管理信息，发布行业统计数据，促进广告思想理论的发展和经营秩序的规范。❷

加强行业组织建设，完成行业组织与行政机关脱钩改革，完善行业组织法人治理结构，促进成为依法自治的现代社会组织。按照改革后的行业组织管理体制和运行机制，拓展服务功能，提升服务能力，加强对行业组织政策和业务指导。

---

❶ 郎胜. 中华人民共和国广告法释义 [M]. 北京：法律出版社，2015.
❷ 刘双舟. 新广告法精解与应用 [M]. 北京：中国财政经济出版社，2015.

四、广告业发展制度的内容

（一）放松市场准入政策

落实商事制度改革要求，实行广告企业注册和广告发布许可实施的便利化，已经确定取消的广告领域行政许可事项，要全面落实到位。对广告创意、广告策划、广告设计、广告制作等国家鼓励类的广告企业，在企业名称、营业场所、集团登记等方面给予重点支持。

（二）促进广告产业创新

推进以"创意、创新、创业"为核心的广告产业创新发展，加快创新成果转化，实现创新成果共享。打造广告业众创、众包、众扶、众筹平台，鼓励建设广告业创新示范基地、广告业创新研发基地和创业孵化器，构建广告企业、高校、科研机构、创客多方协同的新型创业创新机制。支持广告业创新活动，指导广告产业发展联盟发展壮大。

（1）加快广告业技术创新，鼓励广告企业加强科技研发，提高运用广告新设备、新技术、新材料的水平，促进人工智能、虚拟现实、全息投影等以数字、网络为支撑的各种新技术在广告服务领域的应用，研发用于广告业的硬件和软件。支持、鼓励广告业绿色发展，加强广告器材、材料应用的环保评估，推广使用环保型、节能型广告材料。

（2）培育广告业创新文化。总结创新成果，提升创新价值，支持创新项目申报国家和地方社会科学重点课题。鼓励软科学、自然科学与广告领域的跨学科研究，以及原创性、基础性研究和应用性研究。支持广告业传统媒体与新兴媒体深度融合，建设形态灵活、技术先进、具有竞争力的融合型广告新媒体。

（3）支持广告业与互联网产业融合发展，规范数字广告程序化交易管理，建立新的数字广告生态。鼓励广告业以"互联网+广告"为核心，实现跨媒介、跨平台、跨终端整合服务。支持广告业与其他现代服务业、文化产业的融合发展，推进广告业跨行业、跨领域的产业融合，构建新型广告产业生态圈。

（三）发展广告研究和教育培训

加强广告业发展新型智库建设，为政府制定产业规划和宏观政策提供智力支持，为行业发展提供社会服务，为企业创新提供专业支撑。发挥国家研究力量和民间智库力量的各自优势，建立第三方独立智库。支持社会组织、教学科研机构、各类企业和广告媒体单位建立广告研究机构，利用优势资源进行产学研一体化研究。❶到"十三五"期末，建成5个以上全国性的广告研究机构，若干区域性、专业性的广告研究、实验中心和基地。

创新广告教育和人才培养模式，建设开放式广告教育和培训平台。支持高等院校广告院系以市场为导向开展基础教学和实训教学。加强广告从业人员的职业技能培训，为广告业"大众创业、万众创新"培育人才。选择在有基础、有特色的大学院校、职业培训机构、广告企业单位、广告产业园区等，建成30个以上全国性的广告教育培训基地和实习实训实践基地，若干区域性的广告教育培训基地和实习实训实践基地。支持设立社会性的广告教育基金。

（四）完善公益广告发展体系

鼓励、支持开展公益广告宣传活动，鼓励、支持、引导政府、企业、社会组织、广告媒体等单位和个人以提供资金、技术、劳动力、智力成果、媒介资源等方式积极参与公益广告宣传。建立完善公益广告可持续发展机制，出台促进公益

---

❶ 国家工商行政管理总局.广告业发展与监管[M].北京：中国工商出版社，2012：69-70.

广告发展的相关措施，推进公益广告宣传制度化、长效化。支持成立促进公益广告发展的专业机构，多渠道筹集公益广告发展资金，依法建立专门的公益广告基金以及在综合性公益基金下的公益广告专项基金，积极推进政府采购公益广告服务，研究制定企业投入公益广告费用税收鼓励政策。

落实《广告法》《公益广告促进和管理暂行办法》等法律、法规、规章规定，依法促进和规范公益广告发展。建设公益广告传播体系，扩大公益广告宣传阵地和社会影响。将发布公益广告情况纳入文明城市、文明单位、文明网站创建工作测评，广告行业组织的会员单位发布公益广告情况，纳入行业自律考评。建设公益广告作品库，鼓励开展公益广告学术研讨、发展研究和国际交流合作，鼓励全国公益广告创新研究基地建设，建成若干个公益广告理论和实践研发中心。

第三节 广告业宏观调控制度

一、进一步优化产业结构

鼓励和支持广告企业与产业链条上下游企业和机构优势互补，广告企业与外部产业资源有机对接，实现广告企业内涵变革与外延扩大相结合，专业化分工与规模效益相结合，延伸和拓宽广告产业链。支持鼓励广告业发展优质项目建设。促进经济发达区域广告业集约化，培育和推进经济欠发达区域广告产业发展。鼓励国家发展战略中的广告产业建设，特别是在"一带一路"、京津冀一体化、长江经济带等国家重点发展战略中的广告产业集群发展和产业项目建设。

二、完善广告业发展政策

（一）财税支持政策

积极争取和综合运用经济、文化、科技等现有资金渠道对广告业领域的支持。探索广告业领域的政府和社会资本合作模式。在广告业试点高新技术企业认定，对经认定为高新技术企业的广告企业，减按15%的税率征收企业所得税。广告企业发生的职工教育经费支出，不超过工资薪金总额8%的部分，准予在计算应纳税所得额时扣除。企业发生的符合条件的广告创意和设计费用，执行税前加计扣除政策。对广告服务出口免征增值税。对企业通过公益性社会团体或者县级以上人民政府及其部门，用于公益广告的捐赠支出投入，经核实认定为公益性捐赠后，依法享受税前扣除。落实广告领域文化事业建设费征收范围严格限定在媒介单位和户外广告经营单位的规定，减轻广告企业负担。❶

（二）投融资政策

吸引国内外社会资本投资广告业，形成投资主体多元化的格局。支持符合条件的广告企业上市，鼓励企业发行非金融企业债务融资工具。支持金融机构创新金融产品和服务，增加适合广告业的融资品种，探索开展无形资产质押和收益权抵（质）押贷款等业务，选择广告业项目贷款开展信贷资产证券化试点。鼓励银行业金融机构支持广告业小微企业发展。积极引导私募股权投资基金、创业投资基金及各类投资机构投资广告业领域。鼓励、推进广告业进入文化创意和设计服务与相关产业融合发展投资基金，建立广告业的社会资本投资风险补偿机制，促进广告业保险产品和服务发展。鼓励广告行业组织在具备相关资质的广告企业与金融机构之间搭建合作平台。

---

❶ 刘文华.经济法[M].4版.北京：中国人民大学出版社，2012：262.

（三）相关支持政策

支持"互联网＋广告"行动，有关产业支持政策予以重点倾斜。支持各地对广告业在用电、用水、用气、用热等方面给予优惠，对列入国家鼓励类的广告企业在供地安排上给予优先支持。落实《政府采购品目分类目录》，支持政府采购广告服务，落实政府采购支持中小企业的有关政策。结合城市功能发展，科学合理规划户外广告。支持具备条件的产业园区申报国家广告产业园区。

三、建设广告业公共服务体系

加强广告业标准化建设，实施国家标准，推广行业标准，鼓励企业标准。建立涵盖广告产业链各流程环节的技术标准、管理标准、作品标准，以及企业和区域广告业发展质量评价等标准化体系，促进广告业质量升级、规范发展。由行业组织牵头，有关企业和专家参与制定广告业标准，支持广告业自主标准国际化。加强标准执行情况动态监测，建立第三方的标准评估制度。

建设广告业统计调查体系和统计调查制度，与相关部门共享统计资源，应用广告业统计数据进行行业发展分析、预测。支持广告行业组织建设广告业发展信息数据库，建立广告业信息发布制度，推进行业信息共享。加强对广告业社会活动引导和管理，规范广告领域的各类评比评奖活动。

鼓励广告市场主体申请知识产权，加大广告业知识产权保护力度。探索建立广告企业无形资产评估体系，广告创意和广告设计企业的无形资产评估，按照文化企业无形资产评估规定执行。

四、提升广告产业国际化水平

继续坚持广告业"引进来"与"走出去"相结合,从引进资金、设立外资企业,重点转向引进广告业国际理念、国际信息、国际资源等,提高广告业发展国际化水平,推动广告业成为服务国家开放、树立国家形象的有生力量。

鼓励具有国际视野、国际思维、国际品质和民族特色的国内广告企业走向国际市场,以设立企业、并购、参股、租借等形式开展对外投资合作,吸引国际广告资源,开展国际化经营,参与国际竞争。

支持、鼓励广告服务向国际化延伸,积极参与"一带一路"建设、制造强国建设等,为更多的"中国智造""中国创造""中国品牌"开拓国际市场提供广告专业服务,用广告树立民族品牌和国家形象,加强内地广告业与我国港澳台地区广告业的交流与合作,支持具有国际化特色的广告产业园区建设国际化发展协作体。

支持广告业积极参与和深化国际交流,加强广告国际传播能力建设,展示中国广告形象,支持推动中国本土广告作品、广告案例获得国际奖项实现新的突破。

第八章　广告社会监督制度

广告监管体制是指为实现规范广告市场作用，发挥广告积极作用的目标而对广告活动实行管理的一整套机制和组织机构的总和。❶一般认为，对广告的监督管理方式有自律管理、国家监督管理和社会监督管理三种方式。❷

第一节　广告社会监督概述

一、广告社会监督的概念

社会监督，是指由国家机关以外的政治或社会组织和公民进行的不具有直接法律效力的监督。❸

我国的广告社会监督体系未能发挥应有作用，归根结底就在于缺乏完整系统的社会监督体制。我国《产品质量法》《消费者权益保护法》对社会监督机制

---

❶ 陈拥军.论政府主导型广告监管体制 [J].社会科学论坛，2006（12）：122.

❷ 苗宇.公司广告规范 [M].昆明：云南大学出版社，2001：302-306.

❸ 李援.《中华人民共和国食品安全法》解读与适用 [M].北京：人民出版社，2009：24-25.

作了规定,但是,《广告法》对社会监督机制缺乏规定。《广告法》缺少针对广告的专门规定,对于监督主体、监督权的行使,以及合法权益的判断缺乏规定,使得《产品质量法》《消费者权益保护法》的社会监督机制难以实际操作,只能采取事后补救的办法。❶

广告的社会监督管理,又叫消费者监督或舆论监督管理,是消费者和社会舆论对各种违法违纪广告的监督和举报。在通常情况下,广告监管以政府的行政监管为主,但这并不是说广告行业自律和消费者监督管理是可有可无或根本用不着存在的。相反,正是由于有了广告行业自律和消费者监督的加入,政府对广告的行政监管才更加有力,广告监管才更加富有层次。❷

二、广告社会监督的意义

虽然社会监督不具有直接法律效力,但是它的监督主体多样、形式灵活,具有较大的独立性,即社会监督的主体不容易被监督客体控制,其监督具有很大的公正性、公开性,因而最具生命力。从某种意义上说,社会监督的广度、深度和完善程度,往往标志着一个国家民主法治化的进程。

广告社会监督组织的中枢保障作用。广告社会监督组织在广告社会监督的运行机制中介于新闻传媒、广告监管机关、人民法院与广告受众之间,处于第二层次。对商品或服务进行社会监督、对消费者的合法权益进行保护,这是由消费者协会的性质所决定的。与此相应,广告社会监督组织也有两大任务:一是对商品或服务广告进行社会监督,二是保护广告受众接受真实广告信息的权利。因此,在广告社会监督的运行机制中,广告社会监督组织上接新闻传媒、广告监管机关、人民法院,下连广告受众,起着重要的中枢保障作用,并共同

---

❶ 蒋恩铭.广告法律制度[M].南京:南京大学出版社,2007:245.
❷ 范志国,等.中外广告监管比较研究[M].北京:中国社会科学出版社,2008:16.

构成一个有机的整体。

由广告社会监督组织"官意民办"的特点所决定，其无法独立完成对商品或服务广告进行社会监督和保护广告受众接受真实信息的权利这两大任务。在通常情况下，他不得不借助于新闻传媒、政府广告监管机关、人民法院对违法广告及其责任人的曝光、查禁和惩处。因此，新闻传媒、政府广告监管机关、人民法院对虚假、违法广告及其责任人的曝光、查禁和惩处便构成了广告社会监督运行机制的第三层次，也是最高层次。在该层次，对广告受众投诉与举报的违法广告，最常见的做法是通过一定的社会监督组织，向新闻传媒进行发布，然后再由新闻传媒对其进行曝光，借助社会舆论的力量。[1][2][3]

第二节　广告社会监督的种类

从内容上看，广告社会监督既包括对广告活动的监督，也包括对广告规范活动的监督，但归根结底是对广告活动的监督。

一、消费者监督

（一）消费者监督的概念

消费者监督也称为广告受众监督，[4]是通过消费者组织行使的监督。《现代

---

[1] 褚霓霓. 广告法实例说 [M]. 长沙：湖南人民出版社，2004.
[2] 刘凡. 中国广告业监管与发展研究 [M]. 北京：中国工商出版社，2007：239.
[3] 刘凡. 基于公众利益的中国广告监管 [M]. 北京：中国工商出版社，2007：59-78，226-233.
[4] 药恩情. 广告规制法律制度研究 [M]. 北京：中国广播电视出版社，2009：147.

汉语辞典》做了如下解释：监督，是指查看并督促。法律监督，是指国家机关、社会团体和公民对各种法律活动进行的检查、监督和指导等，目的是为了督促其行为合法性。我国法律监督的主体主要有国家机关、社会组织和人民群众。监督权的行使者具有两重权利，一是进行察看，了解情况；二是指出不当之处进行督促改正。

（二）消费者监督的特点

1.消费者监督具有广泛性

消费者可以对虚假违法广告行为进行日常的、全方位的监督，它是广告社会监督的基础。广告受众每天都会从不同的媒介或途径接触到成百上千条广告。从早上一睁眼打开收音机，到出门上班路上乘坐公共汽车、换乘地铁；从上班打开电脑接收电子邮件，读报、看杂志到下午返家途中到商场购物，路过大型的路牌、灯箱广告；从回家打开信箱拿当日的信件，浏览邮送广告到饭后打开电视机，看电视广告。可以说现代都市的消费者，时时处处在接触广告，利用广告。因此，消费者只要留心，随时随地可以发现广告的问题，诸如错别字问题、夸大宣传、误导消费者、虚假信息等，及时反馈给广告主、广告经营者、广告发布者及广告监督管理机关，以便他们及时改进广告的表现形式，规范广告的内容，使之符合法律的有关规定和大众欣赏品位。

2.消费者的监督意见具有代表性

来自个人、企业、事业单位、社会团体及其他组织的监督意见具有代表性。广告受众对虚假违法广告及时地举报、投诉；广告监督组织对不法企业的通报批评；广告媒介对违法广告行为的曝光，消费者对严重侵害自身合法权益的虚假广告案件向人民法院提起诉讼，种种的监督措施和意见对于企业广告主而言是最有力量的，也是广告主必须引起高度重视的，否则，广告主的广告行为无疑是资金的浪费。

3. 消费者监督行为具有自发性

随着广告受众法律意识和自我保护意识的提高，对虚假广告的辨别能力也有所增强，广告受众依法对广告进行监督，是一种完全自发和自愿的行为，不存在任何的行政命令和行政干预。自觉抵制虚假广告的诱惑，积极投诉、举报，主动协助政府查找线索，维护其他消费者的利益，维护社会主义市场经济秩序已经成为广大消费者的自觉行为。它是社会进步、人类文明程度提高、个人素质增强、维权意识上升的具体体现。

（三）消费者监督的理论依据

消费者是商品的购买、使用者和商业服务的接受者，他们为了自身生活需要而选择商品或服务，在现代社会商品经济条件下消费对他们来说是个人生存和发展的必经途径，也是一个国家民族生存与发展的基础。现代社会的每一个个体都有可能成为某一特定产品的消费者。广告并不是消费者的消费对象，但是广告为商品或商业服务，为增强商品或服务的购买力大力宣传商品或服务的优势所在，通过各种精心设计的宣传手段，吸引消费者的购买。因此商业领域影响消费者权益的事实主要有两点：① 商品或服务本身的质量；② 广告宣传的真实与否。为了维护自身权益，维护社会正义，必须赋予消费者监督广告行为的权利。但是相对于广告行业来说，个体消费者往往处于弱势地位，他们一般并不具备相应的行业知识，对广告宣传缺乏判断手段和途径，一般只能尽一个普通消费者的注意义务，专业知识和信息比较欠缺。广告业者与消费者处于明显的信息不对称状态。从诉讼途径来看，个体消费者与广告主、广告经营者和广告发布者相比也缺乏足够的财力、物力和人力。因此必须组织一定的消费者保护团体代表消费者行使监督权利，维护消费者权益。我国消费者协会及其他各类消费者组织应运而生。

在广告执法过程中，要充分发挥消费者的积极作用，让消费者知道"在社会利益上，每个人都是为权利而斗争的天生的斗士。"❶ 政府掌握的信息并不总是全面的。所以，要规制广告监管，从根本上遏制虚假广告，需要消费者的积极参与。消费者对于广告的监督是消费者依据《广告法》和《消费者权益保护法》等国家法律、法规，对广告活动实行的自我保护行为。它要限制或制止侵害消费者权益的广告，维护消费者自身的合法权益，以使广告积极作用充分发挥。广告传递商品信息给消费者，是消费者的购物指南。广告宣传的内容是向消费者提出的保证和承诺，带有经济合同的意义。这就要求广告必须真实、明白，不允许有任何欺骗和误导消费者的行为，不能为了牟利而损害消费者的利益。消费者是广告真实性最直接和最有权威的评判者，所以对广告实施全社会、全方位的监管，消费者是极为重要的一个方面。❷

（四）消费者监督的法律规定

《宪法》第三十五条规定，公民有言论、出版、集会、结社、游行、示威的自由。《消费者权益保护法》《广告法》都规定了消费者的监督权利，消费者应该利用法律赋予的权利，自觉融入广告执法监管中来。广告执法机关要保障消费者监督权利的行使，培养消费者的自我保护意识、保护能力和商品知识，维护广告消费者的合法权益。❸ 另外，《消费者权益保护法》《反不正当竞争法》《产品质量法》《食品卫生法》等的部分法律，一起构成我国现行的消费者监督法律制度。1983年8月，全国用户委员会在北京成立。全国用户委员会由轻工、机械、电子、纺织、交通、工商行政管理、标准计量等有关部门负责人组成。

《消费者权益保护法》第六条规定："保护消费者的合法权益是全社会的共

---

❶ 梁慧星. 为权力而斗争 [M]. 北京：中国法制出版社，2001：29.

❷ 刘林清. 论我国广告业的监管法律环境 [J]. 中国经济信息，1999：17.

❸ 黄敏. 广告执法若干问题研究 [D]. 长春：吉林大学，2007.

同责任。国家鼓励、支持一切组织和个人对损害消费者合法权益的行为进行社会监督。大众传播媒介应当做好维护消费者合法权益的宣传,对损害消费者合法权益的行为进行舆论监督。"第十五条规定:"消费者享有对商品和服务以及保护消费者权益工作进行监督的权利。消费者有权检举、控告侵害消费者权益的行为和国家机关及其工作人员在保护消费者权益工作中的违法失职行为,有权对保护消费者权益工作提出批评、建议。"第三十一条规定:"消费者协会和其他消费者组织是依法成立的对商品和服务进行社会监督的保护消费者合法权益的社会团体。"第三十九条规定:"消费者因经营者利用虚假广告提供商品或者服务,其合法权益受到损害的,可以向经营者要求赔偿。广告的经营者发布虚假广告的,消费者可以请求行政主管部门予以惩处。广告的经营者不能提供经营者的真实名称、地址的,应当承担赔偿责任。"分别规定了国家政府组织保护消费者权益的职责和义务,消费者进行广告行业监督的权利以及消费者协会的法定职责和地位,整个消费者监督体系形成一个核心力量保障、权利赋予充分、外部保护因素齐备的有效整体。

(五)消费者监督的方式

消费者监督的主要方式有请求赔偿方式和比较实验方式。

1. 请求赔偿方式

目前消费者对广告的监督只停留在商品或服务对自身权益造成损害时的情形,只有当消费者购买商品,结果却因商品的质量、性能、功效等与广告宣传不符,对消费者造成财产身心损害,消费者才可以直接要求赔偿、提出民事赔偿诉讼或提请消费者协会予以保护等形式实现监督,这些所谓的监督方式还不是真正意义上的监督,仅仅是消费者个体的维权方式。如"打假英雄"王海,他可以说一直以积极坚定的态度坚持对伪劣商品的打假,但王海打假的途径也只能是通过购买认为有可能有假的产品,以请求赔偿的方式实现。

2. 比较实验方式

对产品和消费的知情权是消费者的合法权益和其他权利保障的基础，由于消费者和企业之间存在着严重的信息不对称，消费者单凭一己之力难以对产品及广告形成正确判断，必须依靠第三方监测机构从专业角度对产品的质量、性能、效用等加以分析鉴定，权威的监测机构的鉴定结论往往能够起到类似行政鉴定的作用。如消费者协会负有消费指导和消费教育的职能，它所开展的产品比较试验对于提供消费信息，进行消费教育具有重要作用。房屋装修是目前消费者比较关心的一个热门话题，而装修产品的质量直接影响了人们的日常生活和身心健康，更是引起社会广泛关注。从 2005 年开始，中国消费者协会联合北京市消费者协会、上海市消费者权益保护委员会、广东省消费者委员会、四川省保护消费者权益委员会进行了大规模的乳胶漆比较实验。2006 年 1 月 19 日，所做的第一个比较实验结果公布。同时，10 万册指导消费者选购乳胶漆的消费指导手册发往各地消费者协会。到 3 月 15 日，全国 10 万消费者拿到这本手册。这项由中国消费者协会联合地方消费者协会组织完成的比较试验，是分别从北京、上海、成都、广州 4 个城市的 19 家建材市场或超市采集了 83 个乳胶漆样本，并在国家建筑材料测试中心测试的结果，为指导消费者合理选择琳琅满目的乳胶漆产品提供客观的实验依据。这一职能的发挥突破了传统意义上社会公众对消费者协会的印象，不仅仅局限于接受消费者投诉、为消费者提供法律援助，而且还是消费者协会对消费者权益保护的新途径。

二、社会团体监督

（一）社会团体的界定

社会团体的种类很多，人民政协、民主党派、工会、妇联、居民委员会、村民委员会、协会、学会、基金会等各类民间团体,均可以对广告监管工作进行监督。例如,人民政协可以通过视察、调查、听取政府工作报告、召开座谈会等形式了解情况,向政府提出批评。在广告监管中,政协委员可以通过社会调查,对广告违法行为的比率及发生原因进行了解,提出解决的建议,供政府施政时参考。广大女性消费者如果发现广告中有损害妇女形象的,可以向妇联举报,由妇联出面,向媒体或广告监管机关进行反映,作出适当处理。专业性的团体和学术组织,可以对法律进行专业性、职能性的评价,它们对涉及本专业的问题所进行的法律监督具有重要的影响。社会团体进行法律监督的方式主要是建议、批评、申诉、控告和举报等。❶

(二)社会团体监督的历史

1920年,上海的"全国报界联合会"通过了一个《劝告禁载有恶影响于社会之广告案》,曰:"广告固为报社营业收入之一种,然报纸之天职在改良社会,如广告有恶影响于社会者,则与创办报社之本旨已背道而驰";"牺牲广告费之事小,而影响于社会大也"。广告必须要通过各种媒介途径将之发布出来,从某种意义上说广告的内容也是对媒体素质的反映,大众媒体应当具有反映现实、教化育人、改良社会的作用,刊登的内容对于民众的启智、社会的进步应当起到正面引导,广告同样也应当承载这样的"社会责任",与此相对应,社会大众对广告的监督理所当然,合情合理。

(三)社会团体监督的依据

"在宪法中,对公民基本权利作出规定时总是分作两种情况:一是公民的基本权利,一是公民的基本自由。公民的生命、健康、私有财产等一般归入公

---

❶ 卓泽渊.法理学[M].北京:法律出版社,2000:376.

民的基本权利,而言论、表述、出版、新闻等一般归入公民的基本自由,这种情况不仅在我国宪法中得到体现,在另一些西方国家的宪法中也有所体现",而新闻自由作为一种基本自由,"不同于那些在宪法中明确规定为基本权利并受到民法所确认与保护的权利,它们通常不受民法确认和保护,不能具体化为民事权利,因此其内涵和外延也就不像民事权利那样明确"。正是因为缺乏明确边界,因此新闻媒体在行使其自由权时容易与其他权利发生冲突或碰撞。而从双方的性质上看,广告自主经营权属于私权利,必须确保其一定的自主空间,而媒体监督权属于公权利,是社会大众对社会公共事务的参与,外延无法完全周延,二者之间的界限缺乏法律的明文规定。在当代西方国家,新闻舆论监督被称为与立法、行政、司法三权并驾齐驱的"第四种权力",被归入"第二决策圈",社会威慑力相当巨大,这种现象归根结底也是民主意识发展的结果,是民主社会的体现。

三、消费者组织监督

消费者组织监督是社会团体监督的重要组成部分。

(一)消费者监督概述

消费者对广告行为具有了解情况、督促改正的权利,但为了保障权利的充分行使,必须依靠消费者组织。各种消费者组织是消费者维护自身合法权益不被虚假违法广告侵害而形成的社会团体,也是实施消费者监督和管理的主体单位。我国于1985年12月成立全国性的消费者组织——中国消费者协会在对广告实行监督和间接管理,特别是对维护广告的真实性、抵制不良广告的传播效果方面发挥了很大的作用,对于加强和改进广告管理工作起到了积极的作用,并日益成为政府广告管理的重要补充。

消费者协会本身并不是专门的广告监督机构，它与广告主管部门的具体广告管理工作之间缺乏更进一步的密切配合，对广告业的监督管理作用还很有限。由于它本身仅仅是一个社会组织而非国家机关，它的监督也只能落实到反映、调查、查询，以及提请有关部门予以解决，因此它对消费者的支持和保护更多地在组织和道义上，缺乏国家强制力的保障。2004年7月以来，中国消费者协会陆续点评了电信、邮政、商品房、物业服务、汽车、旅游等各行业的数十条霸王条款，但最后也仅仅停留在批评层面上，"霸王条款"依然存在。

（二）消费者监督的立法

2015年《广告法》第五十四条增加规定："消费者协会和其他消费者组织对违反本法规定，发布虚假广告侵害消费者合法权益，以及其他损害社会公共利益的行为，依法进行社会监督。"《消费者权益保护法》规定，消费者协会和其他消费者组织是依法成立的对商品和服务进行社会监督的保护消费者合法权益的社会组织。该法第四十五条规定，消费者因经营者利用虚假广告或者其他虚假宣传方式提供商品或者服务，其合法权益受到损害的，可以向经营者要求赔偿。广告经营者、发布者发布虚假广告的，消费者可以请求行政主管部门予以惩处。广告经营者、发布者不能提供经营者的真实名称、地址和有效联系方式的，应当承担赔偿责任。广告经营者、发布者设计、制作、发布关系消费者生命健康商品或者服务的虚假广告，造成消费者损害的，应当与提供该商品或者服务的经营者承担连带责任。

社会团体或者其他组织、个人在关系消费者生命健康商品或者服务的虚假广告或者其他虚假宣传中向消费者推荐商品或者服务，造成消费者损害的，应当与提供该商品或者服务的经营者承担连带责任。消费者是虚假广告的直接受害者，针对虚假广告，消费者可向消费者协会或其他消费者组织进行投诉，消费者协会或其他消费者组织应当受理并对投诉事项进行调查、调节。如参与有关部门对虚假广告的监督检查；就有关消费者合法权益的问题向有关部门反映、查询，就损害消费者合法权益的行为提出建议，支持受损害的消费者提出诉讼，对损害消费者合法权益的虚假广告行为通过大众传播媒介予以披露、批评。另外，《消费者权益保护法》第四十七条还规定："对侵害众多消费者合法权益的行为，中国消费者协会以及在省、自治区、直辖市设立的消费者协会，可以向人民法院提起诉讼。"

四、新闻舆论监督

新闻舆论监督是社会监督组织通过新闻传播媒介对侵害消费者权益的事件进行曝光，借助社会舆论的力量，引起广告管理部门的重视，对虚假违法广告行为人及时进行查处和惩罚，防止虚假违法广告的蔓延。

（一）新闻舆论监督的积极作用

1. 新闻舆论监督具有及时性

新闻媒体具有覆盖面广、传播速度快、影响力大等特点，现在新闻媒体经常对虚假违法广告予以及时曝光，一方面，提醒消费者，防止上当受骗，注意维护自身的合法权利；另一方面，及时警示不法商家悬崖勒马，防止虚假违法广告的损害后果加大，造成不应有的损失。每年中央电视台的"3·15"维护消费者权益活动，就是消费者监督与新闻舆论监督的联合行动，对促进政府的广告监督管理工作、维护消费者的合法权益起到了积极的推动作用。❶

---

❶ 全国人大常委会法制工作委员会民法室. 中华人民共和国消费者权益保护法解读[M]. 北京：中国法制出版社，2013：222-231.

2.新闻舆论监督具有权威性

我国的新闻媒体由于其性质的特殊性，在老百姓心目中的地位很高。新闻媒体是党和人民的喉舌，担负着传递信息、沟通情况；反映舆情、引导舆论；发表评论、宣传思想；开展批评，实行监督等功能。新闻能够满足消费者获取信息的需求，消费者从媒体的节目中能够学到很多的消费常识，对媒体所曝光的不法商家会及时引起注意，自觉抵御和防范虚假违法广告的诱惑，从而维护自身的权利。

3.新闻舆论监督具有震慑性

对不法商家来说，也许会忽略消费者个体的投诉，但绝不敢轻视新闻媒体对其不法行为的曝光。因为，一旦新闻媒体对其不法行为予以曝光，其在消费者心目中就失去了诚信，他的产品就卖不出去，无形中他就没有了财路。因此，即使是对其他不法商家虚假违法广告行为的曝光，也会对一些心存侥幸、正在准备实施不法广告行为的商家起到警示和震慑的作用，这是新闻媒体所具有的特殊的功能。❶

从本质上讲，媒体监督是社会公众让渡给公共机构的权利，由特定的媒体机构来代表社会公众行使监督权，因此，媒体监督必须围绕着公众利益展开，尽量做到公正客观。

（二）新闻舆论监督的消极作用

新闻舆论监督影响面广，反应最快，震动也大。许多久拖不决或处理不公的严重违法犯罪案件，一旦在新闻媒体中曝光，就能引起有关部门的重视，甚至全社会的关注，从而使问题能较快较好地解决。中国在监督司法方面做得很多，但新闻舆论监督是一柄双刃剑，其潜在的副作用也不容忽视。

---

❶ 王军.广告管理与法规[M].北京：中国广播电视出版社，2003.

第八章 广告社会监督制度

北京大学法学院朱苏力教授认为：司法执法机关的活动还是应与社会舆论保持一种恰当的距离，不能过多地强调社会舆论对审判机关的司法活动的监督。归纳起来，主要有以下五条理由：

（1）社会舆论反映的结论或观点并不必然公正，历史上曾确信为正确的、公正的社会舆论事后看来也并非那么正确和公正。从统计学上看，"好人"和"坏人"在社会中的分布是均衡的，因此以新闻界为代表的舆论界也并不总是公正无私的。

（2）法律是一门专门的知识，需要专门的技术，过多强调社会舆论的监督作用，在一定意义上是主张"外行领导内行"。

（3）作为特定社会、特定历史时期的民意民心之表现的社会舆论倾向具有很大的不确定性和流动性，以这种不确定的、流动的东西作为审判机关活动的基础或准则，法律运行必然会表现出一种明显的波动；而法律审判机构的专门化和职业化，法律知识的积累和对人生经验的积累，以及职业规则的要求，都可能使审判机构相对来说更冷静一些。

（4）能引起社会舆论的案件常常涉及的是政治性的、道德性的问题，对这些案件的政治性的、道德的评价，不应指导更不应替代法律的评价。如果过分强调社会舆论对司法机关活动的监督，更有可能是给具体的审判人员造成压力，结果将法律问题道德化、政治化，法律的运行变成隶属于政治和道德的活动。

（5）现实生活中，如果涉及司法案件，舆论界大都是依据新闻报道的事实和历史社会背景，依据社会的道德意识以及实体法常识来评价法院的决定，并且往往是从判决的最终结果来进行评论。而司法判决所依据的必须是现行的法律，依据法律所认可的、本案的事实，不仅要考虑实体法，而且要考虑程序法，因此有些司法判决不可能令舆论界满意。

在广告社会监督中，要尽可能发挥新闻舆论监督的积极作用，减少新闻舆论监督的消极作用。

第九章　广告法律责任制度

第一节　广告法律责任概述

一、法律责任

法律责任有广义、狭义之分。广义的法律责任是指任何组织和个人均负有的遵守法律、自觉维护法律尊严的义务。狭义的法律责任是指违法者对违法行为所应承担的具有强制性的法律上的责任。本文采用狭义的法律责任。

法律责任同违法行为紧密相连，只有实施某种违法行为的人（包括法人），才承担相应的法律责任。

（一）法律责任的构成要件

根据违法行为的一般特点，可以将法律责任的构成要件概括为：主体、过错、违法行为、损害事实和因果关系5个方面。法律责任主体是指违法主体或者承担法律责任的主体。责任主体不完全等同于违法主体。违法行为或违约行为是指违反法律所规定的义务、超越权利的界限行使权利以及行为的总称，应认为违法行为包括犯罪行为和一般违法行为。损害事实指受到的损失和伤害的事实，包括对人身、财产、精神（或者3方面兼有的）的损失和伤害。主观过错是指承担法律责任的主观故意或者过失。因果关系是指行为损害之间的因果关系，它是存在于自然界和人类社会中的各种因果。

（二）法律责任的分类

根据责任承担的内容是否涉及有财产赔偿为标准，可分为财产责任和非财产责任；根据承担责任的程度不同，可以分为有限责任和无限责任，这种责任划分只在分析违反民法和商法等私法的时候才有价值；根据行为主体的身份和名义不同，可以分为职务责任和个人责任，这种责任划分只在分析因代理人的行为而产生的责任的时候才有价值；根据主观过错在法律责任中的地位，可以分为过错责任和公平责任。另外一种最重要也是最常见的划分是根据违法行为所违反的法律的性质，把法律责任分为民事责任、行政责任、经济法责任、刑事责任、违宪责任和国家赔偿责任。

民事责任是指由于违反民事法律、违约或者由于民法规定所承担的一种法律责任。包括：停止侵害、排除妨碍、消除危险、返还财产、恢复原状、修理、重作、更换、赔偿损失、支付违约金、消除影响、恢复名誉、赔礼道歉等。

刑事责任是指行为人因其犯罪行为所必须承受的，由司法机关代表国家所确定的否定性法律后果，包括主刑和附加刑。其中主刑包括管制、拘役、有期徒刑、无期徒刑、死刑。附加刑包括罚金、剥夺政治权利、没收财产、驱逐出境。

行政责任是指因违反行政法规规定受国家行政法规定而应承担的法律责任。分为行政处分（内部制裁措施）和行政处罚两种。其中行政处分包括警告、记过、记大过、降级、撤职、开除，行政处罚包括警告、罚款，没收违法所得、没收非法财物、责令停产停业、暂扣或吊销许可证、暂扣或者吊销执照、行政拘留。

违宪法律责任是指因违反《宪法》而应当依法承担的法律后果。主要有两种情况：①有关国家机关制定的某一法律、法规或规章与《宪法》的规定相抵触；②国家机关、社会组织或公民的某种活动与《宪法》的规定相抵触。在我国，监督《宪法》实施的权力属于全国人民代表大会及其常务委员会。

国家赔偿责任是指在国家机关行使公权力时由于国家机关及其工作人员违法行使职权所引起的由国家作为承担主体的赔偿责任。❶

二、广告法律责任

在现代商品经济社会，广告是极有效的促销手段。通过报纸、广播、电视等传播媒介，别出心裁的广告设计为商品涂上了一层迷人的色彩。可以说，当今社会中，商品的竞争在相当程度上变成了广告的竞争。市场竞争必须遵循一定的规则，在法律许可的范围内运作和进行。否则，就会损害他人甚至整个社会的利益，由此，广告活动主体应当承担相应的法律责任。

（一）广告法律责任的概念

广告法律责任是指广告活动主体违反广告法律、法规的规定，实施广告违法行为造成损害，应当承担的法律后果。广告活动主体不履行法定义务，违反广告法律、法规规定，必须承担相应的法律责任，才能确保广告法律、法规的贯彻执行。

（二）广告法律责任的特征

1.广告法律责任的承担是广告活动主体不履行法定义务的必然结果

---

❶ 刘双舟.新广告法精解与应用[M].北京：中国财政经济出版社，75-76.

广告法律、法规对广告活动主体的行为做出了规定，广告活动主体只有按照广告法律、法规的规定实施自己的行为，才是真正承担了法定义务，才能保证整个广告秩序的稳定发展。所以，承担广告法律责任是广告活动主体不履行法定义务的必然结果。

2. 广告法律责任的依据是法律、法规的具体规定

广告法律、法规及相关法律、法规对广告违法行为应当承担的法律责任都做了相应的规定。违反这些规定，必然要受到法律的追究。广告法律责任是由法律、法规预先设定和明文规定的具体规定。

3. 广告法律责任的履行有国家强制力作保证

当事人不履行行政处罚决定，逾期又不申请复议也不向人民法院起诉的，作出行政处罚的行政监督管理机关可以申请人民法院强制执行。这说明，法律赋予当事人选择行政复议和行政诉讼的权利的同时，也规定了行政监督管理机关可以用国家强制力迫使不履行广告法律责任的当事人履行法律责任。❶

（三）广告法律责任的构成要件

（1）存在广告违法行为，即广告主、广告经营者和广告发布者有违反我国广告法律、行政法规的行为。

（2）存在因广告违法行为造成的损害事实。

（3）广告违法行为与损害事实之间有因果关系，即损害事实是由广告违法行为直接造成的。

（4）广告违法行为人在主观上有过错，即广告主、广告经营者或广告发布者在主观上存在故意或者过失。

以上4个条件，必须同时具备，才能依法追究广告违法行为人的法律责任。

---

❶ 王桂霞，罗佩华，张剑虹. 广告法律法规 [M]. 北京：清华大学出版社，2016：214-215.

(四)广告法律责任的种类

不同的广告违法行为,性质和情节不同,侵犯的社会关系不同,对社会的危害后果不同,承担的法律责任也不同。针对不同的广告违法行为,我国的广告法律、法规将广告法律责任分为三类:广告行政责任、广告民事责任和广告刑事责任。

第二节 广告违法行为的行政责任

一、广告行政责任

(一)广告行政责任的概念

广告行政责任是指广告主、广告经营者和广告发布者或者广告监督管理机关和广告审查机关的工作人员,不履行广告法律、法规规定的义务或者实施广告法律、法规禁止的行为,应当承担的行政法律后果。[1]广告行政责任是负有广告监督管理职能的国家行政机关,依据广告行政法律、法规对广告违法行为进行的行政制裁。[2][3][4]

(二)广告行政责任的种类

根据行政制裁适用的违法行为、实施行政制裁的主体以及制裁方法的不同,行政责任可以分为行政处分和行政处罚两种。

---

[1] 王桂霞,罗佩华,张剑虹.广告法律法规 [M].北京:清华大学出版社,2016:214-215.
[2] 刘凡.中国广告业监管与发展研究 [M].北京:中国工商出版社,2007:236.
[3] 郑国生,肖汉奇.广告法实用教程 [M].北京:中国法制出版社,1995:167.
[4] 蒋恩铭.广告法律制度 [M].南京:南京大学出版社,2007:177-189.

行政处分是指国家机关、企事业单位和社会团体,依据行政管理法律、法规、规章、章程、纪律,对其所属人员或职工作出的处罚。行政处分有警告、记过、记大过、降级、降职、撤职、留用察看和开除八种形式。

行政处罚是指特定国家机关对违反行政管理法律、法规的单位或者个人依法给予的制裁。行政处罚是国家维护社会经济秩序、行使国家权力的重要措施。行政处罚主要有拘留、罚款、警告、吊销营业执照、吊销许可证、责令停业和没收违法所得等。广告行政处罚指国家行政机关对违反广告法律、法规的广告活动主体的行政处罚。根据广告法的规定,对违反广告法律法规的广告活动主体,主要由工商行政管理机关依法追究其行政责任,工商行政管理机关在查明广告违法事实、广告违法种类、情节和危害程度的基础上,在广告法律法规规定的处罚幅度内实施相应的行政处罚。

二、广告违法行为

广告违法行为是指行为人实施了违反我国广告管理法规的规范要求和法定行为模式,进行广告宣传并危害社会的行为。❶ 按照外延的不同,可以把广告违法行为分为广义的广告违法行为和狭义的广告违法行为。广义的广告违法行为包括一般广告违法行为和广告犯罪行为。狭义的广告违法行为仅指一般广告违法行为,不包括广告犯罪行为。

按照违法的主体,分为单个违法行为和共同违法行为。单个违法行为是指违法主体为一个的违法行为。共同违法行为,是指两个或者两个以上的广告主、广告经营者、广告发布者共同实施的广告违法行为。

按照违法的数量,分为一种广告违法行为和数种广告违法行为。一种广告

---

❶ 李宝元. 广告学教程[M]. 2版. 北京:人民邮电出版社,2004:380-389.

违法行为是指一个广告主或者广告经营者实施了一种广告违法行为。数种广告违法行为是指一个广告主或者广告经营者实施了两种以上的广告违法行为。数种广告违法行为又可分为同种类的数种广告违法行为和不同种类的数种广告违法行为。[1]

广告违法行为的主要类别,包括发布虚假广告、发布违反广告基本准则的广告、发布违反特殊准则的广告、发布不具有可识别性的广告或者贬低他人商品或服务、擅自从事广告发布业务、未依法进行广告业务管理、广告代言人违法行为。

(一)发布虚假广告

《广告法》第五十五条规定了发布虚假广告的法律责任。

(1)关于虚假广告本法第三条和第四条中明确规定:"广告应当真实、合法","广告不得含有虚假或者引人误解的内容,不得欺骗和误导消费者",对广告内容的真实性提出了原则要求。同时,本法第二十八条对虚假广告作出界定,即明确以虚假或者引人误解的内容欺骗、误导消费者的,构成虚假广告,并对虚假广告的情形作了列举规定,包括"商品或者服务不存在","商品的性能、功能、产地、用途、质量、规格、成分、价格、生产者、有效期限、销售状况、曾获荣誉等信息,或者服务的内容、提供者、形式、质量、价格、销售状况、曾获荣誉等信息,以及与商品或者服务有关的允诺等信息与实际情况不符,对购买行为有实质性影响","使用虚构、伪造或者无法验证的科研成果、统计资料、调查结果、文摘、引用语等信息作证明材料","虚构使用商品或者接受服务的效果",以及"以虚假或者引人误解的内容欺骗、误导消费者的其他情形"。发布虚假广告,欺骗、误导消费者,损害消费者合法权益,影响广告业健康发展,

---

[1] 药恩情.广告违法行为法律规制研究[D].太原:山西财经大学,2006.

损害社会经济秩序,是严重的广告违法行为,应当依法严格追究相关主体的行政责任和刑事责任。

(2)关于发布虚假广告行政责任的构成 本法第四条中规定:"广告主应当对广告内容的真实性负责"。实践中,虚假广告的素材一般是由广告主提供的,虚假广告所要达到的效果要求是由广告主提出的,虚假广告内容也主要是由广告主决定的,可以说广告主是虚假广告的源头,发布虚假广告的行政责任首先应由广告主承担。同时,广告经营者、广告发布者明知或者应知广告虚假仍设计、制作、代理、发布的,也要承担行政责任。这里的"明知"属于一种故意,即明知故犯的心理状态;"应知"则属于一种过失,即应知但由于疏忽等原因而实际未知的心理状态。广告经营者、广告发布者明知或者应知广告虚假仍进行设计、制作、代理、发布,主观上存在过错,客观上为虚假广告最终得以发布提供了便利、创造了条件,因此也应当承担相应的行政责任。湖南日出东方科技有限公司发布虚假违法广告案可资参考。当事人在发布的招商广告中暗示对获得的预期回报作出保证,在推荐客户办理加油卡业务宣传单中使用"中石化""中石油"注册商标,引起客户误解,违反了《广告法》第二十五条、第二十八条规定。2017年12月,长沙市工商局开福分局作出行政处罚,责令当事人停止发布违法广告,罚款65万元人民币。

(3)关于广告主、广告经营者、广告发布者发布虚假广告的具体责任,首先由工商行政管理部门责令停止发布广告,并责令广告主在相应范围内消除影响,如以同一媒介、同一方式再发布更正性的广告或者声明,以消除虚假广告造成的不良影响。同时,由工商行政管理部门对广告主,以及明知或者应知广告虚假的广告经营者、广告发布者,进行处罚:

第一,对广告主,处广告费用三倍以上五倍以下的罚款;如果广告费用无法计算或者明显偏低,则处二十万元以上一百万元以下的罚款。两年内有三次以上违法行为,或者有其他严重情节的,处广告费用五倍以上十倍以下的罚款，如果广告费用无法计算或者明显偏低，则处一百万元以上二百万元以下的罚款；并可以吊销广告主的营业执照；如果其发布的虚假广告属于依照本法第四十六条的规定需在发布前由广告审查机关进行审查的广告类别的，还应当由广告审查机关撤销广告审查批准文件，且一年内不受理该广告主的广告审查申请。

第二，对广告经营者、广告发布者，没收广告费用，并对其处以罚款，确定罚款数额的办法与广告主相同；两年内有三次以上违法行为，或者有其他严重情节的，除了处以罚款外，并可以由有关部门暂停广告发布者的广告发布业务，即可以禁止其在一定期间内发布广告，可以吊销广告经营者、广告发布者的营业执照，以及吊销广告发布者的广告发布登记证件。为了加强对医疗广告的管理，加大对违法发布广告的医疗机构的处罚力度，本条第二款对发布虚假医疗广告的广告主，即医疗机构的行政责任作出特别规定。对于发布虚假医疗广告，且情节严重的，如多次发布虚假医疗广告，或者使患者受到人身伤害或者遭受严重财产损失等，除由工商行政管理部门依照本法规定对医疗机构作出罚款、撤销广告审查批准文件等处罚外，还可以由卫生行政部门吊销其广告相关诊疗科目，或者吊销其医疗机构执业许可证。

（二）发布违反广告基本准则的广告

《广告法》第五十七条规定："有下列行为之一的，由工商行政管理部门责令停止发布广告，对广告主处二十万元以上一百万元以下的罚款，情节严重的，并可以吊销营业执照，由广告审查机关撤销广告审查批准文件、一年内不受理其广告审查申请；对广告经营者、广告发布者，由工商行政管理部门没收广告费用，处二十万元以上一百万元以下的罚款，情节严重的，并可以吊销营业执照、吊销广告发布登记证件。

（1）发布有本法第九条、第十条规定的禁止情形的广告的。

（2）违反本法第十五条规定发布处方药广告、药品类易制毒化学品广告、戒毒治疗的医疗器械和治疗方法广告的。

（3）违反本法第二十条规定，发布声称全部或者部分替代母乳的婴儿乳制品、饮料和其他食品广告的。

（4）违反本法第二十二条规定发布烟草广告的。

（5）违反本法第三十七条规定，利用广告推销禁止生产、销售的产品或者提供的服务，或者禁止发布广告的商品或者服务的。

（6）违反本法第四十条第一款规定，在针对未成年人的大众传播媒介上发布医疗、药品、保健食品、医疗器械、化妆品、酒类、美容广告，以及不利于未成年人身心健康的网络游戏广告的。

关于发布违反广告基本准则和本法禁止发布的广告应承担的行政责任的规定。

1. 本条规定了违法行为

发布广告违反广告基本准则的，广告主、广告经营者、广告发布者应当承担责任。本法第九条对广告不得有的情形进行了列举，包括：使用或者变相使用中华人民共和国的国旗、国歌、国徽、军旗、军歌、军徽；使用或者变相使用国家机关、国家机关工作人员的名义或者形象；使用"国家级""最高级""最佳"等用语；损害国家的尊严或者利益，泄露国家秘密；妨碍社会安定，损害社会公共利益；危害人身、财产安全，泄露个人隐私；妨碍社会公共秩序或者违背社会良好风尚；含有淫秽、色情、赌博、迷信、恐怖、暴力的内容；含有民族、种族、宗教、性别歧视的内容；妨碍环境、自然资源或者文化遗产保护；法律、行政法规规定禁止的其他情形。该条规定的主要目的在于规范广告宣传活动，发挥广告在社会主义精神文明建设和弘扬中华民族优秀传统文化中的积极作用，防止违法广告损害社会善良风俗、损害民族和国家的尊严与利益。本法第十条规定，广告不得损害未成年人和残疾人的身心健康。这是在广告活动领域对未成年人和残疾人进行特殊保护。本法第九条、第十条的规定共同构成了广告发布的基本准则。每一个广告主、广告经营者、广告发布者都应当在广告宣传活动中认真遵守、执行上述规定，违反该规定就应当承担相应的责任。❶

发布本法禁止发布的广告的广告主、广告经营者、广告发布者应当承担责任。本法规定的禁止发布广告的情形包括以下几点。

（1）麻醉药品、精神药品、医疗用毒性药品、放射性药品等特殊药品，药品类易制毒化学品，以及戒毒治疗的药品、医疗器械和治疗方法。上述特殊的药品、化学品以及医疗器械、治疗方法，使用不当会产生严重后果，给人民群众身体健康、生命安全造成危害，因此本法绝对地禁止其做广告。

（2）本法第十五条第一款规定的不得做广告的处方药以外的其他处方药。为保护患者权益、避免处方药物滥用，本法及《药品管理法》都作出规定，明确这类处方药只能在国务院卫生行政部门和国务院药品监督管理部门共同指定的医学、药学专业刊物上做广告。通过相关医学、药学专业刊物以外的其他媒介、形式或者场所发布上述处方药广告的，属于本法规定的违法行为。

（3）声称全部或者部分替代母乳的婴儿乳制品、饮料和其他食品广告。为促进母乳喂养，本法第二十条规定，禁止在大众传播媒介或者公共场所发布上述商品广告。在大众传播媒介或者公共场所发布上述母乳代用品广告的，属于本法规定的违法行为。

（4）烟草制品。为严格限制烟草广告，本法第二十二条规定，禁止在大众传播媒介或者公共场所、公共交通工具、户外发布烟草广告；禁止向未成年人发送任何形式的烟草广告；禁止利用其他商品或者服务的广告、公益广告，宣传烟草制品名称、商标、包装、装潢以及类似内容；烟草制品生产者或者销售者发布的迁址、更名、招聘等启事中，不得含有烟草制品名称、商标、包装、装潢以及类似内容。违反上述规定发布烟草广告的，属于本法规定的违法行为。

---

❶ 郎胜. 中华人民共和国广告法释义 [M]. 北京：法律出版社，2016：102-106.

（5）法律、行政法规规定禁止生产、销售的产品或者提供的服务，以及禁止发布广告的商品或者服务。例如，《产品质量法》中规定，生产者不得生产国家明令淘汰的产品；销售者不得销售国家明令淘汰并停止销售的产品和失效、变质的产品。通过广告宣传推销这类禁止生产、销售的产品或者服务的，以及其他法律、行政法规禁止发布广告的商品或者服务的，属于本法规定的违法行为。

（6）医疗、药品、保健食品、医疗器械、化妆品、酒类、美容，以及不利于未成年人身心健康的网络游戏。为保护未成年人权益，促进未成年人健康成长，本法第四十条第一款规定，禁止在针对未成年人的大众传播媒介上发布上述不适宜未成年人使用或者接受的商品或者服务的广告。

2. 本条规定的责任主体是广告主、广告经营者、广告发布者

对于违反本法规定，发布违反广告基本准则和本法禁止发布的广告的，由工商行政管理部门责令停止发布广告，同时，对广告主、广告经营者、广告发布者进行处罚。

（1）对广告主，处二十万元以上一百万元以下的罚款。情节严重的，并可以吊销其营业执照；如果涉案广告属于依照本法第四十六条的规定需在发布前由广告审查机关进行审查的广告类别的，还应当由广告审查机关撤销广告审查批准文件，且一年内不受理该广告主的广告审查申请。

（2）对广告经营者、广告发布者，由工商行政管理部门没收广告费用，并处二十万元以上一百万元以下的罚款。情节严重的，并可以吊销广告经营者、广告发布者的营业执照，以及吊销广告发布者的广告发布登记证件。

（三）发布违反特殊准则的广告

《广告法》第五十八条规定了发布广告违反特殊准则、违法使用广告代言人、违反发布前审查规定的内容。

（1）发布广告违反特殊商品或者服务的广告准则的，广告主及有关的广告经营者、广告发布者应当承担责任。本法第十六条、第十八条、第二十一条、第二十三条至第二十七条、第三十九条、第四十条第二款，对医疗、药品、医疗器械广告，保健食品广告，农药、兽药、饲料和饲料添加剂广告，酒类广告，教育、培训广告，招商等有投资回报预期的商品或者服务广告，房地产广告，农作物种子、林木种子、草种子、种畜禽、水产苗种和种养殖广告，涉及中小学生、幼儿的广告，以及针对不满十四周岁的未成年人的商品或者服务的广告等特殊商品或者服务广告内容准则分别作了专门规定。同时，本法第十七条还规定，除医疗、药品、医疗器械广告外，禁止其他任何广告涉及疾病治疗功能，并不得使用医疗用语或者易使推销的商品与药品、医疗器械相混淆的用语。

湖南长沙市晟荣广告文化传播有限公司发布违法食品广告案：当事人代理发布"助眠晚餐"食品广告，广告包含的有"吃助眠晚餐，告别失眠""调心养肝、安神助眠、安志化郁"等内容，涉及疾病治疗功能和医疗用语或者易使推销的商品与药品、医疗器械相混淆的用语，违反了《广告法》第十七条、第三十四条等规定。2017年7月，长沙市工商局雨花分局作出行政处罚，责令当事人改正违法行为，罚款5万元人民币。上述规定中的商品或者服务广告，或者涉及消费者的生命健康，或者涉及特殊的弱势消费群体，或者在实践中欺骗、误导消费者的情况较为突出，需要由本法在一般性的广告内容准则之外作出有针对性的特殊规定，以切实保护消费者的合法权益，维护社会经济秩序。广告主及有关的广告经营者、广告发布者违反上述规定的，应当按照本条规定承担相应责任。

本法第二十八条对虚假广告的构成和具体情形作了规定，第五十五条对发布虚假广告的责任作了规定。发布广告既违反了本法第十六条至第十八条、第二十一条、第二十三条至第二十七条、第四十条第二款规定的特殊商品或者服

第九章 广告法律责任制度

务广告内容准则,同时又按照本法规定属于发布虚假广告的,在法律责任上出现竞合,在这种情形下,应当适用处罚较重的法律责任的规定,即应当按照本法第五十五条关于发布虚假广告的法律责任的规定追究广告主以及有关的广告经营者、广告发布者的行政责任。

(2)发布广告违法聘用广告代言人的,广告主及有关的广告经营者、广告发布者应当承担责任。具体包括以下两种情形:① 利用不满十周岁的未成年人作为广告代言人。未成年人特别是儿童,心智发育尚未健全,不具备独立的判断辨别能力,同时,让孩子过早地涉入市场经济和商业活动,也可能会对其正确的价值观的形成造成影响。因此,本法第三十八条第二款规定,禁止在广告中利用不满十周岁的未成年人作为广告代言人,即禁止在广告中利用不满十周岁的未成年人的名义或者形象对商品、服务做推荐、证明;② 利用在虚假广告中做推荐、证明受到行政处罚未满三年的自然人、法人或者其他组织作为广告代言人。按照本法第六十二条的规定,广告代言人明知或者应知广告虚假仍在广告中做推荐、证明的,由工商行政管理部门没收违法所得,并处违法所得一倍以上二倍以下的罚款。为进一步规范广告代言行为,加大进行虚假广告代言的代言人的惩戒力度,对广告代言活动进一步严格规范,本法第三十八条第三款规定,对在虚假广告中做推荐、证明受到行政处罚未满三年的自然人、法人或者其他组织,不得利用其作为广告代言人。

违反本法规定,未经审查发布广告的,广告主及有关的广告经营者、广告发布者应当承担责任。本法第四十六条对部分特殊商品或者服务广告应当在发布前进行审查并做出规定,即发布医疗、药品、医疗器械、农药、兽药和保健食品广告,以及法律、行政法规规定应当进行审查的其他广告,应当在发布前由广告审查机关对广告内容进行审查;未经审查,不得发布。上述医疗、药品等特殊商品或者服务广告关系到消费者生命健康,关系到有关消费群体的切身利益,需要在发布前由有关部门进行审查,以建立防范机制,把违法广告杜绝在发布之前。北京字节跳动科技有限公司发布违法广告案：当事人运营"今日头条"手机端应用程序。自2016年6月起，当事人通过"今日头条"手机端应用程序发布多条未取得医疗广告审查证明的医疗广告，违反了《广告法》第四十六条的规定，构成未经审查发布医疗广告的违法行为。2018年3月，北京市工商行政管理局海淀分局作出行政处罚，责令停止发布上述内容违法广告，没收广告费共计235971.6元，罚款707914.8元。广告主及有关的广告经营者、广告发布者违反该条规定，未经审查发布广告的，应当依照本条规定承担相应责任。

（四）发布不具有可识别性的广告或者贬低他人商品或服务

第五十九条规定："有下列行为之一的，由工商行政管理部门责令停止发布广告，对广告主处十万元以下的罚款：（一）广告内容违反本法第八条规定的；（二）广告引证内容违反本法第十一条规定的；（三）涉及专利的广告违反本法第十二条规定的；（四）违反本法第十三条规定，广告贬低其他生产经营者的商品或者服务的。广告经营者、广告发布者明知或者应知有前款规定违法行为仍设计、制作、代理、发布的，由工商行政管理部门处十万元以下的罚款。广告违反本法第十四条规定，不具有可识别性的，或者违反本法第十九条规定，变相发布医疗、药品、医疗器械、保健食品广告的，由工商行政管理部门责令改正，对广告发布者处十万元以下的罚款。"

广告传播的商品或者服务的信息应当是真实的、清楚的、明确的，这是广告的一般准则，也是广告发挥其传播经济信息作用的基础。对于故意违背一般广告准则要求，以虚假或者引人误解的内容欺骗、误导消费者的，是虚假广告，本法第五十五条、第五十六条已规定了发布虚假广告应承担的法律责任。对于违背一般广告准则要求，但未构成虚假广告的，应当按照本条的规定承担相应责任。本条规范的广告内容上违反一般广告准则的行为包括以下几点。

第九章 广告法律责任制度

违反本法第八条的规定，在广告中对商品的性能、功能、产地、用途、质量、成分、价格、生产者、有效期限、允诺等或者对服务的内容、提供者、形式、质量、价格、允诺等有表示，未做到准确、清楚、明白；或者在广告中表明推销的商品或者服务附带赠送，未做到明示所附带赠送商品或者服务的品种、规格、数量、期限和方式。上海心知元电子商务有限公司发布虚假广告案（保健品）可资参考。当事人利用互联网上的互动百科词条进行宣传，虚构《抗衰老圣典》中相关内容，冒充"百龄堂盐藻虾青素""百龄堂盐藻"具有临床医学功效；利用自有网站虚构科研机构和科研数据成果，冒充"百龄堂极藻5S"对疾病治疗有效，违反了《广告法》第二十八条的规定。2017年11月21日，上海市静安区市场监督管理局作出行政处罚，罚款30.32万元。

违反本法第十一条第二款的规定，在广告中使用的数据、统计资料、调查结果、文摘、引用语等引证内容，未做到真实、准确；或者未表明引证内容的出处；或者未明确表示引证内容的适用范围和有效期限。在上海秀弛实业有限公司发布虚假广告案中，当事人分别发布印刷品和户外广告，广告含有"奢装"交房内容，而实际是以毛坯方式交房，该广告欺骗、误导消费者，违反了《广告法》第二十八条的规定，2018年2月，上海市浦东新区市场监管局作出行政处罚，罚款85.4万元。

违反本法第十二条的规定，对于广告中涉及的专利产品或者专利方法，未标明专利号和专利种类；或者在广告中对未取得专利权的技术或者设计，谎称取得专利权；或者在广告中使用未授予专利权的专利申请和已经终止、撤销、无效的专利做广告。永康市固泰工贸有限公司发布谎称取得专利权的虚假广告案：当事人为提高其商品的美誉度及市场竞争力，在没有取得专利权的情况下，擅自在其经营的天猫网"固泰居家日用专营店"店铺网页上，发布虚构"实用新型专利证书""外观专利证书""拥有国家实验室标准的检测实验室"等内容的图片资料进行虚假宣传，属于发布虚假广告的行为。永康市市场监督管理局按规定，对当事人作出责令停止发布、罚款人民币1万元的处罚。有上述违法行为的，由工商行政管理部门责令停止发布广告，同时，对广告主，以及明知或者应知广告行为违法仍设计、制作、代理、发布的广告经营者、广告发布者，分别处以十万元以下的罚款。

本条规范的广告形式上违反一般广告准则的行为，即发布不具有可识别性的广告，具体包括以下几点。

（1）违反本法第十四条第二款的规定，在大众传播媒介上以新闻报道形式变相发布广告；或者通过大众传播媒介发布的广告未显著标明"广告"，使消费者产生误解。

（2）广播电台、电视台、报刊音像出版单位、互联网信息服务提供者违反本法第十九条的规定，以介绍健康、养生知识等形式变相发布医疗、药品、医疗器械、保健食品广告。

（3）违反本法第十四条第一款的规定，发布的广告不具有可识别性，不能使消费者辨明其为广告的其他行为。有上述违法行为的，由工商行政管理部门责令广告发布者予以改正，同时对广告发布者处以十万元以下的罚款。

（4）关于发布广告贬低其他生产经营者的商品或者服务，本法第十三条规定，广告不得贬低其他生产经营者的商品或者服务。发布含有贬低其他生产经营者的商品或者服务内容的广告，是对竞争对手的合法权益的侵犯，破坏市场竞争秩序，既是一种不正当竞争行为，同时也为广告法所禁止。违反本法第十三条的规定，发布广告贬低其他生产经营者的商品或者服务的，由工商行政管理部门责令停止发布广告，同时，对广告主以及明知或者应知广告行为违法仍设计、制作、代理、发布的广告经营者、广告发布者，分别处以十万元以下的罚款。

（五）擅自从事广告发布业务

《广告法》第六十条规定："违反本法第二十九条规定，广播电台、电视台、报刊出版单位未办理广告发布登记,擅自从事广告发布业务的,由工商行政管理部门责令改正,没收违法所得,违法所得一万元以上的,并处违法所得一倍以上三倍以下的罚款;违法所得不足一万元的,并处五千元以上三万元以下的罚款。"

为了加强对大众传播媒介发布广告行为的监管,本法第三十九条规定,广播电台、电视台、报刊出版单位从事广告发布业务的,应当向县级以上地方工商行政管理部门办理广告发布登记。广播电台、电视台、报刊出版单位违反规定,未办理广告发布登记时不宜自从事广告发布业务,损害广告发布管理秩序,应当依照本条的规定承担相应责任。本条规定的违法行为主体限于广播电台、电视台、报刊出版单位。上述单位未办理广告发布登记,擅自从事广告发布业务的,由工商行政管理部门责令改正,包括责令其停止广告发布业务、责令其依法办理广告发布登记。同时,给予以下行政处罚:① 没收其违法所得;② 并处罚款。违法所得一万元以上的,并处违法所得一倍以上三倍以下的罚款;违法所得不足一万元的,并处五千元以上三万元以下的罚款。

(六)未依法进行广告业务管理

《广告法》第六十一条规定:"违反本法第三十四条规定,广告经营者、广告发布者未按照国家有关规定建立、健全广告业务管理制度的,或者未对广告内容进行核对的,由工商行政管理部门责令改正,可以处五万元以下的罚款。违反本法第三十五条规定,广告经营者、广告发布者未公布其收费标准和收费办法的,由价格主管部门责令改正,可罚处五万元以下的罚款。"

这是关于广告经营者、广告发布者未按照规定建立、健全广告业务管埋制度,未对广告内容进行核对以及未公布收费标准和收费办法应承担的行政责任的规定。广告经营者、广告发布者建立健全登记、审核、档案管理等广告业务管理制度,有利于分清广告活动主体的责任、减少广告活动主体之间的民事纠纷，同时也有利于广告监督管理机构对其广告违法行为进行查处。为此，本法第三十四条第一款规定，广告经营者、广告发布者应当按照国家有关规定，建立、健全广告业务的承接登记、审核、档案管理制度。同时，本法第三十四条第二款规定，广告经营者、广告发布者依据法律、行政法规查验有关证明文件，核对广告内容。对内容不符或者证明文件不全的广告，广告经营者不得提供设计、制作、代理服务，广告发布者不得发布。广告经营者、广告发布者违反本法第三十四条规定，未建立、健全广告业务管理制度的，或者未对广告内容进行核对的，由工商行政管理部门责令改正，并可以由工商行政管理部门对其处五万元以下的罚款。《价格法》第十三条中规定，经营者销售、收购商品和提供服务，应当按照政府价格主管部门的规定明码标价。与该规定相衔接，本法第三十五条规定，广告经营者、广告发布者应当公布其收费标准和收费办法。广告经营者、广告发布者违反本法第三十五条的规定，未公布其收费标准和收费办法的，由价格主管部门责令改正，并可以由价格主管部门对其处五万元以下的罚款。

（七）广告代言人违法行为

《广告法》第六十二条规定，广告代言人有下列情形之一的，由工商行政管理部门没收违法所得，并处违法所得一倍以上二倍以下的罚款：①违反本法第十六条第一款第四项规定，在医疗、药品、医疗器械广告中做推荐、证明的；②违反本法第十八条第一款第五项规定，在保健食品广告中做推荐、证明的；③违反本法第三十八条第一款规定，为其未使用过的商品或者未接受过的服务做推荐、证明的；④明知或者应知广告虚假仍在广告中对商品、服务做推荐、证明的。

本条是关于广告代言人违法行为的处罚的规定。本法第二条中规定，广告代言人是指广告主以外的，在广告中以自己的名义或者形象对商品、服务做推荐、证明的自然人、法人或者其他组织。广告代言人利用自身的专业性、权威性、影响力等因素对广告商品或者服务进行推荐、证明,往往能够引起消费者对广告商品或者服务的关注和购买,是一种重要的广告宣传手段。为加强对广告代言行为的规范,强化广告代言人的责任,以保护消费者的合法权益。本条规定的广告代言人的违法行为包括以下三类:① 违反本法第十六条第一款第四项、第十八条第一款第五项的规定,在医疗、药品、医疗器械广告以及保健食品广告中做推荐、证明。医疗、药品、医疗器械和保健食品,关系消费者的生命健康和人身安全,且功效因人而异,因此本法禁止在这些广告中进行代言;② 违反本法第三十八条第一款规定,为其未使用过的商品或者未接受过的服务做推荐、证明。广告代言人未使用过广告商品或者服务,其代言缺乏实际根据,轻率地向消费者进行推荐、证明,是对消费者的不负责任;③ 明知或者应知广告虚假仍在广告中对商品、服务做推荐、证明。这种情形下的广告代言人,或是故意欺骗、误导消费者,或是严重不负责任,损害了消费者权益,破坏了社会经济秩序,除依照本法第五十六条的规定承担民事责任外,还应当按照本条的规定承担相应的行政责任。广告代言人有本条规定的违法行为的,由工商行政管理部门对其进行以下处罚:① 没收违法所得。没收广告代言人因在该广告中进行代言活动所取得的相关收入;② 并处违法所得一倍以上二倍以下的罚款。

(八)在互联网发布广告

《广告法》第六十三条规定:"违反本法第四十三条规定发送广告的,由有关部门责令停止违法行为,对广告主处五千元以上二万元以下的罚款。违反本法第四十四条第二款规定,利用互联网发布广告,未显著标明关闭标志,确保一键关闭的,由工商行政管理部门责令改正,对广告主处五千元以上三万元以下的罚款。"

本条是关于违反本法规定向他人发送广告以及利用互联网发布广告应承担的行政责任的规定。

未经当事人同意或者请求，向其住宅、交通工具等发送广告，或者以电子信息方式向其发送广告的，广告主应当承担相应责任。未经当事人同意或者请求，向其住宅、交通工具等发送广告，可能造成环境、交通安全危害；以电子信息方式向消费者发送广告，如向消费者的固定电话、移动电话以及消费者个人的电子邮箱、即时通信工具、社交媒体账户等发送广告，对消费者的工作和生活产生一定干扰，损害消费者权益，造成网络资源的浪费。为此，本法第四十三条规定："任何单位或者个人未经当事人同意或者请求，不得向其住宅、交通工具等发送广告，也不得以电子信息方式向其发送广告。以电子信息方式发送广告的，应当明示发送者的真实身份和联系方式，并向接收者提供拒绝继续接收的方式。违反本法第四十三条规定的，应当按照本条的规定承担相应责任。本条第一款规范的违法行为包括：① 未经当事人书面或者口头同意或者请求，即向其住宅、交通工具等发送广告，或者通过固定电话、移动电话、消费者个人的电子邮箱等电子信息方式向其发送广告；② 在经当事人同意或者请求以电子信息方式发送的广告中，未明示发送者的名称等真实身份，以及有效邮寄地址等联系方式；③ 在经当事人同意或者请求以电子信息方式发送的广告中，未向接收者提供拒绝继续接收的方式，不能使接收者很容易地免费取消订阅。有上述违法行为的，由有关主管部门责令停止违法行为，同时，对广告主处五千元以上三万元以下的罚款。

利用互联网发布广告，未显著标明关闭标志，确保一键关闭的，广告主应当承担相应责任。针对实践中网络弹窗广告泛滥、影响用户正常使用网络的突出问题，本法第四十四条第二款明确规定："在互联网页面以弹出等形式发布的广告，应当显著标明关闭标志，确保一键关闭。"广告主违反该款规定，利用互联网发布广告未显著标明关闭标志的，或者不能确保用户一键关闭该广告的，应当按照本条第二款的规定承担责任，即由工商行政管理部门责令改正，同时，对广告主处五千元以上三万元以下的罚款。譬如，温州乐清协和中医门诊部发布未经有关部门审批且无法一键关闭的网络广告案可资借鉴。当事人在其网站发布未经有关部门审批的医疗广告，且广告页面无法一键关闭，该行为违反了《广告法》第四十四条、第四十六条的规定。乐清市市场监督管理局按规定对当事人作出责令停止发布、在相应范围内消除影响、罚款人民币1.2万元的处罚。

（九）未依法制止广告违法行为

根据《广告法》第六十四条规定，为了加强利用第三方场所或者信息传输、发布平台发布、发送广告行为的规范，发挥第三方制止违法广告传播的作用，以有效保护消费者权益、维护社会经济秩序，本法第四十五条规定了公共场所的管理者和电信业务经营者、互联网信息服务提供者，制止利用其所管理的场所或者信息传输、发布平台发送、发布违法广告的义务。构成本条规定的违法行为，应当符合以下条件：① 主体限于对其场所或者平台负有管理义务的公共场所的管理者和电信业务经营者、互联网信息服务提供者；② 上述主体对于利用其场所或者平台进行的违法广告活动，在主观上是一种明知或者应知的状态；③ 上述主体对有关违法广告活动未及时采取措施予以制止，比如公共场所的管理者对利用其场所发布违法广告的行为未及时进行劝阻，电信业务经营者或者互联网信息服务提供者未及时采取删除、屏蔽、断开广告链接等技术措施。

构成本条规定的违法行为的，由工商行政管理部门给予以下处罚：① 没收违法所得，即没收公共场所的管理者和电信业务经营者、互联网信息服务提供者为违法广告活动提供场所或者平台而取得的相关收入；② 并处罚款。如果违法所得在五万元以上的，并处违法所得一倍以上三倍以下的罚款；如果违法所得不足五万元的，则并处一万元以上五万元以下的罚款；③ 公共场所的管理者和电信业务经营者、互联网信息服务提供者的违法行为情节严重的，由工商行政管理部门或者电信、网络等有关主管部门依法停止其相关业务。

（十）隐瞒真实情况提供虚假材料

在实践中，经常出现广告主违反本法规定隐瞒真实情况或者提供虚假材料申请广告审查的情形。为了加强对药品等部分特殊商品或者服务广告的监管，保护消费者合法权益，本法第四十六条对医疗、药品、医疗器械、农药、兽药和保健食品广告，以及法律、行政法规规定应当进行审查的其他广告的发布前审查作了规定。同时，本法第四十七条中规定，广告主申请广告审查，应当依照法律、行政法规向广告审查机关提交有关证明文件。广告主违反本法的上述规定，在申请广告审查时隐瞒真实情况或者提供虚假材料的，严重扰乱广告发布审查监管秩序，使广告发布前审查机制不能发挥有效作用，对消费者权益也会造成损害，应当按照本条的规定承担相应责任。广告主违反本法规定在申请广告审查时隐瞒真实情况或者提供虚假材料的，广告审查机关不予受理，已经受理的不予批准，并由广告审查机关对该广告主予以警告，同时，自广告审查机关作出上述决定之日起一年内，不受理该广告主的任何广告审查申请。此外，广告主以欺骗、贿赂等不正当手段取得广告审查批准的，由广告审查机关撤销广告审查批准决定，并对该广告主处十万元以上二十万元以下的罚款，同时，自广告审查机关作出上述决定之日起三年内，不受理该广告主的任何广告审查申请。

广告法第六十六条规定："伪造、变造或者转让广告审查批准文件的，由工商行政管理部门没收违法所得，并处一万元以上十万元以下的罚款。"本法第四十六条对医疗、药品、医疗器械、农药、兽药和保健食品广告，以及法律、行政法规规定应当进行审查的其他广告的发布前审查作了规定。对医疗、药品等部分特殊商品或者服务的广告，在发布前由广告审查机关进行审查，将违法广告杜绝在发布之前，能够避免消费者权益受到损害。而伪造、变造或者转让广告审查批准文件，将使广告发布前审查机制虚置，对消费者权益也会造成损害，因此，本法第四十八条规定，任何单位或者个人不得伪造、变造或者转让广告审查批准文件。任何单位或者个人违反本法第四十八条规定，伪造（即完全捏造）、变造（即对已经取得的广告审查批准文件进行部分增改），或者将广告审查批准文件转让他人的，由工商行政管理部门给予以下处罚：① 没收违法所得。即没收因伪造、变造或者转让广告审查批准文件行为取得的相关收入；② 并处罚款。对伪造、变造或者转让广告审查批准文件的单位和个人，并处一万元以上十万元以下的罚款。根据《广告法》第六十五条，违反本法规定，隐瞒真实情况或者提供虚假材料申请广告审查的，广告审查机关不予受理或者不予批准，予以警告，一年内不受理该申请人的广告审查申请；以欺骗、贿赂等不正当手段取得广告审查批准的，广告审查机关予以撤销，处十万元以上二十万元以下的罚款，三年内不受理该申请人的广告审查申请。

（十一）媒体单位及主管部门的违法行为

《广告法》第六十八条规定："广播电台、电视台、报刊音像出版单位发布违法广告，或者以新闻报道形式变相发布广告，或者以介绍健康、养生知识等形式变相发布医疗、药品、医疗器械、保健食品广告，工商行政管理部门依照本法给予处罚的，应当通报新闻出版广电部门以及其他有关部门。新闻出版广电部门以及其他有关部门应当依法对负有责任的主管人员和直接责任人员给予处分；情节严重的，并可以暂停媒体的广告发布业务。新闻出版广电部门以及其他有关部门未依照前款规定对广播电台、电视台、报刊音像出版单位进行处理的，对负有责任的主管人员和直接责任人员，依法给予处分。"

广播电台、电视台、报刊音像出版单位都属于大众媒体，发布的广告受众面广、影响力大。为加强对广播电台、电视台、报刊音像出版单位发布广告行为的规范，形成治理大众媒体广告违法行为的部门合力，以切实保护消费者权益、维护社会经济秩序，本法对广播电台、电视台、报刊音像出版单位的广告违法行为的责任追究作出特别规定。对于广播电台、电视台、报刊音像出版单位发布内容上违法的广告的，或者以新闻报道形式变相发布广告的，或者以介绍健康、养生知识等形式变相发布医疗、药品、医疗器械、保健食品广告的，首先由工商行政管理部门依照本法第五十五条、第五十七条、第五十八条、第五十九条等的规定追究其作为广告发布者的行政责任；在此基础上，还必须由新闻出版广电部门以及其他的相关媒体上级主管部门对其作出处理，包括：依法对广播电台、电视台、报刊音像出版单位负有责任的主管人员和直接责任人员，根据情节轻重依法给予警告、记过、记大过、降级、撤职、开除等处分；如果发布广告的违法行为情节严重的，有关主管部门还可以暂停其广告发布业务，即可以禁止其在一定期间内发布广告。

此外，为使工商行政管理部门的处罚程序与新闻出版广电部门以及其他有关部门的处理程序相衔接，本条规定，工商行政管理部门依照本法对相关广播电台、电视台、报刊音像出版单位给予处罚的，应当通报新闻出版广电部门以及其他有关部门。按照本条第一款的规定，接到通报的新闻出版广电等部门，必须对相关广播电台、电视台、报刊音像出版单位作出处理，必须依法对其负有责任的主管人员和直接责任人员给予处分。为保障该款规定的落实、督促新闻出版广电等部门切实履行媒体监管职责，本条第二款对新闻出版广电等部门的责任追究作了规定，即新闻出版广电等部门未依照本条第一款的规定对广播电台、电视台、报刊音像出版单位进行处理的，由有权机关对新闻出版广电部门以及其他有关部门负有责任的主管人员和直接责任人员，根据情节轻重依法给予警告、记过、记大过、降级、撤职、开除等处分。❶

---

❶ 郎胜.中华人民共和国广告法释义[M].北京：法律出版社，2016：122-123.

（十二）公司法定代表人的违法行为

《广告法》第七十条规定："因发布虚假广告，或者有其他本法规定的违法行为，被吊销营业执照的公司、企业的法定代表人，对违法行为负有个人责任的，自该公司、企业被吊销营业执照之日起三年内不得担任公司、企业的董事、监事、高级管理人员。"

这是关于禁止因广告违法行为被吊销营业执照的公司、企业负有个人责任的法定代表人在一定期限内担任公司、企业的董事、监事、高级管理人员的规定。按照本法第五十五条、第五十七条、第五十八条的规定，对广告主以及广告经营者、广告发布者违法行为情节严重的，可以由工商行政管理部门吊销营业执照。按照本条的规定，因上述严重广告违法行为被依法吊销营业执照的广告主、广告经营者、广告发布者等公司、企业，其对违法行为负有个人责任的法定代表人，自该公司、企业被吊销营业执照之日起三年内不得担任公司、企业的董事、监事、高级管理人员。上述法定代表人属于对公司、企业的严重违法行为负有领导责任的人员，由于其缺乏守法意识，应当要求其经过一段时间的反省改过，增强法律观念，培养守法意识后，再担任公司、企业的董事、监事、高级管理人员的职务，同时，禁止其在一定期限内担任公司、企业的相关管理职务，也是一种惩戒。

三、广告行政处罚

（一）广告行政处罚的概念

广告行政处罚是指国家行政机关对违反广告法律、法规的广告活动主体的行政处罚。根据广告法的规定，对违反广告法律法规的广告活动主体，主要由工商行政管理机关依法追究其行政责任，工商行政管理机关在查明广告违法事实、广告违法种类、情节和危害程度的基础上,在广告法律法规规定的处罚幅度内实施相应的行政处罚。广告行政处罚的目的在于对广告违法者予以教育,从而防止广告违法行为以及更为严重的违法行为的发生。❶

(二)广告行政处罚的种类

广告行政处罚包括以下 6 种方式。

1. 责令停止发布广告

责令停止发布广告是指广告监督管理机关对违反广告法律、法规的广告,采取行政措施,强制广告活动主体取消违法广告的发布。责令停止发布广告,是给予违法行为人最轻的一种行政处罚,也是保护消费者利益和竞争者权益的首要手段。对任何违反广告法律、法规的广告,广告监督管理机关首先要责令广告主、广告经营者或广告发布者停止发布广告。这样做的目的,主要是为防止广告违法活动继续进行,进一步扩大违法广告的危害后果。

2. 责令公开更正

责令公开更正,指广告监督管理机关对违反广告法律、法规的广告,强制违法当事人承担费用以同样的传播方式在该广告影响涉及的范围内,向社会公众和消费者作公开澄清,说明该广告的违法之处,以消除该广告的消极影响。广告通常是通过大众传播媒介进行发布的,即使责令广告主停止发布广告,有时也已经造成了极坏的影响。因此,为了消除违法广告对消费者和社会造成的不良影响,必须责令广告主在停止发布违法广告的同时公开更正。

3. 罚款

罚款是指广告监督管理机关对违反广告法律、法规的广告主、广告经营者或广告发布者,强制其在一定期限内向国家缴纳一定数量的货币的制裁方

---

❶ 王桂霞,罗佩华,张剑虹. 广告法律法规 [M]. 北京:清华大学出版社,2016:214-215.

法。我国《广告法》对罚款标准采取浮动限额，即罚款数额可以在一定范围内浮动。

4. 没收广告费用

广告费是广告经营者、广告发布者设计、制作、代理、发布广告而收取的费用。没收广告费用是指广告监督管理机关将广告经营者、广告发布者从事违法广告活动收取的广告费用无偿收归国有、上缴国库的处罚措施。没收广告费用不适用于广告主。

5. 没收违法所得

没收违法所得是指广告监督管理机关依法没收违法广告活动取得的违法收入。如对伪造、变造或者转让广告审查决定文件所得的违法收入予以没收。没收违法所得不适用于广告主。

6. 停止广告业务

停止广告业务是指广告监督管理机关对违反广告法律、法规情节严重的广告经营者、广告发布者停止其广告业务活动，暂扣或者吊销广告经营许可证，取消其广告经营资格的行政处罚方式。停止广告业务是剥夺了违法广告经营者、广告发布者的经营资格，是针对广告经营者、广告发布者最为严厉的一种行政处罚。停止广告业务，不适用于广告主。

当事人对工商行政管理部门行使职权应予配合。违反者，根据《治安管理处罚法》的规定处罚。

（三）实施行政处罚注意事项

（1）适用多个法律法规查处违法行为时，立案、定性与处罚要统一、相当。同时，也应当避免为了加大罚款量，对没有危害到国家、社会、其他经营者、消费者等利益或者权益的当事人，选择重处的《无照经营查处取缔办法》等法律法规给予行政处罚，造成轻依法、重处罚的现象发生。

（2）无论适用什么法律法规认定、查处当事人的违法行为时，都应当责令其立即停止发布违法广告或公开更正。

（3）对于多个当事人（广告主、广告经营者、广告发布者）在同一广告行为中，共同违法的，应当分别公正处罚，不能疏漏。

（4）对于违法当事人的一种广告行为，同时违反两种以上法律法规的，适用合并（法律竞合的，适用特别法优于普通法）加重处罚的原则。

（5）对于利用广告虚假宣传的违法行为严重的，或者发布法律禁止使用的形象、内容的广告，伪造、变造、转让广告审查决定文件等的违法行为人，构成犯罪的，移送司法机关追究其刑事责任。

（四）美国联邦贸易委员会（Federal Trade Commission，简称"FTC"）对违法广告的行政措施

1. 取缔命令

对于违法广告，美国联邦贸易委员会采取的基本行政措施是"取缔命令"。其目的是禁止被投诉的违法行为，并防止今后再发生类似的违法行为。美国联邦贸易委员会拥有为防止违法行为，在较大范围内采取措施的裁量权。

2. 更正广告命令

广告监管法律法规仅达到了禁止广告主在将来的广告活动中使用不真实的表现、表示的目的，并不能完全消除广告活动已经给消费者造成的误导，美国联邦贸易委员会可以具体地命令广告主实施"更正广告"。

3. 其他命令

在确认广告造成误认以后，美国联邦贸易委员会可以命令广告主公开情报、直接通知消费者或者通过消费者教育活动提供正确的情报等。以下是通过判例进行的说明。

（1）公开情报。要求防晒制品的广告需要告知消费者即便使用防晒制品依

然存在日晒的可能性。

（2）直接通知。广告主发布了香烟可以减少对吸烟者器官伤害的广告。美国联邦贸易委员会命令广告主通知购买者，该制品没有减少香烟带来的危害。

（3）消费者教育。埃克森美孚公司（Exxon Mobil Corporation）发布了"清洁的发动机可以降低汽车维修费用"的旨在宣传汽油效果的误导广告。解决方法是，美国联邦贸易委员会命令该公司利用电视广告及小册子进行消费者教育活动。

（4）业务活动的禁止及保证金。为了保证执行的有效性，在某些情况下，美国联邦贸易委员会可以命令某些个人禁止从事特定的行业或者从事事业前提交保证金。

（5）向消费者退款、返还不当得利等。广告主违反美国联邦贸易委员会法第5条，并且法院的判决认为广告主的行为在一般人看来是不诚实或欺诈行为时，美国联邦贸易委员会可以根据美国联邦贸易委员会法第19条要求对消费者进行赔偿。

（6）对违反美国联邦贸易委员会命令及贸易规则行为的民事制裁，美国联邦贸易委员会法第5（1）条、第5（m）（1）条赋予美国联邦贸易委员会对于违反取缔命令及贸易规则的行为，可以向联邦法院请求民事制裁的权限。

（7）对于违反地方法院命令的民事或刑事的侮辱法庭罪，美国联邦贸易委员会可以请求联邦法院通过判有关责任者民事或刑事的侮辱法庭罪来执行地方法院的命令。

第三节　广告违法行为的民事责任

《广告法》第五十六条规定："违反本法规定，发布虚假广告，欺骗、误导消费者，使购买商品或者接受服务的消费者的合法权益受到损害的，由广告主依法承担民事责任。广告经营者、广告发布者不能提供广告主的真实名称、地址和有效联系方式的，消费者可以要求广告经营者、广告发布者先行赔偿。关系消费者生命健康的商品或者服务的虚假广告，造成消费者损害的，其广告经营者、广告发布者、广告代言人应当与广告主承担连带责任。前款规定以外的商品或者服务的虚假广告，造成消费者损害的，其广告经营者、广告发布者、广告代言人，明知或者应知广告虚假仍设计、制作、代理、发布或者做推荐、证明的，应当与广告主承担连带责任。"

《广告法》第六十九条规定："广告主、广告经营者、广告发布者违反本法规定，有下列侵权行为之一的，依法承担民事责任：（一）在广告中损害未成年人或者残疾人的身心健康的；（二）假冒他人专利的；（三）贬低其他生产经营者的商品、服务的；（四）在广告中未经同意使用他人名义或者形象的；（五）其他侵犯他人合法民事权益的。"

一、广告侵权行为的民事责任

（一）广告侵权行为

广告作为一种传递信息方式，增加企业和商品等知名度的宣传活动，在当今社会主义市场经济体制运行中，正日益被商品经营者广泛运用。❶但因广告立法的滞后性和广告管理上的漏洞等诸多原因，致使不少虚假广告、不正当竞争广告等得以乘虚而入，损害用户和消费者利益，扰乱正在发育的社会主义市场经济秩序。广告的真实性和合法性是商品经营者进行正当市场竞争的前提条

---

❶ 全国人大常委会法制工作委员会民法室. 中华人民共和国消费者权益保护法解读[M]. 北京：中国法制出版社，2013：210-219.

件，带有虚假、欺诈内容的广告及损害他人利益的广告必然构成侵权。无疑，广告人必须承担广告侵权的民事责任。

（二）广告侵权责任的构成

从一般意义上讲，广告侵权必须有侵权人即侵权主体；客观方面必须存在侵权行为和侵权危害后果；同时，侵权行为与危害后果之间具有一定的因果关系；另外，广告侵权必然损害一定的社会关系即被侵害的客体，等等。下面，我们就分别从这几个方面来分析和说明广告侵权责任的构成。

1. 广告侵权行为的主体

广告侵权行为的主体是广告活动主体，包括广告主和广告经营者、广告发布者，以及广告代言人。广告主，主要指从事商品经营或者营利性服务的法人、其他经济组织和个人，是广告侵权的主要主体；广告经营者，即受委托进行广告的代理、设计、制作的法人、其他经济组织和个人；广告发布者，是指为广告主或者广告主委托的广告经营者发布广告的法人或者其他经济组织，通常为广告公司和新闻媒介单位。除此之外，还有一些行为人同样可以成为广告侵权的行为主体，这些主体是随着广告形式不断增加而出现的。如：顾客接受了经营者给予的利益许诺后，为其宣传推销商品；文体界为拉赞助而承担为赞助单位做广告的任务；记者在新闻媒体上刊登或发布商品介绍性质或含有商品介绍内容的报道，即借报道推销商品或提供营利性服务等，一旦此类广告有侵权行为，顾客、文体单位、记者等都可以成为广告侵权行为的主体。

2. 广告侵权行为的客体

广告侵权行为的客体，是公民、法人依法享有的人身权、财产权等绝对权，而不是当事人在合同中设立的权利。可见，广告侵权责任主要指广告主、广告经营者或广告发布者因从事违法广告活动使消费者的人身和财产遭受损害而应承担的民事责任。广告侵权致人损害的行为，属于《民法通则》规定的民事侵权行为范畴，它所承担的是一种侵权损害赔偿责任，广告侵权的对象主要是受广告人，即广大用户和消费者。

3. 广告侵权行为

任何广告无论以文字、声音表述，还是以图像、实物展示，其表现形式的背后如果隐含着广告主体的欺骗意图，那么势必产生广告侵权行为。该侵权方式一般有以下几种情形：① 夸大事实。即所做广告远离商品实际，对自己生产、经销的产品的质量、性能、原材料构成、制作方法、用途、产地等情况，或者对所提供的劳务、技术服务的质量规格、标准等进行夸大、虚假、欺骗性的宣传。② 不正当竞争。这种广告意在打击竞争对手，抑制其与自己的产品竞争。比如，在广告中诋毁、诽谤、蔑视他人的企业的经营活动、服务以及商品，故意使公众对其竞争对手的营业活动、商品名称、商标或其他标志产生混乱，甚至违反诚实交易原则，不合理地使用其他企业的商标或其他标志，等等；③ 语意模糊。即以字面、画面上看或声音中听是真实的，但由于玩弄措辞技巧容易使消费者对所宣传商品产生错误理解，如国外一面包商称他的面包无化学成分，虽然该广告内容是真实的，但它引人误解为，其他面包商的面包有化学成分；④ 变相广告，即不采取广告形式而达到广告效果。如以企业名义赞助比赛和文艺演出；通过新闻报道新产品；授权律师"郑重声明"，以被假冒者的面目出现，标榜自己的产品为"正宗""唯一合格"，而达到争夺市场、推销其劣质产品的目的。

4. 广告侵权的危害后果

广告侵权不仅程度不同地损害了消费者和诚实经营者的利益，而且对正常的竞争秩序和社会安定造成了破坏：① 它损害了广大用户和消费者利益。虚假的广告极易使消费者和用户误购该广告产品，这不仅侵害了他们的经济利益，严重的还会危害他们的健康乃至生命安全；② 它损害了其他经营者的合法权益。广告媒介传播速度快，覆盖面大，它会直接侵害竞争对手的名誉权，使其丧失良好的商业信誉，从而无法从事正常的生产经营活动，减弱甚至失去竞争能力；

③ 它破坏了正常的市场竞争秩序和社会安定。侵权广告掩盖产品缺陷、隐瞒真实情况、贬低同行或同类产品,其结果是,一方面,使消费者蒙受损失,继而影响人们对竞争性广告的心理,在一定范围内造成社会的不安定;另一方面,使其他付出大量劳动的经营者得不到应有的经济利益,相反,侵权人未付出必要劳动,却能获得经济利益,甚至取得相对于诚实经营者的市场竞争优势,这种结果无疑导致了社会竞争秩序混乱,阻碍了整个竞争机制作用的发挥。

5. 广告侵权行为与危害后果之间有因果关系

即危害后果的发生是由于广告侵权行为引起的。如果广告侵权行为没有产生相应的危害后果,或者危害后果不是由于广告侵权行为引起的,那么,广告人就不能承担侵权民事责任。

6. 广告侵权的归责原则

一般来讲,广告侵权采用无过错责任原则较为合适。这一原则要求行为人没有过错但仍要承担民事责任。即它不以行为人的过错为构成民事责任的条件,只要行为人有违法行为,该行为导致损害事实,即要承担民事责任。广告侵权人承担无过错责任,并不排除行为人存在过错,而是指其过错不用证明,可以从损害事实中推定,或者说广告经营者有过错要承担民事责任,无过错也要承担民事责任。对广告侵权人适用无过错责任原则的意义在于:① 它可以避免受害者的举证困难。无过错责任原则,采用举证责任倒置。受害者只要证明损害事实的存在及行为人的行为与损害事实之间具有因果关系即可,无须证明行为人的过错。相反,行为人所要证明的不是自己无过错,而是受害人的过错是致害的原因。这样就避免了受害者举证困难的不利地位,有利于保护消费者的合法权益;② 有利于督促广告经营者、广告发布者高度负责、谨慎从事。适用无过错责任原则,将广告经营者、广告发布者置于严格的责任监督之下,可以促使广告经营者和广告发布者严格审查核实广告内容,将一些违法广告拒之门外,减少其对公众的危害;③ 参照产品责任法的有关规定,在产品责任中,销售者对消费者承担的是无过错责任。而广告经营者、广告发布者的地位类似于销售者的地位，销售者处于生产者和消费者中间，广告经营者、广告发布者也处于广告主和消费者中间。参照产品责任中销售者的严格责任，广告经营者、广告发布者也应当向消费者承担严格责任。另外，从广义上来讲，广告侵权行为还包括行政机关、企事业单位及个人等违反有关法律规定，侵害广告人合法权益的行为。如任意涂损广告文字、画面；拆除依法设置的广告招牌等。当然，如果属于行政职务行为的则不在此列。

（三）广告侵权责任的构成要件

广告经营者、广告发布者责任的构成要件有以下4个方面。

1. 违法行为

广告经营者、广告发布者只要设计、制作、发布虚假食品、药品广告，就构成了违法行为。而虚假食品、药品广告，必须是食品、药品宣传的虚假，并且该产品的虚假足以造成消费者合法权益受到损害。

2. 损害结果

广告经营者、广告发布者设计、制作、发布虚假食品、药品广告使得消费者的合法权益受到损害。损害包括人身损害和财产损害以及精神损害，特别指出，产品缺陷直接造成的产品本身损害也包括在内。

3. 因果关系

广告经营者、广告发布者责任的因果关系具有特殊性，由于损害不是由广告经营者、广告发布者直接造成的，其设计、制作、发布虚假广告的行为并非就是引起消费者购买的唯一、直接原因，因此，消费者只需要证明其购买产品和服务与设计、制作、发布虚假广告的行为有一定的因果联系即可。这种一定的因果联系，在一定程度上具有推定性。即消费者只需要证明其看过、听过广告经营者、广告发布者设计、制作、发布虚假食品、药品广告，或者该虚假广告在消费者所在区域播出过，即可以推定有一定的因果联系。

4.主观无过错

如前所述，食品、药品广告经营者、广告发布者的侵权责任为无过错责任，因此，在认定责任时无须消费者对广告经营者、广告发布者具有过错提供证据，广告经营者、广告发布者也无须对自己没有过错提供证据，即使提供没有过错的证据也应承担责任。

（四）广告侵权行为的种类

按照《广告法》的规定，以下行为均属侵犯人身财产权益，应依法承担民事责任：

在广告中损害未成年人或者残疾人的身心健康的行为。未成年人是指未满十八周岁的公民。未成年人大多属于无民事行为能力人或者限制民事行为能力人，其对自身的行为不能或者不能完全辨认或者判断。残疾人是指在心理、生理、人体结构上，某种组织、功能丧失或者不正常，全部或者部分丧失以正常方式从事某种活动能力的人。未成年人和残疾人是社会中的特殊群体，其身心健康很容易受到伤害。本法第十条规定，广告不得损害未成年人和残疾人的身心健康。违反该条规定，在广告中损害未成年人、残疾人身心健康的，除由工商行政管理部门依照本法第五十七条的规定对广告主、广告经营者、广告发布者进行处罚外，广告主及广告经营者、广告发布者还应当对其损害未成年人、残疾人身心健康的侵权行为依法承担民事责任。

假冒他人专利的行为。专利权属于知识产权，包括发明专利权、实用新型专利权、外观设计专利权。按照专利法的规定，发明和实用新型专利权被授予后，除本法另有规定的以外，任何单位或者个人未经专利权人许可，都不得实施其专利，即不得为生产经营目的制造、使用、许诺销售、销售、进口其专利产品，或者使用其专利方法以及使用、许诺销售、销售、进口依照该专利方法直接获得的产品。外观设计专利权被授予后，任何单位或者个人未经专利权人许可，都不得实施其专利，即不得为生产经营目的制造、许诺销售、销售、进口其外观设计专利产品。违反上述规定，在广告中未经有关专利权人同意使用该专利权人的专利号的，或者有其他假冒他人专利的侵权行为的，广告主及广告经营者、广告发布者应当依法承担民事责任。

贬低其他生产经营者的商品、服务的行为。贬低是指给予不公正的评价。本法第十三条规定，广告不得贬低其他生产经营者的商品或者服务。违反该条规定，在广告中，将广告主的商品或者服务与竞争对手的同类商品或者服务进行比较，把质量好的说成质量差的，把符合标准要求的说成不符合标准要求的，或者通过无中生有、捏造事实的方法，诋毁竞争对手的商品或者服务等，都属于贬低其他生产经营者的商品、服务的侵权行为，广告主及广告经营者、广告发布者应当依法承担民事责任。

在广告中未经同意使用他人名义或者形象的行为。《民法通则》中规定，公民享有姓名权，有权决定、使用和依照规定改变自己的姓名，禁止他人干涉、盗用、假冒；公民享有肖像权，未经本人同意，不得以营利为目的使用公民的肖像。本法第三十三条中规定，广告主或者广告经营者在广告中使用他人名义或者形象的，应当事先取得其书面同意；使用无民事行为能力人、限制民事行为能力人的名义或者形象的，应当事先取得其监护人的书面同意。违反该条规定，在广告中未经同意使用他人名义或者形象，属于侵犯民事权益的行为，广告主及广告经营者、广告发布者应当依法承担民事责任。

其他侵犯他人合法民事权益的行为。比如违反本法第九条规定，广告有危害人身、财产安全，或者泄露个人隐私的情形，以及违反本法第三十一条的规定，广告主、广告经营者、广告发布者在广告活动中不正当竞争等行为，给他人人身、财产权益造成损害的，广告主及广告经营者、广告发布者应当依法承担民事责任。

（五）广告侵权行为的民事责任

《广告法》第六十九条："广告主、广告经营者、广告发布者违反本法规定，有下列侵权行为之一的，依法承担民事责任：（一）在广告中损害未成年人或者残疾人的身心健康的；（二）假冒他人专利的；（三）贬低其他生产经营者的商品、服务的；（四）在广告中未经同意使用他人名义或者形象的；（五）其他侵犯他人合法民事权益的。"

虚假广告是指内容不真实、不可靠或虚构、编造事实以欺骗消费者的广告。它主要是广告人（广告客户和广告经营者）为牟取非法利益而开展的商品或服务的宣传活动。

按照《中华人民共和国侵权责任法》（以下简称《侵权责任法》）的规定，侵害民事权益，包括生命权、健康权、姓名权、名誉权、荣誉权、肖像权、隐私权、著作权、专利权、商标专用权等人身、财产权益的，应当依法承担侵权责任。广告主、广告经营者、广告发布者在广告活动中，有违反本法相关规定并构成侵害他人民事权益的行为的，应当依照《民法通则》《侵权责任法》等有关法律的规定承担相应的民事责任。

1. 发布虚假广告的民事责任主要应由广告主承担

本法第四条中规定："广告主应当对广告内容的真实性负责"。实践中，广告主是虚假广告的源头，一般也是虚假广告所推销的使消费者合法权益受到损害的商品或者服务的生产者或者提供者，因此，发布虚假广告损害消费者权益时，广告主应当依照《民法通则》《侵权责任法》等法律的规定，承担相应的民事责任。按照本条的规定，广告经营者、广告发布者不能提供广告主的真实名称、地址和有效联系方式的，消费者可以要求广告经营者、广告发布者先行赔偿。这是从方便消费者获得赔偿的角度所作的规定。虚假广告的民事责任本应由广告主承担，但广告经营者、广告发布者如果不能提供广告主的真实名称、地址和有效联系方式，消费者就可能无法向广告主追偿。在这种情况下，消费者可以要求广告经营者、广告发布者先行赔偿。广告经营者、广告发布者在承担民事责任，向受侵害的消费者赔偿后，可以向广告主追偿。

2. 虚假广告造成消费者损害的，其广告经营者、广告发布者、广告代言人应当依法承担连带责任

包括以下两种情形：①关系消费者生命健康的商品或者服务的虚假广告，造成消费者损害的，无论其广告经营者、广告发布者、广告代言人是否有过错、是否明知或者应知广告虚假，均应当与广告主承担连带责任。这是从更加重视保护消费者生命健康的角度所作的规定。该项规定与2013年修改后的《消费者权益保护法》第四十五条的规定也是相衔接的；②不关系消费者生命健康的商品或者服务的虚假广告，造成消费者损害的，其广告经营者、广告发布者、广告代言人在有过错时，即明知或者应知广告虚假仍设计、制作、代理、发布或者在广告中做推荐、证明时，应当与广告主承担连带责任。这与民事法律中因过错承担侵权责任的一般原则是一致的。《侵权责任法》第十三条规定，法律规定承担连带责任的，被侵权人有权请求部分或者全部连带责任人承担责任。第十四条规定，连带责任人根据各自责任大小确定相应的赔偿数额；难以确定责任大小的，平均承担赔偿责任。支付超出自己赔偿数额的连带责任人，有权向其他连带责任人追偿。根据上述规定，广告经营者、广告发布者、广告代言人依法与广告主承担连带责任时，消费者有权请求广告主、广告经营者、广告发布者、广告代言人中的任何部分或者全部连带责任人赔偿其损失。对消费者做出赔偿超出了自己依法应承担的赔偿数额的连带责任人，有权向其他连带责任人追偿。

（六）广告侵权民事责任的承担方式

《民法总则》第一百七十九条规定："承担民事责任的方式主要有：（一）停止侵害；（二）排除妨碍；（三）消除危险；（四）返还财产；（五）恢复原状；

(六)修理、重作、更换;(七)继续履行;(八)赔偿损失;(九)支付违约金;(十)消除影响、恢复名誉;(十一)赔礼道歉。法律规定惩罚性赔偿的,依照其规定。本条规定的承担民事责任的方式,可以单独适用,也可以合并适用。"除支付违约金是承担合同责任的典型形式以外,其他责任形式都可以适用于侵权责任。❶

《侵权责任法》规定,承担侵权责任的方式主要有:① 停止侵害;② 排除妨碍;③ 消除危险;④ 返还财产;⑤ 恢复原状;⑥ 赔偿损失;⑦ 赔礼道歉;⑧ 消除影响、恢复名誉。以上承担侵权责任的方式,可以单独适用,也可以合并适用。实践中,对于本法规定的广告活动中的侵权行为,侵权人承担民事责任的方式主要包括停止侵权广告行为,如停止发布含有侵权内容的广告,并向被侵权人赔偿损失,以及赔礼道歉、消除影响、恢复名誉等。

根据广告侵权的特点,广告侵权民事责任的承担方式主要有以下几点。

(1)停止侵害。指行为人正在实施侵害他人合法权益的行为时,权利人有权要求其停止侵权行为。如广告主发布含有贬低其他生产经营者的商品或服务内容的广告,被贬低的其他生产经营者有权要求其停止发布该广告或者删除贬低内容后方能发布。又如未经广告作品著作权人的同意,广告主在广告媒体上刊播他人的广告作品,著作权人有权要求其停止刊播。

(2)排除妨碍。指权利人行使其权利受到他人不法阻碍或妨害时,权利人有权要求加害人排除阻碍或妨害。此方式一般适用于设置户外广告而发生侵权责任的承担。

(3)消除危险。指行为人的行为对他人人身或财产有造成某种损害的可能时,该权利人有权请求行为人消除,以避免发生损害后果。此方式一般适用于因设置户外广告可能给他人造成损害时责任的承担。

---

❶ 李友根教授认为,商业广告法律责任除了惩罚性、补偿性,还应当具有预防性。

（4）消除影响、恢复名誉。主要适用于他人的人格权受到不法广告行为的侵害，属于非财产责任承担方式。一般来讲，侵权行为人在多大范围内给他人造成不利影响和损害，就应在多大范围内消除影响、恢复名誉。如广告中丑化他人形象、信誉的，受害人有权要求侵权行为人在刊播侵权广告的媒体上发表侵权声明以消除影响、恢复名誉。

（5）赔礼道歉。是指他人的人格权受到广告违法行为的侵害，情节轻微者，权利人可要求侵权行为人当面承认错误，表示歉意，以保护权利人的人格尊严。这也是一种非财产责任的承担方式。

（6）赔偿损失。指侵权行为人因其侵权行为造成权利人的合法权益遭受损失时，受害人有权要求以侵权人的财产补偿权利人所受的损失。这是适用最为广泛的广告侵权民事责任的承担方式，它既可适用于广告违法行为给他人合法财产造成损失时所承担的经济赔偿，也可适用于广告违法行为给他人人格权造成损害时所承担的经济赔偿。赔偿损失数额的确定，一般以补偿权利人所受到的实际损失为原则。但是，本着更有利于消费者的原则，可根据具体情况决定是否适用《消费者权益保护法》，以争取获得更多的赔偿。如由于受到虚假广告的误导和欺骗，消费者购买的商品属假冒伪劣的，适用《消费者权益保护法》对消费者更为有利。

广告侵权民事责任的承担方式并不限于此，根据侵权的实际情况，还可适用民事责任的其他承担方式。对于上述民事责任的承担方式，可以单独适用，也可合并适用。如广告中贬低其他生产经营者的商品或者服务，权利人可以要求同时适用赔偿损失、消除影响等多种民事责任的承担方式。

1.适用过错责任原则的情形

过错责任原则，也叫"过失责任原则"，是我国民法确定的民事赔偿责任的一般归责原则，是以行为人主观上的过错为承担民事赔偿责任的基本条件的认定责任的准则。依照此原则，行为人仅在有过错的情况下，才承担民事责任，没有过错，就不承担民事责任。依照《广告法》的规定，适用过错责任原则的情形有：

（1）广告主有下列广告侵权行为的，即在广告中损害未成年人或者残疾人的身心健康的，假冒他人专利的，贬低其他生产经营者的商品或者服务的，广告中未经同意使用他人名义、形象的，其他侵犯他人合法民事权益的，其主观上表现为故意或者过失，即表现为有过错。对这些侵权行为依法承担的民事责任，属过错责任。

（2）广告经营者、广告发布者明知或者应知广告虚假仍设计、制作、发布的，应当承担连带责任。对广告经营者、广告发布者来讲，《广告法》已明确规定只是在有过错的情况下，即明知或者应知是虚假广告仍设计、制作、发布，才对虚假广告造成消费者合法权益的损害负连带责任，因此，在无过错的情况下，并不对虚假广告承担民事赔偿责任。至于发生《广告法》规定的虚假广告以外的其他侵权行为，广告经营者、广告发布者是否承担民事赔偿责任，也应取决于其是否有过错。上述情形适用过错责任原则的意义在于提高广告主、广告经营者、广告发布者的守法观念，增加他们的工作责任心，自觉地防止违法广告的发生，以保护公民，法人的合法权益不受侵害。维护正常的广告市场秩序。

判断行为人主观上是否有过错，是一个非常复杂的问题，因此，在确定广告主、广告经营者、广告发布者的广告侵权民事赔偿责任时，应广泛适用民法中的"过错推定"。过错推定，是将行为人是否有过错的举证责任归由行为人自己承担。适用过错推定，可避免受害人因不能证明对方的过错而无法获得赔偿的情形。按照过错推定规则，如果被告不能证明自己没有过错，法律上就推定他有过错一并确认他应承担民事赔偿责任。对广告主来讲，其所发布的广告被认定为虚假广告，就可推定为广告主有过错并确认他应负民事赔偿责任。

2. 适用无过错责任原则的情形

无过错责任原则，也叫无过失责任原则，是指没有过错造成他人损害时，依法律规定应由与造成损害原因有关的人承担民事赔偿责任的确认责任的准则。

· 419 ·

这一原则的实质是不以行为人的过错为构成民事赔偿责任的条件，行为人的活动与所造成的损害后果的因果关系，由法律规定应承担赔偿民事责任。当然，承担无过错民事责任，并不排除行为人存在过错。根据《广告法》的规定，适用无过错责任原则的情形有以下几点。

（1）广告主发布虚假广告，欺骗和误导消费者，使购买商品或者接受服务的消费者的合法权益受到损害时，承担的民事赔偿责任适用的是无过错责任原则。受到损害的消费者，只要能证明广告宣传的商品或者服务与广告主实际提供的不一致，即可要求广告主对虚假广告承担民事赔偿责任，无须证明广告主主观上有过错。

（2）对发布的虚假广告，广告经营者、广告发布者不能提供广告主真实名称、地址的，所应当承担的全部民事责任为无过错责任。不能提供广告主真实名称、地址，多数是因为未能充分履行法定的查验义务发生的；但在有些情况下，即使充分履行了法定的查验义务也难以避免。此责任的规定，意义在于：消费者因虚假广告受到了损失，而广告经营者、广告发布者对虚假广告的发布无过错，在承担责任的广告主找不到的情况下，消费者所受到的损失能得到补偿。这是《广告法》对广告经营者、广告发布者规定的特别加重民事责任。需要特别指出的是，衡量广告经营者、广告发布者所提供的广告主名称、地址的真实性，只能以虚假广告发布时的真实名称、地址为标准。至于虚假广告发布后，广告主以什么名字、藏匿何处无从知晓，广告经营者、广告发布者只要对发布的虚假广告无过错，又能提供虚假广告发布时广告主的真实名称、地址的，就不应承担任何民事责任。

二、违反广告合同的民事责任

《合同法》第二条规定，合同是平等主体的公民、法人、其他组织之间设立、变更、终止民事权利义务关系的协议。广告合同是指广告主、广告经营者、广告发布者之间在广告活动中，为了实现一定的经济目的，明确相互之间的权利和义务而签订的协议。《广告法》第三十条规定："广告主、广告经营者、广告发布者之间在广告活动中应当依法订立书面合同。"

（一）广告合同的违约责任的概念

广告合同的违约责任是指广告合同一方不履行合同义务或者履行合同义务不符合约定时，依照法律规定或者合同约定所承担的法律责任。依法订立的有效广告合同，对广告合同双方来说，都具有法律约束力。如果不履行或者履行义务不符合约定，都应当依法承担违约责任。

（二）广告合同的违约责任的特征

广告合同的违约责任具有以下特征。

（1）违反广告合同民事责任是合同当事人违反合同义务所应承担的责任。首先，违约责任的成立，是以有效的广告合同的存在为基础。广告合同是广告主、广告经营者、广告发布者之间进行广告活动时以确定各方权利义务所订立的协议。依法成立并生效的广告合同，在当事人之间具有相当于法律的效力，当事人应当严格遵守。如果广告合同只是成立但尚未生效，或者广告合同被认定为无效或被撤销，就无所谓违约责任；其次，违约责任的产生，是以对广告合同义务的违反为前提。广告合同义务包括当事人在广告合同中约定的义务和法律规定的义务。只有当事人不履行义务，才会产生违约责任。按照《合同法》的规定，违反广告合同义务的形态有两种，即预期违约和实际违约。预期违约是指在履行期限届满之前当事人一方明确表示或者以自己的行为表示不履行合同义务。

（2）承担违反广告合同民事责任的方式和范围可由当事人事先协商确定。

（3）违反广告合同的民事责任体现了补偿性与制裁性的结合。① 补偿性"是指违约责任旨在弥补或者补偿因违约行为造成的损害后果"。广告合同规定的权利义务以经济为内容，如果一方当事人违反广告合同就会给对方造成经济损失。追究违反广告合同的民事责任的目的，也就在于因违反广告合同而给对方造成的经济损失以补救；② 违约方在违约时被迫承担不利的后果，本身就体现了对违约方的制裁。《合同法》第一百一十六条中还特别规定："当事人约定一方向对方给付定金作为债权担保的，给付定金的一方不履行约定的债务的，无权要求返还定金；收受定金的一方不履行约定的债务的，应当双倍返还定金。"这无疑是对当事人不履行债务的特别制裁。

（三）广告合同的违约责任的类型

广告合同的违约责任产生是建立在广告合同一方当事人违约行为上。广告合同违约行为一般包括预期违约、履行不能、瑕疵履行、加害履行四种类型。

预期违约也称先期违约，指在广告合同履行期限到来之前，已经有广告合同一方当事人明确表示或以其行为清楚显示，其在广告合同履行期到来后将不履行合同，该当事人拒绝履行合同，是因为其主观因素，而不是客观因素的变化。例如，广告主与广告公司签订了广告设计合同，在合同没有履行结束前，广告主明确表示不愿意支付广告费用，广告主的行为构成预期违约。

履行不能是指广告合同一方当事人主观上希望履行合同，但在客观上已经不具备履行合同的能力。例如，广告主与广告公司签订了广告制作合同，但是由于广告公司经营和管理出现问题，公司陷入困境，专业技术人员流失导致无法按照广告主的要求完成制作任务，尽管广告公司主观上希望继续履行合同，但是客观上没有能力履行广告制作合同。广告公司的行为则构成履行不能。

瑕疵履行是指广告合同一方当事人虽然履行了义务，但其履行义务有瑕疵，即履行不符合规定或约定的条件，致使减少或丧失履行的价值或效用的情形。比如广告发布合同中，广告媒体虽然也发布了广告，但没有按照约定的版面或时段，广告媒体的行为则构成了瑕疵履行。

加害履行是指广告合同一方当事人履行义务不仅有瑕疵，而且瑕疵还导致另一方广告当事人的其他权益受到损害。例如，在广告发布合同中，广告发布者发布了内容错误的广告，不仅未实现广告主的广告目标，反而给自身商誉造成损害，广告发布者的行为就构成了加害履行。

（四）广告合同违约责任的承担形式

根据《合同法》的有关规定，广告合同违约责任的承担方式比较多，具体适用哪种违约责任，由广告活动当事人根据自己的要求加以选择。

1. 继续履行

当广告合同一方当事人有能力履行而不愿意履行，可以要求人民法院判决，强制该方当事人履行义务。比如，当广告媒体应当发布广告而没有发布广告时，可以通过法律诉讼的方式，强制要求广告媒体发布广告。

2. 采取补救措施

当广告合同一方当事人履行义务不符合约定的，应当按照当事人的约定承担违约责任。受损害一方可以根据广告合同内容及损失的大小，合理选择要求对方采取补救措施。如广告制作合同时，予以修正或减少价款；广告发布合同时，可以重新进行广告更正发布。

3. 赔偿损失

当广告合同一方当事人由于未按照合同约定履行合同，给对方当事人造成损失的，应当赔偿损失。损失赔偿额应当相当于因违约所造成的损失，包括合同履行后可以获得的利益，但不得超过违反合同一方订立合同时预见到或者应当预见到的因违反合同可能造成的损失。

4. 支付违约金

为了保证广告合同的履行，保护自己的利益不受损失，广告合同当事人可以约定一方违约时应当根据情况向对方支付的一定数额的违约金，也可以约定因违约产生的损失赔偿额的计算方法。当对方违约时，可以要求支付违约金。

5. 定金

定金是合同当事人一方为了担保合同的履行而预先向对方支付的一定数额的金钱。例如在广告制作合同，广告主可以支付一定数额金钱给广告公司作为定金。当广告公司完成制作任务，定金应当抵作价款或者收回，如果广告公司违约，广告主可以要求双倍返还定金；当广告主违约时，所付定金归广告公司所有，广告主无权要求返还定金。

三、虚假广告的民事责任

2015年《广告法》第五十六条规定了虚假广告的民事责任。承担民事责任的主体包括广告主、广告经营者、广告发布者和广告代言人。

（一）广告主对虚假广告应承担的民事责任

虚假广告不仅扰乱了广告市场秩序，由于虚假广告的误导和欺骗，购买商品或者接受服务的消费者的合法权益也会受到损害。《中华人民共和国侵权责任法》的规定："侵害民事权益，应当依照本法承担侵权责任。"民事权益包括生命权、健康权、姓名权、名誉权、荣誉权、肖像权、隐私权、婚姻自主权、监护权、所有权、用益物权、担保物权、著作权、专利权、商标专用权、发现权、股权、继承权等人身、财产权益。侵权责任是指民事主体因实施侵权行为而应承担的民事法律后果。承担侵权责任的方式主要有：停止侵害、排除妨碍、消除危险、返还财产、恢复原状、赔偿损失、赔礼道歉、消除影响、恢复名誉。这些承担侵权责任的方式,可以单独适用,也可以合并适用。

2015年《广告法》规定,广告主应当对广告内容的真实性负责。《消费者权益保护法》第二十条也规定:"经营者向消费者提供有关商品或者服务的质量、性能、用途、有效期限等信息,应当真实、全面,不得做虚假或者引人误解的宣传。"虚假广告不仅侵犯了消费者享有的了解商品或服务的真实情况的权利,违背了作为经营者应当向消费者提供商品或服务的真实、全面信息的义务,而且还可能给消费者的财产、人身安全等合法权益带来实际损害。商品经营者或服务提供者作为广告主,是广告活动意向的发出者,对于广告中所宣传商品或者服务掌握完全信息,也是最了解商品或者服务真实性能、最有能力判断广告内容是否虚假的责任主体。在通常情况下,广告中所推销的商品或者提供的服务的基本信息是由广告主提供的,广告的内容最终也是由广告主决定的。广告主对广告和其他宣传活动具有绝对的操纵权和决策权,广告主应当是虚假广告的第一责任人,既是民事侵权责任人,也是行政责任的第一责任人。因此,2015年《广告法》明确规定:"违反本法规定,发布虚假广告,欺骗、误导消费者,使购买商品或者接受服务的消费者的合法权益受到损害的,由广告主依法承担民事责任。"

按照《侵权责任法》的规定,认定侵权责任时,从主观过错角度可以分为三种情况:① 行为人因过错侵害他人民事权益,应当承担侵权责任;② 根据法律规定推定行为人主观上有过错,行为人不能证明自己没有过错的,应当承担侵权责任;③ 行为人侵害他人民事权益,不论行为人有无过错,法律规定应当承担侵权责任的,依照其规定。广告主在虚假广告中应承担的民事责任属于第三种情况,即只要广告主违反《广告法》的规定,发布虚假广告,欺骗、误导消费者,使购买商品或者接受服务的消费者的合法权益受到损害,就应当依法承担民事责任。《侵权责任法》规定了多种承担民事侵权责任的方式,但是《消费者权益保护法》第四十五条规定:"消费者因经营者利用虚假广告或者其他虚假宣传方式提供商品或者服务，其合法权益受到损害的，可以向经营者要求赔偿。"因此，就虚假广告而言，广告主承担侵权责任的方式主要是赔偿损失。赔偿额原则上应当相当于购买商品或者接受服务的消费者所遭受的实际损失额。

（二）广告经营者与广告发布者的先行赔偿责任

广告虽然是由广告主发起的，但是广告要想为消费者所察知，通常都需要经广告经营者设计、制作、代理，并由广告发布者发布。也就是说，消费者更多的是通过广告经营者、广告发布者来接触广告，并受广告影响的。《广告法》第三十四条第一款规定："广告经营者、广告发布者应当按照国家有关规定，建立、健全广告业务的承接登记、审核、档案管理制度。"广告经营者、广告发布者对广告主的名称、地址和有效联系方式等基本情况和信息是应该掌握的。受到虚假广告侵权的消费者在维权时，可以要求广告经营者、广告发布者提供广告主的真实名称、地址和有效联系方式。如果广告经营者、广告发布者不能提供广告主的真实名称、地址和有效联系方式的，那么消费者可以要求广告经营者、广告发布者先行赔偿。先行赔偿意味着，广告经营者、广告发布者在履行了赔偿责任后，可以向有责任的广告主进行追偿。[1]

（三）广告经营者与广告发布者的连带责任

《广告法》第三十四条第二款规定："广告经营者、广告发布者依据法律、行政法规查验有关证明文件，核对广告内容。对内容不符或者证明文件不全的广告，广告经营者不得提供设计、制作、代理服务，广告发布者不得发布。"这是法律为广告经营者、广告发布者规定的广告审查责任。广告经营者、广

---

[1] 刘双舟. 新广告法精解与应用[M]. 北京：中国财政经济出版社，122-125.

告发布者在提供设计、制作、发布服务时,要查验相关广告证明文件,审查其真实性、合法性、有效性;同时还要核对广告内容,确保其真实、合法,以健康的表现形式表达广告内容,符合社会主义精神文明建设和弘扬中华民族优秀传统文化的要求。在实践当中,由于资金、技术、人力等客观情况所限,一般都只要求广告经营者、广告发布者进行形式审查,即形式审核广告主的各类证明材料如营业执照以及其他生产、经营资格证明,产品生产许可证、卫生许可证、认证证书、质量检验合格证明等各类证明,专利证、商标注册证等权利证明。根据法律、行政法规的规定需要经过广告审查机关审批后才能发布的特殊商品和服务广告,广告行政市审查机关负有进行实质性审查的责任,广告经营者、广告发布者应按照广告市审查机关的广告批准文件来承担不履行法律规定的责任,明知是虚假提供相关服务的法律后果。如果广告经营者、广告发布者不履行法律规定的责任,明知是虚假广告仍设计、制作、发布,对受到损害的消费者而言,广告经营者、广告发布者就是共同侵权人,应当与广告主共同承相应侵权损害的民事责任。如果广告经营者、广告发布者疏于履行自己的责任,应当发现所接受委托的广告虚假而未发现,承担设计、制作、发布的,也应当与广告主一起承担由于他们的过失而给消费者造成损害的民事责任。广告所推销的商品或者服务对消费者生活的影响程度是不完全相同的,有些商品或者服务与消费者的生命健康有着密切关系,而有些商品或者服务与消费者生命健康的关系则较为间接,主要涉及生命健康以外的权利。对于不同商品或者服务的虚假广告,广告经营者、广告发布者承担连带责任条件是不同的。《广告法》将虚假广告设计、制作、代理的广告经营者、广告发布者应承担的连带责任分为两种情况:① 关系消费者生命健康的商品或者服务的虚假广告,造成消费者损害的,其广告经营者、广告发布者应当与广告主承担连带责任。这里不需要考虑广告经营者、广告发布者的主观过错;② 前款规定以外的商品或者服务的虚假广告,造成消费者损害的,其广告经营者、广告发布者，明知或者应知广告虚假仍设计、制作、代理、发布或者做推荐、证明的，应当与广告主承担连带责任。这种情况需要将主观上"明知或者应知"作为承担责任的条件。

（四）广告代言人的连带责任

广告代言人是指广告主以外的，在广告中以自己的名义或者形象对商品、服务做推荐、证明的自然人、法人或者其他组织。广告代言人对其代言的虚假广告是否应该承担法律责任、承担何种法律责任，在这次修订期间存在着很大的争议。《广告法》（1994年）仅规定："社会团体或者其他组织，在虚假广告中向消费者推荐商品或者服务，使消费者的合法权益受到损害的，应当依法承担连带责任。"但是没有涉及自然人个人代言虚假广告的法律责任问题。这使得实践中出现了许多代言虚假广告获得高额代言报酬却不需要承担法律责任的案件，给消费者带来极大的损失，也严重影响了广告秩序和广告行业的信誉。修订后，2015年《广告法》明确将自然人、法人和其他组织的广告代言行为纳入了调整范围。第三十八条规定，广告代言人在广告中对商品、服务作推荐、证明，应当依据事实，符合本法和有关法律、行政法规规定，并不得为其未使用过的商品或者未接受过的服务做推荐、证明。这表明，广告代言人对其所代言的商品或者服务广告，应当事先进行了解、审核和体验。对于内容虚假、不符合法律规定的广告不得代言。另外，根据权利义务对等的原则，《广告法》还明确了广告代言人代言虚假广告应承担的连带责任。将广告代言人应承担的连带责任分为两种情况：① 对代言关系消费者生命健康的商品或者服务的虚假广告，造成消费者损害的，广告代言人应当与广告主承担连带责任。这里不需要考虑广告代言人主观有无过错；② 代言其他商品或者服务的虚假广告，造成消费者损害的，广告代言人在"明知或者应知"的情况下，应当与广告主承担连带责任。

第四节 广告犯罪行为的刑事责任

广告违法行为触犯《刑法》,依法应当追究刑事法律责任,就涉及广告犯罪。

一、广告犯罪的概念

广告犯罪是指广告主、广告经营者或广告发布者所实施的广告行为不仅违反国家的一般广告法律法规,而且触犯了《刑法》,构成了犯罪,是一种严重的广告违法行为。❶ 与其他犯罪相同,广告犯罪也具有以下3个基本特征。

(一)广告犯罪是具有社会危害性的行为

这是广告犯罪最本质的特征。任何广告违法行为都是具有社会危害性的行为,而广告犯罪则是社会危害最为严重的违法行为,一种广告违法行为是否构成犯罪,归根结底就看其社会危害性程度如何。

(二)广告犯罪是具有刑事违法性的行为

广告违法行为是否构成犯罪,关键看其是否触犯《刑法》,只有《刑法》严格规定犯罪的行为才能被定罪,刑事违法性是社会危害性在《刑法》上的具体体现。

(三)广告犯罪是具有应受刑罚惩罚性的行为

《刑法》的条款内容主要是由犯罪规定和刑罚规定两大部分组成的,犯罪是

---

❶ 李援. 中华人民共和国食品安全法解读与适用[M]. 北京:人民出版社,2009:139-143.

刑罚的前提，刑罚是犯罪的后果，一种犯罪应当接受什么样的刑罚处罚也是由法律严格规定的。

二、我国对广告犯罪的分类

广告危害公共安全方面的犯罪，主要是指行为人制作、传播违法广告，向用户推销劣质危险物品，致使用户在使用过程中造成严重后果的行为。它包括过失投毒罪和过失爆炸罪两种。

（一）虚假广告罪

《刑法》第二百二十二条规定："广告主、广告经营者、广告发布者违反国家规定，利用广告对商品或者服务做虚假宣传，情节严重的，处二年以下有期徒刑或者拘役，并处或者单处罚金。"广告主、广告经营者、广告发布者发布虚假广告的行为，依照《刑法》规定构成犯罪的，应当依法严格追究其刑事责任。

虚假广告罪是违反广告的刑事责任中最为重要的一种广告犯罪。关于虚假广告罪的概念、特征、认定，刑事责任，在下文专门论述。

（二）玩忽职守、滥用职权、徇私舞弊罪

《刑法》第三百九十七条第一款中规定："国家机关工作人员滥用职权或者玩忽职守，致使公共财产、国家和人民利益遭受重大损失的，处三年以下有期徒刑或者拘役；情节特别严重的，处三年以上七年以下有期徒刑"。第二款中规定："国家机关工作人员徇私舞弊，犯前款罪的，处五年以下有期徒刑或者拘役；情节特别严重的，处五年以上十年以下有期徒刑"。工商行政管理部门和负责广告管理相关工作的有关部门的工作人员，对违法广告不依法进行查处，或者在履行职责过程中存在其他玩忽职守、滥用职权、徇私舞弊行为，构成犯罪的，

应当依照《刑法》第三百九十七条的规定追究其刑事责任。

广告审查机关的工作人员作出审查批准决定存在玩忽职守、徇私舞弊，或者存在受贿情形，构成犯罪的，还应当依照《刑法》的相关规定追究其刑事责任。2015年《广告法》第七十二条规定："广告审查机关对违法的广告内容作出审查批准决定的，对负有责任的主管人员和直接责任人员，由任免机关或者监察机关依法给予处分；构成犯罪的，依法追究刑事责任。"在执行审查职务时应当本着对人民的生命财产安全负责的精神秉公执法，恪尽职守，严格把关防止违法广告的出现。这也是国家机关的工作人员应当具备的敬业精神。如果广告审查机关的工作人员不能恪尽职守，对违法的广告内容作出审查批准决定，则应当承担相应的法律责任。

按照本条的规定，应当承担责任的人员是对错误的审查决定负有责任的主管人员和直接负责人员。通常情况下，最终签发批准文件的是主管人员，具体操作的是直接责任人员，包括所有参与该项批准文件涉及的广告内容审查工作的人员。这些人员应当承担的责任是"依法给予处分"。如果主管人员和直接责任人员的行为已构成犯罪，则应依法承担刑事责任。

2015年《广告法》第七十三条规定："工商行政管理部门对在履行广告监测职责中发现的违法广告行为或者对经投诉、举报的违法广告行为，不依法予以查处的，对负有责任的主管人员和直接责任人员，依法给予处分。工商行政管理部门和负责广告管理相关工作的有关部门的工作人员玩忽职守、滥用职权、徇私舞弊的，依法给予处分。有前两款行为，构成犯罪的，依法追究刑事责任。"

关于广告管理部门及其工作人员不依法履行职责应承担的行政责任、刑事责任的规定。本法第四十九条规定，工商行政管理部门应当建立健全广告监测制度，完善监测措施，及时发现和依法查处违法广告行为。第五十三条规定，任何单位或者个人有权向工商行政管理部门投诉、举报违反本法的行为。接到投诉、举报的工商行政管理部门应当自收到投诉之日起7个工作日内，予以处理并告知投诉、举报人。对违法广告依法进行查处，是工商行政管理部门的法定职责。为强化其作为广告监管主管部门的责任，对其不作为实行问责，本条第一款对工商行政管理部门的责任追究作了规定。工商行政管理部门对在履行广告监测职责中发现的违法广告行为，或者对经投诉、举报的违法广告行为，不依法予以查处的，对负有责任的主管人员和直接责任人员，由有权机关根据情节轻重依法给予其警告、记过、记大过、降级、撤职、开除等处分。按照本法的规定，工商行政管理部门主管广告监督管理工作，政府其他有关部门在各自的职责范围内负责广告管理相关工作。工商行政管理部门和负责广告管理相关工作的有关部门的工作人员，应当依法履行职责，不得有玩忽职守、滥用职权、徇私舞弊的行为。玩忽职守，是指不履行或者不完全履行法律所规定的职责。不履行职责，是指在职责上不作为、不尽职；不完全履行职责，是指对本职工作马马虎虎、漫不经心，不负责任。滥用职权，是指国家机关工作人员在履行职务时违反法律规定或者超越法定权限行使职权。徇私舞弊，是指为了私情或者牟取私利，故意违反事实和法律，作出枉法处理或枉法决定。按照本条第二款的规定，工商行政管理部门和负责广告管理相关工作的有关部门的工作人员玩忽职守、滥用职权、徇私舞弊的，由有权机关根据情节轻重给予警告、记过、记大过、降级、撤职、开除等处分。

（三）拒绝、阻挠执行公务罪

关于拒绝、阻挠工商行政管理部门监督检查以及其他违反治安管理行为应承担的行政责任、刑事责任的规定。本法第四十九条对工商行政管理部门履行广告监督管理职责可以行使的职权做了规定。第五十一条规定，工商行政管理部门依照本法规定行使职权，当事人应当协助、配合，不得拒绝、阻挠。当事人违反本法规定，拒绝、阻挠工商行政管理部门监督检查的，应当根据具体情形追究其责任：如果当事人未使用暴力、威胁方法，且未造成严重后果，依法构成违反治安管理行为的，由公安机关给予警告或者二百元以下的罚款；情节严重的，处五日以上十日以下拘留，可以并处五百元以下罚款。如果当事人使用了暴力、威胁方法，或者虽未使用暴力、威胁方法但造成了严重后果，构成犯罪的，应当依照《刑法》第二百七十七条的规定追究其刑事责任，处三年以下有期徒刑、拘役、管制或者罚金。当事人有其他违反本法规定的行为，如利用广告活动泄露他人隐私或者扰乱社会公共秩序等行为，如果依法构成违反治安管理行为，则应当按照《治安管理处罚法》的规定给予相应处罚；如果构成犯罪，则应当依照《刑法》的相关规定追究其刑事责任。

2015年《广告法》第七十一条规定："违反本法规定，拒绝、阻挠工商行政管理部门监督检查，或者有其他构成违反治安管理行为的，依法给予治安管理处罚；构成犯罪的，依法追究刑事责任。"

本法第四十九条第一款规定了工商行政管理部门履行广告监督管理职责过程中可以行使的职权。工商行政管理部门在行使职权中，当事人应当根据本法第五十一条的规定，协助、配合，并不得拒绝、阻挠。《行政处罚法》第三十七条也规定了"行政机关在调查或者进行检查时当事人或者有关人员应当如实回答询问，并协助调查或者检查，不得阻挠"。根据《治安管理处罚法》第三章第四节的规定，阻碍国家机关工作人员依法执行职务的行为属于妨害社会管理的行为。如果当事人拒绝、阻挠工商行政管理部门依法执行广告监督检查，未构成犯罪的，应当由公安机关依据《治安管理处罚法》第五十条的规定进行处理。

（四）假冒注册商标罪

在广告活动的全过程中，广告的交换价值也受价值规律的调节和支配。可见，广告与我国社会主义市场经济有着密切联系。它既能促进社会经济发展，也可影响社会主义市场经济秩序。从实践来看，违法广告破坏社会主义经济秩序方面的犯罪，主要有假冒商标罪和假冒专利罪两种。

2015年3月开始，陈××租赁广州市荔湾区龙溪沙溪村某处作为加工场所，并雇佣被告人赖××及同案人陈××、冯×朝、冯×婷共同采用电焊、贴商标和包装袋方式加工假冒三星、华为、中兴和摩托罗拉等品牌的手机电池，收取利润。直至5月21日，被告人陈××、赖××等人被公安机关抓获，并当场缴获假冒的摩托罗拉电池1282块、假冒的三星电池1720块、假冒的华为电池670块、假冒的中兴电池300块及作案工具精密电焊机2台等物。经鉴定，上述假冒的手机电池共价值人民币176454元。

因违法广告构成的假冒商标罪，是指广告人违反国家商标管理法规和广告管理秩序，对擅自在同一种商品或者类似商品上，使用与他人注册商标相同或者类似的商标，或者擅自制造、仿造、销售他人注册商标标志的商品广告，予以制作和传播，侵犯他人注册商标专用权的行为。其犯罪构成的法律特征主要有几下四点。

1. 犯罪客体

因违法广告而构成的假冒商标罪，它所侵犯的客体是国家的商标管理制度。即它侵犯了其他企业的商标专用权，破坏了注册商标企业的信誉，欺骗了广大用户和消费者。总的来讲，就是破坏了社会主义市场经济秩序。我们知道，商标是商品生产、制造、加工、拣选或者经销商品的工商企业、事业单位和个体工商业者，为了维护自己的商品质量信誉，防止其他企业、事业单位和个体工商业者用同类商品冒充自己的商品，侵犯自己的权益，而用文字和图案所表示的自己商品的标志。国家对商标实行统一管理，并给予法律保护，禁止假冒、伪造、仿造、销售他人注册商标的侵权行为。因此，假冒他人注册商标的行为，只要侵害了国家商标管理制度，即构成假冒商标罪。

2. 犯罪客观方面

即广告人通过制作、传播违法广告，实施了假冒或者制造、仿造、销售其他工商企业、事业单位、个体工商业者已经注册的商标或者商标标志的行为。所谓"假冒商标",即行为人违反国家商标管理法规,擅自把伪造、仿造的与其他工商企业、事业单位或者其他工商业者注册商标相同式样或者类似式样的商标,贴在所要刊播的广告商品上,以假乱真,进行广告宣传。这种"假冒"行为既可是广告人直接伪造假冒他人已经注册的商标,也可是广告人替伪造假冒已经注册商标的商品,进行制作、传播广告。这种行为从危害后果来看,它不仅是对被假冒的企业的一种侵权行为,同时,它还损害了被假冒企业的商标信誉和经济利益,扰乱了社会主义经济秩序。

3. 犯罪主体

犯罪主体是制作、传播违法广告的广告人。即它既可是作为广告客户的工商企业、事业单位,包括国营、集体经营,中外合资经营、外资经营、公私合营、私人联营、合作经营的工商企业、事业单位,也可是作为广告经营者的新闻媒体和广告公司等。它既可是"单位",也可是该"单位"的直接责任人员。我国《刑法》规定:"工商企业假冒其他企业已经注册的商标的,要追究刑事责任。"可见,工商企业及其直接责任人员应是假冒商标犯罪行为的实行者和刑事责任的承担者,是假冒商标罪的主要主体。

4. 犯罪主观方面

因违法广告构成的假冒商标罪在主观方面必须有犯罪故意,过失不构成假冒商标罪。这种犯罪故意的产生,一般是出于营利的目的,但也有的是为了牟取某种权益、荣誉或者破坏他人商品的信誉。

在认定违法广告构成的假冒商标罪时,不能忽视行为的情节和危害后果。对于确属"情节显著轻微,危害不大的",按照我国《刑法》第十条规定,可以不以犯罪论处,由商标管理部门处理。同时,也应防止"以罚代刑"倾向。对假冒商标非法获利数额巨大,屡教不改,情节严重的应实行给予刑罚和罚金的双罚原则,以维护社会主义市场经济正常秩序。

虚假广告罪与假冒注册商标罪的区别。虚假广告罪与假冒注册商标罪，虽然犯罪人主观行为上有虚假、假冒的一面，但这两个罪仍有重要差异：① 直接客体不同。虚假广告罪侵犯的直接客体是国家对广告的管理秩序，而假冒商标罪侵害的直接客体是国家对注册商标的管理秩序；② 客观行为不同。虚假广告罪客观方面是使用虚假广告对商品作引人误解的宣传，而假冒注册商标罪的客观方面是假冒他人注册商标的行为。

（五）假冒专利罪

因违法广告而构成的假冒专利罪，是指广告人以获取非法利益为目的，制作、传播假冒专利的商品广告或违反国家专利管理法规，在法律规定的专利有效期内，假冒他人或者单位被授予的专利，侵犯他人或者单位的专利权益，情节严重的行为。

1. 假冒专利罪的概念

假冒专利罪，是指违反专利法规，假冒他人专利，情节严重的行为。

2. 假冒专利罪的认定

本罪与一般专利侵权行为的界限。本条明文规定只有"情节严重"的假冒专利行为才构成犯罪，否则不构成犯罪，而只是一般的民事侵权行为，应按照《专利法》第六十条的规定处理，不以犯罪论处。专利权人或者利害关系人可以请求专利管理机关进行处理或者直接向人民法院起诉。专利管理机关处理假冒他人专利案件，有权责令侵权人停止侵权行为，并赔偿损失。人民法院受理专利权人或者利害关系人起诉的侵害专利权的案件，可以判决或者裁定停止侵害、赔偿损失，还可以予以收缴进行侵害的工具和非法所得，并可以依照法律规定予以罚款、拘留。至于如何认定假冒他人专利情节严重，实践中应结合犯罪的主客观因素和后果等进行综合分析和判断。

本罪与假冒注册商标罪的界限。二者特征基本相同，客观上都有假冒行为，主观上都是故意犯罪，目的一般都是为了牟取非法利益，主体相同。二者主要区别表现在：① 侵害的客体不同。假冒专利罪侵犯的直接客体是国家的专利管理制度，而假冒商标罪侵犯的直接客体是国家的商标管理制度；② 假冒专利罪的侵害对象不是注册商标，而是被授予的专利。这也是二者在假冒内容上的差别。

3. 假冒专利罪的处罚

《刑法》第二百一十六条规定，假冒他人专利，情节严重的，处三年以下有期徒刑或者拘役，并处或者单处罚金。第二百二十条规定，单位犯本节第二百一十三条至第二百一十九条规定之罪的，对单位判处罚金，并对其直接负责的主管人员和其他直接责任人员，依照本节各该条的规定处罚。根据《刑法》第二百一十六条和第二百二十二条规定，犯本罪的，处三年以下有期徒刑或者拘役，并处或者单处罚金；单位犯本罪的，对单位判处罚金，并对其直接负责的主管人员和其他直接责任人员，依照上述规定处罚。

（六）侮辱罪

因违法广告构成的侮辱罪，是指广告人通过制作、传播广告公然贬低、损害他人人格，破坏他人名誉，情节严重的行为。本罪的主要特征是：

（1）侵犯的客体，是他人的人格和名誉。《宪法》第三十八条规定："中华人民共和国公民的人格尊严不受侵犯。禁止用任何方法对公民进行侮辱、诽谤和诬告陷害。"所谓人格尊严，是指公民基于自己所处的社会环境、地位、声望、工作环境、家庭关系等各种客观条件而对自己或他人的人格价值和社会价值的认识和尊重。所谓名誉，是指公民在社会生活中所获得的名望声誉，是一个公民的品德、才干、信誉等在社会生活中所获得的社会评价。所谓名誉权，是指以名誉的维护和安全为内容的人格权。人格尊严和荣誉是我国公民的基本人身权利，是我国公民的基本权利之一。《宪法》明确规定："中华人民共和国公民的人格尊严不受侵犯。禁止用任何方法对公民进行侮辱、诽谤和诬告陷害。"这说明，我国公民的人格尊严受到法律的严格保护，并为我们同这种行为作斗争提供了法律武器。

（2）在客观方面，行为人必须具有通过制作、传播违法广告公然侮辱他人的行为：① 这种行为可以是通过语言、文字、漫画等形式对被害人进行侮辱；② 侮辱他人的行为必须是公然进行的，即在众多人面前进行，但被害人不一定在场；③ 侮辱行为不论是否当着被害人的面，但它必须针对特定的人实施。

（3）在主观方面，必须是直接故意，并且具有贬低、损害他人人格、破坏他人名誉的目的。间接故意或过失不构成本罪。

按照我国《刑法》的规定，构成侮辱罪，除具备以上特征外，还必须是"情节严重"的行为。所谓"情节严重"，主要是指手段恶劣、后果严重的情形。如因侮辱致使被害人受到严重刺激而精神失常或者自杀等。

（七）诽谤罪

因制作、传播违法广告构成的诽谤罪，是指广告人通过广告故意捏造并散布某些虚构的事实，足以损害他人人格，破坏他人名誉，情节严重的行为。根据《刑法》第二百四十六条，诽谤罪，是指故意捏造并散布虚构的事实，足以贬损他人人格，破坏他人名誉，情节严重的行为。

诽谤罪的构成要件有以下几点。

1. 客体要件

本罪侵犯的客体与侮辱罪相同，是他人的人格尊严、名誉权。犯罪侵犯的对象是自然人。

2. 客观要件

本罪在犯罪客观方面表现为行为人实施捏造并散布某种虚构的事实，足以贬损他人人格、名誉，情节严重的行为。

（1）须有捏造某种事实的行为，即诽谤他人的内容完全是虚构的。如果散布的不是凭空捏造的，而是客观存在的事实，即使有损于他人的人格、名誉，也不构成本罪。

（2）须有散布捏造事实的行为。所谓散布，就是在社会公开地扩散。散布的方式基本上有两种：一种是言语散布；另一种是文字，即用大字报、小字报、图画、报刊、图书、书信等方法散布。所谓"足以贬损"，是指捏造并散布的虚假事实，完全可能贬损他人的人格、名誉，或者事实上已经给被害人的人格、名誉造成了实际损害。如果散布虚假的事实，但并不可能损害他人的人格、名誉，或无损于他人的人格、名誉，则不构成诽谤罪。

（3）诽谤行为必须是针对特定的人进行的，但不一定要指名道姓，只要从诽谤的内容上知道被害人是谁，就可以构成诽谤罪。如果行为人散布的事实没有特定的对象，不可能贬损某人的人格、名誉，就不能以诽谤罪论处。

（4）捏造事实诽谤他人的行为必须属于情节严重的才能构成本罪。虽有捏造事实诽谤他人的行为，但没有达到情节严重的程度，则不能以本罪论处。所谓情节严重，主要是指多次捏造事实诽谤他人的；捏造事实造成他人人格、名誉严重损害的；捏造事实诽谤他人造成恶劣影响的；诽谤他人致其精神失常或导致被害人自杀的等等情况。

3. 主体要件

本罪主体是一般主体，凡达到刑事责任年龄、具有刑事责任能力的自然人均能构成本罪。单位不能构成犯罪主体。

4. 主观要件

本罪主观上必须是故意，行为人明知自己散布的是足以损害他人名誉的虚假事实，明知自己的行为会发生损害他人名誉的危害结果，并且希望这种结果的发生。行为人的目的在于败坏他人名誉。如果行为人将虚假事实误认为是真实事实加以扩散，或者把某种虚假事实进行扩散但无损害他人名誉，则不构成诽谤罪。

（八）诈骗罪

就广告的性质而言，广告是一种推销商品或者劳务的宣传活动。其最终目的是为了取得广告经济效益。从这个意义上讲，广告行为与财产的关系非常密切。从当前的广告实践我们可以看出，利用违法广告进行犯罪活动的，大多以诈骗为主。

根据我国《刑法》规定，所谓诈骗罪是指以非法占有为目的，用虚构事实或者隐瞒真相的方法，骗取数额较大公私财物的行为。

利用违法广告的诈骗罪，则是指广告人以非法占有他人财物为目的，采取虚构事实或者隐瞒真相的手法制作、传播虚假广告，骗取数额较大钱物的行为。其主要法律特征有以下几点。

（1）侵犯的客体，是公私财物所有权，侵犯的对象仅限于国家、集体或个人的财物，而不是骗取其他非法利益。有些犯罪活动，虽然也使用某些欺骗手段，甚至也追求某些非法经济利益，但因其侵犯的客体不是或者不限于公私财产所有权，所以，构成犯罪的不属于侵犯财产罪中的诈骗罪。例如：以营利为目的，以介绍工作、介绍婚姻为名，拐卖妇女的，属于侵犯人身权利罪；以营利为目的，制造、贩卖假药，危害人民健康的；为了蒙混过关、伪造国家机关公文、证件，组织、运送他人偷越国（边）境，而从中取利的，均属于危害社会管理秩序罪。

（2）在客观方面，表现为使用骗术，即虚构事实或者隐瞒真相的欺骗方法，使财物所有人、管理人产生错觉，信以为真，从而似乎"自愿地"交出财物。其实，这种"自愿"是受犯罪分子欺骗而上当所致，并非出自被害人的真正意愿。用欺骗方法占有财物，是诈骗罪区别于抢劫罪、抢夺罪、盗窃罪、敲诈勒索罪等犯罪的主要特征。

广告从业人员利用制作、传播虚假广告诈骗财物的形式、手段多种多样。

如啼笑皆非的"治病"广告，打着"归国华侨、祖传秘方"的牌子，到处张贴医治秃发、狐臭、各种性病、久婚不育的广告，并"优惠"供应"针灸美容器""丰乳器""电子人体增高器"等。这些广告人大多是江湖骗子，"打一枪换个地方"，使上当受骗者不计其数。还有令人神往的"技术培训"。一个个披着知识外衣的"培训班"诱骗一些农民"深造"。如湘潭市某"珍稀动物养殖场"，是个既无场地，又无技术人员的"培殖白玉蜗牛"的"专门研究机构"，它抛出的广告极富诱惑力："白玉蜗牛有'软黄金'之称，投资少，见效快，一只蜗牛年利超千元，目前国内外市场供不应求，故以最高价每公斤500元回收"云云。那些渴望"抱金娃娃"的人们纷纷解囊，用钞票换了些软体动物回去，却不知这场骗局的导演者仅4个月时间就非法诈取钱财14万元。此外，层出不穷的邮售广告，花样翻新的招聘广告，挂羊头卖狗肉的明星广告等，也无不使用假名、假址、假证照，采取移花接木、偷梁换柱、瞒天过海之术制作、发布虚假广告，骗取钱财。

（3）在主体方面，凡是达到刑事责任年龄，具备刑事责任能力的自然人，均能构成本罪的主体。

（4）在主观方面，应当由直接故意构成，并且具有非法占有公私财物的目的。实践中，有的虚假广告犯意比较隐蔽，大多在广告词上耍手腕，玩文字游戏，使轻信者上当受骗而又无法告他。如某县一位喜好捕鱼的农民在报上看到一则出售"无鳞鱼捕捉器"及其技术的广告，十分高兴。他立即依照广告的地址、价格寄去求购信和钱。半月后，收到寄来的包裹打开一看，里面装的是一只竹编的鳝鱼篓子和几张印着如何编织鳝鱼篓的纸。该农民原以为"无鳞鱼捕捉器"必是技术先进的器具，没想到广告骗子隐瞒真相，卖给他的却是一个土物件。

· 441 ·

三、德国对广告犯罪的分类

根据德国《反不正当竞争法》的规定，可以将广告犯罪分为误导广告犯罪与累进式顾客广告犯罪。德国《反不正当竞争法》第 16 条规定了可刑罚的误导广告与累进式顾客广告两种广告犯罪行为及应负的刑事责任。❶

（一）误导广告犯罪

可刑罚的误导广告，是指以制造给人以特别优惠的假象为意图，在公开的告示中，或在针对较大范围的多数人的通告中，通过不真实的宣传进行误导广告。对可刑罚的误导广告，处 2 年以下自由刑或罚金。

1. 保护目标

可刑罚的广告规制规定两类具有特别危险性的广告形式。其特别危险性在于侵害了不特定多数消费者的利益。该规范的首要目标旨在保护消费者免受财产损害。但具体个案中并不以发生财产损害的实际结果为前提（危险犯）。

2. 构成要件

要构成误导广告犯罪，必须满足犯罪构成的客观、主观及行为人（主体）3 方面要件。

（1）客观要件。行为人必须有在公开的告示中，或在针对较大范围的多数人的通告中，通过不真实的宣传进行误导广告的行为。这包含了"宣传行为""不真实的误导性"及"公开的告示或针对较大范围的多数人的通告"三层要件。宣传行为是指与价值主张相对立的、可以通过举证对其内容进行审查的对事实的陈述（事实主张）。宣传的内容方面必须是关于商业关系的宣传。与商业关系无关的有关广告行为人的个人特性及个人关系，例如，其个人健康状况及受教

---

❶ 范长军.德国反不正当竞争法研究[M].北京：法律出版社，2010：409-419.

育情况，不属于误导广告犯罪构成。不作为沉默本身不构成宣传，但是隐瞒主要事实也可能构成误导宣传。例如，价格特别便宜的住房广告，隐瞒了需要签订金额高达 4000~10000 马克的家具买卖合同的前提条件。

（2）主观要件。主观方面包括三项要件：① 故意。行为人必须对于宣传的不真实性及误导性存在主观故意。虽然《反不正当竞争法》未明确规定故意要件，但是根据《刑法典》的相关规定（第 752 条）可以推断出；② 意图。行为人还必须出于制造给人以特别优惠的假象的意图；③ 认识错误。行为人行为时对属于法定构成要件的事实认识错误（事实上的认识错误）。

（3）行为人

误导广告犯罪的行为人，不局限于竞争者，包括任何实施误导广告犯罪构成规定的行为的人。自身不能故意实施行为的法人、商事公司、社团等，由其实施犯罪行为的组织承担刑事责任。

3. 法律责任

（1）刑事责任。误导广告犯罪是一项轻罪，可处 2 年以下自由刑或罚金。二者只能选择适用。但行为人因其行为已经获利或试图获利的，可在自由刑之外科处罚金。罚金以日额金为单位科处，最低为 5 单位日额金，最高为 360 单位日额金。根据《刑事诉讼法典》，误导广告犯罪原则上属于自诉案件（第 374 条第 1 款第 7 项）；自诉权人仅为受害人（第 374 条第 1 款）；不过，对于误导广告犯罪，刑事追究机关（检察机关）可以依职权查处，但是只有存在公共利益时，刑事追究机关（检察机关）才可以提起公诉（第 376 条）。不真实的误导宣传已误导相当显著的消费者时，则可以认定存在公共利益。

（2）民事责任。误导广告犯罪同时违反了《反不正当竞争法》第 4 条第 11 项（违法行为）及第 5 条（误导禁止），因而产生排除妨碍与不作为、损害赔偿或利润返还请求权。误导广告犯罪构成规定同时也是《民法典》第 823 条第 2 款。因而依据《反不正当竞争法》，不享有请求权的消费者，可以依据《反不正当竞争法》第 16 条第 1 款及《民法典》第 823 条第 2 款，向法院提起诉讼，请求损害赔偿。

（二）累进式顾客广告犯罪

1986 年，德国通过《第二部反经济犯罪法》，在 1909 年《反不正当竞争法》中增加了累进式顾客广告犯罪构成。一方面，民事制裁不足以有效地规制累进式顾客广告，因为当法院作出判决要求行为人停止侵害行为时（不作为请求权），消费者往往已经受到损害；另一方面，累进式顾客广告通常不符合《刑法典》规定的诈骗罪（第 263 条）、违法有奖销售罪（第 287 条）以及《反不正当竞争法》规定的误导广告罪的构成要件，因而对该行为处以刑事责任方面存在法律漏洞。

1. 概念

累进式顾客广告又称为多层次传销。在商业交易中，以许诺方式诱使消费者购买商品、接受服务或受让权利，即称如果他们诱使其他人从事同类交易，就向他们提供特殊利益，而且该其他人以此种广告方式，可进一步招徕下一层次的顾客，也可获得同类利益的，处 2 年以下自由刑或罚金。[1]

2. 表现形式

累进式顾客广告花样繁多，其中的典型形式是"滚雪球式顾客广告"与"金字塔式顾客广告"。不管是在何种形式中，签订合同的顾客，都不是为了自己使用、消费目的而获得商品，而是为了继续销售给下一层次的顾客，以获得上层次的顾客或最终的组织者许诺的特殊利益。因而这种广告形式利用消费者的赌博心理不正当地影响了消费者的购买决定、剥夺了其他竞争者的竞争机会；而且，顾客链条最终总会断裂，无法找到下一层顾客的最后一层顾客将不能获得被许诺的利益，从而造成财产损害。所以，累进式顾客广告违反了《反不正当

---

[1] 范长军.德国反不正当竞争法研究[M].北京：法律出版社，2010：409-419.

竞争法》，具有极大的社会危害性，因而具有刑事违法性及应受刑事制裁性。

3. 构成要件

（1）客观要件。行为人有在商业交易中，以许诺特殊利益方式诱使消费者购买产品的行为，即称如果他们诱使其他人从事同类交易，就向他们提供特殊利益，而且该其他人以此种广告方式，可进步招徕下一层次的顾客，也可获得同类利益。这包含四层要件：

第一，商业交易中的行为。任何持续的、独立的、以交易为目标的及与市场相关联的经济活动，都构成商业交易中的行为。企业内部行为（如对雇员的指令、给代理人的信件及产品的生产）、私人行为及公权力行为，都不属于商业交易中的行为。

第二，商业交易中诱使消费者的行为。根据 1909 年《反不正当竞争法》，累进式顾客广告是商业交易中诱使非商人的行为。现行法将保护范围进一步限定于消费者。

第三，商业交易中的以许诺特殊利益方式诱使消费者的行为。利益的种类、性质多样，可以是提供同类的商品、服务或权利，可以是给予奖金佣金或其他具有财产价值的给付，也可以是商品价格的降低；特殊利益，是指该利益足以诱使顾客源源不断地加入累进式广告及其销售链条体系，并且足以维持该销售体系的动态连锁性。特殊利益不能是顾客支付对价获得的商品服务或权利本身，而是其他的额外的吸引物；该特殊利益既可以由组织者本人提供，又可以由第三人特别是组织者的同伙提供；该特殊利益是附延缓条件的特殊利益，即顾客必须诱使其他的顾客从事同类的交易，才能获得。这样才能保持销售体系的动态连锁性。

第四，商业交易中的以许诺特殊利益方式诱使消费者购买产品并加入其销售体系的行为。行为人以许诺特殊利益的方式诱使消费者购买产品，并且诱使顾客诱使其他的顾客购买其产品，顾客被链条式地纳入其销售体系。因而，累进式顾客广告及其销售体系的特征在于广告与销售的一体性及连锁性。为了防止法律规避，法律规定"同类的特殊利益""同类的交易"，即组织者向第一层顾客、第一层顾客向第二层顾客（以及如此继续地）提供的特殊利益不必相同，而只需要同类即可；组织者与第一层顾客、第一层顾客与第二层顾客（以及如此继续的顾客之间）从事的交易不必相同，而只需要同类即可。

（2）主观要件包括两个方面：① 故意。虽然《反不正当竞争法》未明确规定故意要件，但是根据《刑法典》的相关规定可以推断出；② 认识错误。行为人行为时对属于法定构成要件的事实认识错误（事实上的认识错误），不构成故意犯罪。但是，行为人行为时对其行为的违法性认识错误，构成故意犯罪，但是如该错误认识不可避免，则不负刑事责任；如该错误认识可以避免，则减轻处罚。

四、虚假广告罪

关于发布虚假广告的刑事责任，《刑法》第二百二十二条规定，广告主、广告经营者、广告发布者违反国家规定，利用广告对商品或者服务做虚假宣传，情节严重的，处二年以下有期徒刑或者拘役，并处或者单处罚金。广告主、广告经营者、广告发布者发布虚假广告的行为，依照《刑法》规定构成犯罪的，应当依法严格追究其刑事责任。❶

（一）虚假广告的定义

1. 虚假广告的概念

我国 1994 年《广告法》并未对虚假广告给出一个明确清晰的界定。虚假广

---

❶ 高铭暄，马克昌. 中国刑法解释：上卷[M]. 北京：中国社会科学出版社，2005：1481-1486.

告这个词主要存在于学术研究和执法认定中。中国台湾地区学者林山田先生认为，虚假广告是不实广告，是指工商企业以刊登或散发虚伪不实广告使消费大众信以为真，而从事价格、品质不相称的经济交易；吕春燕教授认为，"虚假广告是指经营者通过内容与实际不相符的广告宣传推销商品的行为"；曾劲锟认为，虚假广告是指在广告活动中对商品或服务的内容作不真实的宣传，欺骗或误导消费者采取购买行动，侵害了消费者和其他经营者合法权益的违法行为。❶

《广告法》第二十八条的规定弥补了这一空白。《广告法》第二十八条规定："广告以虚假或者引人误解的内容欺骗、误导消费者的，构成虚假广告。"广告有下列情形之一的，为虚假广告：（一）商品或者服务不存在的；（二）商品的性能、功能、产地、用途、质量、规格、成分、价格、生产者、有效期限、销售状况、曾获荣誉等信息，或者服务的内容、提供者、形式、质量、价格、销售状况、曾获荣誉等信息，以及与商品或者服务有关的允诺等信息与实际情况不符，对购买行为有实质性影响的；（三）使用虚构、伪造或者无法验证的科研成果、统计资料、调查结果、文摘、引用语等信息作证明材料的；（四）虚构使用商品或者接受服务的效果的；（五）以虚假或者引人误解的内容欺骗、误导消费者的其他情形。

虚假广告是指广告活动主体即广告主、广告发布者、广告经营者利用一定媒介或形式进行宣传、介绍其所提供的商品或服务时，故意对质量、成分、性能、用途、生产者、有效期、产地等商品或服务的主要方面通过广告制造假象、隐瞒事实真相等手段对商品或服务的主要内容作不真实的或引人误解的表示，从而导致消费者作出错误决策的广告。

虚假广告包括欺诈性广告和误导性广告。所谓欺诈性广告，是指广告主体为了牟取不正当利益，采用捏造、编造根本不存在的事实或者歪曲隐瞒事实真

---

❶ 奚晓明.最高人民法院关于食品药品纠纷司法解释理解与适用[M].北京：人民法院出版社，152.

相的手法发布广告,使消费者上当受骗,购买其商品或服务的广告。误导性广告是指误导、诱骗消费者过高估计广告中宣传的商品或服务的质量、性能等,使消费者对商品或服务产生不切实际的期望,从而达到推销产品或服务的广告。❶

2.虚假广告的表现形式

虚假广告的表现形式通常有广告主体虚假、广告内容虚假,以及广告形式虚假。

(1)广告主虚假。真实性应当是广告的第一生命。广告主故意伪造或隐瞒企业名称、企业地址、企业联系方式,在广告中提供不真实的企业名称、企业地址,使得受骗后,难以追究广告主的民事责任。如某人盗用某知名杂志社的消息,冒充某知名杂志社的网站,吸引不知情的人们投稿,骗取投稿人的版面费。

(2)广告代言人虚假。例如,丽水某挖机配件经营部发布使用国家领导人名义的违法广告案:当事人在其经营部建筑物控制地带发布内容为"你去问问×××,××挖机强不强;你去问问×××,××挖机行不行"的户外广告,同时含有"全国销量第一"的绝对化用语,违反《广告法》相关规定。

(3)广告内容虚假。包括以下情形:① 消息虚假。广告宣传的商品或者服务的信息本来是不存在的,也可称为"骗局广告"。例如,某企业生产的手套机滞销。为了销售手套机,该企业在邻县发布电视广告,称为了履行外贸出口合同,急需一批手套。如果购买手套机,将全部高价收购手套。不明真相的群众购买手套机组织生产后,企业拒绝收购手套,构成典型的骗局广告;② 品质虚假。广告宣传的商品或者服务并未达到广告中所说的质量或技术标准,也称为不实质量广告。如某服装厂为了销售其生产的衬衫,谎称该衬衫获得国际

---

❶ 高铭暄,马克昌.中国刑法解释:上卷[G].北京:中国社会科学出版社,2005:1483.

博览会质量评比金奖，畅销20多个国家和地区。实际上，这些都是凭空编造的，实属子虚乌有；③ 功能虚假。广告所宣传的商品或者服务并不具备广告中所宣传的功能或者服务内容。如甲制药厂为了推销自己开发的治疗脱发的药品，称该药品的治疗脱发的效果显著，总有效率达99%，吸引众多消费者购买。半年后，消费者发现不具有广告中宣称的功能，要求退货。经质量部门鉴定，该药品并没有治疗脱发的任何疗效；④ 价值虚假。消费者购买商品或者接受服务所支付的货币与广告宣传的商品或者接受服务所支付的货币与广告宣传的商品或者服务的价格不符，也称为欺骗性价格广告。例如，假称低于成本价格销售，实际价格远远高于实际成本'⑤ 证明虚假。广告假借他人的言论或者采用其他欺骗性的数据、统计调查结果等证据宣传商品的质量、功能等，也被称为"不实言辞广告"和"不实证据广告"。伪造有关质量认证书、获奖证书来宣传产品。如某企业为了推销其减肥新药，在广告中编造了消费者来信，吹嘘使用该药后减肥效果如何神奇。后经调查，所谓消费者来信完全是该企业编造的；❶ ⑥ 赠品虚假。经营者赠予赠品，通常不会是"天上掉馅饼式"的为赠予而赠予，而是为促销而赠予。对赠品的宣传本质上是一种间接的广告宣传，因此，经营者对赠品进行虚假宣传时所发布的广告，同样可以构成虚假广告。❷

（4）广告形式虚假。① 以公益广告形式掩盖商业广告。2003年哈尔滨制药六厂在宣传盖中盖口服液的广告中，把商业广告包装成公益广告，欺骗消费者。该广告盗用希望小学的形象，拍摄巩俐向希望小学捐赠盖中盖口服液的情节，并借一名希望小学的小学生之口表达出感谢之情。从表现来看，这是一则公益广告。其实，这是在宣传盖中盖口服液的商业广告。在实际生活中，有的保健品销售企业，为了出售保健食品，在社区里面通过给老年人免费检测血压，达

---

❶《广告法教程》编写组. 反不正当竞争法律理解与适用 [M]. 北京：中国工商出版社，2009：152.
❷ 范志国，等. 中外广告监管比较研究 [M]. 北京：中国社会科学出版社，2008：51.

到销售保健食品或药品的目的。检查后，夸大老年人的症状，其目的是劝说老年人购买其保健食品；② 以 BBS 论坛形式掩盖商业广告。有的广告经营者为了宣传自己，以 BBS 论坛形式讨论企业产品的质量、功能等问题，表面是非商业行为，实际是商业广告；③ 以情景短剧掩盖商业广告。在医疗广告中，以情景短剧掩盖商业广告。

3. 虚假广告的类型

根据虚假广告的手段，可以将虚假广告分为欺诈性虚假广告和误导性虚假广告两大类。

（1）欺诈性虚假广告。欺诈性虚假广告通常称为欺骗性虚假广告，这类广告以牟取非法利益为目的，采取编造歪曲事实等手段进行宣传，主观上欺骗消费者，故意制造虚假信息而导致广告内容失真。具体表现为虚夸、说谎、伪造、空许诺等，如把质量低劣、价格昂贵的商品说成是"价廉物美"；对商品的性能、产地、数量、质量、价格、生产者、允诺的表示或对服务的内容、形式、质量、价格的表示与实际不符；未取得专利谎称取得专利；信口雌黄，谎称其产品优质，历史悠久或是名牌；使用不科学的表示功效的断言和保证，诸如"药到病除""标本兼治""永不复发"等。对欺诈性虚假广告的认定，一般应从以下两个方面认定：① 广告所宣传的产品和服务本身是否客观、真实；② 广告所宣传的产品和服务的主要内容是否属实。凡利用广告捏造事实，以并不存在的产品和服务进行欺诈宣传，或广告所宣传的产品和服务的主要内容与事实不符的，均应认定为虚假广告。

（2）误导性虚假广告也称不实广告，是利用公众对特定对象产生的错误理解，使公众对产品或服务产生不切实际的期望，从而导致社会负面效应。① 广告行为人主观上没打算把真实的信息明白无误地告诉给消费者，而是故意玩弄所谓的文字游戏，通过模棱两可或含糊不清的语言误导消费者，这种误导超出了作为一般消费者应有的判断识别能力，致使消费者可能产生误认、误购；

② 从广告行为可能导致的危害后果来看，通过误导使消费者产生误认、误购与通过捏造事实制造谎言欺骗消费者导致消费者误认、误购二者之间没有本质的区别，只不过使用的手段更隐蔽一些而已；③《广告法》第四条将欺骗和误导广告认定为虚假广告的两种类型；④ 西方发达国家无一例外地将误导消费者的广告划定为虚假广告。

误导性虚假广告所宣传的产品或服务本身可能是真实的，产品的性能质量也无问题，但是广告中往往刻意取巧，使用模棱两可、含糊不清的语言、文字、图像，使消费者产生误解，如促销广告中"买一送一"、亏本大甩卖；摘引有关报道、论文、鉴定时断章取义，违背原文真实意思；滥用社会公众人物做代言人；以公益的名义或政府机关的名义做宣传等。或者利用广告混淆视听，误导公众，如声称某取暖设备能短时间使周围温度达到25度，但不说明前提条件是在10平方以内的房间里；声称某年到某年获奖，但看似是连续多年获奖，而实际仅是两年等。

4. 虚假广告的表现形式

虚假广告的表现形式有实质虚假、夸大失实、歧义误导。

（1）实质虚假广告是指广告所宣传的产品本身是不客观、不真实，即广告宣传的产品不存在，与实际产品不相同，即所宣传的商品或者服务根本不存在。广告介绍的商品、服务本身是虚假的，欺骗、误导消费者。

（2）夸大失实的广告。一般是经营者对自己生产、销售的产品的质量制作成分、性能、用途、生产者、有效期限、产地来源等情况，或对所提供的劳务、技术服务的质量规模、技术标准、价格等资料进行夸大的宣传。

（3）语言文字歧义，令人误解的广告，其内容也许是真的或者大部分是真实的，但是经营者在措辞上使用歧义性语言的技巧明示或者暗示、省略或含糊使得消费者对真实情况产生误解，并影响其购买决策，导致受骗。

（二）虚假广告罪的法律特征

虚假广告罪，是指广告主、广告经营者、广告发布者违反国家规定，利用广告对商品或者服务做虚假宣传，情节严重的，依照法律应当受刑罚处罚的行为。虚假广告罪具有以下法律特征。

1. 虚假广告罪侵犯的客体是国家广告管理法律制度，是国家制定的，用来调整因广告活动而生的各种社会关系的基本法律制度

构成我国广告管理法律制度的主要法规有：《广告法》《广告管理条例》，以及国家工商行政管理（总）局单独，或者与其他国家管理机关联合依法制定的有关具体广告管理办法。这些规定的实质是要求广告主、广告经营者、广告发布者，在利用广告对商品或者服务进行宣传时，应保证广告的真实性，以对社会负责，对广告受众负责，维护正常的社会秩序、经济秩序和人们的生活秩序。

2. 虚假广告罪客观方面表现为设计、制作、发布虚假的商业广告情节严重的行为

虚假广告罪必须有设计、制作、发布，以推销商品或者提供服务为内容的虚假商业广告的行为。设计、制作、发布虚假的非商业广告或者真实的商业广告都不构成本罪。虚假商业广告，是指以欺骗方式进行内容不实宣传的广告，主要表现为：① 消息虚假，即"无中生有"，把本来不存在的事情当作一种客观事实加以介绍。如无商品或服务可供，却以预售、邮售为名骗取购物款；② 品质与功能虚假，即商品或者服务的实际质量、功能不具有广告中所宣传的质量、功能；③ 价格虚假，即实际购买该商品或者接受该服务所支付的费用高于广告中所宣传的商品或者服务的价格；④ 证明虚假，即广告中商品或者服务的证言以及其他证明材料（如产品专利证书、生产许可证等）是虚假的。虚假商业广告行为，如果情节轻微，则不能以虚假广告罪处理，只有设计、制作、发布虚假商业广告行为达到情节严重的程度，才能构成虚假广告罪。

情节是否严重,取决于虚假商业广告行为所造成的社会危害后果的状况,这应主要从以下3方面判断:① 是否使购买该商品或者接受服务的消费者的合法权益受到严重损失;② 是否使其他同类生产经营者的合法权益遭受重大损失;③ 广告主、广告经营者、广告发布者是否因虚假广告行为而谋取重大的非法经济利益。最高人民检察院、公安部2001年4月18日发布实施的《关于经济犯罪案件追诉标准的规定》第六十七项规定了应予追究虚假广告犯罪情形。依照规定,广告主、广告经营者、广告发布者违反国家规定,利用广告对商品或者服务做虚假宣传,涉嫌下列情形之一的,应予追诉:① 违法所得数额在十万元以上的;② 给消费者造成的直接经济损失数额在五十万元以上的;③ 虽未达到上述数额标准(虽未达到上述数额标准是指接近上述数额标准且已达到该数额的百分之八十以上的),但因利用广告做虚假宣传,受过行政处罚二次以上,又利用广告做虚假宣传的;④ 造成人身伤残或者其他严重后果的。

3. 虚假广告罪的主体是特定的

根据《刑法》第二百二十二条的规定,虚假广告罪的主体,只能是广告主、广告经营者、广告发布者。所谓广告主,是为推销商品或者提供服务,自行或者委托他人设计、制作、发布广告的法人、其他经济组织或者个人;广告经营者,是受委托提供广告设计、制作、代理服务的法人、其他经济组织或者个人;广告发布者,则是指为广告主或者广告主委托的广告经营者发布广告的法人或者其他经济组织。至于广告主是否依法设立,广告经营者、广告发布者是否取得从事广告经营活动的权利能力和行为能力,对成为虚假广告罪的主体并不重要。只要是利用广告对商品或者服务做虚假宣传,情节严重,就构成虚假广告罪的主体。在某一虚假广告罪中,有可能是广告主欺骗广告经营者、广告发布者,单方面构成本罪;也有可能是广告主、广告经营者、广告发布者共同实施的犯罪行为。广告主、广告经营者、广告发布者之外的组织或者个人不是虚假广告罪的主体,如广告监督管理机关、广告审查机关的有关人员,非法地为广告主提供有关证明文件，使得虚假商业广告得以发布，即使情节严重，对该有关人员也只能追究其渎职犯罪，不能将其作为虚假广告罪的共犯。

4.虚假广告罪在主观方面表现为故意，过失不构成本罪

犯罪故意有直接故意、间接故意之分。广告主在实施本罪时，往往明知自己的广告内容虚假，因而也明知这种虚假广告的社会危害性，却为了牟取非法经济利益而希望并追求社会危害后果的发生，因此，一般来说，广告主构成本罪时的心理状态是直接故意。广告经营者、广告发布者构成本罪时的心理状态，既可能是直接故意，也可能是间接故意。当广告经营者、广告发布者明知广告内容是虚假的，该广告的发布必然会产生危害社会的结果，而为之设计、制作、发布时，该广告经营者、广告发布者就构成了直接故意。当广告经营者、广告发布者明知广告内容可能是虚假的，却对此持放任态度，未履行广告审查的法定义务，而使该虚假广告得以设计、制作、发布时，该广告经营者、广告发布者就构成了间接故意。过失不构成虚假广告罪。有些虚假商业广告并非出于故意，而是由于表达不当、宣传不全面、审查不严，过失地设计、制作、发布的，即使造成了危害社会的严重后果，也不宜按虚假广告罪处理，而应按照渎职犯罪或者其他过失犯罪处理。

（三）对虚假广告的认定

1.美国联邦贸易委员会对虚假广告的认定。[1]

（1）虚假广告不一定限于有主观的欺骗意图。

（2）即使不存在虚假和没有实际损害的行为，只要有使人产生误解的"倾向和可能性"，该种表现就属于违法。例如，字句上虽是真实的，但广告的全体印象有虚假的"倾向和可能性"，其广告表现属违法。

---

[1] 范志国，等.中外广告监管比较研究[M].北京：中国社会科学出版社，2008：51.

（3）使相当数量的消费者产生误认可能性的广告是虚假广告。

需要指出的是，虚假广告的判定不是单纯地以看了广告而产生误认的人的比例而决定的。法院在判定广告使人产生误认的可能性时，通常会考虑"无知、无思考力、容易被欺骗的人"的反应。不具有全民代表性的一部分阶层即使对某广告产生误解，通常也不被认定是虚假广告。

① 商品消极性信息的明示义务。1973年10月美国联邦贸易委员会主席在全国广告主协会的演说中讲道：美国联邦贸易委员会有权利和义务要求广告主在广告中提供商品消极性的信息，特别是要监视"食品、杀虫剂和非处方药"等对健康和安全有特殊要求的商品。一般地，以前对广告监管是以不说谎为标准，而美国联邦贸易委员会主席的演说则提出了广告不只是以不虚假为监管的基准，在广告中有义务提供包括商品消极性信息在内的全部事实，并认为不提供消极性的信息相当于不公正的欺诈行为。

② 广告中关于安全性的断定。如某生产汽车轮胎的企业发布了"购买本公司的轮胎……得到安全的轮胎"的广告。对此，美国联邦贸易委员会在承认该公司是该行业拥有最高水平的制造工艺、测试以及质量监督技术的企业的同时，判定该广告的文案是不公正的，是容易引起误解的广告，因为不能保证所有的轮胎都是100%安全的。

③ 广告发布前的实证化。前述的生产轮胎的企业在另一次广告中表示，使用该公司的超级运动轮胎，"停车速度可提高25%"。据该公司的解释，该公司是根据在湿路面上进行严密的科学测试及比较的结果，提出了上述广告文案。但美国联邦贸易委员会认为该广告文案没有限定路面状态、行车速度，没有"足以作为实证的科学测试数据"，由此判定该广告是不公正的、是容易给人以误解的广告。该公司对此不服并提起了诉讼，法院支持美国联邦贸易委员会主张的事前实证化是妥当的，认为"问题不是广告文案是否是事实，而是预先是否做出充分实证"。最高法院驳回了该企业的上诉，认同美国联邦贸易委员会的主张。

2.我国学者对虚假广告的认定

虚假广告应包括以下3方面的含义：① 虚假广告严重侵害消费者和其他经营者的合法权益，是一种广告违法行为；② 虚假广告违反了广告的真实性原则；③ 创作和发布虚假广告的目的是通过欺骗或误导消费者来获取营利。由上我们可以看到虚假广告的本质在于广告是虚假的，不真实的，具有欺骗性或误导性，广告宣传的内容与商品的客观情况不符，有意夸大其词或予以模糊，容易使人产生误解。

考虑一则广告是否为虚假广告，首先，要从客观方面认定广告本身是否虚伪不实，即商品宣传的内容是否与商品的生产者、成分、质量、性能、功效等相符；其次，要考虑广告对受众即消费者是否产生了误导性影响，即是否诱导消费者产生与内心真实意图相违背的消费行为。如在某果肉型饮料的广告宣传上，用动画方式描述出四五种水果图案，并附上"本品添加有大量果肉"的宣传语，但是经鉴定，该饮料中仅含有微量果肉，其余成分全部由水和食用香料组成，广告宣传的内容与产品的实际情况并不相符，消费者也因该欺骗性广告购买了未添加果肉的饮料，在此种情况下就可以认定该广告为虚假广告。

（四）发布虚假广告的刑事责任

《广告法》第五十条规定："广告主、广告经营者、广告发布者有本条第一款、第三款规定行为，构成犯罪的，依法追究刑事责任。"《刑法》第二百二十二条规定，广告主、广告经营者、广告发布者违反国家规定，利用广告对商品或者服务做虚假宣传，情节严重的，处二年以下有期徒刑或者拘役，并处或者单处罚金。广告主、广告经营者、广告发布者发布虚假广告的行为，依照《刑法》规定构成犯罪的，应当依法严格追究其刑事责任。发布虚假广告，构成犯罪的，应当依照《刑法》第二百二十二条关于虚假广告罪之规定，追究刑事责任。

黑豚养殖虚假广告罪是我国第一例虚假广告罪。1999年12月至2002年7

月间，扬州市新世纪黑豚特种养殖有限公司违反《广告法》的有关规定，在因特网上该公司网页的广告中宣称："江苏省扬州市新世纪黑豚特种养殖有限公司在国内首创建立自动化屠宰流水线……本年度出口日本冷冻黑豚肉20万只""在全国各地有联养户上万家，还有许多联养户分布在欧美、东南亚各地""黑豚血和豚睾丸可通过生物工程生产国际市场紧俏的药用的原料""黑豚皮毛是一种很好的裘皮服装和工艺饰品的加工原料"。经查证的事实是："本年度出口日本20万只冷冻黑豚肉"仅是该公司与日本一企业签订的一份意向合同，根本没有实际发生；其余广告资料既无实验数据，也无科学报告，更无证明文件，调查中自己供述是其凭空想象的；该公司宰杀的黑豚皮毛全部丢弃，从未用作制作裘皮服装或工艺饰品的原料，因而证明整个广告是虚假的。在三年的时间中被告人的这一广告不仅在因特网上发布，而且印制成大量的印刷品，在全国40多个城市散发，2001年12月因此被南京市六合工商行政管理局处罚。但被告人仍进行虚假宣传，造成大批受其广告误导购买其黑豚种豚饲养的养殖户共300多万元的损失。

江苏扬州市邗江区人民法院审理认为：被告人吕元春作为扬州市新世纪黑豚特种养殖有限公司的法定代表人，违反国家法律规定，利用广告对其公司的产品做虚假宣传，造成广大养殖户重大经济损失，情节严重，已构成虚假广告罪。判处有期徒刑六个月，并处罚金二万元。

后记一

一夜的秋雨，伴我完成酷暑之后的一个美梦。

编写广告法教材，是我十几年来的一个梦想。2005 年，我选择《广告违法行为法律规制研究》作为硕士学位论文，我的指导教师——山西财经大学法学院王桂华教授，开启了我以广告法为研究对象的学术生涯。编写广告法教材这个梦想的种子，开始在脑海里生根发芽。

为了这个梦想，我开始了学术积累。首先，以广告法为研究对象，发表若干学术论文《论违法短信广告的法律规制》（2006 年）、《论媒体广告违法行为的法律规制》（2009 年）、《论广告活动主体的社会责任》（2010 年）、《广告监管执法机制研究》（2010 年）、《广告荐证者的法律责任》（2011 年）、《广告荐证主体制度研究》（2013 年）、《广告业发展的制度制约及经济法对策》（2014 年）；其次，以广告法为研究对象，主持若干研究课题。主要有：山西省社科联课题《媒体广告违法行为法律规制研究》（2006 年），中北大学青年科学基金项目《基于社会整体利益的广告监管法律机制研究》（2009 年），山西省法学会课题《山西省广告业科学发展法律制度研究》（2013 年），山西省保健品协会课题《山西保健品广告法规现状研究》（2013 年）；最后，以广告法为研究对象，完成专著

《广告规制法律制度研究》，于 2009 年 6 月由中国广播电视出版社出版。这本专著是我 2008—2009 年在中国人民大学法学院做访问学者的成果，有幸请到我国著名经济法学家、博士生导师刘文华教授为本书作序，实属荣幸。2010 年，该专著获山西省社会科学联合会"百部（篇）工程"三等奖。

有了以上的学术积累，编写广告法教材的愿望在我的心中越来越强烈。2015 年 1 月，中北大学申报教材编写项目，我忍不住递交了申报书，书名为《广告法》。在进行教材项目答辩时，有专家建议写《广告法案例教程》。我认为，在已经出版的教材中，并不缺少广告法案例教材，缺少的是适合法学专业本科生系统学习广告法的入门教材。在我的积极争取下，学校同意使用《广告法教程》这一名称，并同时进行学校教材立项。

2015 年 4 月 24 日，《广告法》经第十二届全国人民代表大会常务委员会第十四次会议修订，让我又惊又喜，喜的是广告法终于完成修订了，实现了广告法研究人员多年来的一个心愿。

2008—2009 年，法学学科各个部门法都在写"改革开放三十年××法制建设回顾与展望"的文章，我和中国人民大学法学院博士生闫翠翠合作，完成《我国广告法制建设回顾与展望》，于 2010 年发表于《中北大学学报（社会科学版）》第 2 期。通过对广告法研究成果的总结与梳理，发现 1994 年《广告法》通过，1995 年出版广告法书籍较多。据此推断，2015 年《广告法》修订，2016 年出版广告法书籍应该较多，后来，这一推断得到实践的证实。

可能是由于我的定力不够，平时不能静下心写教材，故而只能在寒暑假完成。这一过程从 2015 年寒假开始，到 2018 年暑假结束，写作工作历时三年告罄。

各章还在校对，还没有合为一本书，还不知道总字数是多少。选择在这个有雨的日子写后记，记述写作的辛苦与甘甜，更加有一番滋味。此刻，我想的最多的是感恩。感谢山西财经大学法学院薛建兰教授，感谢她对我编写教材体系时的悉心指导。感谢中北大学教务处张清爽老师,感谢她理解我对这本教材的执着。感谢中北大学沈宁副教授、岳文婷副教授、张韵琴老师,对教材编写和修改提出的建议。感谢中北大学冯磊、贺如意、柴佳鹤、王晋英、于苗、田颖同学,中北大学信息商务学院孙盛光、范皓东、丁聊、贺利、田得雨、徐志瑞、李瑞珍,在资料搜集、文字整理、书稿校对方面,他们做了大量工作。

最应该感谢的,是我参考的教材、专著、论文的作者,如果不是他们的辛勤努力,为我提供巨人的肩膀,我是无法完成教材编写的。

窗外的秋雨时下时停,断断续续。如果诚如本人所愿,本教材成为适合法学专业本科生系统学习广告法的入门教材,为法学学子在广告法学习泥泞的路上平添一块垫脚石,平生所愿足矣!

药恩情

2018年8月于中北大学逸夫楼

后记二

转眼到了2018年冬季，感觉书稿已经到了非出不可的时候了。回顾最近几个月来的故事，令我久久不能平静。

9月开学以来，先是接受天津电视台的采访，拍摄专题片《津云调查》。然后是承担两门专业课、一门选修课的教学任务，很少有时间能顾及书稿的修改。我准备在2018年国庆长假期间，完成书稿的修订工作。10月1日，我把书稿分为10部分，每部分5万字，共计50万字。随后把50万字压缩为30万字。10月2日，我去父母家看望卧床半年的老父亲时，在手机上播放天津电视台拍摄的《津云调查》栏目关于我的专题片，让躺在床上的父亲观看，80多岁的老父亲脸上露出欣慰的笑容。当我给他看其他节目，老父亲扭转了头，我听到父亲喉咙里在嘟哝，但是听不清他在说什么。当天便辞别父亲母亲，回到家里，埋头修改书稿。10月4日，我给母亲打电话，问用不用去探望父亲，她说不用。我一心想着压缩书稿，就没有回去，万万没有想到，我竟然错过与父亲的最后一面。那日我给父亲看手机视频，成为我们父子的最后一次交流。10月6日上午10点半，我接到母亲的电话，我赶忙赶回父母家中，发现父亲已经安详地走了。父亲的职业是厨师，算是一名普通工人，却靠有限的工资，把4个孩子抚养长大；父亲只有小学一年级的文化程度，却把孩子培养成大学副教授。

和弟弟妹妹料理完父亲的后事，我就匆匆上课了。10月9日，在课堂上我忍住了悲伤，坚持把课上完。课后回到办公室，一位老师看到我胳膊上戴着孝牌，问我谁去世了，我的泪水止不住地流下来。后来我实在忍不住了，失声痛哭起来。待我的心情恢复平静后，我有一个想法，要把这本书献给我的父亲：药新珠。以此报答他的养育之恩。如果不是当年他把自己半个月的工资替我交了补习班学费，我不会有今天的成绩。我特别想说：

谨以此书献给我的父亲药新珠！

书稿后期修改，得到了中北大学学生郑治昱、孔繁林、王林娜、孙园芳、宋钮寅、侯敬霞、王承春、李雪茹、孟佳昕、王柳叶、彭子珊、晋一丹、周佳颖、冯鸽、崔璐瑶、蒋雯珺、杜德隆、孔新宇、梁玉茹、翟宇轩、周学敏、王春香、陈紫颖、张砚希、王薇、何亭葳、原京艳、刘芳源、靳梦戈等同学的帮助。山西省法学会港澳台法研究会会长白丽云教授在胳膊受伤的情况下，通读了书稿，并对书稿的修改提出了中肯的建议。在本书的出版中，还得到了中北大学教务处的资助，得到了张清爽老师的支持，得到了知识产权出版社于晓菲编辑的协助，在此一并感谢。

由于本人学识水平有限，书稿中可能会出现一些缺点、错误之处，欢迎读者朋友不吝指出，以便再版时修改和完善。

药恩情

2018年12月14日